Lehr- und Forschungstexte Psychologie 15

Herausgegeben von
D. Albert, K. Pawlik, K.-H. Stapf und W. Stroebe

Perspektiven der Kognitionspsychologie

Herausgegeben von Odmar Neumann

Springer-Verlag
Berlin Heidelberg New York Tokyo

Herausgeber

Odmar Neumann
Abteilung für Psychologie, Universität Bielefeld
Postfach 8640, 4800 Bielefeld

ISBN-13: 978-3-540-15841-7 e-ISBN-13: 978-3-642-70747-6
DOI: 10.1007/978-3-642-70747-6

CIP-Kurztitelaufnahme der Deutschen Bibliothek. Perspektiven der Kognitionspsychologie / hrsg. von Odmar Neumann. – Berlin; Heidelberg; New York; Tokyo: Springer, 1985.
(Lehr- und Forschungstexte Psychologie; Bd. 15)
ISBN-13: 978-3-540-15841-7

NE: Neumann, Odmar [Hrsg.]; GT

2126/3140-543210

Inhalt

Mitarbeiterverzeichnis

Wolfgang Prinz	Abteilung für Psychologie Universität Bielefeld Postfach 8640, 4800 Bielefeld
Gerhard Reinert	Psychologisches Institut der Ruhr-Universität Bochum Postfach 102148, 4630 Bochum
Eckart Scheerer	Fach Psychologie im Fachbereich 5 Universität Oldenburg Birkenweg 3, 2900 Oldenburg
Thomas H.Stoffer	Abteilung für Psychologie Universität Bielefeld Postfach 8640, 4800 Bielefeld
Peter Wolff	Zentrum für interdisziplinäre Forschung der Universität Bielefeld Wellenberg 1, 4800 Bielefeld

Vorwort

"Kognitionspsychologie" ist ein neuer, kaum zwei Jahrzehnte alter Name für eine freilich alte Sache. Die Psychologie der Erkenntnisfunktionen hat schon in der philosophischen Vorgeschichte der Psychologie ein abgesondertes - wohl auch manchmal ein als absonderlich wahrgenommenes - Dasein neben den anderen, leichter zugänglichen Sparten unseres Fachs geführt. David Humes 1742 erschienene "Inquiry concerning human understanding" beginnt mit einer hübschen Kennzeichnung dieser Eigenart:

"Moral philosophy, or the science of human nature, may be treated after two different manners; each of which has its peculiar merit, and may contribute to the entertainment, instruction, and reformation of mankind. The one considers man chiefly as born for action; and as influenced in his measures by taste and sentiment; pursuing one object, and avoiding another, according to the value which these objects seem to possess...". Die Vertreter dieser Richtung werden beschrieben als "borrowing all helps from poetry and eloquence, and treating their subject in an easy and obvious manner, and such as is best fitted to please the imagination, and engage the affections". Dem stehen diejenigen gegenüber, "(who)... with a narrow scrutiny examine (human nature)..., in order to find those principles, which regulate our understanding, excite our sentiments, and make us approve or blame any particular object, action, or behaviour... While they attempt this arduous task, they are deterred by no difficulties... Though their speculations seem abstract, and even unintelligible to common readers, they aim at the approbation of the learned and the wise; and they think themselves sufficiently compensated for the labour of their whole lives, if they can discover some hidden truths, which may contribute to the instruction of posterity" (David Hume, The philosophical works, London 1882, Bd. 2, S. 3f).

Prosaischer wird diese Unterscheidung in heutigen Prüfungsordnungen, sowie auch in der Organisation einiger psychologischer Institute, durch die Trennung zwischen "Allgemeiner Psychologie I" und "Allgemeiner Psychologie II" ausgedrückt. So war es auch in Bochum zu der Zeit Ende der sechziger Jahre, als einige der Autoren dieses Bands Mitarbeiter in der Arbeitseinheit Oskar Graefes waren. Bald schon nach ihrer Gründung hieß die Arbeitseinheit aber intern nicht mehr "Allgemeine I", sondern "Arbeitseinheit Kognitive Psychologie"; die Bezeichnung bot sich an, nachdem sie durch Ulric Neissers gleichnamiges Buch eingeführt worden war. Einige Jahre später erfolgte die Umtaufe in "Arbeitseinheit Kognitionspsychologie". Das sollte deutlich machen, daß es sich um ein Teilgebiet der Psychologie handelt, wie Motivations- oder Entwicklungspsychologie, und nicht um einen bestimmten theoretischen Ansatz.

Die Bochumer Gruppe war meines Wissens die erste, die in Deutschland den Begriff "Kognitionspsychologie" als Bezeichnung für ihr Arbeitsgebiet verwandte. Er sollte nicht mehr sein als ein Oberbegriff für Bereiche wie Wahrnehmung, Denken und Erinnern; eben das, was Hume seiner zweiten Spezies von Philosophen zugewiesen hat. Inzwischen scheint der Begriff freilich eine andere Entwicklung zu nehmen. Eine "kognitive Wende" ist konstatiert worden, die bis in Gebiete wie die Motivations- und die Sozialpsychologie hineinreicht; und in den letzten Jahren wird der Begriff "Kognition" zunehmend von jener Richtung in Anspruch genommen, die nach Korrespondenzen zwischen Psychologie und Künstlicher Intelligenz forscht.

In den Titel dieses Buchs ist er dennoch in seiner ursprünglichen und, wie ich meine, auch richtigen Bedeutung gesetzt worden. Es geht also um Perspektiven eines Untersuchungsgebiets, nicht eines "kognitiven Ansatzes". Die hier versammelten Beiträge befassen sich mit verschiedenen, auf den ersten Blick vielleicht auch recht verschiedenartig erscheinenden, Problemen aus diesem Untersuchungsgebiet. Was sie vereint, ist zunächst der äußere Umstand, daß alle Autoren einmal zu Oskar Graefes "Arbeitseinheit Kognitionspsychologie" gehört haben; ein Teil der Kapitel ist aus zwei Treffen ehemaliger Mitglieder dieser Gruppe hervorgegangen. Daß die Gemeinsamkeit sich aber nicht in dieser Äußerlichkeit erschöpft, mag schon die Themenwahl andeuten: Es sind zumeist alte Fragestellungen und Untersuchungsgebiete mit einer langen Forschungstradition. Zwar wird man detaillierte Information über den Stand der Forschung finden, der durchweg im wesentlichen derjenige der amerikanischen Forschung ist. Aber die theoretische Perspektive entfernt sich von den gegenwärtigen angloamerikanischen Moden und Tendenzen. Mit unterschiedlicher Radikalität bei den einzelnen Autoren werden alte theoretische Ideen wieder aufgenommen und neue entwickelt. Im Einleitungskapitel versuche ich, das Gemeinsame dieser Ansätze unter der Perspektive meiner eigenen Voreingenommenheiten deutlicher zu machen.

Das Buch soll so den Lesern, an die es sich hauptsächlich wendet – Psychologen mit Interesse an Kognitionspsychologie und fortgeschrittene Studierende – in doppelter Weise dienlich sein: Es informiert über den gegenwärtigen Stand der Befunde zu einigen zentralen Untersuchungsgebieten und bietet dazu Literaturübersichten für das eigene Weiterstudium; es enthält zweitens aber auch Thesen, Theorien und Spekulationen, die geeignet sein könnten, die theoretische Diskussion – etwa in Seminaren des Hauptstudiums – anzuregen.

Zu den angloamerikanischen Moden, denen sich die Autoren dieses Bands verweigert haben, gehört die Verwendung der Computertechnologie als Vorbild psychologischer Modelle. Doch wie man weiß, "ein echter deutscher Mann mag keinen Franzen leiden, doch ihre Weine trinkt er gern": Die Druckvorlage wurde im Rechenzentrum der Universität Bielefeld mit dem Editor des EUMEL-Betriebssystems erstellt und auf dem dortigen Laserdrucker gedruckt. Die professionelle Qualität des Druckbilds verdankt das Buch der unermüdlichen Mitarbeit von Wilfried Staemmler, in einigen Phasen unterstützt von Robert Koch. Ihnen danke ich für ihre Hilfe, ebenso Birgit Anders und Margit Eckl, die EUMEL mit den Manuskripten fütterten. Mein besonderer Dank gilt den zuständigen Herausgebern der Reihe "Lehr- und Forschungstexte Psychologie", Dietrich Albert und Kurt-Hermann Stapf, die das Erscheinen ermöglicht und in jeder Hinsicht gefördert haben.

Die Autoren widmen dieses Buch Oskar Graefe in Erinnerung an die Arbeitseinheit Kognitionspsychologie.

Bielefeld, im Mai 1985 Odmar Neumann

1 Informationsverarbeitung, Künstliche Intelligenz und die Perspektiven der Kognitionspsychologie

Odmar Neumann

Inhalt

1. Die Psychologie der Informationsverarbeitung

1.1 Das technologische Vorbild

Die Ablösung des Neobehaviorismus durch die Psychologie der Informationsverarbeitung vollzog sich ohne eine Krise der Psychologie, wie sie einst den Niedergang der klassischen Introspektionspsychologie begleitet hatte. Es gab in den fünfziger Jahren keinen Aufstand der Söhne gegen die wissenschaftlichen Väter, keine Manifeste und Proklamationen. Es wurden keine lokalen Schulen gegründet, die (wie seinerzeit Berlin für die Gestaltpsychologie und Chicago für den Behaviorismus) der neuen Richtung als Kristallisationspunkt dienten. Die Psychologie der Informationsverarbeitung eroberte die Allgemeine Psychologie nicht, sie diffundierte gewissermaßen in sie hinein. Sie entstand nicht in der Auseinandersetzung mit der herrschenden theoretischen Orientierung, sondern sie verdankt ihre Existenz der Faszination, die von der Informationstechnologie und dem ihr zugrundeliegenden theoretischen Apparat ausging.

Auch frühere Richtungen der Psychologie haben wesentliche Impulse von anderen Disziplinen erhalten; z. B. die klassische Introspektionspsychologie von der Physiologie und der Philososophie, der Funktionalismus von der Biologie und die Gestalttheorie von der physikalischen Feldtheorie. Nie zuvor hat sich aber eine Richtung unter dem Einfluß einer fremden Disziplin so weitgehend aus der Forschungstradition der Psychologie gelöst wie die Psychologie der Informationsverarbeitung.

Dies gilt, vielleicht etwas überraschend, allerdings nicht für die Methodik. Hier gab es vielfältige technische Verbesserungen, aber eigentlich kaum eine wirkliche Neuerung. Man übernahm vom Behaviorismus die Forderung nach Objektivierbarkeit von Daten ("methodischer" im Gegensatz zu einem als theoretischer Ansatz konzipierten Behaviorismus) und bediente sich im übrigen, in den durch dieses Postulat gezogenen Grenzen, der messenden Verfahren, die zu Beginn der experimentellen Psychologie entwickelt worden waren, insbesondere der tachistoskopischen und der Reaktionszeitmethode. Wilhelm Wundts Aufsatz "Über psychologische Methoden" (1882) liest sich in weiten Passagen wie eine aktuelle Einführung in die Grundlagen der Experimentiertechnik. Inhaltlich aber verlor die Psychologie der Informationsverarbeitung weitgehend die Verbindung zur vorausgegangenen Forschung. Das gilt für die Fragestellungen, die theoretischen Modelle, die experimentellen Paradigmen, und nicht zuletzt für die generelle Forschungsstrategie.

1.2 Fragestellungen

Alle vorausgegangenen Richtungen der experimentellen Psychologie verdankten ihre zentralen Forschungsfragen problemgeschichtlichen Traditionen, die über den Beginn der experimentellen Psychologie hinaus in die Philosophie zurückreichen, und die in ihrem Ursprung der Alltagserfahrung entstammen. Es waren Fragen wie die nach den Inhalten unseres Bewußtseins und den Gesetzmäßigkeiten ihrer Aufeinanderfolge, nach dem Zustandekommen der phänomenalen Welt oder nach den Gründen dafür, daß sich ein Lebewesen in einer Situation so verhält, wie man es an ihm beobachtet.

Die experimentelle Forschung entstand stets aus einem solchen Problemzusammenhang heraus, in dem Fragen formuliert und theoretische Alternativen entwickelt worden waren. Sie fand ihren Gegenstand vor; sie erfand ihn sich nicht. Natürlich haben sich die Fragen im Forschungsprozeß differenziert und konkretisiert. Aber der ursprüngliche Problemzusammenhang ging nicht verloren, auch im Behaviorismus nicht. Das gilt nicht nur für Skinner, dessen Forschungsprogramm immer auf die

Realität außerhalb des Labors zielte (siehe Scheerer, 1983), sondern auch für die Schule Hulls. Noch in der Endphase des Neobehaviorismus hat beispielsweise Berlyne (1965) den ehrgeizigen und faszinierenden Versuch unternommen, auf der Grundlage von Hulls System eine Denkpsychologie zu formulieren, die Piagets Ansatz ebenso einbeziehen sollte wie die handlungstheoretischen Arbeiten aus der sowjetischen Psychologie!

Ein solcher die Forschung integrierender und ihr Ziel definierender Hintergrund fehlt der Psychologie der Informationsverarbeitung. Sie fragt danach, welche der Verarbeitungsleistungen, die technische Systeme erbringen können, sich auch beim Menschen finden, und welches dort ihre Funktionsmerkmale sind. Das Forschungsprogramm wird nicht durch ein bereits erschlossenes psychologisches Problemfeld definiert, sondern durch eine von außen sich anbietende Analogie.

Die Analogie hat sich ohne Frage als stimulierend erwiesen. Die Zeit seit den frühen sechziger Jahren war, was den Umfang und die Qualität des experimentellen Outputs angeht, eine unerhört fruchtbare Epoche der Experimentalpsychologie. Die Entwicklung der Versuchstechnologie hat eine Großforschung ermöglicht, deren äußeres Erscheinungsbild sich zunehmend dem der experimentellen Naturwissenschaften nähert. Dieses Instrumentarium wäre nicht entstanden, wenn die Informationsverarbeitungs-Analogie die experimentelle Forschung nicht mit einem schier unerschöpflichen Angebot an präzisen Versuchsfragen und gut operationalisierbaren Modellvorstellungen versorgt hätte.

Aber das Ersetzen der problemgeschichtlichen Tradition durch die technologische Analogie hat seinen Preis. Es werden notwendigerweise alle Fragen ausgeklammert, zu denen das technologische Gegenstück fehlt. Dies hat zu einer thematischen Verarmung der Allgemeinen Psychologie geführt, die in ihrem Ausmaß weit über die puristischen Selbstbeschränkungen hinausgeht, wie man sie einst der Introspektionspsychologie und dem Behaviorismus vorgeworfen hat. Donald A. Norman, einer der angesehensten Vertreter der Psychologie der Informationsverarbeitung, hat dies treffend als "progress on some fronts, but sterility overall" gekennzeichnet (Norman, 1980, S. 4). Die Fronten des Fortschritts liegen bei einigen Teilgebieten der Wahrnehmungs-, der Gedächtnis- und der Denkpsychologie; die meisten traditionellen Themen aus diesen Bereichen werden dagegen ebenso vernachlässigt wie alle weiteren Bereiche, denen die Entsprechung in der Informationstechnologie fehlt (z.B. Lernen, Emotionen, Handeln und – jedenfalls bis vor kurzem – Motorik).

1.3 Modelle

Während sie so die Forschung thematisch einschränkt, führt die Anbindung an eine sich so schnell wandelnde Disziplin wie die Informationstechnologie andererseits zu einem ständigen Wechsel der theoretischen Vorstellungen, der nicht – jedenfalls nicht notwendig – durch den Untersuchungsgegenstand selbst verursacht ist. Modelle werden gewählt, nicht weil die Sache sie fordert, sondern weil die Informationstechnologie sie anbietet.

Das hat zu der eigenartigen Lage geführt, daß eine Grundlagendisziplin sich zu einem Anwendungsfeld einer Ingenieurwissenschaft entwickelte. An die Stelle einer eigenständigen theoretischen Psychologie trat die eilfertige Übernahme der Modelle und Konzepte, die jeweils gerade die Informationstechnologie bereitstellte. Am Anfang stand das Kanalmodell der mathematischen Kommunikationstheorie Pate (Shannon & Weaver, 1949), das auf Probleme der Nachrichtenübermittlung über Telefonkanäle, Funkkanäle u.ä. zugeschnitten war (z.B. Broadbent, 1958). In den sechziger Jahren expandierte die Computertechnologie, und in ihrem Gefolge entstanden Modelle, in denen es Arbeits-, Puffer- und Massenspeicher gab, und die Vorgänge wie Rekodierung, Speicherzugriff und serielle Durchmusterung postulierten (z.B. Norman & Rumelhart, 1970; Sperling, 1967; Sternberg, 1969). Mit dem Aufkommen der Forschung zur Künstlichen Intelligenz wurden die Hardwareanalogien durch Analogien zur Software abgelöst (z.B. Anderson, 1976; Norman, Rumelhart u.a., 1975). Neuerdings zeichnet sich in der Computertechnologie die Entwicklung von Systemen mit der Fähigkeit zur parallelen Verarbeitung ab; und auch dieser Trend hat bereits seinen Niederschlag in der psychologischen Modellbildung gefunden (z.B. Hinton & Anderson, 1981; Feldman & Ballard, 1982; Schweickert & Boggs, 1984).

1.4 Experimentelle Paradigmen

Eine weitere Folge der Bestimmung des Forschungsfelds durch die Analogie mit einer anderen Disziplin leitet sich aus dem ab, was die Analogie offenläßt. Sie stellt allgemeine Funktionsschemata bereit, aber (mit Ausnahme der Künstlichen Intelligenz) keine detaillierten Prozeßmodelle; und sie ist weitgehend indifferent gegenüber den Inhalten, deren Verarbeitung modelliert werden soll. Sie bietet einen Rahmen, der ausgefüllt werden will. Zumindest auf dieser Ebene wäre eine theoretische Psychologie erforderlich. Da sie fehlt, reguliert sich der Forschungsprozeß weitgehend naturwüchsig nach seinen praktischen Bedürfnissen. Die Folge ist die Beliebigkeit und Paradigma-Orientiertheit, die von Kritikern innerhalb der Psychologie der

Informationsverarbeitung schon seit langem erkannt und beklagt worden ist (z.B. Allport, 1975; Claxton, 1980; Newell, 1973; Scheerer, 1978a).

Natürlich hat die Experimentalpsychologie immer mit experimentellen Paradigmen in dem Sinn gearbeitet, daß es bestimmte Standard - Versuchsanordnungen gab, wie z.B. das klassische Schwellenexperiment oder das Labyrinthlernen. Aber dies waren Untersuchungsmethoden, nicht Untersuchungsgegenstände. Bei den heutigen Paradigmen fließt meist das eine ins andere: Gegenstände werden gewählt, weil Methoden zur Verfügung stehen. Ein Beispiel ist das außerordentlich große Forschungsinteresse, das der Verarbeitung von Buchstaben, Wörtern, Ziffern und dergleichen entgegengebracht wird. Keine anderen Reize lassen sich so leicht herstellen, so unproblematisch von der Versuchsperson reproduzieren und so mühelos für ein "Prozent Treffer" - Maß zu verwenden wie dieses sogenannte alphanumerische Material. Die meisten Modelle "der" Informationsverarbeitung stützen sich vorwiegend, wenn nicht gar ausschließlich auf das, was Versuchspersonen tun, wenn sie lesen, sich Sprache merken oder das Sprechen vorbereiten!

Da die Forschung sich so weitgehend durch ihre eigenen praktischen Erfordernisse steuert, bestimmt die Forschungspraxis auch in einem erheblichen Maß die Systematik des Gebiets; oder vielmehr: die zufällige Geographie von Forschungsfeldern tritt an die Stelle einer Systematik. Theorien können in ihrem Geltungsbereich folglich auf das beschränkt werden, was eine bestimmte Methode (sagen wir, das Sternberg'sche Gedächtnissuche - Paradigma; Sternberg, 1966, 1969, 1975) an Daten liefert. Untersuchungsfragen entspringen, während das Paradigma durchforscht wird, zunehmend dessen Eigenheiten und immer weniger der Frage, die zu beantworten es einmal erdacht worden war. Da die Einbindung in einen übergeordneten theoretischen Zusammenhang fehlt, erlischt das Interesse an einem Problem, wenn das betreffende Paradigma aus der Mode kommt; meist dann, wenn, wie Newell (1973) es drastisch ausgedrückt hat, alles immer mehr im Sumpf versinkt, statt sich zu klären. Das Sternberg - Experiment ist auch hier ein Paradigma: Fast zwei Jahrzehnte nach seiner Erfindung ist noch immer offen, ob auch nur Sternbergs Grundannahme eines seriellen, erschöpfenden Suchprozesses zutrifft (siehe z. B. Hockley & Corballis, 1982).

Daß dies das nachgerade typische Schicksal eines experimentellen Paradigmas ist, liegt wesentlich in der Logik dieser Forschungsstrategie begründet. Sie verfolgt das Ziel, Fragen von großer Allgemeinheit (In dem Beispiel: Wie erfolgt der Zugriff im Gedächtnis?) mit Hilfe von Daten zu beantworten, die dem Mikrokosmos des jeweiligen experimentellen Paradigmas entstammen (Im Beispiel: Reaktionszeiten bei der Entscheidung darüber, ob ein gezeigter Reiz in der Menge der zuvor memorierten Reize enthalten ist oder nicht). Der angezielte allgemeine Sachverhalt wird nur im Gewand dieser ganz speziellen Operationalisierung untersucht, die notwendigerweise einerseits nur einen Teil seiner Aspekte erfassen kann, die andererseits aber vielfältige zusätzliche Festlegungen enthält, welche für ihn gar nicht konstitutiv sind (z.B. Wahl einer bestimmten Aufgabe, eines bestimmten Behaltenskriteriums etc.). Die Daten bleiben mehrdeutig in Bezug auf den Sachverhalt, weil sie ihn nur teilweise, zum Teil aber über ihn hinaus kontingente Umstände des Experiments widerspiegeln.

Für die paradigmaorientierte Forschung gilt in der Tat Andersons (1976) pessimistische Einschätzung, daß kognitive Prozesse und Strukturen sich nicht eindeutig ermitteln lassen. Sie lassen sich nicht anhand eines einzigen Paradigmas ermitteln, weil jedes Paradigma nur in beschränktem Maß Folgerungen erlaubt, und weil es damit dazu einlädt, das Fehlende durch Annahmen von hoher Beliebigkeit zu ergänzen. Hier liegt die Grenze dieses Forschungsstils, aber keineswegs eine Erkenntnisgrenze schlechthin.

1.5 Forschungsstrategie

Es wäre wahrscheinlich zu vordergründig, wollte man die Vernachlässigung einer paradigmaübergreifenden theoretischen Psychologie nur auf die Herkunft der psychologischen Fragestellungen aus der Informationstechnologie zurückführen. Diese Anlehnung selbst ist ja erklärungsbedürftig; auch ist nicht zu sehen, warum sie sich nicht im Rahmen einer ihre theoretische Eigenständigkeit bewahrenden Psychologie hätte abspielen können.

Das Desinteresse an theoretischer Psychologie kam nicht allein dadurch zustande, daß die Funktionsmodelle der Informationstechnologie bereitstanden, ihre Aufgaben scheinbar zu übernehmen. Es war und ist vielmehr auch das Resultat einer forschungsstrategischen Orientierung, die sich seit dem Niedergang des Neobehaviorismus durchgesetzt hat. Die Psychologie, so die ihr zugrundeliegende Diagnose, habe die wissenschaftsgeschichtliche Frühphase hinter sich gelassen, in der zwischen Schulen um Grundsatzfragen gestritten wurde. Es sei an der Zeit, nunmehr wie eine ordentliche experimentelle Wissenschaft in sachbezogener Detailarbeit voranzuschreiten. An die Stelle der Ansätze mit umfassendem Erklärungsanspruch hätten "Miniaturmodelle" zu treten, deren Gültigkeitsbereich sich auf einen bestimmten Ausschnitt aus dem Befundmaterial beschränkt.

Dies ist unbestreitbar der Forschungsstil der modernen Naturwissenschaften. Der Wunsch, ihm nachzueifern, ist legitim; freilich kann aus dem Nacheifern leicht ein blindes Nachahmen werden, wenn die Voraussetzungen fehlen, unter denen dieser Stil erfolgreich zu praktizieren ist. Die allgemeine Voraussetzung ist die, daß die inhaltlichen und methodologischen Grundfragen der betreffenden Disziplin auf eine zumindest vorläufig befriedigende, konsensfähige Weise gelöst sind. Gelöst, und nicht mit allgemeiner Zustimmung beiseitegeschoben. Die naturwissenschaftliche Forschung kann in dem Maß ihr Augenmerk auf die Bearbeitung begrenzter empirischer Probleme richten, in dem über das zugrundeliegende theoretische Bezugssystem Einigkeit besteht. Der Konsens ist historisch in der Regel dadurch erreicht worden, daß einer der konkurrierenden Ansätze obsiegte (etwa Newtons Physik, die zunächst ausgesprochene Schulstreitigkeiten auslöste); nicht dadurch, daß man sich einigte, sie allesamt zu vergessen.

Der Forschungsstil, den die Psychologie der Informationsverarbeitung (wie auch andere Richtungen in der gegenwärtigen Psychologie) sich angeeignet hat, ist der einer fortgeschrittenen Wissenschaft, die sich in einem gesicherten methodischen und theoretischen Rahmen bewegt. Er muß aber erst einmal da sein. Die klassischen Schulen der Psychologie waren sich dieser Erfordernis bewußt. Sie sind gescheitert, weil es ihnen nicht gelang, den Bauplan auszuführen, den sie entworfen hatten. Die Forschungsstrategie der Psychologie der Informationsverarbeitung gleicht hingegen eher dem Vorgehen einer Gruppe von Bauhandwerkern, die – ein jeder mit exquisitem handwerklichem Geschick – auch ohne den Entwurf eines Architekten schon einmal auf dem Bauplatz mit ihren Verrichtungen beginnen, beflügelt von der Hoffnung, am Ende werde sich alles schon zu einem bewohnbaren Haus zusammenfügen.

Es hat sich nicht recht zusammengefügt. Eine Psychologie, die ihre Fragen und Modelle aus den Ingenieurwissenschaften bezieht, und die ihre Forschung ingenieurmäßig betreibt, ist in Gefahr, über das "engineering" – d.h. die Kontrolle von Laborsituationen – keinen entscheidenden Schritt hinauszukommen. Dem Ingenieur ist es genug, wenn das von ihm entworfene Gerät funktioniert. Der Konstruktionsprozeß ist kein Instrument zum Erkenntnisgewinn. Forschung, die sich mit dem Konstruieren funktionierender Paradigmen begnügt, verbleibt auf dieser Stufe. Nein: Sie fällt vielmehr dahinter zurück, denn die Konstruktionserfolge des Ingenieurs beruhen natürlich auf den Ergebnissen seiner Grundlagendisziplinen. Theoretische Psychologie läßt sich so wenig durch paradigmageleitetes Experimentieren ersetzen, wie Ingenieurarbeit die Physik überflüssig macht.

2. Kognitionspsychologie und Künstliche Intelligenz

2.1 Von den Hardware – Modellen zur Künstlichen Intelligenz

In den siebziger Jahren hat sich die Bezeichnung "Kognitionspsychologie" oder "Kognitive Psychologie" für das eingebürgert, was zuvor Psychologie der Informationsverarbeitung geheißen hatte. Der Namenswechsel ging zeitlich einher mit dem Aufkommen von Modellen, die sich mehr aus der Forschung zur Künstlichen Intelligenz als aus der Computer – Hardware – Analogie speisen. Diesen Wechsel des Vorbilds hatte schon Neisser (1967) vorhergesehen und begrüßt; er begann sich aber erst etwa ein Jahrzehnt später deutlich abzuzeichnen, als Neisser sich mit seinem zweiten Buch (1976) bereits zum radikalen Kritiker der Psychologie der Informationsverarbeitung in allen ihren Spielarten gewandelt hatte.

Der paradigmaorientierte, mit der Hardware – Analogie operierende Ansatz ist zwar durchaus noch lebendig und bestimmt weiterhin einen großen Teil der experimentellen Forschung (einen aktuellen Überblick geben Posner & McLeod, 1982); aber er ist doch in die Jahre gekommen. Die neue Kognitionspsychologie, wie man sie z.B. in den Zeitschriften "Cognitive Science" und "Cognitive Psychology" vorfindet, geht über die bisherige Psychologie der Informationsverarbeitung einen entscheidenden Schritt hinaus. Zumindest ihre radikaleren Vertreter (z.B. Pylyshyn, 1978, 1984; Simon, 1980) sehen in der technischen Informationsverarbeitung nicht mehr nur eine Analogie zu psychischen Vorgängen, sondern sie betrachten Rechner und Gehirn als zwei Varianten desselben Untersuchungsgegenstands, nämlich der Funktionsweise "intelligenter Systeme". Die beiden Varianten unterscheiden sich, so die Annahme, zwar im physischen Substrat, tun aber prinzipiell dasselbe und können deshalb auch gemeinsam theoretisch modelliert werden.

Ist diese gegenwärtig im Gang befindliche Entwicklung nur ein weiterer Schritt auf dem Weg, auf dem die Psychologie den Fortschritten der Informationstechnologie hinterherläuft, oder ist diese neue Kognitionspsychologie vielleicht bereits die Abkehr von der Psychologie der Informationsverarbeitung? Die Entwicklung ist noch zu offen, als daß sich diese Frage eindeutig beantworten ließe. Die gegenwärtige Situation enthält widersprüchliche Momente:

Einerseits bietet die Künstliche Intelligenz gewiß mehr als nur ein neues technologisches Vorbild. Sie hat der Realität des psychologischen Labors eine zweite Realität hinzugefügt, diejenige der auf Rechnern laufendenden Programme. Um sich in dieser neuen Realität zu bewähren, müssen Modelle ganz anderen Kriterien genügen, als sie für die experimentelle Prüfung im Labor erforderlich sind. In der Künstlichen Intelligenz wird nicht verlangt, daß ein Modell möglichst einfach oder gar möglichst leicht falsifizierbar ist, und daß seine Annahmen sich einzeln und unabhängig voneinander prüfen lassen; sondern es geht allein darum, ob und wie gut das zugehörige Programm die verlangten Leistungen erbringt. Die Einführung dieses Kriteriums hat ungeheuer befreiend gewirkt; man durfte, ja mußte von nun an Modelle ersinnen, die der Komplexität des Gegenstands gerecht werden. Dies hat zu einer Lebendigkeit des Theoretisierens geführt, auch zum unbefangenen Rückgriff auf die Alltagsrealität, wie das in der vorausgegangenen Psychologie der Informationsverarbeitung undenkbar gewesen wäre. Ein Beispiel für diese Entwicklung mit ihren Stärken und Schwächen sind die Arbeiten der kalifornischen Gruppe um Norman und Rumelhart (z.B Bobrow & Collins, 1975; Norman 1981; Norman & Rumelhart, 1981; Norman, Rumelhart u.a., 1975). Es ist eine methodische und thematische Liberalisierung eingetreten, die einige neue Forschungsfelder eröffnet und alte Forschungsgebiete wieder respektabel gemacht hat. Hierzu gehören beispielsweise die Untersuchung von Problemlösungsprozessen mit der Methode des lauten Denkens (Überblick bei Simon, 1979) und in der Gedächtnispsychologie Analysen des Behaltens sinnvoller Texte (z.B. Schank & Abelson, 1977).

Andererseits ist aber unübersehbar, daß die Allgemeine Psychologie mit ihrer Assimilation an die Künstliche Intelligenz mehr noch als zur Zeit der älteren Psychologie der Informationsverarbeitung ihre theoretische Selbständigkeit in Frage stellen würde. Sie könnte leicht zur experimentellen Hilfswissenschaft einer "Cognitive Science" verkümmern, die ihre theoretischen Konzepte aus der Künstlichen Intelligenz schöpft. Natürlich wäre eine solche Entwicklung nicht unbedingt negativ zu werten. Es ließen sich im Gegenteil u. U. Hoffnungen an sie knüpfen: Liegt hier nicht vielleicht die Chance, das Theoriedefizit der Psychologie der Informationsverarbeitung zu beheben? Könnte die Künstliche Intelligenz nicht die Beschränktheit der paradigmageleiteten Forschung überwinden, so daß am Ende die Informationstechnologie selbst jene Fehlentwicklung beheben würde, die sie in den vergangenen Jahrzehnten mit verschuldet hat?

Wir werden in den nächsten Abschnitten dieser Frage nachgehen und zu einer im wesentlichen negativen Antwort kommen. Die Chance der gegenwärtigen, hinsichtlich der möglichen Entwicklungen noch unbestimmten Situation könnte aber auch auf eine andere Art genutzt werden als durch die Überantwortung der Kognitionspsychologie an eine von der Künstlichen Intelligenz beherrschte "Cognitive Science". Die Zeit könnte günstig sein für eine Perspektive, die vielleicht Zukunft hat, weil sie die Vergangenheit nicht ignoriert: Für die Rückkehr der Allgemeinen Psychologie zu ihren traditionellen Forschungsprogrammen. Mit dieser sich gegenwärtig abzeichnenden Möglichkeit, für die auch die in diesem Band versammelten Beiträge stehen, werden wir uns abschließend kurz befassen.

2.2 Eine neue theoretische Psychologie?

Die Erwartung, die Künstliche Intelligenz könne der Psychologie ein neues – und vielleicht erstmals ein wirklich wissenschaftliches – Fundament geben, ist in letzter Zeit oft und emphatisch geäußert worden. Winston (1977), Pylyshyn (1978) und Allport (1980) vergleichen diese erhoffte neue Grundlegung mit der Einführung der Mathematik in die Physik. Minsky & Papert (1972; zitiert nach Miller, 1978) wählen als Vergleich gar den Übergang von der Astrologie zur Astronomie. Wieder einmal, wie einst bei der Entstehung der klassischen Bewußtseinspsychologie und des Behaviorismus, meldet sich eine neue Richtung mit dem Anspruch, der Psychologie endlich volle wissenschaftliche Respektabilität zu verschaffen. Begründet wird dies damit, daß die Künstliche Intelligenz zum einen eine adäquate und formal exakte Sprache zur Theoriekonstruktion bereitstelle, und daß sie es zum anderen ermögliche, Grundprinzipien des Funktionierens intelligenter Systeme durch deren Konstruktion statt allein durch ihre Analyse aufzudecken. Einen Überblick über diese Argumente gibt Miller (1978).

Bei der Beurteilung dieses Anspruchs (und der mit ihm einhergehenden Hoffnung auf eine neue theoretische Psychologie) ist es wichtig, ihn gegen andere, weniger ehrgeizige Erwartungen an die Künstliche Intelligenz abzugrenzen. Bei der Debatte über das, was (kaum übersetzbar) als "computational view of mind" bezeichnet wird (z.B. Allport, 1984a; Kolers & Smythe, 1984; Pylyshyn, 1980) ist nicht immer hinreichend klar zwischen drei unterschiedlich weitreichenden Behauptungen über den Zusammenhang zwischen Rechenvorgängen und psychischen Prozessen unterschieden worden:

Die erste besagt lediglich, daß ein psychologisches Modell einen Funktionszusammenhang wirklich aufklären sollte, und daß sich erst in der Computersimulation zeigt, ob es das leistet. Wie Schank (1980) in Bezug auf seine eigenen Arbeiten zum Geschichtenverstehen anmerkt, ist der Bereich der erklärungsbedürftigen Phänomene zu breit und zu detailliert, um durch eine in Umgangssprache geschriebene Theorie erfaßbar zu sein: "We can only know if our theories of understanding are plausible if they can work by being tested on a machine" (Schank, 1980; S. 446). In dieser Interpretation des Begriffs ist eine "computational theory of mind" deshalb anzustreben, weil die Computersimulation ein außerordentlich nützliches, vielleicht unentbehrliches Hilfsmittel zur Wiedergabe und zur Präzisierung psychologischer Theorien ist. Diese Hilfe ist vor allem dann unentbehrlich, wenn psychologische Theorien so weit präzisiert werden, daß sie Verarbeitungsleistungen bis in die Details ihres Zustandekommens beschreiben. Der Rechner hat hier aber keine andere Aufgabe als etwa bei der Simulation von Modellen des Wetters oder des Verhaltens subatomarer Partikel: Er bildet einen Funktionszusammenhang ab, aber dieser hat nichts mit seiner eigenen, des Rechners, Funktionsweise zu tun.

Wie die Meteorologie und die Teilchenphysik strebt die Psychologie exakte, quantifizierte Modelle an. Bei der Simulation rechnet der Computer natürlich; aber das impliziert keineswegs, daß auch in dem simulierten System – beim Wetter oder beim Verhalten von Teilchen oder, gemäß dieser ersten Variante von "computational theory of mind", im Gehirn – so etwas wie Rechenvorgänge im Wortsinn stattfinden.

Das Zentralnervensystem könnte sich von diesen anderen Beispielen nun aber dadurch unterscheiden, daß es in der Tat Rechenleistungen vollbringt. Dies ist die zweite, weitergehende Variante einer "computational theory of mind". Sie geht auf die Biokybernetik und die mathematische Biophysik der vierziger und fünfziger Jahre zurück (Überblick z.B. bei Arbib, 1964; Ashby, 1952; Hassenstein, 1965; McCulloch, 1965).

Innerhalb dieser Variante hat der Computer zunächst einmal, ebenso wie für die erste Variante einer "computational theory of mind", die Funktion eines nützlichen technischen Hilfsmittels. Anders als bei der ersten Variante kann er aber nicht nur zur Modellierung eingesetzt werden, sondern auch als Modell: Da angenommen wird, daß sowohl das Gehirn als auch die Systeme der Künstlichen Intelligenz Rechenleistungen vollbringen, darf man von der Lösung technischer Rechenprobleme Anregungen für die Modellierung der Rechenvorgänge im Gehirn erhoffen. Arbib & Caplan (1979) und Arbib, (1979) plädieren dafür, daß die Neurolinguistik in diesem Sinn "computational" werden müsse: "... we try to confront our knowledge of both AI and brain modelling with an appreciation of the findings of clinic and laboratory to develop a stock of concepts"(...)..."making use of the computer as a tool and of computation as a rich source of concepts for the analysis of complex systems." (Arbib, 1979, S. 476).

Über Anregungen hinaus ist von der Künstlichen Intelligenz für diese zweite Variante einer "computational theory of mind" jedoch wenig zu erwarten. Das Ziel ist die Modellierung der Rechenvorgänge im Gehirn, die möglicherweise von ganz anderer Art sind als die des Computers. Herauszufinden, was und wie im Gehirn gerechnet wird, ist Sache der Neurophysiologie und der Psychologie, nicht der Künstlichen Intelligenz oder einer sie und die Psychologie überwölbenden "Cognitive Science". Ein Beispiel dafür, daß eine "computational theory" im Sinn dieser zweiten Variante keineswegs der Künstlichen Intelligenz verpflichtet sein muß, sind die Arbeiten von Stephen Grossberg (z.B. Grossberg, 1982).

Die beiden bisher umrissenen Auffassungen gehören zu dem Ansatz, den Searle (1980) als "weak Artificial Intelligence" bezeichnet. Den Anspruch einer über sie hinausgehenden "strong Artificial Intelligence" (AI) kennzeichnet er wie folgt: "...according to strong AI, the computer is not merely a tool in the study of mind; rather, the appropriately programmed computer really is a mind, in the sense that computers given the right programs can be literally said to understand and to have other cognitive states...Programs are not mere tools that enable us to test psychological explanations; rather, the programs are themselves the explanations." (Searle, 1980, S. 417). Dies ist die dritte, stärkste Variante dessen, was mit einer "computational theory of mind" gemeint sein kann. Im Unterschied zu den beiden anderen Varianten erhebt sie den eingangs dieses Abschnitts genannten Anspruch, auf der Grundlage der Künstlichen Intelligenz eine neue theoretische Psychologie zu schaffen (z.B. Pylyshyn, 1978, 1980, 1984).

Vorausgesetzt wird von den Vertretern dieser Auffassung, daß Rechner und ihre Programme dem Zentralnervensystem und seiner Funktionsweise so ähnlich sind, daß sie gemeinsam als zwei Varianten von "intelligenten Systemen" untersucht werden können. Viele Vertreter der neuen Kognitionspsychologie sehen diese Voraussetzung als offensichtlich erfüllt an. Die Formulierung von Simon (1980) ist repräsentativ für diese Einstellung: "It might have been necessary a decade ago to argue for the commonality of the information processes that are employed by such disparate systems as computers and human nervous systems. The evidence for that commonality is now overwhelming.(...)...there exists today a science of intelligent systems that extends beyond the limits of any single species." (Simon, 1980, S. 45). Der folgende Abschnitt befaßt sich mit der Frage, ob dieser Optimismus gerechtfertigt ist.

2.3 Computer und Gehirn

Computer sind Maschinen, die, wie alle Maschinen, menschliche Arbeit ersetzen und ergänzen. Der Nutzen einer Maschine liegt darin, daß sie die betreffende Arbeit ökonomischer und oft auch besser leistet als der Mensch. Das kann sie, weil sie zumindest partiell anders arbeitet. Sie ersetzt menschliche Arbeit, aber sie simuliert nicht den arbeitenden Menschen.

Die Geschichte der Technik ist eine Geschichte der Überwindung organismischer Vorbilder, nicht ihrer Nachahmung. Das Rad ahmt nicht die Fortbewegung durch Laufen nach, die Jagd mit Pfeil und Bogen wurde nicht in Nachahmung der Jagdweise von Raubtieren erfunden, und das Flugzeug wurde technisch realisierbar, als man darauf verzichtete, den Auftrieb entsprechend der Technik des Vogelflugs durch Flügelschlag zu erzeugen. Ebenso simuliert der Flaschenzug nicht den menschlichen Arm und die Schreibmaschine nicht die Bewegung der Schreibhand.

Nicht anders verhält es sich mit Rechnern, jedenfalls mit den bisher existierenden. Sie sind in ihrer Funktionsweise vom Zentralnervensystem wenigstens so verschieden wie der Flaschenzug von der Arbeitshand. Das Gehirn ist ein hochgradig parallel arbeitendes System von Neuronen, die reich miteinander durch sowohl bahnende als auch hemmende Verbindungen verknüpft sind. Seine Verarbeitungsgeschwindigkeit ist gering, es produziert ständige Spontanaktivität, und Verarbeitungsprozesse erfordern Erregungssummation gegen einen Hintergrund von Rauschen. Computer haben keine dieser Eigenschaften. Sie bestehen aus gegeneinander funktionell isolierten Speicherzellen mit nur jeweils zwei möglichen Zuständen, sie arbeiten (jedenfalls bisher) im wesentlichen seriell, sind aber um mehrere Zehnerpotenzen schneller als das ZNS. Sie simulieren das ZNS in keiner Weise, sondern erbringen, analog zu anderen Maschinen, einige seiner Leistungen auf der Grundlage ihrer eigenen, ganz anderen Funktionsprinzipien.

Bis vor relativ kurzer Zeit (z.B. Allport, 1977; Arbib & Caplan, 1979; Harmon, 1978; Grossberg, 1980; Hinton & Anderson, 1981; Feldman & Ballard, 1982) ist diesem Unterschied der Funktionsweise wenig Beachtung geschenkt worden. Das Argument war seit Neisser (1967), daß die allgemeine Art, wie Verarbeitungsprobleme gelöst werden, von den physischen Merkmalen des verarbeitenden Systems unabhängig sei; Intelligenz sei "not a matter of substance – whether protoplasm or glass and wire" (Simon, 1980, S. 35). Rechner und ZNS, so die Folgerung, können in der Software übereinstimmen, auch wenn sie sich in der Hardware radikal unterscheiden.

Dies ist eine richtige Feststellung, aber ein Argument von nur begrenzter Überzeugungskraft. Es gibt zwischen dem Programm zur Lösung eines Verarbeitungsproblems und den elektrischen Vorgängen im Rechner gewiß eine Hierarchie von Beschreibungs- und Steuerungsebenen ("Schichten"), von denen die übergeordneten die untergeordneten jeweils nicht eindeutig festlegen. Dasselbe Programm kann in unterschiedlichen Sprachen geschrieben werden, die wieder auf Maschinen mit unterschiedlichen Betriebssystemen laufen können, usw.. Infolgedessen ist es nicht prinzipiell ausgeschlossen, daß das ZNS auf einer bestimmten allgemeinen Ebene mit denselben oder ähnlichen "Programmen" arbeitet, wie sie für Rechner erdacht wurden. Aber damit ist natürlich noch nicht plausibel gemacht, daß dies in der Tat der Fall ist. Ob und in welchem Ausmaß es der Fall ist, wird sich am Ende nur empirisch entscheiden lassen. Gegenwärtig handelt es sich, wie z.B. die Beiträge von Pylyshyn (1978, 1980) und Searle (1980) sowie die an sie anschließenden Diskussionen zeigen, bei dieser stärksten Variante einer "computational theory of mind" noch um ein programmatisches Unternehmen, das vorerst nur aufgrund von Plausibilitätserwägungen beurteilt werden kann.

Plausibilitätsgründe sprechen aber, wie ich nun zeigen möchte, gegen diesen Ansatz. Gegen eine Übereinstimmung zwischen Gehirnfunktionen und Verarbeitungsvorgängen der Künstlichen Intelligenz auf der Programmebene stehen mindestens drei Gesichtspunkte: Erstens sind die "Programme" des Gehirns nicht unabhängig von der Funktionsweise seiner "Hardware", ja es ist fraglich, ob sie sich überhaupt voneinander unterscheiden lassen. Zweitens haben die "Programme" des Gehirns eine andere Genese als die des Rechners, und drittens haben sie größtenteils unterschiedliche Aufgaben.

Was den ersten Punkt angeht, so ist die Annahme einer völligen Unabhängigkeit der einzelnen Beschreibungs- und Steuerungsebenen bereits für Computer nicht uneingeschränkt gültig. Die untergeordneten Ebenen werden zwar durch die übergeordneten nicht vollständig determiniert (dasselbe Programm kann in verschiedenen Programmiersprachen geschrieben werden), und die übergeordneten Ebenen besitzen Eigenschaften, die sich aus denen der untergeordneten nicht ohne weiteres ableiten lassen (aus den Funktionsmerkmalen eines Mikroprozessors ergibt sich nicht das Programm, das auf ihm läuft). Aber das bedeutet keine völlige Unabhängigkeit. Programmiersprachen eignen sich unterschiedlich gut für bestimmte Programmtypen (z.B. ist LISP besonders geeignet für Programme aus der Künstlichen Intelligenz); ebenso hängen übergeordnete Ebenen von untergeordneten ab (Programme z.B. von der verfügbaren Kapazität, der Rechengeschwindigkeit und allgemein davon, daß der Rechner seriell arbeitet).

Beim Vergleich zwischen Rechner und ZNS ist diese Abhängigkeit zwischen den Ebenen offensichtlich. Schon wegen seiner Langsamkeit kann das ZNS Entscheidungsprobleme nicht durch das serielle Durchmustern von Suchbäumen lösen, wie das z.B. Schachprogramme tun. Aus Reaktionszeitdaten einerseits und der maximalen Geschwindigkeit neuronaler Schaltprozesse andererseits läßt sich berechnen, daß das Gehirn in weniger als hundert Zeitschritten Probleme löst, zu denen die gegenwärtigen Rechnerprogramme mehrere Millionen Zeitschritte benötigen (Feldman & Ballard, 1982). Allport (1977) nennt des weiteren empirische Belege dafür, daß das Gehirn für Wahrnehmungsleistungen offenbar weit weniger als die gegenwärtigen Erkennungsprogramme auf abwärtsgerichtete (top-down) Prozesse angewiesen ist.

Die Langsamkeit von Verarbeitungsprozessen in der lebenden Materie wird offenbar durch das Zusammenwirken zahlreicher, simultan aktiver Schaltelemente ausgeglichen. Aber wie lassen sie sich koordinieren? Herkömmliche, für serielle Digitalrechner geschriebene Programme sind hierfür unbrauchbar. Die Koordination könnte aber durch die wechselseitige Bahnung und Hemmung zwischen den Elementen selbst geleistet werden, statt durch ein übergeordnetes Programm.

Quantitative Modelle für solche Formen der Kooperation und des Wettstreits in neuronalen Netzen existieren schon seit einiger Zeit (z.B. Amari & Arbib, 1977; Marr & Poggio, 1976).

In Anbetracht dieser von den seriellen Digitalrechnern grundsätzlich verschiedenen funktionellen Organisation des ZNS ist es nicht nur unwahrscheinlich, daß sie auf unterschiedlicher Hardware ähnliche Programme benutzen; vielmehr ist es fraglich, ob die Trennung von Hardware und Software überhaupt in Bezug auf das Gehirn einen Sinn hat. Die in ihm ablaufenden Prozesse werden festgelegt durch die (mehr oder weniger überdauernden oder temporären) bahnenden und hemmenden Verknüpfungen innerhalb und zwischen neuronalen Netzen. Diese sind die Hardware, weil sie die reale, physische Struktur des Systems ausmachen. Sie haben zugleich Software - Funktion, weil sie die Information enthalten, die den Ablauf der Verarbeitungsprozesse bestimmt.

Die Unterscheidung zwischen Hardware und Software setzt voraus, daß es ein relativ unstrukturiertes Substrat (den Computer) gibt, dem durch ordnenden Eingriff von außen (das Laden eines Programms) die zur Lösung seiner Aufgaben benötigte zusätzliche Struktur gegeben wird. Die Zentralnervensysteme von Lebewesen müssen ohne diese ordnende Hand auskommen. Die Zweckdienlichkeit des von ihnen gesteuerten Verhaltens muß sich deshalb aus ihrer eigenen Struktur im Zusammenwirken mit Information aus der Umwelt ergeben. Aus den (beim Menschen) wenigen angeborenen Verhaltensweisen, mit denen wir auf die Welt kommen, gehen durch die Interaktion mit der Umwelt und in einem Prozeß fortgesetzter Differenzierung und Integration die Fertigkeiten hervor, die das innere ebenso wie das äußere Handeln ermöglichen. Sie haben damit einen ganz anderen Ursprung als Rechnerprogramme, die das Ergebnis von zielgerichteten Problemlösungsprozessen außerhalb des Systems (nämlich im Kopf des Programmierers) sind. Bei so unterschiedlicher Genese ist eine Übereinstimmung unwahrscheinlich, es sei denn, man macht bestimmte zusätzliche Annahmen.

2.4 Das Analogie - Argument

Eine Annahme, die manchmal explizit, häufig auch implizit gemacht wird und die eine gewisse Übereinstimmung begründen könnte, ist das Analogie - Argument: In der Evolution kommt es mitunter zu ähnlichen morphologischen Bildungen, ohne daß ein genetischer Zusammenhang besteht. Wale gleichen z.B. in ihrem Äußeren Fischen, obwohl sie sich aus Landsäugern entwickelt haben. Die Ursache für die Analogie liegt offensichtlich in der gemeinsamen Umwelt, deren Anforderungen bestimmte übereinstimmende Anpassungsformen hervorbringen. Ähnlich läßt sich argumentieren, daß sich für Lebewesen und für Programme der Künstlichen Intelligenz dieselben Aufgaben stellen, die – trotz der Unterschiede sowohl in den physischen Eigenschaften als auch in der Genese derjeweiligen Struktur – zu analogen Lösungen führen. Eine ausführliche Entwicklung dieses Arguments findet man bei Pylyshyn (1978).

Das Analogie-Argument gilt jedoch nur, wenn – wie es bei morphologischen Analogiebildungen der Fall ist – drei Voraussetzungen erfüllt sind: Erstens müssen die Anforderungen tatsächlich dieselben sein (im Beispiel: Die schnelle Fortbewegung eines Wirbeltiers unter der Wasseroberfläche). Zweitens muß es eine bestimmte Lösung geben, die anderen Lösungsmöglichkeiten eindeutig überlegen ist (strömungsgünstiger Körperbau; Bewegungssteuerung durch flossenähnliche Vorrichtungen). Drittens ist natürlich notwendig, daß im einen wie im anderen Fall die physischen Bedingungen für die Bildung der analogen Form existieren (daß Säugetiere z.B. vier Extremitäten besitzen, die sich zu Flossen umfunktionieren lassen).

Daß die dritte Voraussetzung im Fall Computer-Gehirn nicht uneingeschränkt erfüllt ist, haben wir bereits gesehen. Immerhin könnte es trotz der unterschiedlichen Funktionsweise bestimmte abstrakte Ebenen geben, auf denen Rechner den Ablauf von Gehirnprozessen nachahmen können. Wie steht es, wenn wir dies einmal unterstellen, mit den beiden anderen Voraussetzungen?

Betrachten wir zunächst die Anforderungen. Die allgemeine Anforderung an das ZNS besteht darin, die vegetativen Vorgänge zu regulieren und das Verhalten zu steuern. Zur vegetativen Regulation wird Information hauptsächlich aus dem Organismus selbst, zur Verhaltenssteuerung außerdem Information aus der Umwelt verwertet. Die Verwertung geschieht in der Regel (nämlich mit Ausnahme bestimmter Verarbeitungsformen bei höheren Wirbeltieren, auf die gleich einzugehen sein wird) unmittelbar: Sie ist identisch mit der Benutzung dieser Information im momentanen Handlungsvollzug und bei der Regulierung des gegenwärtigen vegetativen Zustands. Die Anpassung des Atemminutenvolumens an den Sauerstoffverbrauch erfordert keine Objektidentifikation, keine Szenenanalyse und keine Inferenzen; ebensowenig sind derartige Prozesse erforderlich, um das Sprungverhalten eines Frosches an die Position einer Fliege in seinem Gesichtsfeld anzupassen. (Für eine Analyse dieser Leistung siehe Arbib, 1981).

Die Verhaltenssteuerung durch unmittelbare Verwertung von Information aus der Umwelt stellt an das ZNS schwierige Anforderungen (z.B. die Entscheidung darüber, wann ein Reiz Verhalten auslöst; die fortlaufende Anpassung des Verhaltens an Änderungen in der Umwelt; die Hemmung von Verhaltenstendenzen, die mit dem momentanen Verhalten interferieren würden; usf.). Es sind aber andere Anforderungen, als sie an Programme der Künstlichen Intelligenz gestellt werden. Zwar ist hier die Verhaltenssteuerung – die noch vor wenigen Jahren in einem Standard-Lehrbuch der Künstlichen Intelligenz wie dem von Winston (1977) überhaupt nicht vorkam – inzwischen durch die Entwicklung des Roboterbaus (siehe z.B. Brady, Hollerbach, Johnson, Lozano-Perez & Mason, 1983; Lozano-Perez, 1982; Paul, 1982) zu einem expandierenden Forschungsfeld geworden. Aber im Unterschied zu Lebewesen sind Roboter (wenigstens bisher) auf die Ausführung weniger ganz bestimmter Handlungen in einer wohldefinierten Umgebung eingerichtet. Die meisten Probleme der Verhaltenssteuerung von Lebewesen stellen sich bei ihrer Konstruktion deshalb nicht. Vielleicht wird sich das in Zukunft einmal ändern; doch könnte es sehr wohl sein, daß die dann notwendigen Programme mehr von (z.B. ethologischen oder neobehavioristischen) Verhaltenstheorien profitieren werden als umgekehrt.

Was die Künstliche Intelligenz allenfalls simulieren könnte, sind die symbolischen Funktionen beim Menschen. Hier sind die Aufgaben in der Tat vergleichbar, denn die Programme sollen ja Wahrnehmungs-, Klassifikations-, Entscheidungs- und Problemlösungsleistungen von Menschen ersetzen. Doch ist zu bezweifeln, daß hier die zweite Voraussetzung erfüllt ist, die Existenz bestimmter optimaler Lösungen, auf welche die Evolution der Intelligenz und die Entwicklung von Rechnerprogrammen notwendig konvergieren müssen. Bei der Erstellung einer räumlichen Repräsentation der visuellen Umwelt spielt beispielsweise bei den höheren Wirbeltieren (die wahrscheinlich als einzige Lebewesen über eine solche, über die Bedürfnisse der momentanen Verhaltenssteuerung hinausgehende Repräsentation verfügen; siehe Jerison, 1973) die Fähigkeit zur Lokomotion und die Beweglichkeit der Sinnesorgane eine maßgebliche Rolle (siehe z.B. Trevarthen, 1978; Wolff, Kapitel 3 in diesem Band). In der Künstlichen Intelligenz wird dieses Problem hingegen im Prinzip unter der Voraussetzung eines unbeweglichen Auges gelöst: Was für Lebewesen die Basis der Raumwahrnehmung ist, stellt für derartige Programme (Überblick bei Brady, 1982, 1983; Hanson & Riseman, 1978; Winston & Brown, 1979) eine Störquelle dar, zu deren Beherrschung, falls sie überhaupt verlangt wird, zusätzlicher Programmaufwand erforderlich ist (siehe z.B. Lavin, 1979).

Die Konvergenz auf analoge Lösungen bleibt hier deshalb aus, weil sich die Eignung einer Lösung nicht nur nach den (hier ähnlichen) objektiven Anforderungen bestimmt, sondern auch nach den (hier unterschiedlichen) physischen Möglichkeiten des jeweiligen Systems. Im Beispiel von vorhin: Bei Walen sind ähnliche morphologische Strukturen entstanden wie bei Fischen, die ja gleichfalls Wirbeltiere sind, während z.B. Quallen und Tintenfische das Problem der Fortbewegung im Wasser mit ganz anderen morphologischen Mitteln lösen.

Angesichts der grundlegenden physischen Verschiedenheit von Gehirn und Rechner und angesichts des Umstands, daß ihre Aufgaben bestenfalls partiell ähnlich sind, ist deshalb zu vermuten, daß die jetzt noch vorhandenen "anthropomorphen" Züge von Programmen der Künstlichen Intelligenz eher der Niederschlag eines noch unfertigen Entwicklungszustands als Ausdruck einer grundlegenden Gemeinsamkeit sind. Hierauf hat Domotor (1978) hingewiesen: " To set the initial intuitions and inspiration on the right track, in A.I. one may start with psychological constraints, but along the way, as research progresses, these constraints become typically not only unnecessary but even irrelevant...Just as the first design of airplanes was strongly dependent on the dynamics of wings and the flight of birds, and later the development of propeller and jet aircrafts, helicopters, and rockets went its own way with no connections to ornithology, A.I may take a similar course of development." (Domotor, 1978, S. 104).

Unterschiede in den physischen Möglichkeiten dürften beim Vergleich zwischen Rechner und Gehirn die geringste Rolle beim reinen, vom Kontakt mit der Umgebung weitgehend abgekoppelten Problemlösen spielen. In der Tat läßt sich bei der Suche nach Analogien am ehesten auf Übereinstimmungen zwischen Problemlösungsprogrammen und dem Ablauf von Denkprozessen beim Menschen verweisen (z.B. Newell & Simon, 1972; Simon, 1979, 1980). Doch eben deshalb, weil diese Analogien sich aus den für das Programm und den menschlichen Problemlöser gemeinsamen objektiven Anforderungen ergeben – z.B. geht es darum, die Diskrepanz zwischen dem Ist- und dem Sollzustand zu beseitigen; hierzu sind Material- und Zielanalyse erforderlich, usw. – sagen sie mehr über die Struktur der Aufgabe aus als über den Denkvorgang. Der Denkprozeß – jedenfalls der erfolgreiche – hängt natürlich zu einem wesentlichen Teil von dem ab, was die Aufgabensituation verlangt. Aber er hängt nicht ausschließlich hiervon ab; andernfalls könnte man die empirische Denkpsychologie durch eine Aufgabenanalyse am Schreibtisch ersetzen. Psychologisch interessant ist offensichtlich gerade nicht der durch die Aufgabe determinierte normative Aspekt, sondern der faktische Ablauf des Denkens.

Er läßt sich (im Sinn der in Abschnitt 2.2 genannten ersten Variante von "computational theory") auf einem Rechner simulieren. Die Arbeiten von Newell & Simon und anderen zeigen, wie hilfreich das sein kann. Aber warum sollten Programme der Künstlichen Intelligenz die objektiven Aufgabenanforderungen auf dieselbe, durch die spezifischen Eigenarten des menschlichen Denkens bedingte Art lösen? Sie tun es allenfalls dann, wenn sie, wie ein schlecht geschriebener wissenschaftlicher Aufsatz, den Verlauf des Denkprozesses beim Autor widerspiegeln statt dessen Ergebnis.

Gute Programme der Künstlichen Intelligenz sind Produkte von Problemlösungsprozessen, nicht deren Protokolle. Sie tun das, was zur Lösung der jeweiligen Aufgabe objektiv notwendig ist, und sie tun es so effizient wie möglich. Wie alle Ingenieurleistungen zeigen diese Programme, daß menschliches Denken trotz aller seiner Umwege, seiner Abhängigkeit von der Anschauung und von der Sprache und trotz seiner Anfälligkeit für mannigfache Fehler doch Systeme konstruieren kann, die allein gemäß den sachlichen Anforderungen und Möglichkeiten arbeiten. Die Ausarbeitung eines Denkverfahrens ist eine Denkleistung, aber die beiden sind so wenig miteinander identisch wie die Hand des Bildhauers mit der Hand, die er aus dem Marmor meißelt.

Die Vorstellung, Maschinen müßten "Intelligenz besitzen", um Szenen analysieren, Wissen repräsentieren und Probleme lösen zu können, ist Ausdruck einer vermögenspsychologischen Betrachtungsweise, die hinter Funktionen Entitäten vermutet. Was Rechner noch alles können werden, bleibt abzuwarten. Apodiktische Äußerungen darüber, was mit einem Computer niemals möglich sein wird, sind häufig schon nach kurzer Zeit von der Realität widerlegt worden. Aber hinter diesen Leistungen ist nichts Menschenähnlicheres verborgen als hinter den Leistungen einer Lokomotive. Menschen haben immer dazu tendiert, physische Vorgänge, in denen sie Merkmale ihres eigenen Seelenlebens entdeckten, auf quasi-beseelte Wesenheiten zurückzuführen. In einem Rechner mit seinem Programm steckt genausowenig Intelligenz (oder gar, wie gelegentlich ernsthaft diskutiert wird, Bewußtsein) wie im grollenden Donner ein beseelter Geist.

2.4 Nutzen der Künstlichen Intelligenz für die Psychologie

Es ging mir bisher darum, auf die Fragwürdigkeit der Hoffnung hinzuweisen, daß die Künstliche Intelligenz der Allgemeinen Psychologie ihre abhandengekommene theoretische Basis wiedergeben wird. Diese Erwartung ist unbegründet, wenn auch verständlich. Verständlich deshalb, weil eine solche Möglichkeit die technologische Orientierung der Psychologie der Informationsverarbeitung retten würde, zugleich aber der Kritik an ihrer Theorielosigkeit begegnete.

Unterhalb dieses Erwartungshorizonts kann die Künstliche Intelligenz der Psychologie durchaus von großem Nutzen sein.

Sie kann zum einen eine ähnliche Funktion erfüllen wie andere normative Disziplinen. So wie z.B. Eigenheiten der Sprachproduktion untersucht werden können, indem man sie den Regeln der Grammatik gegenüberstellt, kann man den tatsächlichen Verlauf von Denkprozessen mit dem normativen Ablauf vergleichen, wie er in einem Programm der Künstlichen Intelligenz repräsentiert ist.

Zweitens haben Bemühungen der Künstlichen Intelligenz bereits jetzt dazu geführt, daß die objektiven Gegebenheiten, unter denen psychische Leistungen zustandekommen, mit Sorgfalt untersucht wurden. Hierher gehört z.B. die Analyse der Information, die in einer realen optischen Anordnung – der Projektion einer beleuchteten Szene auf einen Beobachtungspunkt – enthalten ist (z.B. Marr, 1982), oder, in einem ganz anderen Bereich, die Analyse der Implikationen sprachlicher Aussagen, die im Verstehensprozeß berücksichtigt werden (z.B. Norman, Rumelhart u.a., 1975). Solche Analysearbeit hätte die Psychologie auch ohne die Künstliche Intelligenz leisten können. In beiden Beispielfällen ist dies in der Tat programmatisch gefordert und ansatzweise versucht worden (Gibson, 1979; Bartlett, 1932). Aber erst die Künstliche Intelligenz hat, wie Allport (1977) anmerkt, die Motivation hervorgebracht, sich detailliert mit derartigen Fragen zu befassen.

Ein dritter Nutzen der Künstlichen Intelligenz könnte darin liegen, daß sie zu funktionellem Denken zwingt. Für sie gibt es keine Prozesse, die einfach nur da sind, ohne eine Aufgabe zu haben. Weiterhin genügt es nicht, einen Prozess allgemein zu konzipieren: Das Programm läuft erst, wenn er im Detail spezifiziert ist, und wenn er die ihm zugeschriebene Leistung wirklich erbringen kann. Die Forderung, daß psychologische Modelle in diesem Sinn funktionell sein sollten, ist natürlich ebenfalls schon seit langem erhoben und von vielen Psychologen – insbesondere den funktionalistischen und einigen der behavioristischen Theoretiker sowie von Vertretern der mathematischen Psychologie – nach besten Kräften befolgt worden. Aber auch hier wird es die Künstliche Intelligenz erleichtern, die Maximen wirklich ernst zu nehmen. Mit ihrer Hilfe könnten Schritte in Richtung auf "computational theories" im Sinn der ersten beiden in Abschnitt 2.2 diskutierten Varianten getan werden. Aus diesen und einigen anderen Gründen wird die Allgemeine Psychologie gut daran tun, die Entwicklung der Künstlichen Intelligenz mit Interesse zu verfolgen; aber der Nutzen wird nur dann größer sein als der Schaden, wenn dies mit der nötigen Distanz und Perspektive geschieht. Die Künstliche Intelligenz ist eine interessante Nachbardisziplin der Psychologie, nicht die Grundlagendisziplin für eine neue theoretische Psychologie.

3. Perspektiven der Kognitionspsychologie

Die Perspektiven der Kognitionspsychologie liegen, wenn die vorgetragenen Überlegungen stimmen, weder in einer Fortführung der paradigmageleiteten Forschungsstrategie der Psychologie der Informationsverarbeitung, noch in der Etablierung einer von der Künstlichen Intelligenz beherrschten "Cognitive Science".

Die Psychologie kann Erkenntnisfortschritt und wissenschaftliche Respektabilität nicht dadurch herbeizwingen, daß sie sich an die Informationstechnologie anhängt und mit deren Ergebnissen schmückt. Sie muß sich schon bereitfinden, für psychologische Probleme psychologische Lösungen zu suchen. Dazu wird der Blick in Nachbardisziplinen immer anregend sein, und manchmal vielleicht eine entscheidende Hilfe. Aber es ist sehr fraglich, ob dieser Blick in erster Linie auf die Ingenieurwissenschaften gerichtet sein sollte. Biologie und Gehirnphysiologie, die klassischen Nachbarwissenschaften der Psychologie, sind während der Vorherrschaft des Informationsverarbeitungs-Ansatzes ebenso vernachlässigt worden wie die Philosophie. Es gibt Anhaltspunkte dafür, daß sich das zu ändern beginnt, jedenfalls in Bezug auf die Neurophysiologie. Bei optimistischer Betrachtung lassen sich weitere Anzeichen für eine Entwicklung finden, die gewisse Perspektiven jenseits der hier kritisierten informationstechnologischen Ansätze eröffnen könnte. Was daraus werden wird, und ob überhaupt etwas daraus werden wird, ist gegenwärtig nicht abzusehen. Die folgenden Überlegungen sind keine Prognose, sondern sie skizzieren mögliche und nach meiner Auffassung wünschenswerte Tendenzen in der Weiterentwicklung der Kognitionspsychologie.

3.1 Problemorientierte Forschung

Als in den fünfziger Jahren die entstehende Psychologie der Informationsverarbeitung den Behaviorismus nicht bekämpfte, sondern einfach beiseiteschob, signalisierte das ein neues theoretisches Selbstverständnis: Den Schulen und Richtungen der Psychologie sollte nicht eine neue hinzugefügt werden, sondern man wollte nach dem Vorbild anderer Naturwissenschaften eine Psychologie jenseits aller Schulen und Richtungen. Da dies aber die Existenz eines hinreichend verbindlichen gemeinsamen theoretischen Rahmens voraussetzt, den es nicht gab, und da auch die Informationstechnologie die Lücke nicht füllen konnte, entstand der in Abschnitt 1 beschriebene paradigmaorientierte Forschungsstil.

Die Unzufriedenheit mit ihm hat sich seit Mitte der siebziger Jahre im wesentlichen in drei Arten von Reaktionen geäußert. Die erste war die in Abschnitt 2 beschriebene Hinwendung zur Künstlichen Intelligenz in der Hoffnung, sie könne der Psychologie den fehlenden theoretischen Rahmen liefern. Programmatisch war hier der schon zitierte Aufsatz Allen Newells (1973). Zweitens folgte in gewissen Bereichen auf die Austerität des Informationsverarbeitungs-Ansatzes eine liberale Offenheit für vielfältiges Theoretisieren und Spekulieren. Ein Beispiel ist die Wiederentdeckung des Bewußtseins als Thema der Psychologie (z.B. Globus,

Maxwell & Savodnik, 1976; Schwartz & Shapiro, 1976; Underwood, 1982; Underwood & Stevens, 1979, 1981).

Die dritte Reaktion war die Wiederbelebung der erledigt geglaubten Diskussion über Grundlagenfragen der Psychologie. Sie wurde im angelsächsischen Bereich insbesondere durch Ulric Neissers (1976) Plädoyer für eine neue, ökologische Psychologie eröffnet und ist inzwischen vor allem von der sich auf Gibson berufenden Gruppe um Michael Turvey und Robert Shaw vorangetrieben worden (Überblick bei Michaels & Carello, 1981). Die Fruchtbarkeit dieses neogibsonianischen Ansatzes ist noch schwer abzuschätzen. Bisher steht einer Vielzahl an programmatischen und weit ausgreifenden theoretischen Arbeiten ein relativ bescheidener empirischer Ertrag gegenüber. Die Arbeiten dieser Gruppe sind ein Herausforderung und vielleicht ein nützliches Korrektiv für die gegenwärtige Kognitionspsychologie. Daß sie auch einmal das Fundament für eine neue Kognitionspsychologie abgeben könnten, ist derzeit nicht zu sehen.

Keine dieser drei Entwicklungen weg von der Psychologie der Informationsverarbeitung ist in ihrem gegenwärtigen Zustand und in der Perspektive, die sie absehbar bietet, befriedigend. Sie unterscheiden sich in ihren Inhalten und im wissenschaftlichen Rang, aber gemeinsam ist ihnen die Überreaktion auf den paradigmaorientierten Forschungsstil. Alle drei tendieren dazu, an die Stelle des Experimentierens ohne hinreichenden theoretischen Rahmen das Theoretisieren ohne hinreichende experimentelle Grundlage zu setzen. Insbesondere die neogibsonianische Variante kehrt von der paradigmaorientierten Vorgehensweise wieder zurück zu dem, was ich als überzeugungsorientierte Forschung bezeichnen möchte: Forschungsgegenstände und Forschungsinhalte bestimmen sich durch theoretische Grundüberzeugungen, die zu belegen das vorrangige Forschungsziel ist. Dieser Forschungsstil hat in der Vergangenheit den Streit der Schulen und Richtungen hervorgebracht, ohne daß aus dieser Auseinandersetzung eine gemeinsame theoretische Psychologie hervorgegangen wäre. Die Aussicht, daß der Neogibsonianismus oder eine andere Schule mit umfassendem Erklärungsanspruch sie hervorbringen könnte, ist gering.

Erfolgversprechender als der paradigma- und der überzeugungsorientierte Forschungsstil scheint mir für die Kognitionspsychologie in ihrem gegenwärtigen Entwicklungsstand eine Vorgehensweise zu sein, die ich als problemorientiert bezeichnen möchte. Statt ihre Fragen vorhandenen experimentellen Paradigma zu entnehmen, sucht problemorientierte Forschung nach experimentellen Paradigmen zur Untersuchung von Gegenständen und Inhalten, die auf einer abstrakteren, theoretischen Ebene formuliert wurden. Im Unterschied zum überzeugungsorientierten Forschungsstil entstammen diese Themen aber nicht einem übergreifenden

Erklärungsansatz von der Art der alten Schulen und Richtungen, sondern sie gehen aus der Analyse erklärungsbedürftiger empirischer Sachverhalte hervor.

Erklärungsbedürftige Sachverhalte werden natürlich nicht einfach vorgefunden, sondern sie entstehen in Forschungskontexten. Den wichtigsten Kontext für problemorientierte Forschung bilden Typ – b – Forschungsprogramme (Herrmann, 1976); Forschungsprogramme, deren Zusammenhang nicht durch ein System von theoretischen Überzeugungen, sondern durch einen problematisierten Gegenstand oder Gegenstandsbereich gestiftet wird. Solch ein erklärungsbedürftiger Sachverhalt kann sehr eng umrissen sein, wie etwa Herrmanns Beispiel, die Müller – Lyer'sche Täuschung; oder auch von großer Allgemeinheit, wie z.B. das Problem, warum Gedächtnisinhalte vergessen werden. Wesentlich in unserem jetzigen Zusammenhang ist, daß die Untersuchungsabsicht hier auf die Lösung eines bestimmten Problems gerichtet ist, das unabhängig sowohl vom jeweiligen theoretischen Ansatz als auch von den jeweils gewählten experimentellen Paradigmen existiert, und das deshalb über Theorien und Paradigmen hinweg ein Forschungsprogramm definieren kann.

Solche Probleme können, wie es die beiden Beispiele illustrieren, mit großer Beharrlichkeit sich ihrer endgültigen Lösung und damit Verabschiedung als Forschungsgegenstand widersetzen. Problemorientierte Forschung ist deshalb häufig – wenn auch nicht notwendig – durch eine vertikale, forschungsgeschichtliche Integration gekennzeichnet; anstelle der horizontalen Integration über Gegenstandsbereiche hinweg, wie die Schulen und Systeme der Psychologie sie angestrebt haben.

In Nachbardisziplinen der Psychologie spielt sich die Forschung oft mit großer Selbstverständlichkeit innerhalb solcher vertikal integrierter, problemorientierter Forschungsprogramme ab. Arbib & Caplan (1979) stellen ihr Plädoyer für eine "computational theory" in der Neurolinguistik z.B. in den Rahmen eines Forschungsprogramms, das im 19. Jahrhundert mit den Arbeiten von Wernicke und Lichtheim begann. Ein Beispiel aus der Neurophysiologie ist die Erforschung der Lokalisation von Hirnfunktionen (Phillips, Zeki & Barlow, 1984).

In der Geschichte der experimentellen Psychologie hat es diesen problemorientierten Forschungsstil immer gegeben. Er hat aber häufig im Schatten der großen theoretischen Entwürfe gestanden; ähnlich wie die Alltagsgeschichte weniger Beachtung findet als die politische Geschichte. Es mag an der sachbezogenen, theoretischen Deklarationen abgeneigten Einstellung vieler seiner Vertreter liegen, daß er selten explizit dargelegt worden ist. Eine Ausnahme war vielleicht die funktionalistische Bewegung in den USA zu Jahrhundertbeginn (z.B. Angell, 1907). Die beste Selbstdarstellung dieses Ansatzes findet man aber nicht in programmatischen Erklärungen, sondern dort, wo die experimentelle Psychologie unter seinem Blickwinkel dargestellt wird. Die Lehrbücher von William James (1890) und von

Woodworth (1938; Woodworth & Schlosberg, 1954) sind deshalb Klassiker geworden, weil sie von der Enge überzeugungsorientierter Forschung ebensoweit entfernt sind wie von der Flacheit theorieloser Empirie. Sie bieten die beste historische Illustration dessen, was ich mit "problemorientierter Forschung" meine.

Zur Zeit der großen theoretischen Ansätze hatte sich dieser Forschungsstil gegen die Tendenz der jeweils herrschenden Schulen zu behaupten, die Arbeit der anderen, bekämpften oder "überwundenen" Richtungen als nicht der Beachtung und Überlieferung wert anzusehen. Die Psychologie der Informationsverarbeitung hat sich, wie eingangs erwähnt, die Mühe einer solchen Herabwürdigung nicht gemacht. Aber die Wirkung ihrer paradigmaorientierten Haltung war im wesentlichen dieselbe: Die ältere Literatur wurde allenfalls in Form eher amüsierter Marginalien zitiert, in der Regel aber überhaupt ignoriert. Auch hier ahmte man die anderen Naturwissenschaften blind nach. Es wurde übersehen, daß dort die zurückliegende Forschung selten erwähnt wird, weil ihre Ergebnisse zum selbstverständlichen Wissensbestand geworden sind; nicht, weil man sie vergessen kann.

Auch während der Vorherrschaft der Psychologie der Informationsverarbeitung hat es aber auf bestimmten Gebieten problemorientierte Forschung gegeben; vor allem dort, wo ein Untersuchungsgebiet durch einen empirischen Sachverhalt definiert wird, wie etwa in der Leseforschung (siehe z.B. Henderson, 1977; Kolers, 1976; Scheerer, 1978b, 1981). Ich plädiere für die Ausbreitung und Erweiterung dieses Ansatzes.

3.2 Funktionelle Analyse

Sofern sie sich überhaupt einer bestimmten theoretischen Strömung zuordnen lassen, wird man die Vertreter einer problemorientierten Vorgehensweise im allgemeinen als Funktionalisten bezeichnen können. "Funktionsanalyse" ist allerdings in der Psychologie der Informationsverarbeitung nachgerade zu einem Modewort geworden. Der problemorientierte Forschungsstil verlangt und ermöglicht eine funktionelle Analyse, die sich von dieser Art der Funktionsanalyse – im wesentlichen der Konstruktion von Informationsfluß – Modellen für ein experimentelles Paradigma – erheblich unterscheidet.

Eine Grundvoraussetzung einer fruchtbaren funktionellen Analyse ist die Einsicht, daß die Kognitionspsychologie – wie die gesamte Psychologie und alle biologischen Wissenschaften – es mit zweckmäßigen Systemen zu tun hat; d.h. mit Systemen, die das Ergebnis eines langen phylogenetischen Optimierungsprozesses sind, und/oder die in der Entwicklung des Individuums, ebenfalls in der Regel in Anpassung an bestimmte Aufgaben, optimiert wurden. Das schließt Fehlanpassungen nicht aus, aber sie sollten als solche erkannt und vor dem Hintergrund des Normalfalles erfolgreicher Anpassung analysiert werden; ähnlich wie sich somatische Erkrankungen funktionell nur verstehen lassen, wenn man die Arbeitsweise des gestörten Systems unter physiologischen Normalbedingungen kennt.

Hieraus ergeben sich verschiedene Konsequenzen für die unterschiedlichen Arten psychologischer Untersuchungsgegenstände. Hat man es mit einem vorgefundenen empirischen Phänomen zu tun, etwa einem experimentellen "Effekt", dann sollte der Versuch seiner Aufklärung unter der Leitfrage stehen, durch welche funktionell zweckmäßigen Mechanismen es hervorgebracht wird. Dies gilt auch und gerade dann, wenn es sich um eine bei oberflächlicher Betrachtung dysfunktionale Erscheinung handelt, etwa eine Täuschung oder ein Interferenzphänomen. Zumindest aus heuristischen Gründen ist von der Vermutung auszugehen, daß dem beobachteten Effekt sinnvolle Mechanismen zugrundeliegen, die lediglich unter den künstlichen Bedingungen der Experimentalsituation das beobachtete mangelhafte Resultat hervorbringen; so wie z.B. der scheinbar sinnlose Kniesehnenreflex durch das höchst sinnvolle Alpha – Gamma – Fasern – System zur Kontrolle des Muskeltonus verursacht wird. Ein Beispiel für die Möglichkeit, eine Interferenzerscheinung auf diese Weise zu verstehen, bietet das Stroop – Phänomen (Neumann, 1980).

Bei einer weiteren Gruppe von Forschungsgegenständen geht es darum, die Funktionsweise von Fertigkeiten aufzuklären, die als natürliche Analyseeinheiten gegeben sind. Hierzu gehört z.B. eine Fertigkeit wie das Lesen, deren Zweck offen zutageliegt; die Frage ist, wie er erreicht wird. Bei der Untersuchung derartiger Leistungen im Rahmen der Psychologie der Informationsverarbeitung ist oft übersehen worden, daß es sich um **spezifische**, erworbene Fertigkeiten handelt, die auf bestimmte Arten von Reizinformation in bestimmten Handlungssituationen bezogen und das Ergebnis einer bestimmten Aneignungsgeschichte sind. Hier sollte die funktionelle Analyse einsetzen, wie Thomas Stoffer in Kapitel 5 dieses Bands am Beispiel des Hörens und Verstehens von Musik zeigt.

Natürliche Analyseeinheiten können des weiteren in Gestalt physisch relativ abgegrenzter, zumindest teilweise der direkten Beobachtung zugänglicher Teilsysteme existieren. Beobachtbar ist z.B., daß sich die Augen beim natürlichen Sehen in Sakkaden bewegen. Die funktionelle Analyse fragt danach, warum sie es tun, und wie sie es tun. Die erste Frage erscheint vielleicht auf den ersten Blick trivial, denn die Blickbewegungen stehen ja offenbar im Dienst der Aufnahme visueller Information. Aber warum muß eine winzige Fovea Centralis ständig umherbewegt werden, statt daß die gesamte Retina mit derselben hohen Empfindlichkeit ausgestattet ist, so daß das Auge starr bleiben könnte? Diese Frage steht im Hintergrund der brillanten und faszinierenden funktionellen Analyse der Funktion von Blickbe–

wegungen für das Wahrnehmungslernen, die Peter Wolff in Kapitel 3 dieses Bands gibt.

Dies sind Beispiele für funktionelle Analysen, die bereits einen als Untersuchungsgegenstand abgegrenzten Sachverhalt vorfinden. Das ist in vielen Untersuchungsbereichen aber nicht möglich. Das ideomotorische Prinzip, mit dem sich Wolfgang Prinz in Kapitel 2 befaßt, oder die Aufmerksamkeit, die das Thema von Kapitel 6 ist, sind nicht in gleicher Weise als Gegenstand unmittelbar gegeben wie die Fertigkeit des Lesens oder die sakkadischen Blickbewegungen. Hier muß die funktionelle Analyse früher ansetzen, nämlich bei der Bestimmung dessen, was eigentlich untersucht werden soll. Der problemorientierte Forschungsstil hat es hiermit etwas schwerer als andere Forschungsstile: Der überzeugungsorientierten Forschung hilft die übergeordnete allgemeine Theorie; das paradigmaorientierte Vorgehen kann seine Gegenstände dadurch festlegen, daß es Methoden zu ihrer Untersuchung bestimmt. Die problemorientierte Vorgehensweise steht dagegen vor der Aufgabe, den Gegenstand aus sich heraus zu definieren, ohne die Stütze einer umfassenden Theorie oder die Krücke eines vorgegebenen experimentellen Paradigmas.

"Aus sich heraus" natürlich nicht im Sinn eines naiven Realismus. Der Gegenstand tritt nur als das in Erscheinung, was jeweils beobachtet und analysiert wird; aber je zahlreicher und unterschiedlicher die Perspektiven sind, unter denen das geschieht, umso eher werden sie in ihrer Gesamtheit die Realität treffen. Überzeugungsorientiertes Vorgehen zeigt seinen jeweiligen Gegenstand gewissermaßen drapiert auf der Bühne eines theoretischen Arrangements; paradigmaorientiertes betrachtet ihn durch das Schlüsselloch einer experimentellen Anordnung. Die funktionelle Analyse, wie sie vom problemorientierten Vorgehen gefordert wird, ist der Versuch, um ihn herumzugehen, ihn von möglichst vielen Seiten zu betrachten, und so die Invarianz zum Vorschein zu bringen, die ihn als eine vom Betrachter unabhängige Gegebenheit spezifiziert.

Außerordentlich hilfreich kann hierbei die Einbeziehung der Phänomenologie sein. Einmal, um herauszupräparieren, was es in einem Bereich an unmittelbar beobachtbaren Sachverhalten gibt, und um sie zu ordnen. Ein Beispiel dafür, wie fruchtbar diese Vorgehensweise sein kann, ist Wolfgang Prinz' Untersuchung der ideomotorischen Phänomene in Kapitel 2 dieses Bands. Zweitens kann die phänomenologische Analyse aber auch dem theoretischen Verständnis voranhelfen, zumindest Randbedingungen sichtbar machen, denen eine Theorie zu genügen hat. In Kapitel 7 plädiert Eckart Scheerer für eine stärkere Einbeziehung der Phänomenologie in dieser Funktion und weist anhand der Arbeiten Edmund Husserls überraschende Verbindungen zwischen der Kognitionspsychologie und der philosophischen Phänomenologie nach.

Unerläßlich ist zweitens der Blick über die Grenzen des eigenen empirischen Arbeitsfelds. Funktionelle Analyse verlangt in der Kognitionspsychologie die Integration von Befunden nicht nur über experimentelle Paradigmen hinweg, sondern zumeist auch unter Berücksichtigung angrenzender Disziplinen. Die Frage nach der Funktion eines Systems wird sich oft mit Blick auf die Biologie beantworten, zumindest aber schärfer stellen lassen. In Kapitel 6 dieses Bandes versuche ich, unter dieser Betrachtungsweise eine Rahmentheorie der Aufmerksamkeit zu entwerfen, die ohne das der Kommunikationstechnologie entlehnte Kapazitätskonzept auskommt. In vielen Untersuchungsbereichen wird man des weiteren nicht auf Befunde aus der Gehirnphysiologie und der Neuropsychologie verzichten können. Das Skinner'sche "Don't physiologize!" können sich überzeugungsorientierte und paradigmaorientierte Forschung leisten, weil sie beide – wenn auch auf unterschiedliche Art – ihren Gegenstand durch willkürliche Abgrenzungen bestimmen. Problemorientierung verlangt dagegen, alles zu berücksichtigen, was zum funktionellen Verständnis des zu untersuchenden Systems beitragen kann.

Die Biologie kann helfen, die Aufgaben eines Systems zu verstehen; die Neurophysiologie gibt Hinweise auf die funktionelle Ausstattung, die es zu ihrer Lösung zur Verfügung hat. Ein weiterer wichtiger Aspekt sind die äußeren Bedingungen, unter denen es funktioniert, und unter denen seine Phylo- und Ontogenese stattgefunden hat. Dies ist der ökologische Gesichtspunkt, auf den Gibson und seine Anhänger zu Recht aufmerksam machen. Die funktionelle Analyse hat ihn in Rechnung zu stellen. Es ist für die Kognitionspsychologie wichtig, zu wissen, wie die Umwelt von Lebewesen beschaffen ist und welche Information sie in welcher Form enthält, denn man muß die äußeren Anforderungen an ein System kennen, wenn man seine Funktionsweise verstehen will. Aber freilich ersetzt die Kenntnis der Anforderungen nicht die Analyse der Mechanismen. Gibson scheint das geglaubt zu haben.

Von einer Rahmenhypothese über die Funktion eines Systems bis zum Verständnis seiner Funktionsweise ist es ein weiter Weg. Er verlangt experimentelle Arbeit mit dem Methodeninventar der Allgemeinen Psychologie, das die Psychologie der Informationsverarbeitung übernommen und weiterentwickelt hat. Zur theoretischen Modellierung kann das Instrumentarium der Künstlichen Intelligenz hilfreich sein. Funktionelle Analyse im Rahmen einer problemorientierten Vorgehensweise ist ja keine Abkehr von der modernen Forschung, sondern das Bemühen, sie im Rückgriff auf Traditionen der Experimentalpsychologie in einen adäquateren Rahmen zu stellen. Ein eindrucksvolles Beispiel für eine solche Integration ist Marrs

(1982) Untersuchung der visuellen Wahrnehmung, die mit einer allgemeinen funktionellen Analyse in dem hier beschriebenen Sinn beginnt – sie wird etwas mißverständlich als "computational theory" bezeichnet –, und die auf der Grundlage psychologischer und neurophysiologischer Daten eine detailliert Prozeßanalyse liefert. Wenn auch manches darin spekulativ sein mag, ist dieses nachgelassene Buch Marrs doch das vielleicht brillanteste gegenwärtige Beispiel für problemorientierte Forschung und funktionelle Analyse.

3.3 Kognition und Motorik

Das Postulat, die Funktionsweise eines Systems unter dem Gesichtspunkt seiner Aufgaben zu analysieren, schließt ein, daß es in Bezug auf das Gesamtsystem "Lebewesen" untersucht wird, für das es ja seine Aufgaben erfüllt. Zur funktionellen Analyse kognitiver Prozesse gehört deshalb auch die Frage nach ihrem Zusammenhang mit anderen Funktionen, insbesondere mit der Motorik und – auf einer allgemeineren Funktions- und Analyseebene – dem Handeln. Im älteren Funktionalismus hat dieser Aspekt folgerichtig eine gewichtige Rolle gespielt (siehe z.B. Scheerer, 1984). Diese Tradition setzte sich bereits zur Zeit der Vorherrschaft von Gestalttheorie und Behaviorismus nicht fort, die, wenn auch aus unterschiedlichen Gründen, an kognitiv-motorischen Zusammenhängen wenig Interesse hatten. Was die Psychologie der Informationsverarbeitung angeht, so verwundert es nicht, daß sie ihren Modellen des Organismus etwa soviel Mobilität verlieh, wie sie ein Telefonnetz oder ein Computer besitzt.

Die üblichen linearen Informationsfluß-Modelle, wie Neisser (1976) sie trefflich karikiert hat (links das Netzhautbild, rechts das Kästchen "Consciousness", und dazwischen Kästchen mit den Aufschriften "Processing", "More processing" und "Still more processing") verdankten ihre Popularität wohl nicht nur der Ähnlichkeit mit den Information aufnehmenden, sie umformenden und wieder abliefernden Vorrichtungen der Kommunikationstechnologie, sondern sie entsprachen auch in zwei anderen Hinsichten geläufigen Denkschablonen: Zum einen ist dies ja – sieht man von dem Bewußtseins-Kästchen ab – unverkennbar das ursprüngliche behavioristische Grundmodell, zum anderen beschreibt es zutreffend den Ablauf eines Versuchsdurchgangs in einem Standard-Laborexperiment, in dem zuerst der Reiz ein Netzhautbild erzeugt, dann allerlei Prozesse im Gehirn stattfinden und schließlich die Versuchsperson etwas wahrnimmt, worauf sie mit einer Reaktion antwortet.

Freilich hatte der Behaviorismus dieses einfache Grundmodell bereits weit hinter sich gelassen, als es in kommunikationstheoretischer Version wieder modern wurde. Bei Skinner (z.B. 1938) trifft es bekanntlich nur den Fall respondenten Verhaltens, nicht aber den wichtigeren des operanten, und schon 1930 hat Hull durch die Einführung des "pure stimulus act" (einer Reaktion, die allein der Erzeugung neuer Stimulation dient; Hull, 1930) das lineare Schema aufgebrochen. Die Psychologie der Informationsverarbeitung hat sich, wie erwähnt, kaum theoretisch mit dem damaligen Neobehaviorismus auseinandergesetzt. Das führte dazu, daß sie, jedenfalls was das lineare Modell angeht, auf den Stand des frühen Behaviorismus zurückfiel.

Hinsichtlich der Analogie zur Laborsituation ist zu bedenken, daß die Unabhängigkeit der Informationsaufnahme von der Motorik natürlich künstlich dadurch erreicht wird, daß die Versuchsperson still sitzen muß und der Einfluß von Blickbewegungen durch tachistoskopische Darbietung eliminiert wird. Vor allem aber beschreibt auch unter diesen eingeschränkten Bedingungen das lineare Modell nur die Vorgänge von einem willkürlich gesetzen Zeitpunkt an, nämlich dem Beginn eines Versuchsdurchgangs mit der Reizdarbietung. Tatsächlich beginnt aber das Experiment nicht mit dem Erscheinen eines Reizes, sondern mit einer Verständigung zwischen Versuchsleiter und Versuchsperson über die Aufgabe. Was sich zwischen Reiz und Reaktion abspielt, ist die Anwendung des hieraus hervorgegangenen Handlungsplans auf die Reizinformation. Dabei gibt es sicherlich Teilprozesse, die für unterschiedliche Handlungen identisch oder ähnlich sind; aber grundsätzlich ist selbst für sogenannte "automatische" Informationsverarbeitung mit einer Abhängigkeit vom Handlungsrahmen zu rechnen (Neumann, 1984; im Druck).

Das lineare Modell ist also unzulänglich, weil es bereits für die Laborsituation und erst recht für weniger eingeschränkte Situationen zwei Umständen nicht gerecht wird: Erstens ist die Informationsaufnahme selbst ein sensumotorischer Prozeß. Die Beweglichkeit der Sinnessysteme (Gibson, 1966; Trevarthen, 1978) und die Lokomotionsfähigkeit des ganzen Organismus sind unter normalen Bedingungen wichtige funktionelle Komponenten des Wahrnehmungsvorgangs. Das vielleicht beste Beispiel ist neben dem Tasten die Funktion der Blickbewegungen für die visuelle Wahrnehmung (siehe Wolff, Kapitel 3). Zweitens sind kognitive Prozesse nicht Antworten "des Systems" auf das Auftauchen eines Reizes, sondern Komponenten von Handlungen. Dies gilt auch in den Grenzfällen, in denen sie nicht von äußerlich beobachtbarem Verhalten begleitet sind; denn auch derartige Prozesse sind von vorausgehendem Verhalten abhängig, an gegenwärtige Randbedingungen (z.B. eine relative Ruhesituation) gebunden und für zukünftiges Verhalten mitbestimmend (siehe Neumann, 1983, S. 46 ff.).

Neben diesen beiden Arten einer unmittelbaren Abhängigkeit der Kognition von Handlung und Bewegung gibt es noch eine weitere, indirektere Beziehung, die von der Psychologie der Informationsverarbeitung nicht hinreichend beachtet wurde: Kognitive Mechanismen und Fertigkeiten sind sowohl in der Phylogenese als auch in der Entwicklung des Individuums stets im Handlungskontext entstanden, und ihr einziger biologischer Zweck ist es, Handlung und Bewegung zu steuern. Im Rahmen dieser Funktion hat die Kognition allerdings im Lauf der Evolution eine relative Verselbständigung erfahren. Die Konstruktion einer phänomenalen Wirklichkeit beim Menschen, die weit über die momentanen Erfordernisse der Handlungssteuerung hinausreicht, erweckt leicht den Schein einer vom Handeln ganz losgelösten Erkenntnisfunktion. Die evolutionären Wurzeln dieser Entwicklung liegen aber in den Vorteilen, die eine von der momentanen Umweltsituation unabhängige Orientierungsbasis für das Handeln bietet (Jerison, 1973). Sie ermöglicht dem erwachsenen Menschen willentliches Handeln, das unabhängig von der momentanen Situation, ja u.U. gegen sie geplant und durchgesetzt werden kann.

Dieser Zusammenhang muß gewiß nicht stets bei der Untersuchung einzelner kognitiver Prozesse berücksichtigt werden. Oft wird es genügen, zu fragen, wie ein objektiv richtiges Verarbeitungsresultat zustandekommt (etwa eine perzeptive Konstanzleistung oder die Lösung einer Denkaufgabe), ohne die Funktion dieser kognitiven Leistung für die Handlungsplanung und Handlungssteuerung zu thematisieren. Es gibt aber Fälle, wo diese Frage den entscheidenden Gesichtspunkt für die funktionelle Analyse liefert. Zum Beispiel läßt sich von hierher die Enge der Aufmerksamkeit verstehen, die, solange sie als ein rein kognitiver Sachverhalt betrachtet wird, die biologisch unplausible Annahme einer "begrenzten Verarbeitungskapazität" zu verlangen scheint (siehe Kapitel 6).

4. Schlußbemerkung

Dieses einleitende Kapitel hat sich kritisch mit der gegenwärtigen Kognitionspsychologie auseinandergesetzt. Der Vorwurf an die "Psychologie der Informationsverarbeitung" war, daß sie das Bemühen um theoretische Psychologie zugunsten technologischer Vorbilder aufgegeben hat; mit dem Ergebenis, daß die Forschung der Informationstechnologie hinterherläuft und sich dabei in den Einzelfragen verliert, die das jeweilige experimentelle Paradigma erzeugt. In der neueren Kognitionspsychologie, die inzwischen die Psychologie der Informationsverarbeitung abzulösen scheint, erhofft man sich eine Behebung dieses Mangels durch einen Wechsel des technologischen Vorbilds. Der Künstlichen Intelligenz wird zugetraut, der Allgemeinen Psychologie eine neue theoretische Grundlegung zu verschaffen. Ich habe zu zeigen versucht, daß es mit dieser Hoffnung nichts ist.

Andere Versuche, die Beschränkungen der Psychologie der Informationsverarbeitung zu überwinden, reagieren auf deren Paradigmaorientiertheit mit der Rückkehr zu einem überzeugungsgeleiteten Forschungsstil; am deutlichsten vielleicht die neogibsonianische neue ökologische Psychologie. Auf die Theoriearmut der vergangenen Jahrzehnte folgt hier wieder die Suche nach dem großen theoretischen Entwurf. Die experimentelle Arbeit tritt dagegen – jedenfalls bis jetzt – in den Hintergrund und scheint fast illustrativen Charakter zu haben; im Unterschied zu den klassischen psychologischen Schulen geht der Aufbruch in neues theoretisches Terrain jedenfalls nicht einher mit neuem experimentellem Elan.

Eine solche radikale Abkehr von der gegenwärtigen Experimentalpsychologie erscheint mir weder erforderlich noch erfolgversprechend. Psychologische Experimente müssen nicht in dem Sinn ökologisch sein, daß sie im Labor ihren Untersuchungsgegenstand in derjenigen Form darzustellen suchen, in der er unter natürlichen Bedingungen auftritt; das geschieht in keiner experimentellen Wissenschaft. Wohl aber sollte die **theoretische** Analyse sich mit dem realen Gegenstand befassen, statt mit der reduzierten Laborsituation, in der er zum experimentellen Paradigma schrumpft. Dies verlangt, jedenfalls in der gegenwärtigen Situation, problemorientierte anstatt paradigma- oder überzeugungsorientierter Forschung. Von einigen Aspekten eines solchen Forschungsstils war im letzten Abschnitt die Rede. Manche davon, wie z.B. die Berücksichtigung biologischer und neurophysiologischer Befunde (z.B. Allport, 1980, 1984b; Hinton & Anderson, 1981) und des Zusammenhangs zwischen kognitiven und im weiteren Sinn motorischen Prozessen (z.B. Prinz, 1983; Prinz & Sanders, 1984; Heuer & Sanders, im Druck) beginnen sich in den letzten Jahren zu konkretisieren; andere sind vorläufig noch Perspektiven.

Literatur

Allport, D.A., The state of cognitive psychology. **Quarterly Journal of Experimental Psychology**, 1975, 27, 141 - 153

Allport, D.A., What level of detail for cognitive theories? **AISB Quarterly**, No.27, July 1977, 10 - 13

Allport, D.A., Patterns and actions: Cognitive mechanisms are content-specific. In G. Claxton (Hg.), **Cognitive psychology - new directions**, London: Routledge & Kegan Paul, 1980

Allport, D.A., Alternatives to the computational view of mind: The baby and the bathwater? **Journal of Verbal Learning and Verbal Behavior**, 1984a, 23, 315 - 324

Allport, D.A., Distributed memory, modular subsystems and dysphasia. In S. Newman & R. Epstein (Hg.), **Dysphasia.** London: Routledge & Kegan Paul, 1984b

Amari, S. & Arbib, M.A., Competition and cooperation in neural nets. In J. Metzler (Hg.), **Systems neuroscience.** New York etc.: Academic Press, 1977

Anderson, J.R., **Language, memory, and thought.** Hillsdale, N.J.: Lawrence Erlbaum, 1976

Angell, J.R., The province of functional psychology. **Psychological Review,** 1907, **14,** 61 - 91

Arbib, M.A., **Brains, machines, and mathematics.** New York etc.: McGraw - Hill, 1964

Arbib, M.A., Cooperative computation as a concept for brain theory. **The Behavioral and Brain Sciences,** 1979, **2,** 475 - 483

Arbib, M.A., Perceptual structures and distributed motor control. In V.B. Brooks (Hg.), **Handbook of physiology.** Abteilung 1: The nervous system. Bd. 2: Motor control, Teil 2. Bethesda, Maryland: American Physiological Society, 1981

Arbib, M.A. & Caplan, D., Neurolinguistics must be computational. **The Behavioral and Brain Sciences,** 1979, **2,** 449 - 483

Ashby, W.R., **Design for a brain.** London: Chapman & Hall, 1952

Bartlett, F.C., **Remembering: A study in experimental and social psychology.** New York: Macmillan, 1932

Berlyne, D.E., **Structure and direction in thinking.** New York: Wiley, 1965.

Bobrow, D.G. & Collins, A. (Hg.), **Representation and understanding: Studies in cognitive science.** New York etc.: Academic Press, 1975

Brady, M., Computer vision. **Artificial Intelligence,** 1982, **19,** 7 - 16

Brady, M., Parallelism in vision. **Artificial Intelligence,** 1983, **21,** 271 - 273

Brady, M., Hollerbach, J.M., Johnson, T.J., Lozano - Perez, T. & Mason, M.T., **Robot motion: Planning and control.** Cambridge, Mass.: MIT Press, 1983

Broadbent, D.E., **Perception and communication.** New York: Pergamon Press, 1958

Claxton, G., Cognitive psychology: A suitable case for what sort of treatment? In G. Claxton (Hg.), **Cognitive psychology - new directions.** London: Routledge & Kegan Paul, 1980

Domotor, Z., Kommentar zu Z.W. Pylyshyn, Computational models and empirical constraints. **The Behavioral and Brain Sciences,** 1978,1, 104 - 105

Feldman, J.A. & Ballard, D.H., Connectionist models and their properties. **Cognitive Science,** 1982, **6,** 205 - 254

Gibson, J.J., **The senses considered as perceptual systems.** Boston: Houghton Mifflin, 1966. Dt.: Die Sinne und der Prozeß der Wahrnehmung. Bern etc.: Huber, 1973

Gibson, J.J., **The ecological approach to visual perception.** Boston: Houghton Mifflin, 1979. Dt.: Wahrnehmung und Umwelt. München etc.: Urban & Schwarzenberg, 1982

Globus, G., Maxwell, G. & Savodnik, I. (Hg.), **Consciousness and the brain.** New York: Plenum Press, 1976

Grossberg, S., Human and computer rules and representations are not equivalent. **The Behavioral and Brain Sciences,** 1980, **3,** 136 - 138

Grossberg, S., **Studies of mind and brain.** London etc.: Reidel, 1982

Hanson, A.R. & Riseman, E.M., **Computer vision systems.** New York etc.: Academic Press, 1978

Harmon, L.D., Kommentar zu Z.W. Pylyshyn, Computational models and empirical constraints. **The Behavioral and Brain Sciences,** 1978, **1,** 106 - 107

Hassenstein, B., **Biologische Kybernetik.** Heidelberg: Quelle & Meyer, 1965

Henderson, L., Word recognition. In N.S. Sutherland (Hg.), **Tutorial essays in psychology.** Bd.1. Hillsdale, N.J.: Lawrence Erlbaum, 1977

Herrmann, Th., **Die Psychologie und ihre Forschungsprogramme.** Göttingen: Hogrefe, 1976

Heuer, H. & Sanders, A.F., (Hg.), **Perception and action.** Hillsdale, N.J.: Lawrence Erlbaum, im Druck

Hinton, G.E. & Anderson, J.A., **Parallel models of associative memory.** Hillsdale, N.J.: Lawrence Erlbaum, 1981

Hockley, W.E. & Corballis, M.C., Tests of serial scanning in item recognition. **Canadian Journal of Psychology,** 1982, **36,** 189 - 212

Hull, C.L., Knowledge and purpose as habit mechanisms. **Psychological Review,** 1930, **37,** 511 - 525

James, W., **The principles of psychology.** New York: Holt, 1890

Jerison, H.J., **Evolution of the brain and intelligence.** New York etc.: Academic Press, 1973

Kolers, P.A., Buswell's discoveries. In R.A. Monty & J.W. Senders (Hg.), **Eye movements and psychological processes.** Hillsdale, N.Y.: Lawrence Erlbaum, 1976

Kolers, P.A. & Smythe, W.E., Symbol manipulation: alternatives to the computational view of mind. **Journal of Verbal Learning and Verbal Behavior,** 1984, **23,** 289 - 314

Lavin, M.A., Analysis of scenes from a moving viewpoint. In P.H. Winston & R.H. Brown (Hg.), **Artificial intelligence: An MIT perspective.** Bd. 2. Cambridge, Mass.: MIT Press, 1979

Lozano - Perez, T., Robotics. **Artificial Intelligence,** 1982, **19,** 137 - 143

Marr, D., **Vision: A computational investigation into the human representation and processing of visual information.** San Francisco: Freeman, 1982

Marr, D. & Poggio, T., Cooperative computation of stereo disparity. **Science,** 1976, **194,** 283 - 287

McCulloch, W.S., **Embodiments of mind.** Cambridge, Mass.: MIT Press, 1965

Michaels, C.F. & Carello, C., **Direct perception.** Englewood Cliffs, N.J.: Prentice - Hall, 1981

Miller, L., Has artificial intelligence contributed to an understanding of the human mind? A critique of arguments for and against. **Cognitive Science,** 1978, **2,** 111 - 127

Minsky, M. & Papert, S., **Artificial intelligence progress report.** Cambridge, Mass.: MIT AI Memo 252, 1972 (zitiert nach Miller, 1978)

Neisser, U., **Cognitive psychology.** New York: Appleton - Century - Crofts, 1967. Dt.: Kognitive Psychologie. Stuttgart: Klett - Cotta, 1974

Neisser, U., **Cognition and reality.** San Francisco: Freeman, 1976. Dt.: Kognition und Wirklichkeit. Stuttgart: Klett - Cotta, 1979

Neumann, O., **Informationsselektion und Handlungssteuerung. Untersuchungen zur Funktionsgrundlage des Stroop - Interferenzphänomens.** Dissertation Bochum, 1980

Neumann, O., Über den Zusammenhang zwischen Enge und Selektivität der Aufmerksamkeit. **Bericht Nr. 19/1983, Psychologisches Institut der Ruhr - Universität Bochum, Arbeitseinheit Kognitionspsychologie.**

Neumann, O., Automatic processing: A review of recent findings and a plea for an old theory. In W. Prinz & A.F. Sanders (Hg.), **Cognition and motor processes.** Berlin etc.: Springer, 1984

Neumann, O., How automatic is Stroop interference? **Acta Psychologica,** im Druck

Newell, A., You can't play 20 questions with nature and win: Projective comments on the papers of this symposium. In W.G. Chase (Hg.), **Visual information processing.** New York etc.: Academic Press, 1973

Newell, A. & Simon, H.A., **Human problem solving.** Englewood Cliffs: Prentice-Hall, 1972

Norman, D.A., Twelve issues for cognitive science. **Cognitive Science**, 1980, 4, 32 1 -

Norman, D.A. (Hg.), **Perspectives on cognitive science.** Hillsdale, N.J.: Lawrence Erlbaum, 1981

Norman, D.A. & Rumelhart, D.E., A system for perception and memory. In D.A. Norman (Hg.), **Models of human memory.** New York etc.: Academic Press, 1970

Norman, D.A. & Rumelhart, D.E., The LNR approach to human information processing. **Cognition,** 1981, 10, 235 - 240

Norman, D.A., Rumelhart, D.E. & the LNR Research Group, **Explorations in cognition.** San Francisco: Freeman, 1975. Dt.: Strukturen des Wissens. Stuttgart: Klett, 1978

Paul, R.P., **Robot manipulators: Mathematics, programming and control.** Cambridge, Mass.: MIT Press, 1981

Phillips, C.G., Zeki, S. & Barlow, H.B., Localization of function in the cerebral cortex. **Brain,** 1984, 107, 327 - 361

Posner, M. & McLeod, P., Information processing models - in search of elementary operations. **Annual Review of Psychology**, 1982, 33, 477 - 514

Prinz, W., **Wahrnehmung und Tätigkeitssteuerung.** Berlin etc.: Springer, 1983

Prinz, W. & Sanders, A.F. (Hg.), **Cognition and motor processes.** Berlin etc.: Springer, 1984

Pylyshyn, Z.W., Computational models and empirical constraints. **The Behavioral and Brain Sciences,** 1978, 1, 93 - 127

Pylyshyn, Z.W., Computation and cognition: Issues in the foundations of cognitive science. **The Behavioral and Brain Sciences** 1980, 3, 111 - 169

Pylyshyn, Z.W., **Computation and cognition. Toward a foundation for cognitive science.** Cambridge, Mass.: MIT Press, 1984

Schank, R.C., Understanding Searle. **The Behavioral and Brain Sciences**, 1980, 3, 446 - 447

Schank, R.C. & Abelson, R.P., **Scripts, plans, goals and understanding.** Hillsdale, N.J.: Lawrence Erlbaum, 1977

Scheerer, E., Probleme der Modellierung kognitiver Prozesse: Von der Funktionsanalyse zur genetischen Analyse. **Bericht Nr. 4/1978a, Psychologisches Institut der Ruhr-Universität Bochum, Arbeitseinheit Kognitionspsychologie**

Scheerer, E., Probleme und Ergebnisse der experimentellen Leseforschung. **Zeitschrift für Entwicklungspsychologie und Pädagogische Psychologie**, 1978b, 10, 347 - 364

Scheerer, E., Early German approaches to experimental reading research: The contributions of Wilhelm Wundt and Ernst Meumann. **Psychological Research**, 1981, 43, 111 - 130

Scheerer, E., **Die Verhaltensanalyse.** Berlin etc.: Springer, 1983

Scheerer, E., Motor theories of cognitive structure: A historical review. In W. Prinz & A.F. Sanders (Hg.), **Cognition and motor processes.** Berlin etc.: Springer, 1984

Schwartz, G.E., & Shapiro, D., **Consciousness and self-regulation.** London etc.: Wiley, 1976

Schweickert, R. & Boggs, G.J., Models of central capacity and concurrency. **Journal of Mathematical Psychology**, 1984, **28**, 223 - 281

Searle, J.R., Minds, brains, and programs. **The Behavioral and Brain Sciences**, 1980, **3**, 417 - 457

Shannon, E. & Weaver, W., **The mathematical theory of communication**. Urbana,Ill.: University of Illinois Press, 1949

Simon, H.A., Information processing models of cognition. **Annual Review of Psychology**, 1979, **30**, 363 - 396

Simon, H.A., Cognitive science: the newest science of the artificial. **Cognitive Science**, 1980, **4** , 33 - 46

Skinner, B.F., **The behavior of organisms: An experimental analysis**. New York: Appleton - Century-Crofts, 1938

Sperling, G., Successive approximations to a model for short term memory. **Acta Psychologica**, 1967, **27**, 285 - 292

Sternberg, S., High - speed scanning in human memory. **Science**, 1966, **153**, 652 - 654

Sternberg, S., The discovery of processing stages: Extension of Donders' method. **Acta Psychologica**, 1969, **30**, 276 - 315

Sternberg, S., Memory scanning: New findings and current controversies. **Quarterly Journal of Experimental Psychology**, 1975, **27**, 1 - 32

Trevarthen, C.B., Modes of perceiving and modes of acting. In H. Pick & E. Saltzman (Hg.), **Modes of perceiving and processing information**. Hillsdale, N.J.: Lawrence Erlbaum, 1978

Underwood, G. (Hg.), **Aspects of consciousness**. Bd.3: Awareness and self - awareness. New York etc.: Academic Press, 1982

Underwood, G. & Stevens, R. (Hg.), **Aspects of consciousness**. New York etc.: Academic Press, 1979

Underwood, G. & Stevens, R. (Hg.), **Aspects of consciousness**. Bd.2: Structural issues. New York etc.: Academic Press, 1981

Winston, P.H., **Artificial intelligence**. Reading, Mass. etc.: Addison - Wesley, 1977

Winston, P.H. & Brown, R.H. (Hg.), **Artificial intelligence: An MIT perspective**. Bd. 2. Cambridge, Mass.: MIT Press, 1979

Woodworth, R.S., **Experimental psychology**. New York: Holt, 1938

Woodworth, R.S. & Schlosberg, H., **Experimental Psychology**. New York: Holt, 1954

Wundt, W., Über psychologische Methoden. **Philosophische Studien**, 1882, **1**, 1 - 38

2 Ideomotorik und Isomorphie

Wolfgang Prinz

Inhalt

Eine Ironie der wissenschaftlichen Begriffsgeschichte hat es gewollt, daß William B. Carpenter, der den ideomotorischen Erscheinungen ihren Namen gab, zugleich dazu beigetragen hat, Begriff und Erscheinungen in Mißkredit zu bringen. Nach Carpenter ist eine Sequenz von Bewegungen dann ideomotorisch, wenn sie ohne gesonderten Willensimpuls allein aufgrund einer Kette von Ideen erfolgt. Ideomotorisch in diesem weiten Sinne sind also alle Handlungen, die automatisch ablaufen – von der Steuerung der Gliedmaßen bei der Lokomotion bis hin zum Aussprechen eines Gedankens, welches unter Anleitung eben dieses Gedankens ganz von selbst erfolgt (Carpenter, 1874, S. 280). Da zwischen leitenden Ideen und geleiteten Bewegungen keine besonderen inhaltlichen Beziehungen postuliert werden, fällt

Carpenters Begriff der ideomotorischen Handlung praktisch mit dem der automatischen Handlung zusammen und ist insofern eigentlich überflüssig.

In Mißkredit geriet der Begriff aber keineswegs deshalb, weil er zu weit gefaßt war, sondern im Gegenteil deshalb, weil ihm durch die Beispiele, anhand derer er von Carpenter eingeführt und erläutert wurde, implizit eine sehr eingeschränkte Bedeutung unterschoben wurde: als Erklärungsbegriff für eine Reihe von wunderlichen Phänomenen. Erscheinungen, wie z.B. Tischrücken, Gedankenlesen oder Veitstanz verlieren nach Carpenter ihren absonderlichen Charakter, wenn man sie als Exempel ideomotorischer Bewegungen betrachtet, d.h. von Bewegungen, die ohne oder sogar gegen die willkürliche Kontrolle des Betroffenen allein aufgrund gewisser übermächtiger Ideen zur Ausführung gelangen. Durch diese erläuternden Beispiele rückte Carpenter die ideomotorischen Erscheinungen in die Nähe der paranormalen Grenzphänomene des Seelenlebens und belastete sie mit einem Odium, das ihrer Anerkennung als ernst zu nehmenden Erscheinungen im Wege stand – und heute noch steht. Unter der Bezeichnung "Carpenter-Effekt" wurden sie als kuriose Erscheinungen zu den Akten gelegt.

Daß trotzdem der Begriff der ideomotorischen Bewegung und/oder Handlung nicht untergegangen ist, ist William James zu verdanken. Er wandte sich ausdrücklich dagegen, die ideomotorische Handlung unter die Kuriositäten des Seelenlebens einzureihen (1890, II, S. 522). Stattdessen verwendete er diesen Ausdruck zur Bezeichnung einer bestimmten Auffassung über den Mechanismus der Bewegungssteuerung, die als erster Rudolph Hermann Lotze ausführlich diskutiert hatte.

1. Ideomotorische Phänomene

"Mit leisen Bewegungen des Armes begleitet der Zuschauende den Wurf der Kegelkugel oder die Stösse des Fechters, mit ausführlichen Gesticulationen der ungebildete Erzähler seine Geschichte; während der andächtigen Lectüre einer Schlachtbeschreibung fühlen wir leise Anspannungen unser Muskelsystem entsprechend den geschilderten Bewegungsmomenten durchziehen." Dies sind nach Lotze Beispiele für "Nachahmungsbewegungen.... (die) von Bewegungsvorstellungen ausgehen ..., ohne daß irgendein bemerkbarer Entschluß des Willens mittätig wäre." (1852, S. 293) Im Unterschied zu Carpenter haben wir es hier (und in allem Folgendem) nicht mit dem allgemeinen Sachverhalt zu tun, daß Vorstellungen die Fähigkeit haben (oder erlangt haben), die Ausführung bestimmter, jedoch prinzipiell beliebiger Körperbewegungen zu veranlassen, sondern mit dem speziellen Sachverhalt, daß Vorstellungen von Bewegungen die Fähigkeit (erlangt?) haben, die

Ausführung solcher Körperbewegungen zu veranlassen, die den vorgestellten Bewegungen entsprechen[1].

Wie schon Lotzes Beispiele deutlich machen, umfassen die ideomotorischen Phänomene recht verschiedenartige Formen von Bewegungssteuerung. Sie können in drei Hauptgruppen untergliedert werden: die (meist unwillkürlichen) **Mitbewegungen**, die (teils willkürlichen, teils unwillkürlichen) **Nachahmungsbewegungen** und die gewöhnlichen **Willkürbewegungen**. Aus Gründen, die wir in Abschnitt 1.4 erläutern, werden wir – im Unterschied zu Carpenter und James – die Bezeichnung 'ideomotorisch' nicht auf Handlungen anwenden, sondern ausschließlich auf **Bewegungen** und die Form ihrer Steuerung.

1.1 Mitbewegung

Unter Mitbewegung[2] wollen wir die Synchronisation eigener Körperbewegung mit wahrgenommener oder vorgestellter Bewegung verstehen. Mitbewegung erfolgt vielfach unwillkürlich oder setzt sich sogar gegen willkürliche Unterdrückung durch (Carpenter-Effekt). Hierzu rechnen die meisten der Beispiele, die Lotze etwas unscharf als Nachahmungsbewegungen zusammenfaßt. Je nach Art der wahrgenommenen/vorgestellten Bewegung lassen sich drei typische Fälle unterscheiden.

Fall 1: Ich beobachte in einer Slapstick-Szene einen Akteur, der, ohne es zu wissen, völlig unbekümmert am Rande eines steilen Abgrundes entlangspaziert. Wenn dann, wie es die Dramaturgie derartiger Szenen erfordert, der Held ins Leere schreitet oder wenn es ihm bei einem Beinahe-Absturz gerade noch gelingt, eine Hand in ein Grasbüschel zu verkrallen, dessen Wurzeln sich zusehends lockern, bin ich als Zuschauer so gut wie außerstande, ruhig dazusitzen. Es fällt mir schwer, mich der Tritt- und Greifbewegungen, die über mich kommen, zu erwehren oder auch nur die Verspannungen meiner Muskulatur und die Gewichtsverlagerungen zu unterdrücken die – im Kinosessel! – an die Stelle der voll ausgeführten Bewegungen treten. Ich bewege mich – zumindest andeutungsweise – so, wie ich mich anstelle des Filmhelden bewegen würde.

Fall 2: Ich schiebe eine Kegelkugel und verfolge ihren Lauf. Solange ich den endgültigen Weg der Kugel nicht mit völliger Sicherheit extrapolieren kann –

---

1) Zu beachten ist hierbei, daß Lotzes Begriff der Bewegungsvorstellung nach heutigem terminologischem Verständnis stets mit 'Bewegungswahrnehmung oder -vorstellung' zu übersetzen ist.

2) Der Ausdruck geht auf Walter Moede zurück, der die Mitbewegung im Rahmen des Programms seiner experimentellen Massenpsychologie untersuchte. Dort werden die Phänomene der Mitbewegung als triebartige Reaktionen in sozialen Gruppen behandelt (Moede, 1920, Kap. V).

solange also noch nicht entschieden ist, ob sie eine angezielte Position erreichen wird oder nicht –, kann ich kaum umhin, mit der Wurfhand Bewegungen auszuführen, die geeignet wären, der rollenden Kugel die Richtung oder den Drall zu geben, die/den sie benöigt, um die Zielposition zu erreichen. Dieser Fall zeigt, daß die Mitbewegung nicht an die Wahrnehmung von Personen oder Tieren gebunden ist – also nicht an lebende Systeme, die sich durch Eigenbewegung auszeichnen –, sondern sich auch auf fremdbewegte Objekte erstreckt. Ebensowenig ist sie auf Objektbewegungen beschränkt, die ich selbst verursacht habe: Auch die Würfe meiner Mitspieler werden unwillkürlich von Mitbewegungen meiner Hand begleitet, wenn ich sie entsprechend intensiv mit dem Blick verfolge.

Fall 3: Ich höre einen Rhythmus und tanze dazu oder führe andere rhythmische Bewegungen aus (Fußwippen, Kopfnicken, Händeklatschen o. dgl.). Auch hier fällt es manchem Beobachter bei manchem Rhythmus außerordentlich schwer, Mitbewegungen zu unterdrücken. Dieser Fall zeigt – noch über Fall 2 hinaus –, daß spontane Mitbewegung nicht einmal an wahrgenommene oder vorgestellte Bewegung gebunden ist, sondern auch durch solche wahrgenommenen/vorgestellten Strukturen veranlaßt werden kann, die durch Bewegungen verursacht sind oder zumindest als korrelative Begleiterscheinungen von Bewegungen interpretiert werden können.

Während in Fall 1 noch mit einem gewissen Recht von einer rudimentären Nachahmung der gesehenen Bewegung die Rede sein kann, verliert dieser Ausdruck bei Anwendung auf die Fälle 2 und 3 seinen Sinn. Aber selbst im Fall 1 handelt es sich in der Regel eben nicht um die Nachahmung tatsächlich gesehener Bewegungen, sondern um die Andeutung von Bewegungen, die in der Lage der beobachteten Person zweckmäßig wären. Mitbewegung ist also von Nachahmungsbewegung deutlich zu unterscheiden.

1.2 Nachahmungsbewegung

Als Nachahmungsbewegungen bezeichnen wir solche Körperbewegungen, die weitgehend einer zuvor wahrgenommenen oder vorgestellten Bewegung entsprechen. Beim erwachsenen Beobachter erfolgen Nachahmungsbewegungen in der Regel willkürlich; sie treten hier nur dann auf, wenn eine entsprechend gerichtete Absicht vorliegt. Für die Frühstadien der intellektuellen und sozialen Entwicklung wird demgegenüber der unwillkürlichen Nachahmung von Bewegungen (und Handlungen) vielfach großes Gewicht beigemessen (vgl. insbesondere Piaget, 1966, 1969).

Im Unterschied zu synchronen Mitbewegungen erfolgen Nachahmungbewegungen zeitlich versetzt zur Vorlagebewegung. Ähnlich wie bei der Mitbewegung können wir auch hier verschiedene Fälle von Nachahmungsbewegung nach der Art der zugrundeliegenden Vorlage unterscheiden.

Fall 1: Ich imitiere das gestische und mimische Gebaren einer Person. Dies ist die Haupterscheinungsform von Bewegungsnachahmung – vor allem wohl deshalb, weil in diesem (und im folgenden) Fall die imitierte und die imitierende Bewegung mit den gleichen Mitteln ausgeführt werden: mit dem Apparat der menschlichen Willkürmotorik. Wenn ich versuche, ein Bewegungsmuster meines Hundes zu imitieren, ist diese besondere Voraussetzung bereits nicht mehr erfüllt (vgl. Fall 3).

Fall 2 : Ich imitiere die Stimme einer anderen Person. Das bedeutet: ich führe eine Sequenz von Artikulationsbewegungen aus, deren Vorlage überhaupt nicht als ein raumzeitliches Muster von Bewegungen wahrgenommen werden kann, sondern nur als ein zeitliches Muster akustischer Ereignisse. Daß dieses akustische Reizmuster seinerseits durch ein Muster von Artikulationsbewegungen verursacht ist, ist für meine Wahrnehmung zunächst ohne Belang: ich höre nur das Muster und sehe nicht die Bewegungen, die es erzeugen[3]. Auch ist in diesem Fall die Intention der Nachahmung nicht auf das Bewegungsmuster gerichtet, sondern auf seine akustischen Begleiterscheinungen. Da aber die akustischen Begleiterscheinungen fest an die Struktur des sie erzeugenden Bewegungsmusters gebunden sind, kann die Imitation der Stimme nur durch eine Imitation des artikulatorischen Bewegungsmusters angemessen realisiert werden.

Fälle 3 und 4: Ich ahme die Bewegungen eines Tieres nach (3) oder betätige mich als Tierstimmenimitator (4). In diesen Fällen sind die strukturellen Voraussetzungen für die Nachahmung weniger günstig, da mein Lokomotions- und Artikulationsapparat anders gebaut sind als bei dem betreffenden Tier. Obwohl ich deshalb meine Imitation notgedrungen auf ausgewählte Eigenschaften der Vorlage beschränken muß – mit der Folge, daß für den Zuschauer/Zuhörer neben den Gemeinsamkeiten auch deutliche Unterschiede zwischen Vorlage und Nachahmung bestehen bleiben –, kann es mir, wenn ich geschickt bin, gelingen, das Publikum durch überzeugende Imitationen zu verblüffen. Offenbar beeinträchtigen die strukturellen Einschränkungen, unter denen die Imitation in diesen Fällen zustande kommt, die wahrgenommene Ähnlichkeit zwischen Vorlage und Nachahmung nicht zwangsläufig.

---

3) Von dem Sonderfall des Lippenlesens ist dabei abgesehen. Möglicherweise ist die sonderbare funktionale Äquivalenz zwischen Hören und Lippenlesen, die von Campbell & Dodd (1980, 1982) beschrieben worden ist, ein Hinweis auf die Berechtigung der Annahme einer ideomotorischen Äquivalenz zwischen der Nachahmung von Bewegungen und der Nachahmung ihrer Begleiterscheinungen.

Fälle 5 und 6: Ich imitiere durch Arm- und Handbewegungen die Flugbahn eines Objekts (z.B. eines Insekts), die ich unmittelbar zuvor mit dem Blick verfolgt habe (5). Darstellende Nachahmung dieser Art kann dadurch zusätzlich an Überzeugungskraft gewinnen, daß die Nachahmung der Bewegung durch die Nachahmung entsprechender Begleitgeräusche ergänzt wird (6). Auf diese Weise können beliebige Bewegungen und/oder bewegungsbegleitende Geräusche nachgeahmt werden, ohne daß eine strukturelle Übereinstimmung zwischen dem Mechanismus, der die Vorlagebewegung erzeugt, und der Willkürmotorik der nachahmenden Person postuliert werden muß.

So unterschiedlich die verschiedenen Fälle von Nachahmung in funktionaler Betrachtung auch sein mögen - in ihrem phänomenalen Erscheinungsbild sind sie eng miteinander verwandt: Ich sehe eine Bewegung oder höre ein Geräusch, und ich weiß sofort, was ich zu tun habe, um ein (in den durch meine strukturellen Möglichkeiten gezogenen Grenzen) möglichst ähnliches Bewegungs- bzw. Lautmuster zu produzieren. Von dem funktional überaus diffizilen Problem, woher mein motorisches System weiß, was es tun muß, um ein Muster hervorzubringen, das der Vorlage in seinen visuellen, akustischen oder kinästhetischen Konsequenzen gleicht, hat meine Anschauung keinerlei Kenntnis. Was ich tun muß, um die entsprechenden Wirkungen hervorzubringen, weiß ich sofort und unmittelbar. Nachahmen ist kinderleicht.

1.3 Willkürbewegung

Weder Lotze noch James konnten der Versuchung widerstehen, im Anschluß an die Behandlung der im engeren Sinne ideomotorischen Bewegungen die Idee auszuarbeiten, daß jede beliebige Willkürbewegung als Ergebnis eines ideomotorischen Prozesses vom Typus der Nachahmung begriffen werden kann. Hierzu braucht man lediglich anzunehmen, daß die Ausführung einer Willkürbewegung die Vorstellung ihrer Ausführung voraussetzt (in zeitlicher und funktionaler Hinsicht), und daß sodann die reale Bewegung durch die vorgestellte Bewegung ausgelöst und gesteuert wird.

Nach Lotze bildet sich in der Seele aufgrund eines Willensimpulses, der auf ein bestimmtes Wollen gerichtet ist, eine Vorstellung des Gewollten. Diese Vorstellung des Gewollten schließt unter anderem eine Vorstellung derjenigen Bewegungen ein, die der Körper - nach Lotze ein von der Seele prinzipiell getrenntes, selbständiges Wesen - verrichten müßte, um dem Wollen zur Geltung zu verhelfen. Wenn sich diese Bewegungsvorstellung in der Seele bildet, bleibt dem Mechanismus des Körpers keine andere Wahl, als die entsprechende Bewegung unverzüglich auszuführen, ohne daß es eines zusätzlichen Willensimpulses bedürfte. Die Vorstellung der Bewegung in der Seele ist somit notwendige und zugleich hinreichende Voraussetzung dafür, daß die Ausführung der Bewegung durch den Körpermechanismus erfolgt. Die determinierende Kraft des Willens manifestiert sich in der Festlegung eines bestimmten Wollens und konkretisiert sich in der Vorstellung des Gewollten, und da die Seele über den Körper herrscht, führt der Körper aus, was die Seele vorstellt (Lotze, 1852, S. 301 ff.).

Bei James, der im angelsächsischen Bereich als hauptsächlicher Begründer des Prinzips der ideomotorischen Bewegungssteuerung gilt (vgl. z.B. Greenwald, 1970), findet sich die gleiche Theorie - durchaus unter Verweis auf Lotze - in modernerem terminologischem Gewand: Körperbewegung ist die natürliche, unmittelbare Wirkung bestimmter Bewußtseinsinhalte (feelings, representations), und sie kommt, sofern sie nicht durch andere, gleichzeitig wirksame Ideen und die ihnen entsprechenden Impulse gehemmt wird, ganz von selbst zustande. Ist jedoch gleichzeitig eine andere, konkurrierende Bewegungsvorstellung wirksam, wird eine zusätzliche Anstrengung des Willens erforderlich, die diese konkurrierende Idee unterdrückt. Die Anstrengung des Willens ist also nicht darauf gerichtet, die eine Vorstellung aktiv zu energetisieren, sondern die andere auszuschalten oder soweit abzuschwächen, daß nur noch die eine konkurrenzlos übrigbleibt - mit der Folge, daß sie dann von selbst in die entsprechende Bewegung übergeht: "Drop this idea (d.h. die konkurrierende Idee), think of the movement purely and simply, with all breaks off; and, presto! it takes place with no effort at all" (James, 1980, II, S. 527).

Nach der Lotze - James - Interpretation ist jede Willkürbewegung gewissermaßen eine Selbstnachahmung. Bei der Fremdnachahmung werden meine Bewegungen durch die Wahrnehmung/Vorstellung der Bewegung einer anderen Person angeleitet. Bei der Selbstnachahmung erfolgt eine Anleitung durch die Vorstellung meiner eigenen Bewegung. Mitbewegung, Nachahmung und Willkürbewegung sind nach dieser Auffassung eng miteinander verwandte Phänomene, die von einem einfachen Grundprinzip beherrscht werden, das gewöhnlich als das ideomotorische Prinzip bezeichnet wird. Seine feierlichste Formulierung hat es durch James erfahren: "We may then lay it down for certain that every representation of a movement awakens in some degree the actual movement which is its object; and awakens it in a maximum degree whenever it is not kept from so doing by an antagonistic representation present simultaneously to the mind." (James, 1890, II, S. 526).

Nach dieser Lesart gehört das ideomotorische Prinzip natürlich nicht mehr zu den merkwürdigen Grenzphämomenen der Psychologie, sondern ganz im Gegenteil in das Zentrum ihres theoretischen Interesses. Es erklärt - so scheint es - auf ganz einfache Weise den Zusammenhang zwischen Wahrnehmung/Vorstellung und

Bewegung. Erklärt es ihn wirklich – oder ist es nicht vielmehr nur die knappgefaßte Beschreibung eines komplizierten theoretischen Rätsels?

1.4 Bewegung und Handlung

Bevor wir das theoretische Rätsel betrachten, ist ein kurzer Kommentar zur Unterscheidung zwischen Bewegung und Handlung angebracht. Wenn jemand das gleiche Auto erwirbt, das sein Nachbar gekauft hat, sagen wir: Er macht es seinem Nachbarn nach. Die Nachahmung bezieht sich hier jedoch auf die Handlung des Autokaufs – und keineswegs auf die Körperbewegungen, die zur Realisierung dieser Handlung erforderlich sind. Man kann zwar ein Auto in aller Regel nicht erwerben, ohne irgendwelche Köperbewegungen auszuführen, aber glücklicherweise ist es keinenfalls erforderlich, die gleichen Bewegungen wie jemand anders auszuführen, wenn man das gleiche Auto kaufen will, das er erworben hat.

Man kann also eine Handlung erfolgreich nachahmen, ohne die Bewegungen zu imitieren, durch die sie bei der Modellperson realisiert wurde. Ebenso kann man umgekehrt eine Bewegung exakt imitieren, ohne die gleiche Handlung zu intendieren. Wenn man etwa mit der gleichen lässigen Gebärde, mit der Humphrey Bogart seinen Whisky zu schlürfen pflegt, eine konzentrierte Strychninlösung zu sich nimmt, mag die Bewegung überzeugend imitiert sein – die Handlung ist es nicht (abgewandelt nach einem Beispiel von Murray; zitiert nach Stränger, 1977, S. 7).

Es ist eine Binsenweisheit, daß die natürlichen Einheiten, in die sich unser tägliches Tun und Lassen gliedert, Handlungen sind – nicht Bewegungen. Das bedeutet: Nach dem Zeugnis der Anschauung wird unsere Tätigkeit nicht durch Repräsentationen von Bewegungen (Bewegungsvorstellungen) geleitet, sondern durch mehr oder weniger explizite Repräsentationen von intendierten Zuständen (Zielvorstellungen), und die Bewegungen, die zur Erreichung des intendierten Ziels ausgeführt werden müssen, ergeben sich von selbst. Wenn ich das Ziel verfolge, einen Juckreiz hinter dem linken Ohr zum Verschwinden zu bringen, ergibt sich das dazu erforderliche Muster von Arm-, Hand- und Fingerbewegungen unvermittelt von selbst. Offenbar besteht hier zwischen Bewegung und Zielvorstellung genau derjenige Zusammenhang, der von Lotze und James für die Beziehung zwischen Bewegung und Bewegungsvorstellung postuliert worden ist.

Diese Überlegungen zwingen zu einer deutlichen Abgrenzung zwischen Handlungs- und Bewegungssteuerung. Handlungen sind Tätigkeitsausschnitte, die distal fokussiert sind (i.S. Brunswiks, 1952). Sie werden phänomenal durch Zielvorstellungen konstituiert und funktional durch Zielrepräsentationen gesteuert. Bewegungen sind dagegen proximal fokussierte Tätigkeitsabschnitte. Sie werden phänomenal durch Bewegungsvorstellungen konstituiert und funktional durch Bewegungsrepräsentationen gesteuert. Handlungen sind die Produkte ergebnisorientierter Tätigkeitssteuerung; Bewegungen die Produkte prozeßorientierter Steuerung (Unterscheidung nach Stränger, 1977, S. 6 ff.)[4].

Auf dem Hintergrund dieser Unterscheidung können wir jetzt präzisieren, daß das ideomotorische Prinzip sich nur auf Bewegungen, jedoch nicht auf Handlungen bezieht und beziehen kann. Die naheliegende spekulative Vermutung, daß die ergebnisorientierte Form der Tätigkeitssteuerung lern- und entwicklungsgeschichtlich unter bestimmten Bedingungen aus der prozeßorientierten Form hervorgehen kann, wollen wir hier ebensowenig weiterverfolgen wie die schwierige theoretische Frage, ob die Bewegungsrepräsentation bei diesem hypothetischen Übergang funktional völlig ausgeschaltet wird, oder ob sie als Mittelglied zwischen Zielrepräsentation und Bewegung wirksam bleibt und lediglich ihre bewußte Repräsentanz verliert.

So zu fragen setzt nicht nur die empirische, sondern auch bereits die theoretische Validität des ideomotorischen Prinzips voraus. Wie läßt sich der in diesem Prinzip konstatierte unmittelbare Zusammenhang zwischen Bewegungsrepräsentation und Bewegung theoretisch überhaupt verständlich machen?

2. Theorien des ideomotorischen Zusammenhangs

Wie wird gesehene Bewegung in entsprechende Eigenbewegung überführt? Woher weiß mein motorisches System, was es zu tun hat, um ein Bewegungsmuster zu erzeugen, das – z.B. – den Bewegungen einer Modellperson gleicht, die ich beobachte? Eine befriedigende Antwort auf diese scheinbar einfache Frage ist noch nicht gefunden worden.

---

4) Bei Lotze ist nicht immer eindeutig zu unterscheiden, ob er unter der Vorstellung des Gewollten, die das ideomotorische Bindeglied zwischen Intention und Bewegung bildet, nur die Bewegungsvorstellung oder auch die Zielvorstellung oder aber ein integratives Produkt beider Komponenten versteht. Wenn die Seele über den Leib herrscht, kann man sich entweder vorstellen, daß die herrschende Seele Zielvorstellungen entwickelt, denen der dienende Körperautomat die entsprechenden Bewegungen zuordnet, oder daß die Seele selbst bereits ihren Zielen Bewegungsvorstellungen zuordnet und der Körperautomat die entsprechenden Bewegungen lediglich realisiert. Nach der ersten Interpretation wird die Zuordnung von Ziel und Bewegung durch den dienenden Leib, nach der zweiten durch die herrschende Seele vorgenommen. Die ideomotorischen Phänomene setzen die zweite Interpretation voraus. Die erste Interpretation liegt – in einer ganz ähnlichen Form wie bei Lotze – der von Wolff (1984) entworfenen Theorie der Blickbewegungssteuerung zugrunde, derzufolge der okulomotorische Apparat ('Leib') die Intentionen des kognitiven Apparats ('Seele') durch die Ausführung von (Blick-) Bewegungen realisiert.

2.1 Petitio principii

Lotze und James stehen den ideomotorischen Erscheinungen, deren Bedeutung sie so nachhaltig unterstreichen, in theoretischer Hinsicht erstaunlich hilflos gegenüber – jedenfalls gemessen an unseren heutigen Ansprüchen an zufriedenstellende Erklärungen. Beide Autoren erliegen der Verführung einer petitio principii, indem sie zunächst anhand einer Reihe von Beobachtungen das ideomotorische Prinzip als beschreibendes Prinzip einführen, es dann aber sogleich als Erklärungsprinzip für eben diese Beobachtungen verwenden: Vorstellungen können Bewegungen steuern, weil der psychophysische Mechanismus so eingerichtet ist, daß Vorstellungen die Fähigkeit haben, die ihnen korrespondierenden Bewegungen hervorzurufen.

Für Lotze geht die spezielle Frage, wie Bewegungsvorstellungen Bewegungen erzeugen können, in der allgemeinen Frage auf, wie die Seele auf den Leib einwirkt. Die Seele kennt den Leib nur als Gegenstand ihrer Wahrnehmung und Vorstellung, keinesfalls als Objekt ihrer direkten Einwirkung. Deshalb wären Regungen der Seele von sich aus überhaupt nicht in der Lage, den leiblichen Mechanismus zu beeinflussen, "wenn nicht ... die allgemeinen Gesetze des Naturlaufs an diese inneren Erschütterungen der Seele (das sind: Bewegungsvorstellungen) die äusseren des mit ihr verbundenen Körpers knüpften" (1852, S. 301). Die Herrschaft der Seele über den Leib im allgemeinen (S. 289) und die Herrschaft der Vorstellung über die Bewegung im besonderen sind Merkmale der psychophysischen Grundausstattung der menschlichen Natur. Darüber, wie die Kluft zwischen den Vorstellungen der Seele und Bewegungen des Leibes überbrückt wird, läßt sich mit den begrifflichen Mitteln der Psychologie nichts Näheres aussagen. Das ideomotorische Prinzip ist damit in den Rang einer nicht mehr erklärungsbedürftigen psychophysischen Grundtatsache erhoben worden, bei der der analytische Regreß endet.

Die Erklärung, die James für das ideomotorische Prinzip anbietet, enthält nichts weiter als eine etwas abstrakter und allgemeiner gefaßte Paraphrasierung seines deskriptiven Gehalts: Vorstellungen können Bewegungen deshalb erzeugen und steuern, weil alle Bewußtseinserscheinungen ihrer Natur nach impulsiven Charakter tragen – weil Bewegung unmittelbare natürliche Wirkung aller Bewußtseinsinhalte (feelings) ist (James, 1890, II, S. 526 f.). Auch hier ist eine explikative Analyse des ideomotorischen Prinzips nicht intendiert. James beschränkt sich darauf, der Natur eine Tendenz zur Hervorbringung der beobachteten Erscheinungen zu unterstellen und diese Tendenz dann als Erklärung der Erscheinungen auszugeben. Die bissige Bemerkung bei Miller, Galanter & Pribram (1960), daß James zwischen ideo- und -motorisch keine andere Brücke als den Bindestrich angegeben habe, ist nicht ganz unberechtigt. Ebenso zutreffend ist aber auch Greenwalds Bemerkung, daß wir heute den ideomotorischen Zusammenhang noch keineswegs besser verstehen als James (Greenwald, 1970, S. 86).

2.2 Verbindungstheorien

Theorien dieses Typus sind - in etwas anderem Zusammenhang als hier - von Greenwald (1970) systematisch erörtert worden. Sie sind dadurch gekennzeichnet, daß sie die Kluft zwischen der Repräsentation und der Ausführung von Bewegungen durch die Annahme überbrücken, daß die Repräsentation einer Bewegung nicht nur wahrnehmungsbezogene Komponenten enthält, sondern daneben auch ausführungsbezogene Komponenten, die mit den wahrnehmungsbezogenen fest verbunden sind. Danach beschränkt sich z.B. die visuelle Wahrnehmung der Bewegung eines Gegenstandes nicht auf die visuelle und eventuell semantische Kodierung der Reizinformation, sondern umfasst auch eine - wie immer geartete - kinästhetische und/oder motorische Kodierung[5].

Wenn man derartiges allgemein annehmen könnte, wäre das Problem der ideomotorischen Vermittlung theoretisch entschärft, weil damit postuliert würde, daß die Repräsentation und die Exekution von Bewegungen auf teilweise identischen Kodierungskomponenten beruhen.

Ausführungsbezogene Kodierung kann motorisch oder kinästhetisch sein. Von motorischer Kodierung soll dann die Rede sein, wenn die funktionale Repräsentation, die der Bewegungswahrnehmung oder -vorstellung zugrunde liegt, u.a. die partielle oder latente Aktivierung von Bewegungs- und Reaktionsprogrammen einschließt. Von kinästhetischer Kodierung soll dagegen die Rede sein, wenn die kinästhetischen Begleiterscheinungen solcher Bewegungen eingeschlossen sind. Motorische Kodierung ist demnach unmittelbar ausführungsbezogen, kinästhetische Kodierung dagegen nur mittelbar. Trotz dieses funktionalen Rangunterschiedes ist es grundsätzlich denkbar, daß beide Kodierungsformen für die ideomotorische Vermittlung geeignet sind. Da nämlich zwischen der efferenten Information, durch die Bewegungen realisiert werden, und der afferenten kinästhetischen Information, durch die ihre Ausführung repräsentiert wird, relativ feste Zuordnungen bestehen, und da diese Zuordnungen bei jeder beliebigen Körperbewegung neu überlernt

---

5) Theorien, die diese Annahme postulieren, haben vor allem im Kontext wahrnehmungspsychologischer, teils auch denkpsychologischer Fragestellungen eine lange Tradition (vgl. Scheerer, 1984). Sie werden in der Regel unter dem Begriff 'motorische Bewußtseinstheorien' zusammengefaßt, wobei dieser Begriff nicht nur solche Konzeptionen einschließt, die eine im engeren Sinne motorische Begleitung von Bewußtseinserscheinungen vorsehen, sondern auch solche, die mit der Idee einer kinästhetischen Kodierung operieren.

werden können, ist es nicht unplausibel, anzunehmen, daß motorische und kinästhetische Kodierung funktional praktisch gleichwertig sind. Voraussetzung hierfür ist allerdings, daß der hochüberlernte Zusammenhang zwischen motorischen Kommandos und ihren kinästhetischen Konsequenzen auch in umgekehrter Richtung genutzt werden kann: Es muß möglich sein, einer gegebenen kinästhetischen Bewegungsvorstellung in eindeutiger Weise dasjenige Muster an motorischen Kommandos zuzuordnen, das zur Wahrnehmung der betreffenden Bewegung führen würde. Die mentale Übung komplizierter Bewegungssequenzen scheint auf dieser Voraussetzung zu beruhen. Der kinästhetischen Variante neigt Lotze zu[6)].

Danach vermögen wir Willkürbewegungen nicht anders zu erzeugen "als indem wir denjenigen Empfindungszustand wenigstens andeutungsweise in uns reproduciren, welcher die geschehende Bewegung früher begleitete und von ihr erweckt wurde" (1852, S. 302). Für die freien Willkürbewegungen, die wir durch Reproduktion beliebiger Bewegungsvorstellungen intentional steuern können, mag diese Erklärung als akzeptable Präzisierung des ideomotorischen Prinzips gelten. Wie aber steht es in den Fällen, die auf der Wahrnehmung von Bewegungen beruhen – Mitbewegung und Nachahmung –, den i.e.S. ideomotorischen Bewegungen? Woher wissen wir, wenn wir eine gesehene Bewegung nachahmen, welches kinästhetische Vorstellungsmuster ihr entspricht – und somit ihre Nachahmung steuern kann? Die Nachahmung gesehener Bewegung gelingt in der Regel unmittelbar (ohne Ausprobieren) und auch ohne visuelle Kontrolle (z.B. mit geschlossenen Augen). Daraus folgt: Falls ein Mechanismus zur direkten Umsetzung gesehener Bewegung in kinästhetische Bewegungsvorstellung überhaupt existiert, muß er so beschaffen sein, daß er eine quasi-automatische Übersetzung aus dem einen (visuellen) in das andere (kinästhetische) Repräsentationsmedium leistet. Das Problem des ideomotorischen Zusammenhangs ist also nicht gelöst, sondern nur verschoben: Die ideomotorische Kluft ist durch eine intermodale Kluft ersetzt.

Der motorischen Variante neigt James zu. Da das Bewußtsein dem Wesen nach impulsiv ist und Bewegung dementsprechend die natürliche Begleitung aller Bewußtseinserscheinungen darstellt, sind Wahrnehmung und Vorstellung ohne motorische Komponenten überhaupt nicht denkbar. Auf welcher Grundlage die ideomotorische Übersetzung z.B. visueller Eindrücke in korrespondierende Bewegungen erfolgt, bleibt unklar. Handelt es sich um ein Bündel von Einzelbezie–

---

6) Auch in der Theorie der Raumwahrnehmung favorisierte Lotze eine afferente – nämlich kinästhetische – Interpretation der Lokalzeichen gegenüber der efferenten – motorischen – Interpretation, die später von Helmholtz und teils auch von Wundt vertreten wurde (vgl. Neumann, 1980; Scheerer, 1984).

hungen (Wenn Reizbewegung x, dann Eigenbewegung y...), oder liegen der Übersetzung regelhaft Transformationen von Eigenschaften der Reizbewegung in korrespondierende Eigenschaften der Eigenbewegung zugrunde?

Eine Übersicht über modernere Versionen beider Theorievarianten gibt Greenwald (1970). Das gemeinsame Merkmal sämtlicher Versionen beider Theorien besteht darin, daß sie – zumindest für die Phänomenklassen der Mitbewegung und der Nachahmung – einen hochgradig wirksamen Übersetzungsmechanismus postulieren, der den ideomotorischen (bzw. intermodalen) Brückenschlag durch die Etablierung von Zuordnungsverbindungen zwischen den beiden inkommensurablen Erscheinungsreihen vornimmt (Verbindungsprinzip; vgl. Prinz, 1984). Dieser Übersetzungsmechanismus kann phylogenetisch oder ontogenetisch erworben sein. Wer ersteres annimmt, macht sich relativ unangreifbar, ohne etwas erklärt zu haben, und fällt auf die petitio principii – Position zurück. Wer letzteres annimmt, muß eine Lerntheorie konstruieren, die den Aufbau des Übersetzungsmechanismus nachzuvollziehen gestattet[7]. In diesem Fall hat er sich aber nicht nur mit der Frage auseinanderzusetzen, **wie** die beteiligten Lernvorgänge im einzelnen ablaufen, sondern auch mit dem weitaus schwierigeren Problem, **warum** Fertigkeiten wie Mitbewegung und Imitation überhaupt erworben werden. Natürlich muß ein Lebewesen in der Lage sein, angemessene Reaktionen auf bewegte Reize zu erlernen. In vielen Fällen (in der Regel?) verlangt ein bewegtes Reizobjekt als adäquate Antwort aber keineswegs die Ausführung einer der gesehenen Bewegung ähnlichen Bewegung, sondern die Ausführung irgendeiner ganz anderen Körperbewegung, die auf die gesehene Bewegung lediglich räumlich bezogen ist. Wenn mir jemand einen Ball zuwirft, fange ich ihn auf; wenn jemand einen Stein nach mir wirft, weiche ich aus u. dgl. (vgl. das Konstrukt der Operationskodierung bei Prinz, 1983). In solchen Fällen sind diejenigen Reaktionen, die ökologisch zweckmäßig sind, mit Mitbewegungs – oder Nachahmungstendenzen völlig unverträglich. Bei näherem Hinsehen zeigt sich also, daß eine lerntheoretische Erklärung von Mitbewegung und Bewegungsnachahmung nicht ebenso kinderleicht ist wie die Phänomene selbst[8].

---

7) Dies ist der Ansatz, den Greenwald (1970) verfolgt, und zwar im Hinblick auf die kinästhetische Variante der Übersetzungstheorie. Greenwalds Diskussion ist teils in S – R – Sprache, teils in kognitivistischem Jargon abgefaßt, bemüht sich aber im Grundsatz um eine lerntheoretisch akzeptable Fassung des ideomotorischen Zusammenhangs. Als theoretischen Vorläufer baut er unter anderem Hulls antizipatorische Zielreaktion in seine Überlegungen ein.

8) Das gilt auch für die als Imitation interpretierbaren Bewegungen bei Säuglingen und Kleinkindern. Natürlich ist hier durch soziale Bekräftigung für die Aufrechterhaltung derartiger Bewegungsmuster hinreichend gesorgt. Warum sie aber überhaupt auftreten, ist damit jedoch noch keineswegs erklärt.

2.3 Vergleichstheorien

An die Stelle von Verbindungen zwischen zwei miteinander korrelativ verkoppelten Erscheinungsreihen kann ein Vergleich nur dann treten, wenn diese Erscheinungsreihen zumindest teilweise kommensurabel sind, d.h. wenn sie irgendwelche gemeinsamen Merkmale aufweisen, die als tertium comparationis fungieren können (vgl. Prinz, 1984; Vergleichsprinzip). Das Problem der ideomotorischen Vermittlung stellt sich völlig anders, wenn man ein Axiom in Frage stellt, das den bisherigen Überlegungen stillschweigend zugrunde liegt: Das Axiom von der prinzipiellen Inkommensurabilität zwischen wahrgenommener und ausgeführter Bewegung.

Für die Nachahmung von Bewegungen hat Kurt Koffka die Konturen einer derartigen Theorie in allgemeiner Form skizziert (Koffka, 1925; vgl. hierzu auch Stränger, 1977, S. 35 ff.). Im Anschluß an eine Erörterung der Tatsachen der unwillkürlichen und der willkürlichen Nachahmung und nach einer kritischen Diskussion einiger als unzureichend verworfener Erklärungsversuche heißt es dort: "Könnten wir nun einen direkten Strukturzusammenhang annehmen zwischen der Wahrnehmung und der Bewegung, so wären alle Tatsachen wohl zu verstehen. Die Wahrnehmungsstruktur würde die Bewegungsstruktur 'durch Ähnlichkeit' produzieren, die Bewegung würde phänomenal als eine Kopie der Wahrnehmung zustande kommen können, denn der Zusammenhang zwischen den beiden Einzelstrukturen (Wahrnehmung und Bewegung), den wir als Produktion der einen durch die andre bezeichnet haben, muß ja auch wieder ein Strukturzusammenhang sein, der verschieden fest sein kann." (Koffka, 1925, S. 234/235) "Ein solches Strukturgesetz wäre dann der tatsächliche Gehalt der ... These, daß jede Vorstellung einer Bewegung von sich aus die Tendenz habe, die Bewegung selbst zu erzeugen" (S. 236).

Zu Recht wird Koffkas Prinzip einer strukturellen Übereinstimmung von Wahrnehmung und Bewegung von Stränger als eine heuristische Annahme bewertet: Es wird lediglich abstrakt postuliert, ohne daß der Autor im einzelnen darlegt, worin die strukturellen Übereinstimmungen bestehen könnten.

Auch die durch Viktor v. Weizsäcker begründete Gestaltkreislehre (1940, 1942), die die funktionale Einheit von Wahrnehmen und Bewegen besonders betont, liefert kaum Anhaltspunkte für eine Konkretisierung des bei Koffka angedeuteten Grundsatzes. Allerdings steuert sie einige Beobachtungen und Überlegungen bei, die möglicherweise auch für das Verständnis des ideomotorischen Prinzips (mit dem sich Weizsäcker überhaupt nicht ausdrücklich beschäftigt) fruchtbar gemacht werden können.

Jede Bewegung hat eine bestimmte raumzeitliche Form. Gibt man nun eine bestimmte Raumform vor (z.B. Zickzacklinie oder Kreis), die durch eine entsprechende Armbewegung nachgezeichnet werden soll, kann man beobachten, daß Versuchspersonen dazu tendieren, diese räumlichen Formen innerhalb einer bestimmten Zeitstrecke und u.U. auch in einer bestimmten zeitlichen Form nachzufahren. Innerhalb gewisser Grenzen sind Zeitstrecke und zeitliche Form (d.i. die Abfolge von Geschwindigkeitsveränderungen) von der Größe der geforderten Bewegung und somit von der Länge der zu durchmessenden Wegstrecke unabhängig (Kern, 1933; Derwort, 1938; zur Einschränkung des Gültigkeitsbereiches dieser Beziehungen vgl. jedoch Hacker, 1974). Diese Beobachtungen sind anhand von Versuchen gewonnen, in denen eine Bewegung durch eine Vorstellung der räumlichen Form ihrer Bahn zu regulieren war (Kreis, Zickzack). Sie betreffen insofern nicht unmittelbar die ideomotorische Bewegungssteuerung, weil dort im typischen Fall neben der räumlichen auch die zeitliche Form der Vorlagebewegung vorgegeben ist. Wenn aber bereits unter diesen Bedingungen die räumliche Form einer vorgegebenen Bewegungsbahn gewisse Merkmale der zeitlichen Form der Bewegung auf dieser Bahn festlegt, sollte eine derartige Festlegung erst recht unter solchen Bedingungen erfolgen, unter denen die zeitliche Form selbst schon Bestandteil der Vorlage ist, d.h. im Fall der ideomotorischen Bewegung.

Ist es vielleicht ganz allgemein die zeitliche Struktur der wahrgenommenen und der auszuführenden Bewegung, die als tertium comparationis für ihre gegenseitige Abgleichung dient? Wäre nämlich das Wahrnehmungssystem so organisiert, daß es gesehene Objektbewegung als ein zeitlich geordnetes Muster von Werten analysiert, die das wahrgenommene Objekt auf verschiedenen Dimensionen einnimmt, und wäre ferner das Bewegungssystem so organisiert, daß es Willkürbewegungen durch ein zeitlich geordnetes Muster von Parameterwerten steuert, die die Ausführung der Bewegung auf entsprechenden Dimensionen spezifizieren, könnte das Problem der ideomotorischen Bewegungssteuerung durch direkte Kopie zwischen kommensurablen Größen gelöst werden: Die Zeitstruktur der wahrgenommenen Bewegung brauchte lediglich in die Steuerung der auszuführenden Bewegung übertragen zu werden.

3. Ideomotorische Phänomene und Isomorphieprinzip

Bevor wir diese heuristische Überlegung weiterverfolgen, wollen wir sie zunächst mit einer theoretischen Tradition verknüpfen, die vordergründig mit dem ideomotorischen Prinzip und seinen theoretischen Problemen überhaupt nichts zu tun hat: Der Diskussion um das Isomorphieprinzip der Gestalttheorie, das vor allem auf Wolfgang

Köhler zurück geht (1924, 1929, 1933). Obwohl Köhlers Theorie schon oft totgesagt wurde, geht von ihr auch heute noch soviel Faszination aus, daß sie immer noch in der einen oder anderen Form weiterlebt und noch keineswegs eine endgültige Ruhestätte in den Annalen der psychologischen Theoriegeschichte gefunden hat (zu neueren Entwicklungen im Umfeld des Isomorphieprinzips vgl. z.B. Stadler, 1981).

3.1 Psychophysische Isomorphie

Die schwierigsten Grundlagenprobleme der Psychologie ergeben sich daraus, daß sie es in verschiedener Hinsicht mit dem Zusammenhang von Erscheinungsreihen zu tun hat, die ganz offensichtlich korrelativ miteinander verkoppelt sind, obwohl sie – ebenso offensichtlich – völlig inkommensurabler Natur sind. Ebenso rätselhaft wie der ideomotorische Zusammenhang sind z.B. die intermodalen Zusammenhänge, die sich in den Synästhesien niederschlagen, oder die verschiedenartigen Zusammenhänge zwischen Reizstruktur und Bedeutung, wie sie z.B. in der Lautsymbolik oder in physiognomischen Erscheinungen zutage treten. Vollends rätselhaft ist schließlich der Zusammenhang zwischen Bewußtseinserscheinungen und hirnphysiologischen Erscheinungen. Wie Lotze ausgiebig erörtert hat (1852, S. 66 ff.), vermag unser gewöhnliches kausales Denken derartige Zusammenhänge nicht ohne weiteres zu bewältigen, weil kausale Verknüpfung nur zwischen kategorial gleichartigen Erscheinungen gedacht werden kann. Für die Erklärung der korrelativen Verkopplung inkommensurabler Erscheinungen bieten sich drei Ansätze an: (1) strikte Leugnung der Inkommensurabilität – wie es z.B. in Lotzes spiritualistischem Monismus im Hinblick auf den Leib-Seele-Zusammenhang geschieht (1852, S. 78ff.), (2) volle Anerkennung der Inkommensurabilität bei gleichzeitiger Postulierung struktureller Verbindungen – wie es z.B. in der lerntheoretischen Erklärung in der Lautsymbolik geschieht (vgl. Hörmann, 1970, Kap. XII), oder (3) Annahme einer partiellen (nämlich: strukturellen) Kommensurabilität, wie sie am deutlichsten in Köhlers Theorie der psychophysischen Isomorphie formuliert ist.

Wie Köhler dargelegt hat, hat dieser Begriff zwei verschiedene Bedeutungen: Isomorphie von Systemeigenschaften und Isomorphie von Eigenschaften konkreter Ereignisse und Prozesse (Köhler, 1933, S. 38 ff; vgl. auch Witte, 1976). Das allgemeine Prinzip der System-Isomorphie nimmt lediglich an, daß die physischen (d.h. hier: physiologischen) Korrelate beliebiger psychischer Erscheinungen so geordnet sind, daß innerhalb des Systems der physischen Korrelate zwischen den Korrelaten der einzelnen Erscheinungen die gleichen Ähnlichkeitsverhältnisse herrschen, die innerhalb des Systems der psychischen Erscheinungen zwischen den einzelnen Erscheinungen selbst gegeben sind. Behauptet wird damit nichts weiter, als daß das System der physischen Erscheinungen und das System der psychischen Erscheinungen die gleiche Dimensionsstruktur aufweisen – mit der Folge, daß sie eindeutig aufeinander abgebildet werden können. Über die Natur der Dimensionen der beiden Systeme wird in dieser Fassung des Prinzips keine Aussage gemacht.

Das speziellere Prinzip der Ereignis – Isomorphie, das den Kern der Köhler'schen Isomorphietheorie ausmacht, geht über diese recht allgemeine und beinahe schon triviale Forderung deutlich hinaus. Es postuliert nicht nur eine korrelative Korrespondenz zwischen den Dimensionen des Physischen und des Psychischen, sondern eine partielle Identität dieser Dimensionen – zumindest jedenfalls für die Dimensionen des Raumes und der Zeit. Wenn etwa ein Objekt räumlich oder zeitlich zwischen zwei anderen Objekten gesehen wird, muß man annehmen, daß im zugrundeliegenden physiologischen Prozeßzusammenhang sein Korrelat gleichfalls räumlich bzw. zeitlich zwischen den Korrelaten der anderen Objekte erzeugt wird (Köhler, 1933, S. 38 ff.).

Obwohl Köhler das spezielle Isomorphieprinzip nicht nur auf räumliche und zeitliche Zusammenhänge beschränkt sehen wollte, kann es dennoch nur auf diese Dimensionen in eindeutiger und widerspruchsfreier Weise angewendet werden – und zwar deshalb, weil Raum und Zeit die einzigen Dimensionen sind, in die hirnphysiologische Prozesse und Wahrnehmungsinhalte gemeinsam eingetragen werden können. Für andere Wahrnehmungsdimensionen – Farbe, Tonhöhe, Schmerzintensität o. dgl. – kann eine derartige dimensionale Identität nicht postuliert werden. Deshalb ist die Verallgemeinerung, die Köhler seinem Prinzip gab – "daß einem Geschehen, welches als in sich zusammen gehörig erfahren wird, in den zugrunde liegenden physiologischen Prozessen eine in sich dynamisch zusammenhängende Einheit ... entspricht" (1933, S. 41) – im Grunde ein Rückfall aus dem speziellen in das allgemeine Isomorphieprinzip, weil die Forderung nach Identität der Dimensionen fallengelassen ist und lediglich behauptet wird, daß einem bestimmten psychischen Zusammenhang irgendein dynamischer Zusammenhang im Physischen entspricht.

Köhlers Versuch, das spezielle Isomorphieprinzip für die **räumliche Struktur** psychophysischer Vorgänge zu konkretisieren, muß heute wohl als gescheitert angesehen werden (vgl. jedoch Stadler, 1981). Hierfür sind vor allem zwei Gründe maßgebend. Erstens konnte für die von Köhler als unabdingbar angesehene Annahme, daß das psychophysische Niveau in funktionaler Hinsicht als ein räumlich homogenes Medium wirkt (Köhler, 1924, S. 235 ff.), zureichende physiologische Evidenz nicht gefunden werden. Zweitens wissen wir heute, daß die räumlichen Verhältnisse der kortikalen Prozesse die ihnen zugrundeliegenden Reizverhältnisse nicht nur im Hinblick auf ihre räumliche Lage vertreten, sondern auch im Hinblick auf (räumli–

che oder nichträumliche) Merkmale, die in rezeptiven Feldern auf der Sinnesoberfläche realisiert sind. Wenn jedoch zutrifft, daß in den kortikalen Projektionsgebieten die Ortskodierung der retinalen Lageverhältnisse durch die Ortskodierung von Merkmalen überlagert wird, verliert die These, daß die räumlichen Verhältnisse der kortikalen Projektion die unmittelbare Grundlage für die räumlichen Verhältnisse der Wahrnehmungswelt liefern, ihre bestechende Eleganz und damit ihre Plausibilität.

Im Hinblick auf die **zeitliche Struktur** psychophysischer Vorgänge ist dagegen eine Konkretisierung des speziellen Isomorphieprinzips niemals erfolgt – vermutlich deshalb nicht, weil eine derartige Konkretisierung auf den ersten Blick fast schon trivial erscheint. Daß zwischen der zeitlichen Struktur der Stimulation bzw. der durch sie erzeugten kortikalen Prozesse und der wahrgenommenen Zeitstruktur eines Geschehens eine relativ direkte Korrespondenz besteht, ist so evident, daß es schwerfällt, sich darüber zu wundern. Ganz offenkundig bildet bei der Wahrnehmung zeitlich erstreckter Sachverhalte die zeitliche Struktur der vermittelnden physiologischen Prozesse die unmittelbare Grundlage der zeitlichen Struktur der wahrgenommenen Ereignisse. Die beiden Einwände gegen die Anwendung des speziellen Isomorphieprinzips auf räumliche Strukturen haben hier keinen Bestand: die physiologische Zeit kann (im Unterschied zum anatomischen Raum) als kontinuierlich oder zumindest als quasi-kontinuierlich angesehen werden, und die zeitlichen Verhältnisse der kortikalen Erregungsverteilung vertreten nach allem, was man weiß, keine anderen Merkmale und Qualitäten als die zeitlichen Verhältnisse der Stimulation.

Danach hat es den Anschein, daß die Zeitdimension im psychophysischen Geschehen eine Sonderrolle einnimmt, deren theoretische Bedeutung noch nicht voll erkannt ist. Hinzu kommt, daß die Kommensurabilität, die durch die zeitliche Struktur hergestellt wird, sich nicht auf die neurophysiologischen Grundlagen der Wahrnehmung und ihre phänomenalen Resultate beschränkt, sondern sich auch auf die neurophysiologischen Grundlagen der Bewegung und deren Resultate – reale Körperbewegungen – erstreckt. Dies unterstreicht den besonderen Status der Zeitdimension. 'Zeit' ist einer der ganz wenigen Begriffe, der in allen Datensprachen, mit denen es die Psychologie zu tun hat, sinnvoll interpretiert werden kann: der Sprache der Physiologie, der Phänomenbeschreibung und der Verhaltensbeschreibung (vgl. Prinz, 1976, S. 39 ff.).

3.2 Ideomotorische Isomorphie

Nach diesem Exkurs zum psychophysischen Zusammenhang können wir jetzt wieder zum ideomotorischen Zusammenhang zurückkehren. Wir sehen jetzt, daß die

Überlegungen in Abschnitt 2.3 auf die Postulierung eines ideomotorischen Isomorphieprinzips hinauslaufen. Läßt sich das Prinzip der zeitlichen Isomorphie, das für die Beziehung zwischen afferenten physiologischen Prozessen und ihren phänomenalen Korrelaten offenbar uneingeschränkt gilt, auch für die Beziehung zwischen Wahrnehmung und Bewegung bzw. ihren funktionalen Grundlagen in afferenten und efferenten Prozessen anwenden? In diesem Abschnitt skizzieren wir die Konturen einer derartigen Theorie.

Die Überlegungen, die die vorausgegangenen Abschnitte vorbereitet haben, lassen sich wie folgt zu einer systematischen Theorie der ideomotorischen Isomorphie ergänzen:

1. **These**: Die afferente Analyse von Reizen erfolgt allgemein durch gleichzeitige Eintragung ihrer Werte auf einer Reihe von Analysedimensionen. Bewegte Reizmuster sind dementsprechend durch das Zeitverhalten der Eintragungen auf den einzelnen Analysedimensionen isomorph repräsentiert.

Erläuterung: Danach ist das Zeitverhalten jeder beliebigen Eigenschaft des Reizes, die über eine selbstständige neurale Repräsentation (Analysedimension) verfügt, isomorph abgebildet. – Welche Analysedimensionen zur Verfügung stehen bzw. wovon abhängt, welche Dimensionen jeweils wirksam werden, ist zunächst gleichgültig und kann hier außer Betracht bleiben (vg. hierzu Prinz, 1970; Prinz & Scheerer-Neumann, 1974). Für den Fall der visuellen Wahrnehmung einer zweidimensionalen Objektbewegung könnte man z.B. annehmen, daß gleichzeitig das Verhalten (1) der horizontalen Verlagerung, (2) der vertikalen Verlagerung, (3) der Geschwindigkeit, (4) der Beschleunigung usw. analysiert wird (was natürlich eine redundante Überdetermination der Bewegungsrepräsentation bedeuten würde).

2. **These**: Die efferente Steuerung von Bewegungen erfolgt durch gleichzeitige Eintragung ihrer Parameter auf einer Reihe von Steuerungsdimensionen. Bewegungen sind dementsprechend durch das Zeitverhalten der Eintragungen auf den einzelnen Steuerungsdimensionen isomorph repräsentiert.

Erläuterung: Danach ist das Zeitverhalten jeder beliebigen Eigenschaft der Bewegung, die über eine selbstständige neurale Repräsentation (Steuerungsdimension) verfügt, in dem Zeitverhalten dieser Dimension isomorph abgebildet. – Auch hier soll zunächst offen bleiben, um welche Steuerungsdimension es sich im einzelnen handelt. In der von Schmidt formulierten Schematheorie der Bewegungssteuerung, die mit der verwandten Vorstellung operiert, daß Bewegungen durch generalisierte Bewegungsprogramme gesteuert werden, die im konkreten Einzelfall durch eine Reihe von Parametern spezifiziert werden, werden Steuererungsdimensionen unterschieden, die sich z.B. auf die Kraft, die Größe oder die räumliche Orientierung der Bewegung beziehen (Schmidt, 1975, 1982).

3. These: Ideomotorische Isomorphie im weiteren Sinne liegt dann vor, wenn das Zeitverhalten von Analysedimensionen durch das Zeitverhalten von Steuerungsdimensionen kopiert wird. Daraus ergibt sich eine zeitlich isomorphe Abbildung von Aspekten der wahrgenommenen Bewegung durch Aspekte der ausgeführten Bewegung (Allgemeines Ideomotorisches Prinzip).

Erläuterung: In dieser allgemeinen Form deckt das Prinzip vor allem den Phänomenbereich der Mitbewegung ab. Wahrgenommene Bewegung wird durch eine ihrer Zeitstruktur entsprechenden Eigenbewegung begleitet, ohne daß die Eigenbewegung die Vorlagebewegung imitiert. Das Prinzip gilt dementsprechend nicht nur für solche Mitbewegungen, die wahrgenommene Bewegung begleiten, sondern ganz allgemein für alle Formen von Mitbewegung, die eine zeitlich gegliederte Geschehensstruktur begleiten (z.B. akustisch gesteuerte rhythmische Bewegungen).

4. These: Ideomotorische Isomorphie im engeren Sinne liegt dann vor, wenn das Zeitverhalten einzelner Analysedimensionen durch das Zeitverhalten von ihnen korrespondierenden Steuerungsdimensionen kopiert wird. Daraus ergibt sich eine zeitlich und räumlich isomorphe Abbildung von Aspekten der wahrgenommenen Bewegung durch Aspekte der ausgeführten Bewegung (Spezielles Ideomotorisches Prinzip).

Erläuterung: In seiner speziellen Fassung deckt das Prinzip den Phänomenbereich der Imitation ab, weil die isomorphe Abbildung der Zeitstruktur für Dimensionen postuliert wird, die einander korrespondieren. Dabei muß die Zuordnung einander korrespondierender Dimensionen keineswegs apriori vorgegeben sein. Da nämlich die Konsequenzen der eigenen Bewegung wahrnehmbar sind (nicht nur kinästhetisch, sondern auch visuell), besteht ausreichend Gelegenheit, die Korrespondenzbeziehungen zwischen Steuerungs- und Analysedimensionen zu erlernen.

Das Grundprinzip dieser Isomorphie-Theorie der ideomotorischen Phänomene besteht in der Annahme, daß der Zusammenhang zwischen den disparaten und inkommensurablen Ereignisreihen 'Wahrnehmung' und 'Bewegung' durch eine Kopie ihrer Struktur auf der einzigen Dimension hergestellt wird, auf der sie ohne weiteres kommensurabel sind: der Zeitdimension. Diese Annahme macht es möglich, die ideomotorische Kluft direkt zu überbrücken, d.h. von der visuellen oder akustischen Wahrnehmung unmittelbar zur Bewegungssteuerung überzugehen, ohne daß der Umweg über eine kinästhetische Bewegungsvorstellung als vermittelndes Zwischenglied notwendig wäre.

Die Frage, ob dieser Ansatz auch zu einer allgemeinen Theorie der Willkürbewegung ausgearbeitet werden kann, d.h. ob er sich auf den Fall ausdehnen läßt, daß Körperbewegung nicht durch eine wahrgenommene Bewegung gesteuert wird, sondern durch eine Bewegungsvorstellung oder durch eine in anderer Form aktualisierte Bewegungsrepräsentation, soll an dieser Stelle offen bleiben. Man hätte dann zu fordern, daß die Entscheidung zur Ausführung einer Handlung eine Repräsentation der dazu erforderlichen Bewegung auf den Plan ruft, und daß diese Repräsentation genau diejenige Dimensionalität und dasjenige Zeitverhalten auf den einzelnen Dimensionen aufweist, die für die Abwicklung der Bewegungssteuerung erforderlich sind. Wörtlich genommen führt diese Konzeption zu der bemerkenswerten Konsequenz, daß die Repräsentation einer zeitlichen Struktur nur durch die zeitliche Struktur eben dieser Repräsentation erfolgen kann. Die Vorstellung einer Zeitstrecke müßte demnach stets eine zeitlich erstreckte Vorstellung sein. Dies näher zu untersuchen wäre ein Kapitel für sich.

Experimentelle Evidenz, anhand derer die Tragfähigkeit der Theorie überprüft werden könnte, liegt in direkter Form nicht vor. Allenfalls lassen sich Hinweise auf die Gültigkeit einzelner Teilaspekte ins Feld führen. Dies gilt vor allem für die Vorstellung, daß die zeitliche Struktur von Bewegungsmustern ein von anderen Eigenschaften der Bewegung relativ unabhängiges Merkmal ist, das von einem eigenständigen Timing-Parameter kontrolliert wird. Diese Vorstellung, die zunächst von Pew (1974) und Schmidt (1975) im Rahmen der Theorie des generalisierten Bewegungsprogramms theoretisch entwickelt wurde, ist inzwischen durch eine Reihe von empirischen Belegen gestützt worden (Summers, 1975; Shapiro, Zernicke, Gregor & Diestel, 1981; Schmidt, 1980; Terzuolo & Viviani, 1979, 1980; Viviani & Terzuolo, 1980, 1982; Stelmach, Mullin & Teulings, 1983; vgl. jedoch auch die kritischen Einwände bei Gentner, 1982 a, b). Aufgrund dieser Untersuchungen kann davon ausgegangen werden, daß die Zeitverhältnisse zwischen den einzelnen Komponenten eines komplexen Bewegungsmusters einen wichtigen Parameter der steuernden Prozesse darstellen. Die Experimente sagen allerdings nichts darüber aus, ob die Zeitverhältnisse der Bewegung unmittelbar durch entsprechende Zeitverhältnisse der Wahrnehmung gesteuert werden können.

Etwas direkter ist die Beziehung der bisherigen Überlegungen zu neueren theoretischen Entwicklungen in einer anderen Forschungstradition. In einigen Ansätzen zum Verständnis des Zusammenhangs zwischen Sprachrezeption und Sprachproduktion ist eine Entwicklung zu verzeichnen, die mit der gegenwärtigen Theorie vielleicht in Zusammenhang gebracht werden kann. So ist z.B. von Meyer & Gordon (1984) und von MacKay (im Druck) die Rolle der zeitlichen Feinstruktur des Reiz- bzw. Artikulationsmusters beim Hören bzw. Artikulieren von Sprache betont worden. Es ist denkbar, daß sich auf diesem Gebiet die Mikroanalyse der Zeitstruktur als das missing link zwischen Rezeption und Produktion erweist, nach dem seit der Blütezeit der motorischen Theorie der Sprachwahrnehmung immer wieder theoretisch und empirisch gefahndet worden ist. Der Geltungsanspruch dieser Überlegungen ist natürlich auf das spezielle Gebiet der Sprachwahrnehmung und -produktion beschränkt. Eine Verallgemeinerung dieser Vorstellung auf andere Willkürbewegungen ist bisher nicht vorgenommen worden.

Literatur

Brunswik, E., The conceptual framework of psychology. In O. Neurath, R. Carnap & Ch. Morris (Hg.), **International encyclopedia of unified science**, Bd. 1. Chicago: University of Chicago Press, 1952

Carpenter, W.B., **Principles of mental physiology, with their applications to the training and discipline of the mind and the study of its morbid conditions**. New York: Appleton, 1874

Campbell, R. & Dodd, B., Hearing by eye. **Quarterley Journal of Experimental Psychologie**, 1980, **32**, 85-99

Campbell, R. & Dodd, B., Some suffix effects on lipread lists. **Cannadian Journal of Psychology**, 1982, **36**, 509-515

Derwort, A., Untersuchungen über den Zeitablauf figurierter Bewegungen beim Menschen. **Pflügers Archiv für die gesamte Physiologie**, 1938, **240**, 661-675

Gentner, D.R., Evidence against a central control model of timing in typing. **Journal of Experimental Psychology: Human Perception and Performance**, 1982, **8**, 753 - 810 (a)

Gentner, D.R., Testing the central control model of typing: Comments on the reply by Viviani and Terzuolo. **Journal of Experimental Psychology: Human Perception and Performance**, 1982, **8**, 814 - 816 (b)

Greenwald, A.G., Sensory feedback mechanisms in performance control: with special reference to the ideomotor mechanism. **Psychological Review**, 1970, **77**, 73 - 99

Hacker, W., Anforderungen an Regulation und Zeitbedarf bei geführten Bewegungen: Zur Gültigkeit des Derwort-von Weizsäckerschen Gesetzes der konstanten Figurzeit. **Zeitschrift für Psychologie**, 1974, **182**, 308 - 337

Hörmann, H., **Psychologie der Sprache**. Berlin: Springer, 1970

James, W., **The principles of psychology**. New York: Holt, 1890

Kern, G., Motorische Umreißung optischer Gestalten. **Neue Psychologische Studien**, 1933, **9**, 65 - 104

Köhler, W., **Die physischen Gestalten in Ruhe und im stationären Zustand**. Erlangen: Verlage der Philosophischen Akademie, 1924

Köhler, W., **Gestalt psychology**. New York: Liveright, 1929

Köhler, W., **Psychologische Probleme**. Berlin: Springer, 1933

Koffka, K., **Die Grundlagen der psychischen Entwicklung**. Osterwieck: Zickfeldt, 1925

Lotze, R.H., **Medicinische Psychologie oder Physiologie der Seele**. Leipzig: Weidmann'sche Buchhandlung, 1852

MacKay, D.G., On the relationship between the components for perceiving and producing speech. (Im Druck)

Meyer, D.E. and Gordon, P.C., Dependencies between rapid speech perception and production: Evidence for a shared sensory - motor timing mechanism. In: H. Bouma & D. Bowhuis (Hg.), **Attention and Performance** . Hillsdale, N.J., Lawrence Erlbaum, 1984

Miller, G.A., Galanter, E. & Pribram, K.H., **Plans and the structure of behavior**. New York: Holt, Rinehart and Winston, 1960. Dt., Strukturen des Verhaltens. Stuttgart: Klett, 1973

Moede, W., **Experimentelle Massenpsychologie**. Leipzig: Hirzel, 1920 (Nachdruck: Darmstadt: Wissenschaftliche Buchgesellschaft, 1973)

Neumann, O., Lokalzeichen. In J. Ritter & K. Gründer (Hg.), **Historisches Wörterbuch der Philosophie**, Bd. 5. Basel und Stuttgar: Schwabe, 1980

Pew, R.W., Human perceptual - motor performance. In: B.H. Kantowitz (Hg.), **Human Information Processing: Tutorials in performance and cognition**. Hillsdale, N.J., Lawrence Erlbaum, 1974

Piaget, J., **Psychologie der Intelligenz**. Zürich: Rascher, 1966

Piaget, J., **Nachahmung, Spiel und Traum. Die Entwicklung der Symbolfunktion beim Kinde**. Stuttgart: Klett, 1969

Prinz, W., **Untersuchungen zur Funktionsanalyse visueller Erkennungsprozesse bei mehrdimensional variierendem Figurenmaterial**. Dissertation, Bochum, 1970

Prinz, W., Kognition, kognitiv. In J. Ritter & K. Gründer (Hg.), **Historischer Wörterbuch der Philosophie**, Bd. 4. Basel und Stuttgart: Schwabe, 1976

Prinz, W., **Wahrnehmung und Tätigkeitssteuerung**. Berlin etc: Springer, 1983

Prinz, W., Modes of linkage between perception and action. In W. Prinz & A.F. Sanders (Hg.), **Cognition and motor processes**. Berlin etc: Springer, 1984

Prinz, W. & Scheerer - Neumann, G.L., Component processes in multiattribute stimulus classification. **Psychological Research**, 1974, 37, 25 - 50

Scheerer, E., Motor theories of cognitive structure: A historical review. In W. Prinz & A.F. Sanders (Hg.), **Cognition and motor processes**. Berlin etc., Springer, 1984

Schmidt, R.A., A schema theory of discrete motor skill learning. **Psychological Review**, 1975, 82, 225 - 260

Schmidt, R.A., On the theoretical status of time in motor program representation. In G.E. Stelmach & J. Requin (Hg.), **Tutorials in motor behavior**. Amsterdam: North - Holland, 1980

Schmidt, R.A., The schema concept. In J.A.S. Kelso (Hg.), **Human motor behavior: An introduction**. Hillsdale, N.J., Lawrence Erlbaum, 1982

Shapiro, D.C., A preliminary attempt to determine the duration of a motor program. In D.M. Landers & R.W. Christina (Hg.) **Psychology of motor behavior and sport**, Bd. 1. Champaign, Ill., Human Kinetics Publishers, 1977

Shapiro, D.C., Zernicke, R.F., Gregor, R.J. & Diestel, J.D., Evidence for generalized motor programs using gait pattern analysis. **Journal of Motor Behavior**, 1981, **13**, 33 - 47

Stadler, M., Feldtheorie heute - von Wolfgang Köhler zu Karl Pribram. **Gestalt Theory**, 1981, **3**, 185 - 199

Stelmach, G.E., Mullin, P.A. & Teulings, H. - L., Motor programming and temporal patterns in handwriting. **Annals of the New York Academy of Science**, 1983

Stränger, J., **Beobachtungslernen**. Dissertation, Bochum, 1977

Summers, J.J., The role of timing in motor program representation. **Journal of Motor Behavior**, 1975, **7**, 229 - 241

Terzuolo, C.A. & Viviani, P., The central representation of learned motor patterns. In R.E. Talbott & D.R. Humphrey (Hg.) **Posture and movement**. New York: Raven Press, 1979

Terzuolo, C.A. & Viviani, P., Determinants and characteristics of motor patterns used for typing. **Neuroscience**, 1980, 5, 1085 - 1103

Viviani, P. & Terzuolo, C.A., Space - time invariance in learned motor skills. In G.E. Stelmach & J. Requin (Hg.), **Tutorials in motor behavior**. Amsterdam: North - Holland, 1980

Viviani, P. & Terzuolo, C.A., On the relation between word - specific patterns and the central control model of typing: A reply to Gentner. **Journal of Experimental Psychology: Human Perception and Performance**, 1982, **8**, 811 - 813

Weizsäcker, V. v., **Der Gestaltkreis. Theorie der Einheit von Wahrnehmen und Bewegen**. Stuttgart: Thieme, 1940

Weizsäcker, V. v., **Gestalt und Zeit**. Halle/S., Niemeyer, 1942 (Nachdruck Göttingen: Vandenhoeck & Ruprecht, 1960)

Witte, W., Isomorphie. In J. Ritter & K. Gründer (Hg.), **Historisches Wörterbuch der Philosophie**, Bd. 4. Basel und Stuttgart: Schwabe, 1976

Wolff, P., Saccadic eye movements and visual stability: Preliminary considerations towards a cognitive approach. In W. Prinz & A.F. Sanders (Hg.) **Cognition and motor processes**. Berlin etc., Springer, 1984

3 Wahrnehmungslernen durch Blickbewegungen

Peter Wolff

Inhalt

1. Einleitung

Keine willkürlich kontrollierbare Bewegung steht so ausschließlich im Dienste der Wahrnehmung wie die sakkadische Blickbewegung. Während alle übrigen Willkürbewegungen eine aktive Veränderung der Umwelt erlauben, dient die Blickbewegung keinem anderen Zweck, als den Organismus mit visueller Information über die Umwelt zu versorgen. Diesen Zweck erfüllt sie einmal dadurch, daß sie periphere Sinnesinformation beschafft, indem sie das Auge an die Information heranführt. Aber es läßt sich empirisch belegen, daß die Blickmotorik auch darüber informiert, was die retinale Reizung ökologisch bedeutet, d.h. welcher Umweltsachverhalt durch sie spezifiziert wird. Diese Validierung der retinalen Reizung durch sakkadische Blickbewegung ist Gegenstand dieses Beitrages. Wie kann man durch bloße Blickbewegung lernen, die Umwelt valide wahrzunehmen? Zunächst werden wir den Sachverhalt des Wahrnehmungslernens mittels sakkadischer Blickbewegung zu belegen haben. Anschließend wollen wir theoretische Erklärungsmöglichkeiten diskutieren.

Die Validierung der retinalen Reizung durch visuelle Exploration mittels sakkadischer Blickbewegung läßt sich zeigen, wenn man die retinale Abbildung der Umwelt durch eine prismatische Kontaktlinse, welche gerade Kanten gekrümmt erscheinen läßt, verändert, und der Vp keine anderen als nur Blickbewegungen erlaubt. Derartige Versuche wurden von Festinger, Burnham, Ono und Bamber (1967), Slotnick (1969) und Taylor (1962/1975) für die monokulare Exploration einer Reizvorlage durchgeführt.

Zu Beginn des Versuches nimmt die Vp die Reizvorlage verzerrt wahr. Psychophysische Messungen mit der Herstellungsmethode zeigen aber, daß sich mit fortschreitender visueller Exploration die Wahrnehmungswelt immer mehr entzerrt: Die prismatische Krümmung nimmt mit wachsender Explorationsdauer anschaulich ab. Entfernt man das Prisma, so stellt sich ein Nacheffekt ein: Die Umwelt wird zunächst in einer der prismatischen Deformation entgegengesetzten Richtung verzerrt wahrgenommen, bis die Wahrnehmungswelt nach kurzer Zeit wieder mit der Umwelt übereinstimmt. Diese visuelle Adaptation stellt sich auch dann ein, wenn die explorierte Linie in Wirklichkeit gekrümmt ist, aber infolge der prismatischen Verzerrung zunächst als eine Gerade erscheint.

Die Wahrnehmungswelt wird also der Realität angepaßt, und zwar allein durch explorative Blickbewegungen. Offenbar macht die Blickbewegung Information verfügbar, welche die tatsächlichen Umweltverhältnisse eindeutig spezifiziert und die Übereinstimmung zwischen Wahrnehmungswelt und Umwelt zu überprüfen erlaubt. Welcher Art ist diese Information, und welches ist der Mechanismus dieses Wahrnehmungslernens?

Bevor wir eine Antwort auf diese Frage suchen, wollen wir die retinalen Konsequenzen der prismatischen Kontaktlinse beleuchten: Die Kontaktlinse bewirkt nicht nur eine Verzerrung der retinalen Abbildung der Umwelt, also der **Exafferenz**, sondern sie modifiziert auch die Art und Weise, wie sich die retinale Reizung infolge der sakkadischen Blickbewegung ändert, d.h. die **Reafferenz**. Dies liegt daran, daß sich die Kontaktlinse mit dem Auge mitbewegt (Taylor, 1962/1975, S. 223; siehe auch Howard & Templeton, 1966, S. 400). Zu Beginn der Adaptation werden die Blickbewegungen daher ihre Ziele verfehlen. Die retinalen Verhältnisse sind dann genau so, wie wenn bei bloßem Auge während der Sakkade das Ziel verlagert wird.

Aus Versuchen mit dem Verlagerungsparadigma weiß man, daß die Verlagerung des Sakkadenzieles während der Sakkade wahrgenommen wird, sofern die Verlagerung eine kritische Größe (je nach Versuchsumständen zwischen 10 und 30 % der Sakkadenamplitude) überschreitet (Bridgeman, 1983, 1981; Bridgeman & Stark, 1979; Bridgeman, Hendry & Stark, 1975; Bridgeman, Lewis, Heit & Nagle, 1979; Mack, 1970).

Tatsächlich führt zu Beginn der Adaptation an eine prismatisch verzerrende Kontaktlinse nicht nur jede Kopfbewegung sondern auch jede Blickbewegung zu einer Bewegungswahrnehmung ("rubbery effects", Welch, 1978). Diese sakkadenspezifischen Rubbery-Effekte haben also vermutlich die gleiche Grundlage wie die Wahrnehmungen der Zielverlagerungen während der Sakkade, nur daß die Rubbery-Effekte infolge der prismatischen Modifikation der visuellen Reafferenz in einer strukturierten Umgebung nichtlinear ("gummiartig") sind.

Trägt man eine Prismenbrille, so sind die Verhältnisse anders: Hier wird zwar die Exafferenz in prinzipiell gleicher Weise verändert wie durch die Kontaktlinse. Doch sind die Blickbewegungen "erfolgreich", da die Prismenbrille die sakkadische Reafferenz nicht verändert (Howard & Templeton, 1966, S. 402; Taylor, 1962/1975, S. 222). Die retinalen Verhältnisse sind hier beim Blickwechsel genauso, als wenn man keine Brille trüge und die Umwelt tatsächlich entsprechend verzerrt wäre. Folglich sind im Prismenbrillenversuch die Blickbewegungen auch nicht von Rubbery-Effekten begleitet (Welch, 1978). Die Prismenbrille modifiziert nur die durch Kopfbewegungen produzierte retinale Reafferenz. Rubbery-Effekte treten daher hier nur infolge von Kopfbewegungen auf. Ihre Ursache ist vermutlich dieselbe wie für die sakkadenspezifischen Rubbery-Effekte im Kontaktlinsenparadigma: Die jede Kopfbewegung automatisch begleitenden kompensatorischen Augenbewegungen verfehlen ihre Zielobjekte bzw. müssen reguliert werden (vgl. Dolezal, 1982; Wallach, 1982). An die prismatische Modifikation der kopfbewegungsspezifischen Reafferenz kann man sich ebenfalls adaptieren (Hay, 1968, 1974, 1981): Die Rubbery-Effekte verschwinden im Verlaufe der Adaptation (Kohler, 1951; Welch, 1978).

2. Theorien des Wahrnehmungslernens durch Blickbewegung

2.1. Motorische Theorie

Aus Prismenbrillenversuchen ist bekannt, daß jede visuelle Adaptation mit einer motorischen Adaptation verbunden ist. Dies gilt auch für die visuelle Adaptation mittels sakkadischer Blickbewegung, wie sich einer Arbeit von Mack, Fendrich und

Pleune (1978) entnehmen läßt. Die Autoren arbeiteten zwar nicht mit dem Kontaktlinsenparadigma, doch stellten sie insofern ähnliche Bedingungen her, als sie die sakkadische Reafferenz modifizierten: Sie koppelten die vertikale Bewegung eines Quadrates mit der horizontalen Blickbewegungskomponente. Während die Vpn zwischen den Seiten des Quadrates hin- und herblickten, bewegte sich das Quadrat analog auf und ab. Im Verlaufe des Trainings stieg die Detektionsschwelle für vertikale Reizbewegungen während der Sakkaden an. Dieser visuellen Adaptation entspricht im Kontaktlinsenparadigma eine Reduktion der Rubbery-Effekte. Zugleich aber paßten sich auch die Sakkaden der Reizbewegung an: Die Augen bewegten sich nicht mehr auf einer horizontalen, sondern auf einer schrägen Bahn, und zwar in gleicher vertikaler Richtung wie das Quadrat.

Wir haben daher davon auszugehen, daß auch mit der visuellen Adaptation an eine prismatische Kontaktlinse eine motorische Adaptation einhergeht und die Rubbery-Effekte mit fortschreitender Adaptation verschwinden. Obwohl in den genannten Kontaktlinsenuntersuchungen weder die Entwicklung der okulomotorischen Bewegungen während der Exploration noch das Schicksal der Rubbery-Effekte mitgeteilt wurde, kann man als sicher annehmen, daß sich mit wachsender Adaptation das okulomotorische Verhalten demjenigen angleicht, das sich bei der präexperimentellen Exploration der gleichen Vorlage ohne Kontaktlinse zeigt (siehe Taylor, 1962/1975, S. 222). Es liegt daher nahe, die visuelle Adaptation als **Folge** der motorischen Adaptation zu betrachten (Burnham, 1968; Festinger & Canon, 1965; Festinger et. al., 1967).

Motorische Spezifikation der retinalen Information. Die Idee, daß die motorischen Eigenschaften der Blickbewegung die Wahrnehmung konstituieren, hat eine lange Tradition und ist bereits in der "Lokalzeichentheorie" von Lotze (1852) formuliert worden (Neumann, 1980 b; Überblick über die motorischen Theorien bei Weimer, 1977; historischer Überblick bei Scheerer, 1984). Gemeinsam ist allen motorischen Theorien die Annahme, daß Information über Umwelteigenschaften in den motorischen Eigenschaften der Sakkaden verfügbar wird, die zur Fixation der Objekte und zu ihrer visuellen Exploration exekutiert werden müssen (z.B. Coren, 1981; Festinger & Easton, 1974). Denn bei der visuellen Exploration der Umwelt wird die räumliche Anordnung der Objekte ebenso wie deren Form und Richtung durch die raum-zeitliche Struktur der Augenbewegungen in ähnlicher Weise verkörpert, wie die Form der Tastobjekte durch die raum-zeitliche Struktur der Tastbewegung. Die Sakkade könnte also die Funktion erfüllen, die retinale Information motorisch zu spezifizieren. Die motorische Theorie steht allerdings vor dem Problem, wie verschiedene Objekte gleichzeitig wahrgenommen werden können, obwohl sie nicht zugleich fixiert werden können. Dieses Problem kann durch die Annahme gelöst werden, daß die motorische Spezifikation der retinalen Reizung gelernt wird: Als Resultat dieses Wahrnehmungslernens reicht allein die retinale Reizung bereits aus, um die gleiche motorische Information zu aktivieren, die zu Beginn des Lernens durch tatsächliche Blickbewegungen produziert werden mußte. Die funktionale Grundlage dieses Lernens wird bei Lotze durch den Begriff der "Bewegungstendenzen", bei Festinger durch den Begriff der "efferent readiness" beschrieben.

Kritik der motorischen Theorie. Obwohl sie außerordentlich einleuchtend erscheint, läßt sich die motorische Theorie nicht aufrechterhalten (Neisser, 1976; Turvey, 1977a, 1979). Wir möchten uns hier auf einen theoretischen und einen empirischen Einwand beschränken:

1. Man kann sich leicht klarmachen, daß das Kontraktionsmuster der extraokularen Muskeln nicht nur von Amplitude und Richtung der Sakkade abhängt, sondern auch von der momentanen kopfrelativen Augenlage. Je nach dieser wird ein und dieselbe Sakkade durch verschiedene Kontraktionsmuster der extraokularen Muskeln realisiert werden. Die motorische Information, die auf dem Niveau dieser Kontraktionsmuster produziert wird, kann daher die Lage eines Zielobjektes oder seine Form überhaupt nicht spezifizieren. Dies könnte allenfalls durch eine motorische Information geschehen, die auf einem höheren Niveau der Bewegungshierarchie (Arbib, 1981; Harvey & Greer, 1980; Kelso, 1979; Turvey, 1977 b; Saltzman, 1979; Stelmach & Diggles, 1982) nur die **Änderung** der Augenlage spezifiziert. Doch selbst für eine solche motorische Information stellt sich die Frage, aus welchem Grunde sie die Umwelt valider spezifizieren soll, als es die retinale Reizung selbst kann. Die egozentrische Richtung eines Zielobjektes z.B. korrespondiert mit der retinalen Position seines Retinabildes nicht weniger eindeutig wie mit der motorischen Sakkade, die zu seiner Fixation erforderlich ist. Es gibt keine Veranlassung für die Annahme, daß die motorische Information per se ökologisch valider ist als die retinale Information.

2. Nach der motorischen Theorie wird die wahrgenommene Position des Zielobjektes durch die motorischen Eigenschaften der Sakkade bestimmt, die zur Fixation dieses Zielobjektes exekutiert werden muß. Diese Annahme ist in zahlreichen Versuchen zur motorischen Anpassung (motor adjustment) eindeutig widerlegt worden: In diesen Versuchen wird ein Zielreiz, der bei jedem Versuchsdurchgang vom selben Fixationspunkt aus fixiert werden soll, während der Sakkade stets in gleicher Weise verlagert, mit dem Ergebnis, daß die Sakkade sehr bald direkt auf die postsakkadische Zielposition gerichtet wird. Diese motorische Anpassung beeinflußt aber weder die Wahrnehmung der präsakkadischen noch die der postsakkadischen

Zielreizposition (Hajos & Frey, 1982; Henson, 1978; McLaughlin, 1967; McLaughlin, Kelly, Anderson & Wenz, 1968; Miller, Anstis & Templeton, 1981; Pola, 1976).

Auch die wahrgenommene Form einer Kurve wird durch die okulomotorischen Bewegungen, die zur Abtastung dieser Kurve erforderlich sind, kaum beeinflußt: Miller & Festinger (1977) boten ihren Versuchspersonen eine nach oben geöffnete Kurve dar, auf der sich fünf verschiedene geometrische Figuren befanden. Blickten die Vpn von einer Figur zur anderen, so verschob sich die Kurve während der Sakkade so, daß die Zielfigur nach Sakkadenschluß die gleiche horizontale Lage einnahm wie diejenige Figur, von der aus die Sakkade startete. Zu Versuchsbeginn verfehlten die Sakkaden ihre Ziele, so daß jeweils eine zusätzliche vertikale Korrektursakkade nötig war. Nach einigen Versuchsdurchgängen jedoch richtete sich bereits die Hauptsakkade auf die postsakkadische Zielposition, d.h. beim Blickwechsel zwischen den fünf Figuren wurden fast nur horizontale Sakkaden ausgeführt, genauso, als wenn die Figuren auf einer horizontalen Linie angeordnet gewesen wären. Diese motorische Adaptation führte aber nicht dazu, daß die Kurve nun als Horizontale wahrgenommen wurde, wie es nach der motorischen Theorie zu erwarten gewesen wäre.

Eine besonders anschauliche Widerlegung der motorischen Theorie findet sich in der berühmten Arbeit von Kohler (1951), in der u.a. über die Adaptation an eine Prismenhalbbrille berichtet wird. Die Prismenhalbbrille enthält in der oberen Hälfte jedes Fensters ein sphärisch geschliffenes Prisma, während die untere Hälfte frei bleibt. Blickt man geradeaus durch diese Brille, dann erscheint die obere Hälfte des Gesichtsfeldes prismatisch verzerrt, während die untere Hälfte normal gesehen wird. Das Prisma bewirkt neben der Verzerrung (Krümmung) eine Verlagerung, d.h. eine senkrechte Linie erscheint beim Blick geradeaus als in der Mitte (an der Trennlinie im Brillenglas) geteilt: Obere und untere Linienhälfte werden gegeneinander versetzt gesehen.

Kohler untersuchte den Nacheffekt einer an diese Prismenbrille vollständig adaptierten Vp mit folgender Anordnung: Die Vp hatte einen Lichtpunkt im Dunkeln zu verfolgen, der sich langsam auf und ab bewegte, dessen Bahn aber in der Mitte verdeckt war. Das untere Bahnstück war gegen das obere verschiebbar. Die Vp saß mit fixiertem Kopf so, daß die Bahnmitte beim Blick geradeaus genau in der Gesichtsfeldmitte lag, also in der Höhe der Trennlinie in den Gläsern der Brille. Durch Verschieben des unteren Bahnstückes wurde nach der Herstellungsmethode diejenige Einstellung gefunden bei der die Vp eine kontinuierlich durchgehende Bewegungsbahn wahrnahm. Dies war für die adaptierte Vp bei Beobachtung **mit bloßem Auge** dann der Fall, wenn das untere Bahnstück entgegen der Richtung der prismatischen Verzerrung versetzt war. In diesem Fall vollzogen die Augen der Vp beim Verfolgen des Punktes einen horizontalen Sprung in der Mitte der Bewegungsbahn. Trotzdem nahm die Vp das untere Bahnstück als kontinuierliche Fortsetzung des oberen wahr. Ein klarer Beweis dafür, daß die motorischen Eigenschaften der Augenbewegungen die visuelle Wahrnehmung nicht konstituieren.

2.2 Efferenz – Reafferenz – Beziehungen

Wenn die umweltspezifische Information, welche die Exploration zu Tage fördert, nicht in der motorischen Information enthalten ist, dann kann sie offenbar nur durch die reafferente Variation der retinalen Reizung verfügbar werden. Die Bedeutung der Modifikation der sakkadischen Reafferenz für das Wahrnehmungslernen läßt sich daran ersehen, daß eine Adaptation an eine Prismenbrille durch bloße okulomotorische Exploration (bei fixiertem Kopf) nicht zu erreichen ist (Cohen, 1965, zitiert nach Welch, 1978; siehe auch Festinger et al., 1967). Es ist daher klar, daß die Modifikation der sakkadischen Reafferenz eine Voraussetzung dafür ist, daß das Wahrnehmungslernen in Gang kommt. Wie hat man sich dies vorzustellen?

Reafferenzmodell. Hein und Held (1962) haben ein Reafferenzmodell formuliert, das eine erweiterte Fassung des Reafferenzprinzips von v. Holst und Mittelstaedt (1950) dargestellt. Das Reafferenzprinzip besagt, daß die retinale Afferenz mit dem motorischen Kommando zur Steuerung der Sakkade (Efferenzkopie; corollary discharge, Sperry, 1950) verglichen wird und der Unterschied zwischen der aufgrund des Kommandos zu erwartenden Reafferenz und der von den Sinnesorganen tatsächlich gemeldeten Afferenz die wahrgenommene Richtung der Dinge bestimmt (Mittelstaedt, 1971; vgl. auch MacKay & Mittelstaedt, 1974; sowie Gallistel, 1980). Derartige Modelle werden in der angelsächsischen Literatur als "Outflow" – Theorien bezeichnet (z.B. Matin, 1972, 1982; Shebilske, 1976, 1977, 1984; Überblick bei Carpenter, 1977; Gyr, Willey & Henry, 1979; Jeannerod, Kennedy & Magin, 1979; McClosky, 1981). Das Reafferenzmodell von Hein und Held (1962) geht davon aus, daß die Efferenz – Reafferenz – Beziehungen in einem Korrelationsspeicher hinterlegt sind, wo sie fortlaufend aktualisiert und modifiziert werden (siehe die Darstellung bei Heuer, 1983). Läßt sich das Wahrnehmungslernen durch sakkadische Blickbewegungen mit der Modifikation gespeicherter Efferenz – Reafferenz – Beziehungen erklären?

Kritik des Reafferenzmodelles. Ist die Vp an die prismatische Verzerrung adaptiert, so sind die Kombinationen von motorischer Efferenz und visueller Reafferenz tatsächlich von ganz anderer Qualität als vor Beginn der Adaptation. Dies war jedoch auch in dem Versuch von Miller und Festinger (1977) der Fall, in welchem dennoch nur motorisches und kaum visuelles Lernen gefunden wurde. Dieses Ergebnis widerlegt also die Annahme, daß der visuellen Adaptation das Umlernen von Efferenz - Reafferenz - Beziehungen zugrundeliegt. Außerdem könnte sich dieses Umlernen nur **während** der Augenbewegung bemerkbar machen. Die **permanente** Entzerrung der Wahrnehmungswelt, die als das Ergebnis der visuellen Exploration auch dann erhalten bleibt, wenn keine Blickbewegungen ausgeführt werden (Slotnik, 1969), kann das Reafferenzmodell nicht erklären.

Diese Theorie läßt sich auch noch auf andere Weise widerlegen: Ein besonderer Fall von Wahrnehmungslernen qua visueller Exploration stellt sich ein, wenn man die Beziehung zwischen den motorischen Sakkaden und ihren visuellen Reafferenzen entkoppelt (Dekorrelation). Dies läßt sich z.B. dadurch erreichen, daß man mit polarisiertem Licht ein entoptisches Phänomen erzeugt, das ein punktsymmetrisches Retinabild (sog. "Haidinger's brush" (HB)) hervorruft, dessen Zentrum genau auf der Fovea liegt. Es wird als ein propellerartiges Gebilde wahrgenommen, auf dessen Mittelpunkt man blickt, und das sich mit jedem Blickwechsel mitbewegt (vgl. Ditchburn, 1973, S. 140). Dreht man den Polarisationsfilter, so dreht sich auch die HB unbeeinflußt von den Blickbewegungen. Unter diesen Bedingungen stellt sich ein ähnlicher Wahrnehmungsverlust ein wie im Falle der Stabilisierung des Retinabildes, wenn auch mit verzögerter Latenz (Coren, 1971). Analoge Effekte lassen sich auch gewinnen, wenn man den Kapillarschatten experimentell bewegt (Sharpe, 1972). Dies läßt sich nach dem Reafferenzmodell mit der Annahme erklären, daß hier die Beziehung zwischen Efferenz und Reafferenz verlernt wird.

Gegen diese Deutung spricht jedoch folgende Beobachtung: Coren und Porac (1974) erzeugten eine rotierende HB und boten zugleich 4 nicht stabilisierte und nicht rotierende Punkte dar, die ein kleines rechteckiges Feld markierten. Blickten nun die Vpn zwischen den Seiten dieses Rechteckes hin und her (**Bedingung A**), so sank die wahrgenommene Klarheit der HB nicht stärker, als wenn die Vpn in einer **Fixationsbedingung** das Zentrum der HB fixierten, was wegen der fovealen Lage des Zentrums leicht möglich war, oder als wenn sie in einer **Kontrollbedingung** das Zentrum einer rotierenden Vorlage fixierten, die so konstruiert war, daß sie wie eine HB wahrgenommen wurde. Sobald die Vpn aber versuchten, eine Flügelspitze der HB visuell zu verfolgen (**Bedingung B**), was natürlich unmöglich war, so stellte sich ein massiver Wahrnehmungsverlust ein. Zwischen den Bedingungen A und B variierte zwar die Sakkadenrichtung, nicht aber die Regelhaftigkeit der Kombinationen von Sakkade und visueller Reafferenz, denn in beiden Bedingungen war die reafferente Veränderung der retinalen Abbilder der Punkte systematisch und die

Beziehung zwischen Sakkade und HB in gleichem Maße regellos. Da ferner die Amplitude sowie die mittlere Häufigkeit der Sakkaden zwischen den Bedingungen A und B parallelisiert waren, boten beide Bedingungen die gleichen Voraussetzungen dafür, die präexperimentell erworbenen Beziehungen zwischen Efferenzen und Reafferenzen beizubehalten oder zu verlernen. Trotzdem führte allein die Bedingung B zu einem Wahrnehmungsverlust.

2.3 Umweltspezifische Invarianzen

Wenn das Wahrnehmungslernen mittels sakkadischer Blickbewegungen nicht darauf beruht, daß neue Efferenz – Reafferenz – Beziehungen gestiftet werden, dann läßt sich die visuelle Adaptation nur noch dadurch erklären, daß allein die **Art und Weise, wie** die retinale Reizung reafferent variiert, Information über der Umwelt vermittelt. Zur Präzisierung dieser Information bietet sich das Invarianzprinzip von Gibson (1966; 1979) an (siehe auch Neisser, 1977; sowie Michaels & Carello, 1981). Die Annahme lautet: In der durch die visuelle Exploration erzeugten reafferenten Variation der retinalen Reizung bleiben Strukturen höherer Ordnung invariant, welche die Umwelt eindeutig spezifizieren. Diese Invarianzen sind die relevanten Informationen, welche beim Wahrnehmungslernen entdeckt werden.

Gibson hat das Invarianzprinzip am Beispiel von Lokomotion und Kopfbewegungen entwickelt. Seine Äußerungen zur sakkadischen Blickbewegung sind nicht eindeutig: Einerseits werden nach Gibson die durch die Blickbewegungen erzeugten globalen Transformationen ebenso direkt als Blickbewegungen registriert ("registered", Gibson 1968, S. 342), wie die Umwelt aufgrund der Invarianzen direkt wahrgenommen wird (siehe auch Turvey, 1977 a; 1979). Das klingt, als wenn es die Sakkaden erlauben, Invarianzen zu entdecken. Andererseits vertritt Gibson die Auffassung, daß die Blickbewegung das Auge an der optischen Anordnung nur vorbeiführt (Gibson, 1968, S. 338), mithin also keine invarianten Strukturen enthüllt, da dies an die Änderung der Perspektive gebunden ist (Gibson, 1979, Kap. 5). Der Sakkade käme demnach nur eine Sammlungsfunktion zu: Über die Zeit hinweg macht sie einen vollständigeren Ausschnitt der optischen Anordnung verfügbar, die am augenblicklichen, durch die Kopflage definierten Beobachtungsort existiert.

Daß die Blickbewegung in Wirklichkeit doch die Perspektive ändert, wenn auch nur geringfügig, läßt sich introspektiv leicht nachweisen, wenn man z.B. das Auge ganz nah an einen Lampenschirm heranführt, und zwar so, daß sich vordere und hintere Unterkante des Schirmes exakt decken (Abb. 1). Blickt man nun nach unten, so kann man in den Schirm "hineinschauen".

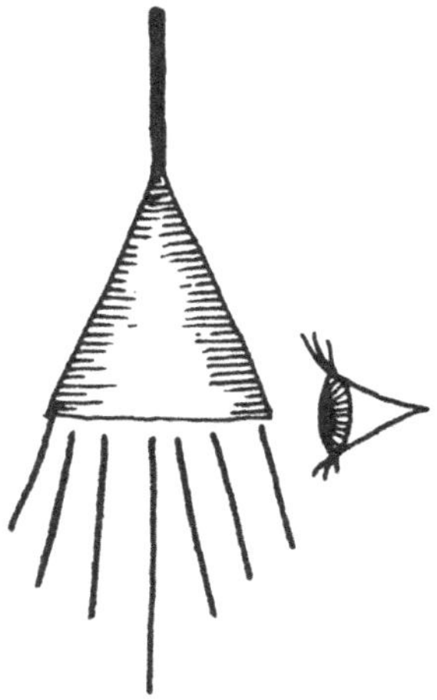

Abb. 1: Illustration zum introspektiven Nachweis, daß die Blickbewegung die Perspektive ändert.

Auf keinen Fall hätte Gibson das Invarianzprinzip auf die retinale Reizung angewendet, noch dazu unter Vernachlässigung voh Kopf – und Lokomotionsbewegungen. Für ihn ist die relevante Information nur in Begriffen der ökologischen Optik beschreibbar, und zwar als potentiell wahrnehmbare Information, die ganz unabhängig davon existiert, ob ein Beobachter zugegen ist oder nicht. Wenn wir hier das Invarianzprinzip auf die retinale Reizung anwenden, so rechtfertigen wir dies daraus, daß die retinale Reizung letztlich die relevante Kontaktstelle zwischen dem Organismus und den das Licht strukturierenden Umweltsachverhalten ist. Wir sind aber nun genötigt, den Invarianzbegriff zu präzisieren. Wegen der Geringfügigkeit der perspektivischen Transformation, welche die Sakkade produziert, kann nämlich der Invarianzbegriff nicht am retinalen Äquivalent dessen festgemacht werden, was Gibson als Fluß der optischen Anordnung (flow of the optic array, Gibson, 1979, Kap. 13) bezeichnet.

Invarianzaufdeckung durch Variation der retinalen Reizung mittels Blickbewegung. Zu einem ersten Schritt der Präzisierung des Invarianzbegriffes wollen wir die reafferente Variation, die während einer extensiven visuellen Exploration einer stabilen Umwelt geschieht, genauer betrachten. Dabei beschränken wir uns auf die monokulare Exploration bei ruhendem Kopf und sehen von der Änderung des Gesichtsfeldausschnittes ab. Ferner vernachlässigen wir die geringfügige Änderung der Perspektive, d.h. die Umwelt soll eine 2-dimensionale Reizvorlage sein. Selbst unter diesen Einschränkungen variiert mit den Blickwechseln wahrscheinlich nicht nur die Lage der retinalen Objektabbilder, sondern es variieren infolge der sphärischen Aberration vermutlich auch ihre Form und Größe, ihre retinalen Entfernungen zueinander sowie die Schärfe ihrer Konturen und, infolge der chromatischen Aberration, möglicherweise auch die Farbe der Ränder (vgl. Held, 1980). Während der visuellen Exploration wird jedenfalls das Retinabild keineswegs nur hin- und hergeschoben. Die Reafferenzen sind vielmehr komplexe Transformationen der gesamten retinalen Konfiguration. Abgesehen vom Kapillarschatten, der wie der Schatten eines mit jeder Sakkade mitbewegten pulsierenden Geflechtes Form und Lage nicht ändert, bleibt vermutlich kein einziges Merkmal des Retinabildes wirklich konstant. Insofern ist die retinale Variation total. Aber sie ist nicht völlig beliebig. So bleibt z.B. eine Linie im Retinabild trotz aller Verformungen und Verlagerungen, die sie während der visuellen Exploration erfährt, stets eine Linie und kann niemals in ein Quadrat oder einen Kreis verwandelt werden. Eine horizontale Anordnung zweier retinaler Objektabbilder bleibt stets eine horizontale Anordnung und kann durch sakkadische Blickbewegung niemals in eine vertikale Anordnung verwandelt oder zum Verschwinden gebracht werden. Was hier am Beispiel einer Linie und einer Konfiguration illustriert ist, gilt auch für die gesamte Retinastruktur: Der reafferenten Variation liegt eine strukturelle Begrenzung zugrunde, die durch willkürliche Blickbewegungen nicht geändert werden kann, sondern sich als das äußert, was in der reafferenten Variation invariant bleibt. Es ist klar, daß sich diese invariante Struktur ändert, wenn sich die Umwelt ändert, und daß sie nicht existieren würde, wenn sich die Umwelt wie eine amorphe Masse beliebig verformen würde. Insofern ist sie für die Eigenschaften der stabilen Umgebung spezifisch.

Die Annahme, daß das Wahrnehmungslernen auf der Entdeckung bewegungsinvarianter Strukturen basiert, könnte erklären, warum der Kapillarschatten nicht wahrgenommen werden kann und warum eine permanente Stabilisierung des gesamten Retinabildes oder einzelner Teile davon einen Verlust der gesamten Wahrnehmungswelt (Ditchburn, 1973) bzw. des Objektes, dessen retinales Abbild stabilisiert ist (Arendt, 1973; Yarbus, 1967), zur Folge hat. Diese Objekte sind zwar retinal abgebildet, ihre Abbildung wird aber durch Blickbewegungen nicht variiert, so daß keine bewegungsinvariante Struktur existiert, welche ihre Wahrnehmung begründen könnte.

Nach dieser Invarianztheorie ist die umweltspezifische Information in der retinalen Reizung vollständig enthalten. Sie kann aber nur durch reafferente Variation als eine bewegungsinvariante Struktur höherer Ordnung entdeckt werden, denn sie existiert nur in dieser Variation. Zur Informationsentnahme bedarf es keiner mentalen Vermittlung. Die einzig vermittelnde Operation ist die sakkadische Blickbewegung selbst. Aber sie fügt keine Information hinzu, sondern deckt Information, die tatsächlich vorhanden ist, lediglich auf. Man muß nur akzeptieren, daß nicht das einzelne Retinabild, sondern die retinale Reizung **in Variation** die relevante Information enthält. Nach dieser Theorie kommt es also bei der Wahrnehmung gar nicht auf die exafferente Abbildung der Umwelt an, sondern auf die reafferente Variation dieser Abbildung. Die Wahrnehmung des Originals durch die Variation seiner Abbildung ist die Grundidee des Invarianzprinzips. Sie harmoniert mit der Tatsache, daß das visuelle System für die Registrierung retinaler Veränderungen hervorragend eingerichtet ist (Arendt, 1973), und man versteht, warum die Wahrnehmung unter den Mängeln der optischen Ausstattung des Auges nicht leidet: Ein System, welches Bewegungsinvarianzen entnimmt, kann sich eine umso geringere Abbildungsschärfe leisten, je sensibler es auf Veränderung reagiert. Die Ansprüche an die Verzeichnungsfreiheit der Linse sind sogar noch geringer. Denn je größer der Verzeichnungsfehler, desto stärker fallen die reafferenten Transformationen aus, und desto leichter können sie registriert werden. Aus dieser Sicht ist es nicht mehr kurios, sondern höchst sinnvoll, daß die kinetischen Eigenschaften des Auges die optischen übertreffen.

Kritik der Theorie der Entdeckung umweltspezifischer Invarianzen. Auch wenn die Anwendung des Invarianzprinzips auf den ersten Blick verlockend erscheint, ergeben sich doch einige theoretische und empirische Schwierigkeiten:

1. Selbst wenn die Invarianzen die Umwelteigenschaften eindeutig spezifizieren, stellt sich doch die Frage, woher der Wahrnehmende weiß, **was** sie spezifizieren. Welche Invarianz spezifiziert die wahre Krümmung der prismatisch verzerrt erscheinenden Linie? Solange sich die Invarianzen nicht benennen lassen, welche bestimmte Umwelteigenschaften spezifizieren, und solange nicht zu sehen ist, warum sie als für diese Eigenschaften spezifisch vom Explorierenden auch tatsächlich entdeckt werden, fehlt dieser Theorie die erforderliche Verbindlichkeit.

2. Es steht zwar außer Frage, daß der reafferenten Variation eine invariante Struktur zugrundeliegt, und daß diese Struktur für das Wahrnehmungslernen entscheidend ist, doch gibt es auch Einwände gegen die Annahme, daß diese Invarianzen die Umwelt eindeutig spezifizieren: Wie bereits gesagt, kann eine horizontale Anordnung durch Blickbewegungen nicht in eine vertikale Anordnung

verwandelt werden. Dies kann aber durch Kopfbewegungen erreicht werden. Was also im Fall der Kopfbewegung variiert, bleibt im Blickwechsel invariant. Die Invarianzen scheinen doch nicht nur von der Umweltstruktur abzuhängen. Wie können sie dann diese eindeutig spezifizieren?

Neben diesen beiden theoretischen Schwierigkeiten gibt es einige empirische Befunde, die eine Präzisierung der Invarianztheorie erzwingen:

1. Die Befunde von Coren und Porac (1974; s.o. Abschnitt 2.2.) zeigen, daß ein und dieselbe retinale Variation der HB manchmal die Wahrnehmung beeinflußt (Bedingung B), manchmal nicht (Bedingung A). Ferner kann aufgrund verschiedener reafferenter retinaler Variationen offenbar ein und dieselbe Information verfügbar werden: In dem Maße, in welchem die Vp an die Kontaktlinse adaptiert ist, nimmt sie die Reizvorlage genauso wahr wie präexperimentell ohne Kontaktlinse. Bei vollständiger Adaptation, wie sie Taylor (1962/1975) berichtet, werden also trotz der prismatischen Modifikation der reafferenten Varianz die gleichen Invarianzen aufgedeckt wie präexperimentell. Dies bedeutet: Die Systematik der retinalen Variation ist zwar eine notwendige, aber keine hinreichende Voraussetzung für das Wahrnehmungslernen. Weder setzt eine Änderung dieser Systematik automatisch das Wahrnehmungslernen in Gang (siehe Coren & Porac), noch legt die Art und Weise der retinalen Variation fest, welche Invarianzen entdeckt werden.

2. Wenn das Invarianzprinzip für die visuelle Exploration eines längeren Zeitabschnittes gilt, dann muß es auch für eine einzelne Sakkade gelten. Denn sonst ist nicht zu verstehen, wie das Wahrnehmungslernen in Gang kommt. Einige z.T. sehr alte Befunde sind aber mit der Annahme, daß die Reafferenz einer einzelnen Sakkade umweltspezifische Information enthüllt, nicht zu vereinbaren (vgl. auch MacKay, 1973; sowie Gyr, 1972):

- Wird das Auge passiv bewegt, so nimmt man eine der Augenbewegung entgegengerichtete Bewegung der Umwelt wahr (Brindley & Merton, 1960; Helmholtz, 1866), und zwar auch dann, wenn die passive Bewegung einem Sakkadenruck ähnelt (Skavenski, Haddad & Steinman, 1972, S. 290). Die bisherige Invarianztheorie unterscheidet nicht zwischen aktiv und passiv produzierten Bewegungen.

- Hält man das Auge fest, wenn der Wahrnehmende eine Sakkade initiiert, so nimmt er eine Bewegung der Umwelt in Sakkadenrichtung wahr (Brindley & Merton, 1960). Den Einfluß der Intention ohne Ausführung der Bewegung kann die bisherige Invarianztheorie nicht berücksichtigen.

- Wird die Reizvorlage mit einer einzelnen Sakkade synchron mitbewegt, so daß sich die retinale Reizung nicht ändert, so wird doch diese Bewegung wahrgenommen (Brune & Lücking 1969; Mack, 1970). Hier wird eine Umwelteigenschaft wahrgenommen, ohne daß eine sie spezifizierende Invarianz durch eine retinale Variation aufgedeckt werden könnte.

– Nimmt man ein retinales Nachbild wahr, so bewegt sich dieses bekanntlich mit jeder Sakkade anschaulich mit. Dies gilt auch in totaler Finsternis (Mack & Bachant, 1969). Diese Bewegungswahrnehmung tritt nicht auf, wenn das Auge passiv bewegt wird (Karrer & Stevens, 1930). Auch hier stellt sich das Problem, wie eine Wahrnehmung im Rahmen des Invarianzprinzips erklärt werden kann, wenn die retinale Reizung gar nicht variiert, und wieso die Wahrnehmung davon abhängt, ob die Augenbewegung intendiert ist oder nicht.

3. Zwischenbilanz

Das Ergebnis der bisherigen Überlegungen läßt sich unter drei Gesichtspunkten zusammenfassen:

1. Wir haben gesehen, daß durch visuelle Exploration mittels sakkadischer Blickbewegung die Wahrnehmungswelt in Übereinstimmung zur Umwelt gebracht oder – wie bei retinaler Stabilisierung bzw. Dekorrelation von Sakkade und Reafferenz – ausgelöscht wird. Die visuelle Exploration macht also Information verfügbar oder unzugänglich, welche für die Wahrnehmungswelt konstitutiv ist.

2. Bei dem Versuch, das Wahrnehmungslernen zu erklären, fanden wir aber keine die Umwelt eindeutig spezifizierende Information, welche durch visuelle Exploration zu Tage gefördert werden könnte: Die durch den Blickwechsel produzierte motorische Information spezifiziert die Umwelt überhaupt nicht. Vermutlich dient sie keinem anderen Zweck als der Ausführung der Sakkade. Konstitutiv für die Wahrnehmungswelt ist hingegen die Systematik, nach der die retinale Reizung aktiv variiert wird. Aber diese reafferente Variation spezifiziert die Umwelt nicht eindeutig: Ihr liegt zwar eine invariante Struktur zugrunde, die für das Wahrnehmungslernen auch relevant ist, doch können wir weder erkennen, inwiefern diese die Umwelt eindeutig spezifiziert, noch wie und warum sie entdeckt wird.

3. Schließlich zeigen die zuletzt berichteten Befunde, daß die einzelne Sakkade gar nicht über das tatsächliche Verhalten der Umwelt informiert. Wie kann unter diesen Umständen überhaupt die retinale Reizung validiert werden?

Vielleicht ist die Suche nach Information, welche die Umwelt eindeutig spezifiziert, der falche Weg. Statt zu fragen, wie beim Wahrnehmungslernen Information über die Umwelt gewonnen wird, könnten wir auch zunächst fragen, warum sich die Wahrnehmungswelt in den genannten Lernversuchen überhaupt ändert. Wodurch kommt das Wahrnehmungslernen in Gang und welche Funktion erfüllt es? Erst in einem zweiten Schritt ist dann zu fragen, warum als Ergebnis dieses Lernens die Wahrnehmungswelt mit der Umwelt übereinstimmt.

4. Bewegungskontrolle und Wahrnehmungslernen

4.1 Kontrolle und Kontrollverlust

Wodurch kommt das Wahrnehmungslernen in Gang und welche Funktion erfüllt es? Der Versuch von Coren & Porac (1974; s.o. Abschnitt 2.2) lehrt, daß die Wahrnehmungswelt verschwindet, wenn das Zielobjekt der Sakkaden prinzipiell nicht zu fixieren ist wie die Flügelspitze der HB in Bedingung B, daß sich aber die Wahrnehmungswelt dann nicht ändert, wenn das Zielobjekt fixiert werden kann wie die Seiten des markierten Rechteckes in Bedingung A. Beide Bedingungen unterscheiden sich wirklich nur in der Realisierbarkeit der Blickbewegungsintentionen. Hinsichtlich aller anderen Aspekte sind sie prinzipiell gleich. Offenbar ist die Dekorrelation von Sakkade und Reafferenz nur dann wahrnehmungswirksam, wenn sie das intendierte Blickverhalten verhindert. Dies ist nur in Bedingung B, nicht jedoch in Bedingung A und auch nicht in der Fixationsbedingung der Fall, wo das intendierte konstante Fixieren des HB - Zentrums gelingt.

Da wir den Wahrnehmungsverlust bei Dekorrelation als einen Spezialfall des Wahrnehmungslernens ansehen, können wir folgern: Das Wahrnehmungslernen kommt nur in Gang, wenn die Sakkaden ihre Ziele chronisch verfehlen, d.h. wenn sich die retinalen Zieldiskrepanzen nicht durch eine Korrektursakkade überbrücken lassen, wie es in den Versuchen zur motorischen Anpassung (Abschnitt 2.1.) der Fall ist. Diese Folgerung gilt auch für das Wahrnehmungslernen beim Kontaktlinsenparadigma: Hierfür hatten wir bereits festgestellt, daß die Sakkadenziele zu Beginn verfehlt werden (Abschnitt 1.).

Hieraus folgt unmittelbar: Die Funktion des Wahrnehmungslernens besteht darin, die intentionale Kontrolle über die Blickbewegungen wiederherzustellen. Im Falle der Dekorrelation und der retinalen Stabilisierung wird dieses Ziel nicht erreicht. Tatsächlich werden die Blickbewegungen während des Wahrnehmungsverlustes bei retinaler Stabilisierung eingestellt (Tepas, 1962; zitiert nach Festinger et al. 1967) und bei Dekorrelation atypisch (Coren & Porac, 1974). Beim Kontaktlinsenparadigma ist aber das Wahrnehmungslernen erfolgreich: Die Wahrnehmungswelt wird mit der Umwelt in Übereinstimmung gebracht. Offenbar ist diese Übereinstimmung erforderlich, damit sich die Blickbewegungen willkürlich kontrollieren lassen. D.h. die Sakkaden sind nur dann erfolgreich, wenn die Sakkadenziele an ihren tatsächlichen

Positionen wahrgenommen werden. Wir können hieraus den Schluß ziehen, daß die Programmierung der Willkürsakkade von der **wahrgenommenen** Position des Zieles abhängt.

Bewegungssteuerung durch Antizipation. Es ist klar, daß der Verlust der willkürlichen Kontrolle der Blickbewegung nicht auf der Basis motorischer Information erfahren wird, denn in allen genannten Lernversuchen wird die Okulomotorik nicht behindert. In motorischer Hinsicht sind die Sakkaden erfolgreich, da die efferenten Kommandos zu den extraokularen Muskeln realisiert werden. Ferner zeigen die Befunde in Abschnitt 2.3., daß sich das visuelle System so verhält, als wenn sich das Auge entsprechend dem intendierten Blickverhalten (Fixation bzw. Sakkade) auch tatsächlich bewegt hätte. Über die wirkliche okulomotorische Tätigkeit ist das visuelle System also offenbar gar nicht informiert. Es besteht kein innerer Rückmeldekreis (internal feedback loop) zwischen der Okulomotorik und der Wahrnehmungswelt. Ob sich die Blickwechselintentionen realisieren lassen oder nicht, wird folglich allein durch den **retinalen** Effekt der Sakkaden entschieden: Die Sakkaden sind dann erfolgreich, wenn sie die retinale Reizung in spezifischer Weise ändern, nämlich so, daß das jeweilige Zielobjekt foveal projiziert wird. Voraussetzung hierfür ist offenbar die Übereinstimmung zwischen Wahrnehmungswelt und Umwelt, und diese Übereinstimmung wird durch das Wahrnehmungslernen hergestellt.

Der Erfolg einer Sakkade kann natürlich nur dann rückgemeldet werden, wenn vor ihrer Ausführung bereits feststeht, welche Änderung sie produzieren soll. Das Ergebnis der Sakkade muß also als eigentliches sakkadisches Ziel bereits antizipiert sein. Es gibt Belege dafür, daß jeder Willkürsakkade ein Aufmerksamkeitswechsel zur wahrgenommenen Position des Zielobjektes vorausgeht (Posner, 1980; Remington, 1980). Dieses räumliche Fokussieren (Neumann, 1980 a; Wolff 1977, 1978) scheint obligatorisch für die Willkürsakkade zu sein (Wolff, 1984; vgl. Wurtz & Mohler, 1976). Es liegt nahe, daß dieser Aufmerksamkeitswechsel in der Wahrnehmungswelt die retinale Änderung spezifiziert, welche die Sakkade produzieren soll. Wenn dies stimmt, dann ist die Übereinstimmung zwischen Wahrnehmungswelt und Umwelt eine Voraussetzung dafür, daß das tatsächliche Ergebnis der Sakkade mit dem antizipierten übereinstimmt.

In gewisser Weise produziert demnach die Aufmerksamkeit, ähnlich dem mentalen Training, das Resultat der äußeren Bewegung, bevor diese ausgeführt wird. Insofern könnte man das räumliche Fokussieren als eine "innere Sakkade" (Scheerer, 1978) bezeichnen. Offenbar wird die Willkürsakkade durch die Antizipation ihres retinalen Effektes geleitet, entsprechend dem von Bernstein (1975) formulierten Prinzip, daß Bewegungen durch die Vorwegnahme ihrer Resultate gelenkt werden (siehe auch Greenwald, 1970, sowie den Beitrag von Wolfgang Prinz in diesem Band).

4.2 Kontrolle der retinalen Reizung

Die Frage, wie das motorische Programm für die Sakkade gefunden wird, welche zur Herstellung des antizipierten Effektes geeignet ist, haben wir an anderer Stelle erörtert (Wolff, 1984). Wir übernehmen die dort vertretene Auffassung, daß die Antizipation des retinalen Effektes ausreicht, das okulomotorische System zu veranlassen, die geeignete Sakkade **automatisch** zu exekutieren.

Hieraus läßt sich eine wichtige Folgerung ableiten: Wenn die Sakkaden durch die Antizipation ihrer retinalen Effekte geleitet werden, dann stellt sich unter ökologischen Bedingungen, oder wenn die Vp an eine prismatische Verzerrung adaptiert ist, immer genau jener retinale Effekt ein, der intendiert war. Statt zu sagen: Die Blickbewegungen sind willkürlich kontrollierbar, könnte man ebenso sagen: Die retinale Reizung ist willkürlich kontrollierbar, denn es werden ja genau diejenigen retinalen Effekte erzeugt, die den willkürlichen Intentionen des Beobachters entsprechen. Dies ist offenbar der Fall, wenn die Wahrnehmungswelt mit der Umwelt übereinstimmt, und es ist genau der Zustand, den das Wahrnehmungslernen herstellt.

Die Kontrolle der retinalen Reizung ist erforderlich, wenn die Blickbewegung nur durch die Antizipation der reafferenten Änderung, welche sie produzieren soll, willkürlich gesteuert werden kann. Denn dann sind die Sakkaden nur in dem Maße treffsicher, in welchem ihre retinalen Effekte auch zutreffend antizipiert werden. Das visuelle System muß also wissen, wie sich die retinale Reizung als Resultat der Sakkaden tatsächlich ändern wird. Dies erfährt es offenbar durch das Wahrnehmungslernen.

Wenn die vorausgegangenen Überlegungen zutreffen, dann arbeitet die Wahrnehmung nicht nach dem Prinzip, Information über die Umwelt zu entdecken, sondern Kontrolle über die retinale Reizung zu gewinnen. Die Wahrnehmung der Umwelt ist dann eine Notwendigkeit, ohne die die retinale Reizung nicht kontrolliert werden kann. Dies könnte die Ursache dafür sein, daß wir die umweltspezifische Information in der retinalen Reizung nicht finden konnten: Wir hatten das falsche Suchmodell. Nun haben wir nicht mehr danach zu fragen, wie das visuelle System der reafferenten Variation Information über die Umwelt entnimmt, sondern wie es die Gesetzmäßigkeit erkennt, die der reafferenten Variation innewohnt. Denn nur wenn man weiß, nach welchen Gesetzen etwas funktioniert, kann man es auch beherrschen. Durch das Wahrnehmungslernen wird also die Gesetzmäßigkeit erfahren, nach der sich die retinale Reizung willkürlich manipulieren läßt. Diese Gesetzmäßigkeit wird nichts anderes sein als die Invarianz, die der reafferenten Variation zugrundeliegt.

5. Ein neuer theoretischer Ansatz

Es ist nun zu zeigen, daß sich Kontrolle über die retinale Reizung nur gewinnen läßt, wenn eine mit der Umwelt übereinstimmende Wahrnehmungswelt etabliert wird. Dazu müssen wir zunächst klären, was das visuelle System während der visuellen Exploration zu jedem Zeitpunkt überhaupt feststellen kann.

5.1 Was kann durch visuelle Exploration erfahren werden?

Nach den in Abschnitt 2.3. berichteten Befunden ist die Wahrnehmung in doppelter Hinsicht nicht veridikal. Weder wird notwendig das tatsächliche momentane Blickverhalten noch das tatsächliche momentane Umweltverhalten wahrgenommen. Die Wahrnehmung ist aber ökologisch. Die genannten Befunde zeigen nämlich, daß die retinale Reizung stets in Beziehung zur intendierten Blickbewegung verarbeitet wird. Ökologisch ist dies insofern, als die retinale Reizung in der ökologischen Alltagswelt tatsächlich immer auch das Ergebnis der intendierten Blickbewegung ist. Daher kann die Gesetzmäßigkeit, nach der sich die retinale Reizung aktiv variieren läßt, nur erkannt werden, wenn evident ist, daß die Intentionen die retinale Reizung verändern. Diese Voraussetzung ist erfüllt: Die wahrgenommenen Verlagerungen des Sakkadenzieles, die sich bei den erfolglosen Sakkaden im Verlagerungsparadigma, also bei Kontrollverlust, einstellen (siehe Abschnitt 1.), werden als das Ergebnis der eigenen Blickbewegungen unmittelbar erlebt. Die Vpn bemerken sofort, daß sie selbst es sind, welche den Reiz mit ihren Blicken bewegen (Brune & Lücking, 1969).

Wenn wir uns nun fragen, was der Organismus zu jedem Zeitpunkt während der visuellen Exploration feststellen kann, so finden wir keine andere Antwort als die, daß er nur die Koinzidenzen von Blickwechselintentionen und retinalem Zustand feststellen kann. Durch die visuelle Exploration kann daher nicht mehr und nicht weniger als die Koinzidenzen zwischen den Blickwechselintentionen und den tatsächlichen retinalen Änderungen erfahren werden. Die Information darüber, wie sich die retinale Reizung kontrollieren läßt, muß also aus dieser Erfahrung stammen.

5.2 Das Perzeptus – Modell

Das Prinzip, nach welchem aus dieser Erfahrung Kontrolle über die retinale Reizung gewonnen werden kann, wollen wir an einem vereinfachten Beispiel verdeutlichen. Die Vereinfachung besteht darin, daß sowohl die Blickbewegung als auch die retinale Variation als eindimensionale Bewegungen dargestellt werden. Außerdem werden wir uns zunächst eine Situation vorstellen, in welcher noch keine Wahrnehmungswelt etabliert ist. Mit einer vergleichbaren Situation sind die Blindgeborenen konfrontiert, welche durch eine Operation ihr Augenlicht erlangen (v. Senden, 1931), oder welche die Umgebung mit einer TV – Kamera explorieren, deren Bild in ein an ihrem Körper befestigtes Raster von Berührungssensoren übersetzt wird (sensory substitution; Bach – Y – Rita, 1976/77, 1984). Diese Menschen können lernen, die das Licht strukturierenden Umwelteigenschaften wahrzunehmen, wenn auch nur unter intensivem Training.

Perzeptus und seine Umwelt. Abb. 2 zeigt eine Schlitzmaske, die einen Linienzug abdeckt. Im Schlitz ist ein Punkt der Linie sichtbar. Die Maske kann durch einen Motor auf – und abwärts über den Linienzug bewegt werden. Wenn dies geschieht, bewegt sich der Punkt im Schlitz hin und her.

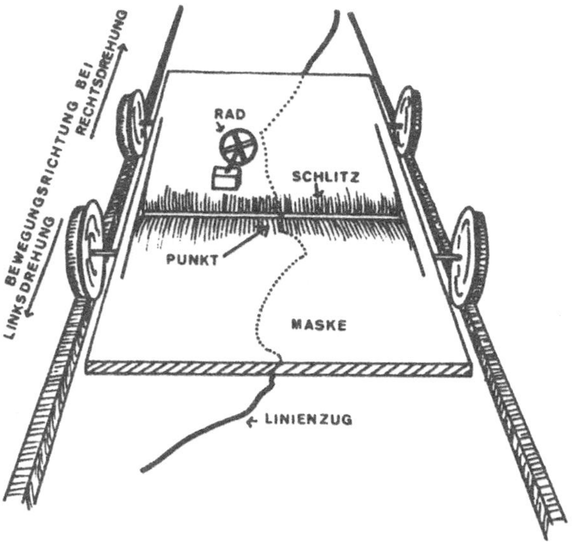

Abb. 2: Bewegliche Schlitzmaske über einem Linienzug. Der Maskenschlitz gibt einen Punkt der Linie frei. Wird das Rad nach links oder rechts gedreht, so fährt die Maske aufwärts (nach vorne) oder abwärts (nach hinten) und der Punkt bewegt sich im Schlitz. Die Bewegungsamplitude der Maske ist dem Drehwinkel des Rades bzw. der Anzahl der Radumdrehungen analog.

Auf der Maske wohnt ein Männchen, namens Perzeptus, das ein Rad bedient, welches mit dem Motor über eine Servosteuerung verkoppelt ist. Sobald der Perzeptus das Rad nach links oder rechts bewegt, führt der Motor die Maske analog auf- oder abwärts über den Linienzug, und der Perzeptus fährt mit. Er bemerkt von dieser Fahrt aber nichts, denn seine Welt ist nur das Geschehen, das sich im Schlitz abspielt (Abb. 3).

Abb. 3: Perzeptus mit Rad und Punkt. Der Punkt bewegt sich nur, wenn der Perzeptus das Rad bedient.

Hier vertritt die Maske das Auge und der Motor die Okulomotorik. Die Sakkade wird durch die Bewegung der Maske und die Umwelt durch den Linienzug veranschaulicht. Der eindimensionale Schlitz verkörpert die zweidimensionale Retina und die Schlitzposition des Punktes die retinale Reizung. Jede Punktposition repräsentiert also die retinalen Verhältnisse, die sich bei der Fixation eines Objektes bzw. Ortes einstellen. Der Perzeptus vertritt das visuelle System, dessen willkürliche Intentionen bzw. Antizipationen durch die Raddrehungen versinnbildlicht sind. Die Punktbewegungen, die der Perzeptus mit seinen Raddrehungen produziert, stehen für die reafferente Variation der retinalen Reizung.

Wie läßt sich in diesem Modell das Prinzip des Wahrnehmungslernens abbilden, wenn man davon ausgeht, daß der Perzeptus noch nichts gelernt hat?

Sobald der Perzeptus mit dem Rad zu spielen beginnt, bemerkt er sofort, daß er den Punkt mit jeder Raddrehung verschiebt. Insofern hat er von Anfang an Kontrolle über den Punkt. Doch ist diese Kontrolle durchaus nicht vollkommen, denn der Punkt geht seinen eigenen Weg. Er bewegt sich zwar zeitsynchron mit dem Rad, doch stimmt seine Bewegungsrichtung mit der Richtung der Raddrehung nicht immer überein, und seine Bewegungamplitude korreliert nicht mit dem Drehwinkel des Rades, bzw. mit der Anzahl der Radumdrehungen. Der Perzeptus kann also nicht bestimmen, **wie** sich der Punkt bewegt, sondern nur, **wann** er sich bewegt. Um den Punkt gezielt steuern zu können, muß er die Gesetzmäßigkeit erfahren, welche die Rad-Punkt-Beziehung zu jedem Zeitpunkt bestimmt. Was kann er entdecken, wenn er den Punkt durch beliebige Raddrehungen hin und her schiebt?

Prinzip des Wahrnehmungslernens im Perzeptus-Modell. Der zeitlichen Abfolge der Punktbewegung kann der Perzeptus nichts entnehmen, denn diese ist ja vollkommen von seinen willkürlichen Raddrehungen abhängig. Wenn der Perzeptus versucht, eine mathematische Formel zu finden, mit der sich die benötigte Raddrehung für jede gewünschte Punktbewegung jeweils vorhersagen läßt, so wird er ebenfalls nie lernen, den Punkt unter Kontrolle zu bringen, denn es gibt keinen Algorithmus, welcher die Rad-Punkt-Beziehung jederzeit bestimmt: Gleiche Raddrehungen produzieren verschiedene Punktbewegungen und gleiche Punktbewegungen begleiten verschiedene Raddrehungen, je nachdem, wo sich der Schlitz über dem Linienzug gerade befindet.

Eine jederzeit gültige **formale** Rad-Punkt-Beziehung kann der Perzeptus also nicht feststellen. Das einzige, was er wirklich feststellen kann, sind die jeweiligen realen **Koinzidenzen** konkreter Raddrehungen bzw. -stellungen und konkreter Punktbewegungen bzw. -positionen. Die Gesamtheit aller real erfahrbaren tatsächlichen **Rad-Punkt-Koinzidenzen** ist das einzig Wirkliche seines Schlitzuniversums, und es ist genau diese Gesamtheit aller möglichen Rad-Punkt-Koinzidenzen, welche invariant festliegt. Um diese Invarianz zu erkennen, braucht der Perzeptus nicht zu rechnen, nichts zu erfinden, vorherzusagen, zu interpretieren, zu eliminieren, zu ergänzen oder zu integrieren. Er braucht lediglich die tatsächliche Variation der Schlitzposition des Punktes mit den Raddrehungen zu akzeptieren, und zwar so konkret, wie sie wirklich ist. Da nämlich jede Bewegungskoinzidenz von Rad und Punkt dort beginnt, wo die unmittelbar vorhergehende endete, ergibt sich die Invarianz, welche alle möglichen Koinzidenzen von Raddrehungen und Punktbewegungen, aber auch von Radstellungen und Punktpositionen bestimmt, durch

das Bewegungskontinuum ganz von selbst. Es handelt sich um jene invariante Struktur, welche die **Anordnung** aller möglichen Rad – Punkt – Koinzidenzen **zueinander** festlegt. Diese Struktur ist die Invarianz, welche der Variation der Punktlage im Wechsel der Raddrehungen zugrundeliegt. Das Kontinuum der Willkürdimension stiftet die Einheit dieser Struktur, die sich als eine zweidimensionale Linie mit den Dimensionen "Schlitzposition des Punktes" und "relative Radstellung in Drehwinkelentfernung von der Ausgangsstellung des Rades" abbilden läßt (Abb. 4).

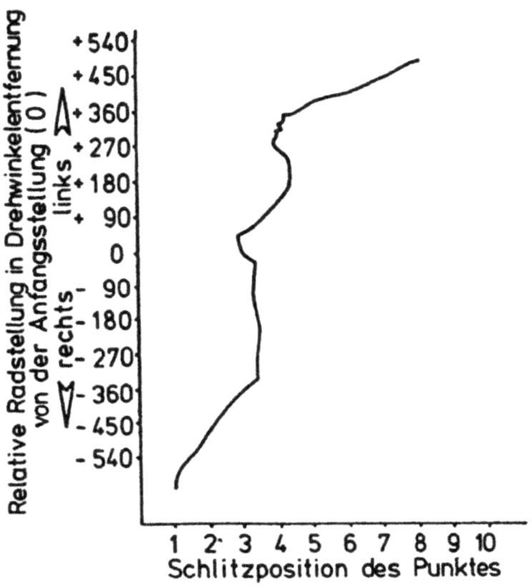

Abb. 4: Beziehung zwischen relativer Radstellung und Schlitzposition des Punktes: Invariante Verteilung aller möglichen Rad – Punkt – Koinzidenzen. Die Festlegung der Anfangsstellung ist beliebig.

Diese Struktur kann nicht aus wenigen Erfahrungen erschlossen, sondern nur durch extensive Exploration erfahren werden. Invariant ist sie, da der Perzeptus sie nicht ändern kann. Sie erlaubt dem Perzeptus lediglich die Selektion aus der Gesamtheit aller möglichen Koinzidenzen. Als ein quasi absolutes Naturgesetz bestimmt die Invarianz alle möglichen Ereignisse im Schlitz. Aber sie legt weder die Schlitzposition des Punktes zu einem Zeitpunkt fest, noch wie und wann sich der Punkt im Schlitz bewegt. Sie legt überhaupt keine **effektiven** Punktpositionen und -bewegungen fest, sondern nur **mögliche** Rad – Punkt – Koinzidenzen. Für jede mögliche Raddrehung bestimmt sie zu jedem Zeitpunkt die zugehörige Punktbewegung und für jede mögliche Punktbewegung die erforderliche Raddrehung. Sie erweist sich somit als diejenige Gesetzmäßigkeit, die eine gezielte Steuerung des Punktes erlaubt, da sie alle möglichen Punktbewegungen angibt.

In dieser Struktur ist die **effektive** Raddrehung eine willkürliche Bewegung in einem Raum und die koinzidierende Punktbewegung die Struktur des Weges. Jede **mögliche** Koinzidenz von Raddrehung und Punktbewegung (Bewegungskoinzidenz) ist eine Entfernung, und jede **mögliche** Koinzidenz aus Radstellung und Punktposition ist ein Ort in der Struktur. Die Linie ist das, was die Wahrnehmungswelt des Perzeptus ausmacht. Obwohl sich im Bezugssystem des Schlitzes die Beziehung zwischen Rad und Punkt ständig ändert, wird jetzt klar, daß jeder einzelne Fall zu jedem Zeitpunkt durch die gleiche Gesetzmäßigkeit festgelegt ist, nämlich durch eine willkürliche Bewegung in einer stabilen Struktur, welche den Bewegungsraum durch die Verteilung derjenigen Ereignisse vorgibt, die durch die Willkürbewegungen in ihm angetroffen werden.

Wahrnehmungswelt und Realität im Perzeptusmodell. Die Variation der Punktposition mit der relativen Radstellung (Abb. 4) beschreibt die Vorgänge im Schlitz ebenso zutreffend, wie es die Variation der Schlitzposition des Punktes in Abhängigkeit von der Zeit tut. Doch ist letztere im Wechsel der Raddrehungen nicht invariant, da der Zeitpunkt, zu welchem eine Punktposition realisiert ist, nur von der Radstellung abhängt, also willkürlich ist. Die zeitliche Variation des Punktes verkörpert also keine Gesetzmäßigkeit, die real, d.h. unabhängig von den Intentionen des Perzeptus existiert. Dies kann nur die Variation der Punktposition mit den Raddrehungen. Die Struktur dieser Variation ist keine zeitartige, sondern eine **raumartige** Invariante, da sie nicht den Zeitpunkt der Rad-Punkt-Koinzidenzen festlegt. Denn jede Bewegungskoinzidenz ist **reversibel**, und kann daher zu beliebigen Zeitpunkten realisiert werden.

Allein der invarianten Anordnung der Rad-Punkt-Koinzidenzen läßt sich die zur Herstellung einer gewünschten Schlitzposition des Punktes erforderliche Raddrehung entnehmen. Hierzu braucht der Perzeptus lediglich den entsprechenden Ort in seiner Wahrnehmungswelt aufzusuchen (räumliches Fokussieren), denn dieses Aufsuchen ist ja nichts anderes als die Ausführung der entsprechenden Raddrehung. Es ist also nicht so, daß der Perzeptus die geeignete Radstellung in seiner Wahrnehmungswelt abliest und diese dann einstellt. Sondern: Indem der Perzeptus sich in seiner Wahrnehmungswelt bewegt, bewegt er auch das Rad entsprechend. Dies ist ganz von selbst so, da beides ein und derselbe Vorgang ist. Dieselbe Realität, die sich im Bezugssystem des Schlitzes als willkürlich produzierte Punktbewegung bemerkbar macht, ist in der Wahrnehmungswelt als willkürliche Bewegung dieses Bezugssystems in einer stabilen Struktur zu einem Zeitpunkt zu erkennen. In beiden Fällen handelt es sich um dieselben Vorgänge, die aus verschiedenen Erkenntnispositionen erfahren werden: Die Willkürbewegung in der Wahrnehmungswelt repräsentiert das Gesetz, nach welchem die willkürliche Steuerung des Punktes im Bezugssystem des Schlitzes funktioniert.

Sofern die motorische Bewegung der Maske der jeweiligen Raddrehung zeitlich folgt, läßt sich in diesem Modell auch die Tatsache abbilden, daß der Aufmerksamkeitswechsel der motorischen Sakkade vorauseilt (siehe Abschnitt 4.1.).

Die Kontrolle, welche der Perzeptus erwirbt, ist also rein kognitiver Art. Sie besteht nicht darin, daß er Einfluß auf Vorgänge gewinnt, die sich anfangs seinem Einfluß entzogen, sondern sie besteht darin, daß er nun die Raddrehungen nach ihren Effekten auswählen kann, während er sie anfangs nur relativ ungezielt ausführen konnte.

Wenn die Bewegung des Punktes im ruhenden Bezugssystem, dem Schlitz, einerseits, und die Bewegung dieses Bezugssystems in einer stabilen Struktur, der Wahrnehmungswelt, andererseits, dieselbe Realität aus verschiedenen Erkenntnispositionen erfassen, dann kann diese Realität entweder nur aus der einen, oder aus der anderen Position heraus erfahren werden, da ein Bezugssystem nicht zugleich als ruhend und bewegt angesehen werden kann. Daraus folgt: Sobald der Perzeptus die invariante Rad-Punkt-Beziehung erkannt hat, ist er nicht in der Lage, die Änderungen des Schlitzzustandes als solche zu erfahren. Nun kann er gar nicht anders, als seine Willkürintentionen als seine eigenen Bewegungen in seiner Wahrnehmungswelt zu erkennen, es sei denn, er gibt seinen Kontrollanspruch völlig auf, denn im Bezugssystem des Schlitzes ist eine Kontrolle nicht möglich.

Fassen wir zusammen: Seine Schlitzwelt kann der Perzeptus nur beherrschen, wenn er die invariante Beziehung der Punktbewegungen zu seinen Raddrehungen erkennt. Diese Erkenntnis ist seine Wahrnehmungswelt. Sie basiert ausschließlich auf Änderungsinformation. Doch ist sie eine stabile Struktur, die weder den Punkt noch seine Bewegung enthält, die aber die Möglichkeiten der Änderung der Schlitzposition des Punktes, die jederzeit willkürlich zu erzeugen sind, angibt. Sobald der Perzeptus erkannt hat, wie sich der Punkt willkürlich steuern läßt, ist seine Raddrehung ganz von selbst eine Ortsveränderung in einer stabilen Struktur, welche die Bewegungsmöglichkeiten durch die Ereignisse vorgibt, welche die möglichen Wege markieren.

Übereinstimmung von Wahrnehmungswelt und Umwelt im Perzeptus-Modell. Wie wir sehen, stimmt die Wahrnehmungswelt des Perzeptus mit seiner Umwelt überein (Abb. 2 u. 4). Er nimmt den Linienzug so wahr, wie er wirklich ist, und auch die durch seine Raddrehungen initiierten Maskenfahrten nimmt er als seine Bewegungen entlang dem Linienzug richtig war.

Man wird allerdings einwenden, daß diese Übereinstimmung eine zufällige Eigenschaft unseres Modelles ist: So läßt sich auch eine Vorrichtung denken, welche den Linienzug unter der Maske, statt die Maske über den Linienzug, bewegt. Diese Realität könnte der Perzeptus von der in Abb. 2 dargestellten nicht unterscheiden, und er würde die Bewegungen des Linienzuges für seine eigenen Bewegungen halten.

Die gleichen Verhältnisse, welche der Perzeptus in unserem Modell antrifft, könnten in der Tat durch beliebig viele verschiedene Mechanismen realisiert werden. Die gleichen Rad-Punkt-Beziehungen, die in unserem Modell realisiert sind, ließen sich ohne Verwendung eines Linienzuges durch eine Apparatur verwirklichen, welche eine bewegliche Kugel im Schlitz den Raddrehungen entsprechend verschiebt. Sofern in dieser Modellvariante Rad und Punkt genauso zugeordnet sind wie in unserem Modell, müßte auch die Wahrnehmungswelt des Perzeptus dieselbe sein. Diese Wahrnehmungswelt würde aber dann durchaus nicht mit der tatsächlichen Umgebung übereinstimmen. Was bedeutet also Übereinstimmung von Wahrnehmungswelt und Umwelt im Perzeptus-Modell?

Die Rad-Punkt-Beziehung ist eine Funktionseigenschaft des gesamten Systems, welches die Koppelung des Punktes an das Rad garantiert. Die Wahrnehmungswelt des Perzeptus repräsentiert also eine Realität, welche durch die Interaktion aller Komponenten entsteht, die an der Rad-Punkt-Beziehung beteiligt sind. Diese Realität existiert nur in dieser Interaktion. Sie hat ihre eigenen Gesetze, die nicht die einzelnen Konponenten der Mechanik spezifizieren, durch die sie entsteht. Sie spezifiziert also den Linienzug, d.h. die Umwelt des Perzeptus, ebensowenig, wie das Wetter die Sonnentemperatur spezifiziert, welche an seiner Entstehung mitbeteiligt ist. Spezifisch ist die Rad-Punkt- Beziehung nur für sich selber, denn sie ist nichts weiter als die Art und Weise, wie sich der Schlitzzustand durch Raddrehungen ändern läßt.

Übereinstimmung zwischen Wahrnehmungswelt und Umwelt bedeutet im Perzeptus-Modell demnach keineswegs, daß zwei verschiedene Strukturen, eine objektive äußere (Umwelt) und eine subjektive innere (Wahrnehmungswelt), existieren, die mit einander übereinstimmen (vgl. Bischof, 1966). Sondern: Übereinstimmung von Wahrnehmungswelt und Umwelt bedeutet, daß die Rad-Punkt-Koinzidenzen, welche real erfahren wurden, reversibel sind und zu beliebigen Zeitpunkten wiederhergestellt werden können, ganz gleich, wie diese Koinzidenzen in einer Außenwelt realisiert werden. Es kommt also nur darauf an, daß eine invariante Rad-Punkt-Beziehung existiert. Ist dies der Fall, dann wird der Perzeptus sie erkennen. Diese Erkenntnis begründet seine Wahrnehmungswelt und ermöglicht **ihm** die perfekte Kontrolle des Punktes. Damit existiert diese Beziehung aber durchaus nicht zweifach, außen und innen. Sondern es gibt nur **eine** invariante reale Rad – Punkt – Beziehung, die der Perzeptus lediglich erkennt.

Was die Übereinstimmung von Wahrnehmungswelt und Umwelt anbelangt, so kommt es im Perzeptusmodell nicht auf die Validität, sondern auf die **Reliabilität** der Wahrnehmungswelt an. Diese Reliabilität erfährt der Perzeptus jederzeit, wenn er das Rad bewegt und sich der Punkt entsprechend verhält. Der Begriff der Übereinstimmung zwischen Wahrnehmungswelt und Umwelt kann im Perzeptusmodell nur den Sachverhalt meinen, daß sich der Perzeptus in seiner Umwelt zurechtfindet.

5.3 Anwendung des Modells auf die retinale Reizung

Wendet man das Modell auf die retinale Reizung an, so wird es wegen der vielen Freiheitsgrade der Blickbewegung, der – unter ökologischen Bedingungen – reichen Gliederung der zweidimensionalen retinalen Reizung und der Kompliziertheit der reafferenten Deformation leicht unanschaulich. Das Prinzip soll aber dasselbe sein: Willkürliche Kontrolle über die Blickbewegung läßt sich nur gewinnen, wenn die reafferente Variation der retinalen Reizung als eine willkürliche Bewegung in einer unbewegten Struktur erkannt wird. Der Grund hierfür ist, daß die Systematik der willkürlichen Deformation der retinalen Reizung während der Exploration einer stabilen Umwelt darin besteht, daß die Gesamtheit aller möglichen Koinzidenzen von Blickwechselintentionen und retinalen Änderungen, also die Gesamtheit aller möglichen Reafferenzen, festliegt. Der Zusammenhang zwischen allen möglichen Reafferenzen ist durch das Bewegungskontinuum vorgegeben, da der Zustand der retinalen Reizung, der zu einem Zeitpunkt willkürlich deformiert wird, durch die vorhergehenden Willkürbewegungen hergestellt wurde (s.u.). Diese Kontinuität begründet die qualitative Anordnung aller möglichen Reafferenzen, d.h. ihre Lagebeziehungen zueinander. Sie stiftet somit die Einheit der invarianten Struktur, welche die Verteilung aller möglichen retinalen Veränderungen im zweidimensionalen Kontinuum der Willkürbewegungen angibt. Erst diese Anordnung strukturiert das Bewegungskontinuum, das an und für sich strukturlos ist, und schafft eine feste **topologische** Struktur, welche die Wahrnehmungswelt ausmacht. Die Art und Weise, wie sich die retinale Reizung in einer gegebenen Umwelt willkürlich manipulieren läßt, ist somit nichts anderes als diese **invariante Struktur der reafferenten Variationsmöglichkeiten**.

Diese invariante Struktur bestimmt aber nicht den Zeitpunkt, zu welchem eine visuelle Reafferenz erzeugt wird. Dieser unterliegt allein der Willkür des visuellen

Systems. Die invariante Struktur ist also nicht zeitartig, sondern raumartig. Daher ist die Wahrnehmungswelt, obwohl sie nur Änderungsinformation enthält, eine stabile Struktur, welche die willkürliche Kontrolle der retinalen Reizung, d.h. der Blickbewegung ermöglicht.

In dieser Struktur ist jeder **mögliche**, willkürlich herstellbare retinale Zustand ein Ort, jede **mögliche** Reafferenz eine Entfernung und jede **effektive** Intention eine Bewegung innerhalb dieser Struktur, nämlich ein Aufmerksamkeitswechsel. Die Wahrnehmungswelt enthält weder die räumliche Struktur der retinalen Reizung noch ihre Deformation, doch repräsentiert sie die Realität der reafferenten Variation der retinalen Reizung in objektiver Weise: Was im Bezugssystem der Retina als eine willkürliche Deformation einer räumlichen Struktur zu beschreiben ist, das ist in der Wahrnehmungswelt als willkürlicher Ortswechsel in einer **stabilen** Struktur zu erkennen, welche den Bewegungsraum durch die Anordnung der Ereignisse vorgibt, die durch die Willkürbewegungen angetroffen werden. Willkürliche Deformation der Struktur der retinalen Reizung und willkürliche Bewegung in der Wahrnehmungswelt sind ein und derselbe Vorgang aus verschiedenen Erkenntnispositionen gesehen.

Zur Frage der Übereinstimmung von Wahrnehmungswelt und Umwelt gilt im Prinzip dasselbe, was wir bei der Erörterung des Perzeptus – Modelles bereits vorgetragen haben: Die Wahrnehmungswelt spezifiziert nicht die außersubjektive Umwelt als solche und bildet sie nicht im eigentlichen Sinne ab. Daß trotzdem die Wahrnehmungswelt mit der Umwelt übereinstimmt, und die intendierte Blickbewegung mit der tatsächlichen Augenbewegung, das beruht einfach darauf, daß die intentionale Variation der retinalen Reizung durch beliebige Bewegungen in einer stabilen Umwelt tatsächlich entsteht. Denn zerlegt man eine Variation, die durch eine beliebige Bewegung in einer unbewegten Struktur entstanden ist, in eine beliebige Bewegung und eine unbewegte Struktur, so müssen die Bewegungen einerseits und die unbewegten Strukturen andererseits jeweils übereinstimmen, sofern die äußere Bewegung wirklich von der Struktur unabhängig, d.h. beliebig ist.

Nach dieser Theorie enthält also die Wahrnehmungswelt die Blickbewegungsmöglichkeiten, und zwar in der Sprache ihrer visuellen Resultate. Jeder Ort in der Wahrnehmungswelt ist durch die Gesamtheit aller Reafferenzen festgelegt, welche sich – im Verlaufe sämtlicher Explorationsbewegungen – ereignen, wenn das Auge zu dem korrespondierenden Punkt in der Umwelt von allen anderen Punkten aus bewegt wird und umgekehrt. Folglich ist jeder Ort der Wahrnehmungswelt durch seine Beziehung zu **allen** anderen Orten festgelegt: Die Gesamtheit aller Orte legt jeden einzelnen Ort fest. Es gibt also keinen absoluten Ort, sondern nur **Ortsbeziehungen**. Diese Ortsbestimmung ist vollkommen **relativistisch**. Doch reicht sie aus, da sich das visuelle System stets an einem Ort in der Wahrnehmungswelt aufhält, was im retinalen Bezugssystem nichts anderes bedeutet, als daß zu jedem Zeitpunkt stets eine Koinzidenz von Intentionen und retinaler Reizung realisiert ist. Unsere Überlegungen sollen nämlich nicht nur für den Blick**wechsel**, sondern auch für das **Fixieren** gelten, das als konstantes Fokussieren in der Wahrnehmungswelt (Neumann, 1980a) ebenfalls intentional gelenkt ist und in der Konstanz der retinalen Reizung "reafferent" abgebildet ist.

Während beim Wahrnehmungslernen die Struktur der Wahrnehmungswelt durch alle möglichen Willkürbewegungen geschaffen wird, legt sie, einmal etabliert, alle möglichen Willkürbewegungen fest. Die wahrgenommene Entfernung zweier Objekte z.B. wird einerseits durch die Reafferenzen etabliert, welche existieren, wenn das Auge vom einen Objekt in der Außenwelt zum anderen bewegt wird. Solange diese Orte in der Wahrnehmungswelt noch nicht etabliert sind, kommen diese Bewegungen in der Außenwelt und damit die entsprechenden Reafferenzen mehr oder weniger ungezielt, möglicherweise moduliert durch reflektorische Mechanismen, zustande. Diese Bewegungen sind zwar initiiert durch Willkürintentionen, diese sind jedoch noch nicht auf **spezifische** Ziele gerichtet (s.u.). Sind die Orte, bzw. Objekte erst etabliert, dann ist auch ihre Entfernung festgelegt. Sie gibt dann die spezifischen Bewegungen an, mit denen man vom einen zum anderen Ort bzw. Objekt gelangt.

Was wir hier exemplarisch für die Anordnung der Objekte in der Wahrnehmungswelt ausgesprochen haben, soll natürlich für alle figuralen Wahrnehmungseigenschaften gelten, also auch für Objektgruppen und Objektformen. Die Objektform, z.B. die Krümmung einer Linie, ist ebenfalls eine räumliche Struktur, die in prinzipiell gleicher Weise exploriert werden kann, wie das Layout des gesamten retinal repräsentierten Umweltausschnittes. Für die Binnengliederung der Objekte gilt im Kleinen dasselbe, was für den Umweltausschnitt im Großen gilt. Unser Positionsbegriff bezieht sich also nicht auf eine bestimmte Ebene der hierarchischen Struktur der Wahrnehmungswelt (Neumann, 1980 a; Wolff, 1977, 1978).

Wie bei der motorischen Theorie wird also auch in diesem Modell die wahrgenommene Position der Objekte durch die Blickbewegung bestimmt, die zu ihrer Fixation erforderlich ist, und die wahrgenommene Form der Objekte wird durch die Abtastbewegungen bestimmt, die zur Exploration der Objekte exekutiert werden müssen. Wahrnehmungsstiftend ist aber nicht die motorische Information, sondern die Reafferenz, d.h. die Koinzidenz von Intention und visueller Änderung.

Sakkadenspezifische Wahrnehmungswelt. Während dem Perzeptus nur eine einzige Willkürdimension zur Verfügung steht, kann das visuelle System zweidimensionale Bewegungen intendieren. Da wir die Wahrnehmungswelt des Perzeptus als eine zweidimensionale Linie mit den Eingängen "relative Radstellung" und "Punktposition" veranschaulicht haben, müßten wir nun konsequenterweise die Wahrnehmungswelt des visuellen Systems als eine dreidimensionale Struktur mit den beiden Willkürdimensionen und der Dimension "retinale Reizung" als Eingänge einführen. Dies könnte aber mißverstanden werden. Die Dimension der "retinalen Reizung" ist nämlich keine Bewegungsdimension. Sie erzeugt kein Kontinuum, entlang welchem sich das visuelle System willkürlich bewegen könnte. Die Wahrnehmungswelt, welche allein durch sakkadische Blickbewegungen entsteht, ist kein dreidimensionaler Raum, der eine Tiefenstaffelung aufweist, sondern nur eine zweidimensionale Fläche. Der "Bewegungsraum" ist nämlich allein durch das Kontinuum der Willkürbewegung festgelegt, denn nur längs diesem Kontinuum ist die qualitative Lagebeziehung aller möglichen Koinzidenzen festgelegt. Die retinale Reizung stiftet lediglich den "Stoff", aus dem dieser Raum ist.

Würde man die Umwelt ausschließlich okulomotorisch explorieren, so könnte daher nicht unsere gewohnte, reichhaltige visuelle Wahrnehmungswelt entstehen, die durch weitere Bewegungen (Akkommodation und Konvergenz, aber auch Kopfbewegung und Lokomotion) vielleicht nach dem gleichen Grundprinzip etabliert wird (zum Wahrnehmungslernen bei Modifikation der visuellen Reafferenz von Akkomodation und Konvergenzbewegungen siehe die Telestereoskopversuche von Wallach, Moore und Davidson, 1963; Wallach & Karsh, 1963 a, b). Durch die sakkadische Blickbewegung können nur konfigurative Wahrnehmungseigenschaften etabliert werden, während die Konvergenz- und Akkommodationsbewegungen möglicherweise die Tiefenstaffelung erzeugen. Eine rein **sakkadenspezifische** Wahrnehmungswelt kann man sich daher am ehesten als die Wahrnehmung einer zweidimensionalen Konfiguration vorstellen, wenn man von der wahrgenommenen Entfernung und Orientierung (oben, unten; links, rechts) absieht. Nur in diesem Sinne verwenden wir hier den Begriff der Wahrnehmungswelt.

Von einer derartigen zweidimensionalen Konfiguration unterscheidet sich die Wahrnehmungswelt des Perzeptus erheblich, da er nur eine **eindimensionale** Willkürbewegung ausführen kann. Folglich ist seine Wahrnehmungswelt ein eindimensionales Kontinuum. Der Fixationspunkt des Perzeptus ist stets die ganze Zeile und nicht ein einzelner Punkt. Daher kann der Perzeptus nicht in einer Zeile hin und her blicken, sondern nur zwischen den Zeilen, denn in seiner Wahrnehmungswelt gibt es nur zeilenartige Orte. Der Blickwechsel ist im Perzeptus-Modell folglich nur als ein Zeilenwechsel darstellbar. Ferner kann der Perzeptus eine Bewegung nur zwischen Zeilen, niemals innerhalb einer Zeile wahrnehmen, denn im Perzeptus-Modell gibt es nur so viele verschiedene Wahrnehmungsorte, wie es auch verschiedene, real erfahrbare Koinzidenzen von Intention und sensorischer Änderung gibt. Der Schlitzzustand verleiht der Wahrnehmungswelt des Perzeptus lediglich diejenige Modalität, die seiner Sensorik zukommt. Ruft die Punktbewegung visuelle Empfindungen hervor, so ist die Wahrnehmungswelt des Perzeptus eine visuelle Welt.

Struktur, die der retinalen Variation zugrundeliegt versus Struktur, die variiert wird. Daß der Perzeptus nicht innerhalb einer Zeile hin und her blicken kann, bedeutet nichts anderes, als daß er die Struktur seine Schlitzes nicht explorieren kann. Folglich kann er den Punkt von Anfang an nicht lokalisieren und dessen Bewegungen auch nicht erkennen. Lernen kann er natürlich nur dann etwas, wenn er die Änderungen seines Schlitzzustandes präzise registrieren kann. Doch nimmt er die Punktbewegungen nicht als solche wahr, weiß zunächst nicht, was sie bedeuten. Insofern geht es ihm anfangs ähnlich, wie dem von Albert et al. (1973, zit. nach Allport, 1979) beschriebenen Patienten, der verschiedene Wörter unterscheiden kann, aber ihre Bedeutung nicht anzugeben weiß. Daher kann der Perzeptus auch keine Punktbewegungen intendieren, sondern nur Änderungen seines Schlitzzustandes. Mit dem Begriff der Punktbewegungen, den wir bei der Einführung des Perzeptus - Modelles verwendet haben, sind also **Änderungen des Schlitzzustandes** gemeint.

Unter diesen Voraussetzungen wäre es dem Perzeptus nicht von prinzipiellem Nutzen, wenn statt der Zeile im Schlitz der gesamte Linienzug in einem beweglichen **Fenster** repräsentiert wäre. Der Perzeptus könnte die Invarianz zunächst trotzdem nicht erkennen und wäre, wie im Falle des Schlitzes, auf explorative Bewegungen angewiesen. Wir müssen uns immer vor Augen halten, daß die Wahrnehmungswelt des Perzeptus, die wir in Abb. 4 als eine Linie veranschaulicht haben, eben nicht den Linienzug abbildet, über den der Perzeptus hin- und herfährt, sondern die Verteilung aller möglichen Rad - Punkt - Koinzidenzen, also die Struktur der Variationsmöglichkeiten angibt, die der Perzeptus mit den Raddrehungen erzeugen kann. Der Vorteil des Fensters bestünde lediglich darin, daß selbst kleinste Raddrehungen den sensorischen Zustand ändern würden und selbst kleinste Unterschiede zwischen verschiedenen Raddrehungen sensorisch repräsentiert wären, was im Falle des Schlitzes, je nach dessen Lage über dem Linienzug, nicht immer gilt. Das Fenster würde also ein schnelleres Lernen und eine bessere Zeilenauflösung der Wahrnehmungswelt ermöglichen. Doch bliebe die Wahrnehmungswelt in horizontaler Richtung undifferenziert, sofern dem Perzeptus nicht eine zweite Bewegungsdimension zur Verfügung stünde. Könnte er z.B. das Fenster auch horizontal bewegen, etwa indem er das Rad nicht nur dreht, sondern auch neigt, so wäre er im Prinzip in der Lage, eine ebenso differenzierte Wahrnehmungswelt zu gewinnen wie das visuelle System.

Diese Überlegungen sollen verdeutlichen, daß für die Wahrnehmungswelt nur die Struktur der reafferenten Variationsmöglichkeiten entscheidend ist. Als Invariante ist diese sorgfältig von der Struktur des variierten Schlitz- oder Fensterzustandes zu unterscheiden. Die Topologie der Wahrnehmungswelt basiert eben nur auf Änderungsinformation.

Bezogen auf das visuelle System bedeutet dies, daß die Retinastruktur von Anfang an niemals wahrgenommen werden kann. Auch ihre Deformation dürfte nach unserer Auffassung von Anfang an nicht als solche wahrgenommen, sondern nur als Änderung registriert werden. Die Annahme, daß Änderungen der räumlichen Struktur der retinalen Reizung präzise registriert werden, impliziert ja keineswegs, daß sie auch als räumliche Deformationen wahrgenommen werden.

Nach den Berichten von v. Senden (1931) scheinen derartige Verhältnisse für das postoperative Sehen Blindgeborener tatsächlich zu gelten: Die Bewegung einer einfachen Figur können sie nicht als Bewegung wahrnehmen, aber sie bemerken die Änderung, die sie angeblich als einen Helligkeitswechsel empfinden. Bedeutung verleiht der sensorischen Änderung nach dem Perzeptus-Modell erst die Intention, durch welche die Änderung erzeugt wird. Diese Bedeutung besteht in der Lokalisation von Orten in der Wahrnehmungswelt, ein Vorgang, der sich möglicherweise in den Berichten der Blinden widerspiegelt, die mit der Technik der "Sensory Substitution" "Sehen" lernen: Zu Beginn beschreiben sie Empfindungsänderungen auf der Hautoberfläche. Mit fortschreitendem Training aber bedienen sie sich zunehmend solcher Begriffe, welche Objekte in der Außenwelt beschreiben (Bach-Y-Rita, 1976/77).

Rolle der Ähnlichkeit der Retinazustände im Wechsel der Blickrichtungen. In unserem Modell ist eine gewisse Ähnlichkeit aller möglichen Schlitzzustände, die sich im Verlaufe der Exploration ereignen, insofern gewahrt, als jeweil nur ein Punkt im Schlitz repräsentiert ist. Am Prinzip des Perzeptusmodelles würde sich aber überhaupt nichts ändern, wenn die Raddrehungen nicht nur den Punkt verschieben würden, sondern wenn sie den Schlitzzustand qualitativ ändern würden, etwa, indem sie die Anzahl der Punkte oder die Farbe des Schlitzes o.ä. variieren würden. Sofern die Beziehung Rad-Schlitzzustand systematisch ist, würde der Perzeptus ebenfalls eine Wahrnehmungswelt aufbauen. So ließe sich also der Linienzug gegen irgendeine andere Vorlage, z.B. ein Farbphoto, austauschen, ohne daß der Perzeptus in Verlegenheit geriete. Er würde es lernen, die Schlitzwelt zu beherrschen. Voraussetzung hierfür ist lediglich, daß der Perzeptus jede Änderung seines Schlitzuniversums präzise registriert und ihre Beziehung zu seinen Intentionen erfährt. Wir können also die Silhouette in Abb. 4 durchaus vervollständigen (Abb. 5), ohne daß wir an unserem Modell etwas ändern müssen. Denn die Invarianz gibt die Änderung des Schlitzzustandes mit den willkürlichen Raddrehungen an, und diese Änderung kann durchaus ein qualitativer Sprung sein, da die Einheit der Struktur, d.h. die Beziehung aller Orte, durch die Kontinuität der Bewegung zueinander und nicht durch die Kontinuität des sensorischen Zustands gewahrt wird.

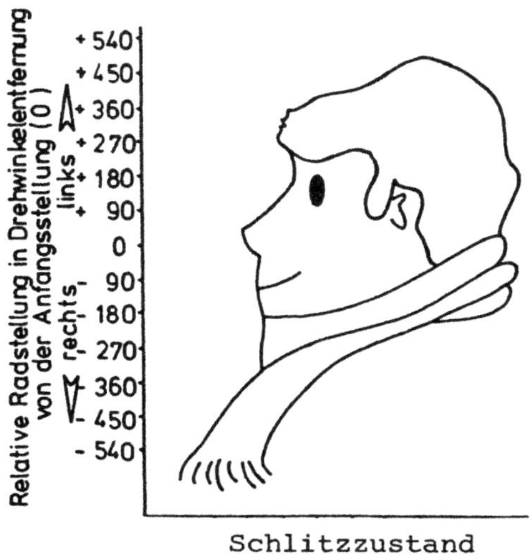

Abb. 5: Invariante Beziehung zwischen relativer Radstellung und Schlitzzustand für eine komplexe Vorlage unter der Schlitzmaske.

Man könnte nun einwenden, daß das Perzeptusmodell weniger die Vorgänge bei der sakkadischen Blickbewegung veranschaulicht, als vielmehr die Vorgänge, die sich bei Kopfbewegungen abspielen. Denn ein qualitativer Wechsel des Schlitzzustandes hat mehr Ähnlichkeit mit dem, was bei Kopfbewegungen geschieht, welche den retinal repräsentierten Umweltausschnitt verändern, als mit dem, was bei sakkadischen Blickbewegungen geschieht, die ja im wesentlichen die retinale Abbildung des gleichen Umweltausschnittes variieren (vgl. Turvey, 1977a). Spielt also die Tatsache, daß sich die Retinabilder zwischen den Fixationen bis zu einem gewissen Grade überlappen, d.h. einander ähnlich sind, keine Rolle? Nach dem Perzeptus - Modell ist diese Ähnlichkeit tatsächlich nicht von **ursächlicher** Bedeutung: Die Kontinuität der invarianten Struktur wird nicht durch die figurale Ähnlichkeit des Retinabildes oder durch die partielle Überlappung des in ihm repräsentierten Umweltausschnittes gewahrt, sondern ausschließlich durch die Einheit der willkürlichen Bewegung selbst. Die Beziehung zwischen dem prä- und postsakkadischen Retinazustand wird nicht durch ihre Ähnlichkeit gestiftet, sondern allein durch die Intention, welche sie ineinander überführt. Die Entfernung zwischen den Orten, welche diese beiden retinalen Zustände markieren, ist allein durch die intendierte Bewegung etabliert, durch die diese Entfernung gewissermaßen gemessen wird, und sie bietet auch nichts anderes an als die Steuerinformation für diese Bewegung. Ob diese retinalen Zustände aus der Sicht eines äußeren Betrachters figural ähnlich sind oder nicht, spielt dabei keine ursächliche Rolle.

Trotzdem hat diese Ähnlichkeit etwas mit der Wahrnehmungswelt zu tun. In dem Maße nämlich, in welchem die retinale Reizung ihre, wie auch immer zu definierende, strukturelle Ähnlichkeit bewahrt, sind auch die reafferenten Änderungsmöglichkeiten eingeschränkt. Diese Ähnlichkeit ist aber eine **Folge**, nicht die Ursache der Invarianz.

Bleibt allerdings die Frage, ob das Perzeptusmodell zwischen den okulomotorischen und den kopfbewegungsspezifischen Reafferenzen zu unterscheiden vermag, die sich im Wahrnehmungsprozeß durchaus prinzipiell verschieden verhalten (Wolff 1982b). Wir werden diese Frage an anderer Stelle erörtern (Wolff, in Vorb.). Hier soll der Hinweis genügen, daß die hier vorgestellte spezifische Version des Perzeptusmodelles nur für solche Willkürbewegungen formuliert wurde, welche die retinale Reizung **direkt** verändern. Dies sind die okulomotorischen Bewegungen (Sakkade, Konvergenz und Akkommodation), nicht jedoch die Kopfbewegung. Diese wirkt sich auf die retinale Reizung nur **indirekt**, nämlich vermittelt durch die Okulomotorik aus, da das Auge im Kopf nicht fixiert werden kann. Die kompensatorischen Augenbewegungen, welche die Kopfbewegungen reflektorisch begleiten, nehmen hier allerdings eine Sonderstellung ein (Wolff, in Vorb.). Daß die prismatische Modifikation der **kopfbewegungs**spezifischen visuellen Reafferenz eine dem Wahrnehmungslernen im Kontaktlinsenparadigma vergleichbare genuin visuelle Adaptation nach sich zieht, sofern durch eine geeignete Vorrichtung ein **direkter** Einfluß der Kopfbewegung auf die retinale Reizung erreicht wird, wurde übrigens von Burnham (1979) berichtet.

Diese einschränkenden Bemerkungen gelten nur für die hier besprochene **spezifische** Ausführung des Perzeptus-Modelles. Das **allgemeine** Prinzip des Wahrnehmungslernens, welches dem Perzeptus-Modell zugrundeliegt, soll durchaus auch für andere Willkürbewegungen gelten (Wolff, in Vorb.).

5.4 Direkte Wahrnehmung und Relativität

Obwohl zu einem Zeitpunkt nur jeweils eine Koinzidenz realisiert ist, nehmen wir nicht an, daß das visuelle System ein Gedächtnis benutzt, welches die jeweiligen Koinzidenzen speichert. Diese Annahme würde implizieren, daß die Wahrnehmungswelt durch einen mentalen Vermittlungsprozeß montiert wird, der die gespeicherten Koinzidenzen zu einer kohärenten Struktur zusammenfügt.

Im Perzeptus - Modell ist diese konstruktivistische Annahme nicht formulierbar. Nach dieser Annahme ist die Struktur durch die einzelnen Koinzidenzen festgelegt. Im Perzeptus - Modell ist es aber genau umgekehrt: Hier ist jede einzelne Koinzidenz durch die Struktur, d.h. durch die Gesamtheit aller möglichen Koinzidenzen festgelegt. Wir können uns dies an Abb. 6 veranschaulichen: Die relativen Radstellungen (z.B. 0 Grad und -360 Grad) sind **absolut** nicht zu unterscheiden, und sie koinzidieren mit identischen Punktpositionen.[1)]
Trotzdem markieren sie verschiedene Orte in der Wahrnehmungswelt des Perzeptus, da sie mit der Gesamtheit aller übrigen Koinzidenzen verschiedene Beziehungen eingehen. Es ist also die Anordnung aller anderen Koinzidenzen, welche ihre Lage festlegt. Sinngemäß gilt dies für alle Koinzidenzen einschließlich der Bewegungskoinzidenzen. Bedenkt man ferner, daß die Punktbewegung, die mit einer bestimmten Raddrehung koinzidiert, recht verschieden ausfällt, je nachdem mit welcher **relativen** Radstellung (z.B. 0 Grad oder -360 Grad) sie beginnt, so wird die vollständige Relativität aller Vorgänge im Schlitz offenkundig: **Die Gesamtheit aller möglichen Koinzidenzen bestimmt die mit jeder Raddrehung koinzidierende Punktbewegung.** Denn wie sich der Punkt mit einer bestimmten Raddrehung bewegt, wird durch die Lage von Start und Ziel innerhalb der Struktur bestimmt, die aber - wie soeben gezeigt - von der Gesamtheit aller **möglichen** Koinzidenzen abhängt. Jede Koinzidenz ist also allein durch ihre Stellung innerhalb der gesamten Struktur festgelegt, d.h. ausschließlich im Hinblick auf ihre Beziehung zu allen anderen Koinzidenzen. Wie könnte diese vollkommen relativistische Struktur gelernt werden?

Ein erster Versuch, diese Frage zu beantworten ist dieser: Wenn jede einzelne Koinzidenz von der Gesamtheit aller möglichen Koinzidenzen abhängt, dann ist die Koinzidenz, die zu einem ganz bestimmten Zeitpunkt erfahren wird, sowohl von

---

1) Wenn verschiedene relative Radstellungen mit identischen Punktpositionen koinzidieren, erzeugen bestimmte Raddrehungen keine Punktbewegungen. Analoge Konstellationen gibt es für die Blickbewegung nur bei regelmäßig strukturierten Reizvorlagen, die das gesamte Gesichtsfeld ausfüllen. Bei einem regelmäßigen Schwarz - Weiß - Gitter z.B. bleibt die retinale Reizung beim Blickwechsel von Streifen zu Streifen konstant. Verlagerungen eines solchen Musters während eines Blickwechsels von einem Streifen zu einem anderen werden nicht bemerkt, sofern nach Sakkadenschluß **irgendein** Streifen fixiert wird (Brune & Lücking, 1969).

allen vergangenen als auch von allen zukünftigen Koinzidenzen abhängig. Was in der Zukunft liegt, kann das visuelle System nicht vorhersehen, doch sämtliche vergangenen Koinzidenzen bestimmen die gegenwärtige Koinzidenz. Wir können uns diesen Gesichtspunkt an Abb. 2 veranschaulichen:

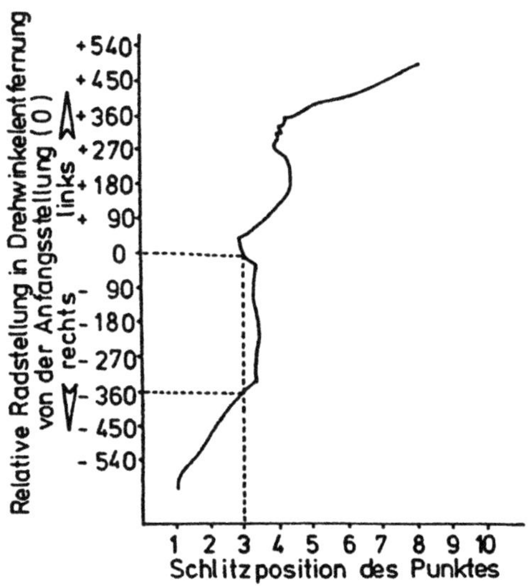

Abb. 6: Wie Abb. 4. Die relativen Radstellungen 0 Grad und 360 Grad sind absolut nicht zu unterscheiden und koinzidieren mit identischen Punktpositionen.

Die Punktposition wird durch die Stellung des Schlitzes über der Linienstruktur festgelegt. Diese Stellung ist durch die Bewegung des Schlitzes hergestellt worden. Aber sie ist nicht nur durch die letzte Schlitzbewegung allein hergestellt worden, sondern durch **sämtliche** bisherigen Bewegungen. Angenommen, der Schlitz wurde zuletzt um die Strecke L nach oben verschoben. So ist seine Zielstellung in der Struktur auch von seiner Ausgangsstellung abhängig, mit der die Bewegung begann. Diese Ausgangstellung wurde wiederum durch die vorhergehende Bewegung hergestellt, für die aber im Prinzip dieselbe Überlegung gilt. So ist also die Stellung des Schlitzes in der Struktur zu jedem Zeitpunkt von der Gesamtheit aller vorherigen Bewegungen abhängig. Es handelt sich hier um das Prinzip des Tropfens, der das Faß zum Überlaufen bringt. Dieses Prinzip ist für das Wahrnehmungslernen im Perzeptus – Modell wichtig:

Nehmen wir an, daß zunächst eine Koinzidenz A von Radstellung und Punktposition existiert, deren Lage innerhalb der Struktur zu Beginn des Lernens völlig unbekannt ist. Nun führt der Perzeptus eine Raddrehung aus und stellt eine neue Koinzidenz B von Radstellung und Punktposition her. Die Beziehung zwischen A und B ist allein durch die Bewegung bestimmt. Damit sind sie Orte ein und derselben Struktur. Der Aufbau der Wahrnehmungswelt hat jetzt bereits begonnen, denn durch die Bewegung wird nicht nur die Lage des Zielereignisses B festgelegt, sondern auch die des Startereignisses A. Diese wai anfangs völlig unbekannt und wird nun dadurch gewissermaßen rückwirkend etabliert, daß B relativ zu A festgelegt wird. A ist also durch die relative Ortsbestimmung für B in B mitgegeben und steht dadurch als möglicher Zielort bereits zur Verfügung. Dies begründet die Reversibilität der Bewegung. Die Wahrnehmungsorte A und B, welche auf diese Weise entstehen, existieren nur durch ihre Beziehung zueinander. Die nachfolgende Bewegung stiftet nun eine weitere Beziehung zwischen einer dritten Koinzidenz C von Radstellung und Punktposition und der Koinzidenz B. Da die Lage von B aber allein durch die Beziehung zu A festgelegt ist, ist die Ortsbestimmung für C auch von der ersten Bewegung abhängig. Da C also relativ zu A und B festgelegt wird, sind A und B in der Ortsbestimmung für C nicht nur mitgegeben, sondern sie werden zugleich präzisiert, nämlich im Hinblick auf ihre neue Beziehung zu C. C wird ein Ort derselben Struktur, der A und B angehören. Aber C wird nicht einfach zu A und B hinzuaddiert, sondern die gesamte Struktur wird durch die zweite Bewegung **differenzierter**. In der Ortsbestimmung für C ist somit die gesamte Struktur, die nur Ortsbeziehungen enthält, mitgegeben.

Was wir hier der Einfachheit halber für die Koinzidenzen von Radstellungen und Punktpositionen entwickeln, soll sinngemäß auch für die Bewegungskoinzidenzen AB und BC gelten, welche die Entfernungen zwischen A, B und C festlegen: Sämtliche vergangenen Koinzidenzen bestimmen die Lage jeder momentanen Koinzidenz in einer **gemeinsamen** Struktur, die in der Ortsbestimmung für jede momentane Koinzidenz mitgegeben ist. Jede momentane Koinzidenz präzisiert ferner die Lage der bereits erfahrenen Koinzidenzen hinsichtlich ihrer Beziehung zur momentanen. Dadurch werden die bereits erfahrenen Koinzidenzen als Bewegungsmöglichkeiten **gegenwärtig** angeboten, obwohl sie in der Vergangenheit erfahren wurden. So ist das Wahrnehmungslernen jederzeit von allen vorausgegangenen Erfahrungen abhängig und führt zu einer Differenzierung der gesamten Struktur, die, ohne daß sie in einem Gedächtnis gespeichert werden müßte, zu jedem Zeitpunkt existiert. Der Grund hierfür ist wesentlich der, daß wegen der Begrenzung der Bewegungsge–

schwindigkeit nur **eine** Bewegung zu einem Zeitpunkt ausgeführt werden kann und folglich jede effektive Bewegung alle nachfolgenden Bewegungsmöglichkeiten verändert.

Vermutlich sind diese spekulativen Überlegungen schwer nachvollziehbar. Sie sind auch nur als ein erster Versuch zu werten, die Relativität der Rad-Punkt-Beziehung im Prozeß des Wahrnehmungslernens zu berücksichtigen. Es ist wichtig, sich zu vergegenwärtigen, daß der Wahrnehmende seine Wahrnehmungswelt nicht wie ein Bild betrachtet, sondern daß er in ihr lebt. Stabile Struktur und beliebige Bewegungen sind zwei Aspekte einer einheitlichen Erfahrung. Die Wahrnehmungswelt ist zwar stabil, doch ist sie kein statisches Gerüst, sondern die Gesetzmäßigkeit einer dynamischen Erkenntnistätigkeit, die sich fortwährend vollzieht.

Antizipation und Differenzierung. Angesichts dieser Überlegungen ist der Begriff der Antizipation, mit dem wir die kognitive Steuerung der Willkürsakkade kennzeichneten (Abschnitt 4.1.), zu präzisieren: Durch den Aufmerksamkeitswechsel in der Wahrnehmungswelt wird nichts vorweggenommen, was in der Zukunft liegt. Dieser Aufmerksamkeitswechsel ist ja nichts anderes als die Intention, den retinalen Zustand in spezifischer Weise zu ändern, und diese intendierte Änderung wird in der Wahrnehmungswelt als eine Bewegungsmöglichkeit tatsächlich angeboten, da sie bereits real erfahren wurde. Was für den äußeren Beobachter wie die Vorwegnahme eines zukünftigen Ereignisses erscheint, ist in Wahrheit die Selektion einer bereits verfügbaren Bewegungsmöglichkeit. Das Prinzip ist dasselbe, was Neumann (1979, 1980a) am Beispiel der Sprechplanung illustriert hat: Was auf dem Niveau der äußeren Bewegung noch zukünftig ist, ist auf einer höheren Ebene der Handlungshierarchie bereits geplant (siehe auch Wolff, 1979). Damit ist aber nichts vorweggenommen, was nicht gegenwärtig angeboten wird.

Wenn dies stimmt, dann ist die Blickwechselintention stets realistisch, da nur solche retinalen Änderungen intendiert werden, die aufgrund bisheriger Erfahrungen als Änderungsmöglichkeiten auch tatsächlich angeboten werden. Da die Wahrnehmungswelt erst im Zuge des Wahrnehmungslernens differenziert wird, folgt hieraus, daß die intendierten retinalen Änderungen zu Beginn des Wahrnehmungslernens unspezifisch sind und erst mit fortschreitender Differenzierung der Wahrnehmungswelt spezifischer werden.

Über die Vorgänge, welche die ersten explorativen Bewegungen initiieren, können wir nur spekulieren. Ob bereits von Geburt an eine gewisse, wenn auch sehr unspezifische Wahrnehmungswelt existiert, welche intendierte Blickbewegungen nach dem von uns skizzierten Mechanismus erlaubt (Abschnitt 4.1.), oder ob sich die Willkürkontrolle aus dem "visuellen Greifreflex" (Trincker, 1977) entwickelt, vermögen wir nicht zu beurteilen. Bei unseren Überlegungen gehen wir davon aus, daß gewisse, mehr oder weniger unspezifische Intentionen irgendwann das Wahrnehmungslernen in Gang bringen. Ihre Spezifikation geht dann mit der fortlaufenden Differenzierung der Wahrnehmungswelt Hand in Hand.

5.5 Verlagerung

Was geschieht, wenn das intendierte Blickverhalten (Fixation oder Blickwechsel) nicht realisiert wird, d.h. die tatsächlichen retinalen Verhältnisse nicht mit den intendierten übereinstimmen? Dies entspricht im Perzeptusmodell dem Fall, wo der Punkt sich nicht so verhält, wie es der "gelernten" invarianten Rad – Punkt – Beziehung entspricht. Da bereits eine differenzierte Wahrnehmungswelt etabliert ist, hat der Perzeptus mit seiner Raddrehung bereits den spezifischen Zielort in seiner Wahrnehmungswelt aufgesucht. Die wahrgenommene Blickposition liegt also fest. Sie ist ja in unserem Modell einzig und allein durch die **intendierte** Bewegung bestimmt. Denn der Aufmerksamkeitswechsel ist in unserem Modell nichts anderes als die Blickwechselintention, bzw., was dasselbe ist, die intendierte retinale Änderung. Die Blickposition wird also nicht so wahrgenommen wie die Lage des Zielobjektes, sondern sie wird einfach eingenommen.

Wird das Ziel nun verfehlt, so kann das Zielobjekt nicht an der neuen Blickposition wahrgenommen werden, die ja die ursprüngliche Zielobjektposition war. An welcher Position wird das Zielobjekt aber nun wahrgenommen? Nach unserem Modell kann ein Objekt nur an einer Position wahrgenommen werden, welche durch die Bewegung definiert ist, mit der es aufgesucht werden kann. Dies ist die Korrekturbewegung.

In der Tat wird in allen in Abschnitt 2.3. berichteten Fällen, in denen das intendierte Blickverhalten nicht realisiert ist, das Ziel in Richtung der jeweils notwendigen Korrekturbewegung verlagert wahrgenommen. Im Perzeptusmodell sieht das so aus (Abb. 7): Angenommen, der Punkt steht zunächst an der Schlitzposition 2 und die relative Radstellung ist – 450 Grad, dann ruht der Blick in der Zeile A. Entscheidet sich der Perzeptus, die Zeile B aufzusuchen, dann intendiert er die Schlitzposition 3 und dreht das Rad um 90 Grad nach links auf die relative Radstellung – 360 Grad. Er wechselt also seinen Blick zur Zeile B des Zieles. Wenn sich nun die Schlitzposition des Punkts nicht ändert, dann ist gemäß der "gelernten" Invarianz noch einmal dieselbe Raddrehung, die der Perzeptus bereits ausgeführt hat, erforderlich, um den Punkt von seiner unerwünschten Schlitzposition 2, die seine alte ist, auf die gewünschte Schlitzposition 3 zu verschieben. Das Ziel hat in der Wahrnehmungswelt daher die gleiche Entfernung und Richtung von der neuen

Blickposition B, die es vor der Blickbewegung von der alten Blickposition hatte. Die neue Zielposition unterscheidet sich von der alten um den Betrag der intendierten Bewegung: Das Ziel wandert mit den Blicken mit.

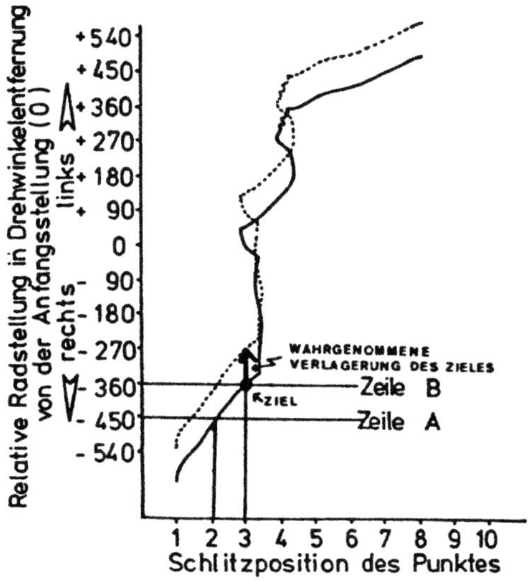

Abb. 7: Illustration der Verlagerungswahrnehmung im Perzeptus – Modell: Die Abb. illustriert den Fall, daß der Punkt trotz des Blickwechsels seine Schlitzposition nicht ändert. Zeile A repräsentiert die alte, Zeile B die neue Blickposition des Perzeptus.

Entsprechendes gilt, wenn sich der Punkt anders bewegt als erwartet. Die wahrgenommene Verlagerung wird dann ebenfalls durch diejenige Raddrehung bestimmt, mit welcher der Punkt von der unerwarteten Position nach den Regeln der "gelernten" Invarianz auf die gewünschte Zielposition verschoben werden kann.

5.6 Wahrnehmungslernen im Kontaktlinsenparadigma

Wie läßt sich das Wahrnehmungslernen im Kontaktlinsenparadigma nach dem Prinzip des Perzeptus – Modelles beschreiben? Wie bereits gesagt, modifiziert die Kontaktlinse nicht nur die Exafferenz, sondern auch die Reafferenz, und es ist die Modifikation der Reafferenz, die für das Wahrnehmungslernen im Kontaktlinsenparadigma entscheidend ist. Im Perzeptusmodell läßt sich dies dadurch simulieren, daß man entweder den Linienzug unter der Maske gegen einen anderen austauscht, oder dic Bewegungsgeschwindigkeit des Motors verändert, oder ein Prisma im Schlitz einbaut, oder auf andere Weise die invariante Anordnung der möglichen Rad - Punkt - Koinzidenz verändert. Die mit jeder Raddrehung koinzidierende Punktbewegung ist dann anders als bisher, so daß die Blickwechselintentionen zunächst nicht verwirklicht werden können, d.h. die Blickwechselziele verfehlt werden.

Wie kann nun die wahre Krümmung einer prismatisch verzerrten Linie erfahren werden? In Übereinstimmung mit der motorischen Theorie nehmen wir an, daß die wahre Krümmung einer Linie nur durch **erfolgreiches** okulomotorisches Abtasten der tatsächlichen Linie gelernt werden kann. Denn die Invarianz, welche die wahre Krümmung der Linie ausmacht, ist definiert als jene Struktur, welche die Gesamtheit aller Koinzidenzen festlegt, die bei den Blickwechseln zwischen allen möglichen Punkten der tatsächlichen Linie geschehen. Die Erfahrung, welche die Vp in den Versuch mitbringt, verhindert jedoch zunächst eine erfolgreiche Abtastung der Linie, und die Ziele werden systematisch verfehlt. Es muß aber gewährleistet sein, daß die Punkte der Linie fixiert werden können. Dies wird unserer Meinung nach durch die Kontrollmotivation sichergestellt, welche das Wahrnehmungslernen in Gang setzt (s. Abschnitt 4.1.):

Nach Schluß der erfolglosen Sakkade wird eine Bewegungsmöglichkeit angeboten, durch welche die Kontrolle wiederhergestellt werden kann. Dies ist die Korrekturbewegung. Nimmt man an, daß die Intention so lange bestehen bleibt, bis sie realisiert ist (Wolff, 1980, 1982a) oder bis keine Bewegungsmöglichkeit zu ihrer Realisation mehr angeboten wird, so wird die Korrekturbewegung automatisch (Wolff, 1984) erfolgen. Diese wird aber ebenfalls - anders als bei motorischer Anpassung - das Ziel verfehlen etc.. Vermutlich wird das Ziel regelrecht verfolgt. Bei der prismatischen Kontaktlinse werden die Zieldiskrepanzen aber immer kleiner, so daß schließlich doch das Ziel erreicht wird.

Der entscheidende Unterschied zum motorischen Lernen besteht nun darin, daß die Korrektur im Kontaktlinsenparadigma für **alle möglichen** Bewegungen gilt, die bei der Abtastung der Linie exekutiert werden. Daher wird im Zuge der extensiven Exploration die Beziehung **aller möglichen Koinzidenzen zueinander** verändert. Dies bedeutet aber nichts anderes, als daß eine neue invariante Beziehung zwischen Intention und retinaler Änderung erfahren wird. Diese gibt nun die Bewegungen an, mit denen man die Linie erfolgreich abtasten kann. Da diese neue Invarianz reliabel ist, wird die Linie jetzt genauso wahrgenommen wie präexperimentell ohne Kontaktlinse. Ohne dies im einzelnen zu erläutern, können wir diese Aussage aus dem gleichen Sachverhalt herleiten, aus dem wir die Übereinstimmung zwischen

Wahrnehmungswelt und Umwelt einerseits und wahrgenommener Blickbewegung und tatsächlicher Augenbewegung andererseits hergeleitet haben (Abschnitt 5.3.).

Obwohl also die retinale Variation bei prismatischer Verzerrung qualitativ anders ist als ohne Prisma, kann dieselbe Wahrnehmungswelt etabliert werden. Trotz der Unterschiede in der Art der retinalen Deformation sind die wahrgenommenen Blickbewegungen und folglich auch die wahrgenommene Umwelt gleich.

Voraussetzung für dieses Umlernen ist allerdings, daß die sakkadischen Ziele letztlich doch erreicht werden. Dies ist bei Dekorrelation und retinaler Stabilisierung nicht der Fall, und vermutlich auch dann nicht, wenn die Beziehungen zwischen Sakkaden und Reafferenzen invertiert werden (Smith, 1962, zit. n. Schmidt, Gottlieb, Coleman & Smith, 1974).

6. Relativität der raum – zeitlichen Struktur

Ungewohnt ist am Perzeptus – Modell vor allem die Behauptung, daß die willkürlichen Deformationen der retinalen Reizung einerseits und die Blickbewegungen in der Wahrnehmungswelt andererseits ein und dieselbe Realität aus verschiedenen Erkenntnispositionen erfassen. Man kann diese Behauptung nur akzeptieren, wenn man die Annahme aufzugeben bereit ist, daß die zeitliche Variation einer räumlichen Struktur eine **absolute** Eigenschaft der retinalen Reizung ist.

Diese Annahme hat denselben Vater wie jene konstruktivistischen Theorien (Turvey, 1975), welche sich die Wahrnehmung als die kognitive Verarbeitung (Entzerrung, Normierung, Interpretation, Ergänzung, etc.) des Retinabildes vorstellen. Sie ist, wie diese Theorien, von dem Wissen beeinflußt, daß ein Bild der Umwelt auf die Retina projiziert wird, welches ein Außenstehender aus der Perspektive eines Augenarztes wie ein Dia betrachten kann. Aus dieser Perspektive existiert die retinale Reizung an einem spezifischen Ort, der Retina, und da Verschiedenes am selben Ort nur zu verschiedenen Zeitpunkten existieren kann, ist die reafferente Variation der retinalen Reizung aus dieser Sicht natürlich nur als eine zeitliche Deformation einer räumlichen Struktur zu beschreiben.

Vom Standort des Augenarztes, der weder den räumlichen noch den zeitlichen Ort des Geschehens beeinflussen kann, ist dies eine zutreffende Beschreibung der retinalen Variation. Ganz anders sind aber die Verhältnisse, die das visuelle System antrifft:

Erstens unterliegt die zeitliche Variation der retinalen Reizung völlig seiner Willkür. Zweitens hat für das visuelle System die Retina als Objekt keine Realität, denn sie ist ja nicht selbst Wahrnehmungsgegenstand (vgl. Gibson, 1979, Kap. 4).

Die Retina ist für das visuelle System gleichsam ein unbegrenztes Universum, dessen Naturgesetze sich in den Ereignissen verkörpern, die sich in ihm abspielen. Nur diese Ereignisse sind aber für das visuelle System existent, nicht die Retina selbst.

Es ist eigentlich erstaunlich, daß dies nur von den Gibsonianern und Neogibsonianern gewürdigt wird, obwohl es eine Alltagserfahrung ist, daß die Eigenschaften der Dinge nicht nur von den Dingen selbst, sondern ebenso vom Standort des Beobachters abhängen, wie der Witz mit der Ameise veranschaulicht, die unter einem Kuhfladen begraben wird. Als sie sich mühsam vom Dreck befreit hat, sagt sie: "So eine Gemeinheit! Genau aufs Auge!"

Es folgt aus dem Gesagten, daß das visuelle System die retinale Reizung nicht im retinalen Bezugssystem raum-zeitlich lokalisieren kann (s. Abschnitt 5.3). Die entscheidende Frage des Wahrnehmungslernens ist also nicht, wie eine vorgegebene raum-zeitliche Struktur überwunden wird, sondern, wie eine raum-zeitliche Strukturierung des retinalen Universums überhaupt erreicht wird. Eine derartige Strukturierung kann aber u.E. nur durch **intendierte** Bewegungen erfolgen. Sie wird nicht durch die Ereignisse selbst festgelegt, sondern ist stets das Resultat der Interaktion von intendierter Meßoperation und Realität.

Wir wollen diesen allgemeinen Gesichtspunkt (vgl. Born 1964) an einem einfachen Beispiel zur **räumlichen** Strukturierung kurz andeuten:

Wollen wir die Entfernung zweier Figuren bestimmen, so könnten wir eine Meßlatte benutzen und die Entfernung der Figuren ablesen. Wenn wir so vorgehen, dann bestimmen wir die Entfernung der Figuren durch die Entfernung der Skalenstriche auf der Meßlatte. Doch wie weit sind die Skalenstriche voneinander entfernt? Diese Frage ist offenbar von genau derselben Art wie die Frage nach der Entfernung der Figuren. Die Meßlatte löst also das Problem nicht. Vielleicht muß sie nur geeicht sein? Aber sie kann natürlich nicht wieder durch eine andere Meßlatte geeicht sein, denn dann stellt sich dieselbe Frage für die andere Meßlatte.

Wir könnten die Entfernung der Figuren durch eine Bewegung überbrücken. Dann messen wir die Entfernung durch die Zeitdifferenz zwischen unserem Start und unserer Ankunft, die natürlich von unserer Bewegungsgeschwindigkeit abhängt. Diese ist aber im Prinzip ebensowenig feststellbar wie die Entfernung der Skalenstriche auf der Meßlatte. Das Messen mit der Meßlatte ist übrigens ebenfalls eine Bewegung, mit welcher wir die Entfernung überbrücken und die Figuren aufsuchen, denn die Übereinstimmung der Skalenstriche mit den Figuren kann nur am Ort des Geschehens selbst abgelesen werden.

Jedenfalls ist die Entfernung der Figuren offenbar nur in Relation zur intendierten Meßoperation anzugeben (vgl. Prinzip des Operationismus, Bridgman, 1932), die wir aber selbst nicht messen können. Da wir diese Operation selbst bestimmen, ist das Meßergebnis in gewisser Weise beliebig. Aber eben nur in gewisser Weise, denn das Meßresultat ist nicht von uns allein abhängig, sondern auch von der **tatsächlichen** Entfernung der Figuren. Diese tatsächliche Entfernung äußert sich offenbar darin, daß für beliebige Meßoperationen die Meßergebnisse festliegen. Sie ist daher eine Invariante, die nicht quantifizierbar ist, sondern nur qualitativ als die Beziehung aller möglichen Meßoperationen zu ihren Meßresultaten bestimmt werden kann. Diese Invariante ist eine räumliche Struktur, doch ist dasselbe Prinzip auch auf zeitliche Strukturen anzuwenden. Entscheidend ist, daß die Strukturierung nicht durch die Realität allein vorgegeben ist, sondern es sind unsere Meßbewegungen, welche die Realität strukturieren. Die raum-zeitliche Struktur entsteht erst in der Interaktion von Realität und Meßbewegung. Insofern ist die Realität relativ. Das gilt auch für die retinale Reizung, die vom Standort des auf die Retina blickenden Beobachters aus anders strukturiert wird als vom Standort des visuellen Systems aus, welches die Realität der retinalen Reizung durch seine intendierten Blickbewegungen strukturiert.

7. Schlußbemerkungen

Nach dem Perzeptus-Modell ist die Wahrnehmungswelt die topologische Struktur der qualitativen Lagebeziehungen aller möglichen Reafferenzen, d.h. aller real erfahrbaren **Koinzidenzen** von Blickwechselintentionen und retinaler Änderung. Diese Wahrnehmungswelt ist nicht das Ergebnis eines konstruktiven Verarbeitungsprozesses, welcher Sinnesdaten interpretiert, ergänzt und ihnen Information über einen Umweltsachverhalt entnimmt, auf welchen die Sinnesdaten nur hinweisen. Die retinale Reizung fungiert in unserem Modell überhaupt nicht als ein Datum, welches einen anderen Sachverhalt indiziert. Die reafferente Variation spezifiziert nichts anders als ihre eigene Natur. Sie verkörpert die Gesetzmäßigkeit, nach der sich die retinale Reizung intentional variieren läßt. Und genau diese Gesetzmäßigkeit ist das, was im Prozeß des Wahrnehmungslernens erkannt wird und die Wahrnehmungswelt ausmacht. Da die intentionale Variation der retinalen Reizung real ist, repräsentiert die Wahrnehmungswelt die Wirklichkeit dieser aktiven Variation. Aber sie bildet diese nicht in einem Medium stellvertretend ab, sondern sie spiegelt sie wider, und zwar so, wie sie wirklich ist. Daher ist die Wahrnehmung direkt: Sie bedarf keiner vermittelnden Instanz. Diese wäre nur erforderlich, wenn die Wahrnehmungswelt etwas anderes enthielte als die Realität der retinalen Reizung.

Da ferner die Realität der retinalen Reizung in der Interaktion zwischen intendierten Augenbewegungen und Umwelt existiert, gibt die Wahrnehmungswelt die Beziehung zwischen der Umwelt und den Bewegungen des Wahrnehmenden an. Sie bietet die Blickbewegungsmöglichkeiten an, und zwar in der Sprache der retinalen Effekte, die der Wahrnehmende in seiner momentanen Umwelt tatsächlich produzieren kann. Damit steht eine Orientierungsgrundlage zur Verfügung, die es erlaubt, durch periphere Selektion mittels sakkadischer Blickbewegung Handlungen auszulösen und zu steuern (Neumann, 1983; sowie Neumann, dieser Band). Die Wahrnehmungswelt enthält nichts anderes als "Affordances" (Gibson, 1966, 1977, 1979). Daher ist sie stets ökologisch.

Literatur

Allport, D.A., Word recognition in reading. In P.A. Kolers, M.E. Wrolstad & E. Bouma (Hg.), **Processing of visible language**. Bd 1. New York: Plenum Press, 1979

Arbib, M.A., Perceptual structures and distributed motor control. In: V.B. Brooks (Hg.), **Handbook of physiology,** Abt. 1. The nervous System, Bd. 2: Motor control, Teil 2. Bethesda, MD: American Physiological Society, 1981

Arendt, L.E., Spatial differential and integral operations in human vision: Implications of stabilized retinal image fading. **Psychological Review**, 1973, **80**, 374 - 395.

Bach - Y - Rita, P., Hirnplastizität und Sensorische Substitution. In **Mannheimer Forum**, Mannheim: Boehringer, 1976/77

Bach - Y - Rita, P., The relationship between motor processes and cognition in tactile vision substitution. In W. Prinz & A.F. Sanders (Hg.), **Cognition and motor processes**. Berlin, etc.: Springer, 1984

Bernstein, N.A., **Bewegungsphysiologie**. Leipzig: J.A. Barth, 1975

Bischof, N., Erkenntnistheoretische Grundlagenprobleme der Wahrnehmungspsychologie. In W. Metzger (Hg.), **Handbuch der Psychologie**. Bd. I. Göttingen: Hogrefe, 1966

Born, M., **Die Relativitätstheorie Einsteins**. Berlin etc.: Springer, 1964

Bridgeman, B., Cognitive factors in subjective stabilization of the visual world. **Acta Psychologica**, 1981, **48**, 111 - 121

Bridgeman, B., Mechanisms of space constancy. In: A. Hein & M. Jeannerod (Hg.), **Spatially oriented behavior**. New York etc.: Springer, 1983

Bridgeman, B., Hendry, D. & Stark, L., Failure to detect displacement of the visual world during saccadic eye movements. **Vision Research**, 1975, **15**, 719 - 722

Bridgeman, B., Lewis, L., Heit, G. & Nagle, M., Relation between cognitive and motor - oriented systems of visual position perception. **Journal of Experimental Psychology: Human Perception and Performance**, 1979, **5**, 692 - 700

Bridgeman, B. & Stark, L., Omnidirectional increase in threshold for image shifts during saccadic eye movements. **Perception & Psychophysics**, 1979, **25**, 241 - 243

Bridgman, P.W., **Die Logik der heutigen Physik**. München: Hueber, 1932

Brindley, G.S. & Merton, P.A., The absence of position sense in the human eye. **Journal of Physiology**, 1960, **153**, 127 – 130

Brune, F. & Lücking, C.H., Okulomotorik, Bewegungswahrnehmung und Raumkonstanz der Sehdinge. **Der Nervenarzt**, 1969, **40**, 413 – 421

Burnham, C.A., Adaptation to prismatically induced curvature with nonvisible arm movements. **Psychonomic Science**, 1968, **10**, 273 – 274

Burnham, C.A., Adaptation to curvature in the absence of contour. **The Behavioral and Brain Sciences**, 1979, 2, 65 – 66

Carpenter, R.H.S., **Movements of the eyes**. London: Pion, 1977

Coren, S., The use of Haidinger's brushes in the study of stabilized retinal images. **Behavior Research Methods and Instrumentation**, 1971, 3, 295 – 297

Coren, S., The interaction between the eye movements and visual illusion. In D.F. Fisher, R.A. Monty & J.W. Senders (Hg.), **Eye movements: Cognition and visual perception**. Hillsdale, N.J.: Lawrence Erlbaum, 1981

Coren, S. & Porac, C. The fading of stabilized images: Eye movements and information processing. **Perception & Psychophysics**. 1974, **16**, 529 – 534

Ditchburn, R.W., **Eye – movements and visual perception**. Oxford: Clarendon Press, 1973.

Dolezal, H., **Living in a world transformed**. New York etc.: Academic Press, 1982

Festinger, L., Burnham, C.A., Ono, H. & Bamber, D., Efference and the conscious experience of perception. **Journal of Experimental Psychology**, Monograph 1967, **74**, (4)

Festinger, L. & Canon, L.K., Information about spatial location based on knowledge about efference. **Psychological Review**, 1965, **72**, 373 – 384

Festinger, L. & Easton, A.M., Inferences about the efferent system based on a perceptual illusion produced by eye movements. **Psychological Review**, 1974, **81**, 44 – 58

Gallistel, C.R., **The organization of action: A new synthesis**. Hillsdale, N.J.: Lawrence Erlbaum, 1980

Gibson, J.J., **The senses considered as perceptual systems**. Boston: Houghton Mifflin, 1966. Dt.: Die Sinne und der Prozeß der Wahrnehmung. Bern etc.: Huber, 1973

Gibson, J.J., What gives rise to the perception of motion? **Psychological Review**, 1968, **75**, 335 – 346

Gibson, J.J., The theory of affordances. In: R. Shaw & J. Bransford (Hg.), **Perceiving, acting, and knowing. Toward an ecological psychology**, Hilldale, N.J.: Lawrence Erlbaum, 1977

Gibson, J.J., **The ecological approach to visual perception**. Boston: Houghton Mifflin, 1979. Dt.: Wahrnehmung und Umwelt. München, etc.: Urban & Schwarzenberg, 1982

Greenwald, A.G., Sensory feedback mechanisms in performance control: with special reference to the ideomotor mechanism. **Psychological Review**, 1970, **77**, 73 – 99

Gyr, J.W., Is a theory of direct visual perception adequate? **Psychological Bulletin**, 1972, **77**, 246 – 261

Gyr, J.W., Willey, R. & Henry, A., Motor factors in perception. **The Behavioral and Brain Sciences**, 1979, 2, 86 – 94

Hajos, A. & Frey, D.A., Lernprozesse des okulomotorischen Systems. **Psychologische Beiträge**, 1982, **24**, 135 – 158

Harvey, N. & Greer, K., Action: the mechanisms of motor control. In: G. Claxton (Hg.), **Cognitive Psychology – New Directions**. London: Routledge & Kegan Paul, 1980

Hay, J.C., Visual adaptation to an altered correlation between eye movement and head movement. **Science**, 1968, **160**, 429 – 430

Hay, J.C., Motor – transformation learning. **Perception**, 1974, **3**, 487 – 496

Hay, J.C., Reafference learning in the presence of exafference. **Perception & Psychophysics**. 1981, **30**, 277 – 282

Hein, A. & Held, R., A neural model for labile sensorimotor coordination. In E.E. Bernard & M.R. Kare (Hg.), **Biological prototypes and synthetic systems**. Bd. 1. New York: Plenum Press, 1962

Held, R., The rediscovery of adaptability in the visual system: Effects of extrinsic and intrinsic chromatic dispersion. In C.S. Harris (Hg.), **Visual coding and adaptability**. Hillsdale, N.J.: Lawrence Erlbaum, 1980

Helmholtz, H.v., **Handbuch der physiologischen Optik**. Leipzig: Voss, 1866

Henson, D.B., Corrective saccades: effects of altering visual feedback. **Vision Research**, 1978, **18**, 63 – 67

Heuer, H., **Bewegungslernen**. Stuttgart etc.: Kohlhammer, 1983

Holst, E.v. & Mittelstaedt, H., Das Reafferenzprinzip. (Wechselwirkung zwischen Zentralnervensystem und Peripherie). **Naturwissenschaften**, 1950, **37**, 464 – 476

Howard, I.P. & Templeton, W.B., **Human spatial orientation**. London etc.: Wiley, 1966

Jeannerod, M., Kennedy, H. & Magin, M., Corallary discharge: its possible implications in visual and oculomotor interactions. **Neuropsychologia**, 1979, **17**, 241 – 258

Karrer, E. & Stevens, H.C., The response of negative after – images to passive motion of the eyeball and the bearing of these observations on the visual perception of motion. **American Journal of Physiology**, 1930, **94**, 611 – 614

Kelso, J.A.S., Motor – sensory feedback formulations: are we asking the right questions? **The Behavioral and Brain Sciences**, 1979, **2**, 72 – 73

Kohler, I., **Über Aufbau und Wandlungen der Wahrnehmungswelt**. Abhandlungen der Österreichischen Akademie der Wissenschaften, Philosophisch – historische Klasse, Wien, 1951

Lotze, R.H., **Medicinische Psychologie oder Physiologie der Seele**. Leipzig: Weidmann'sche Buchhandlung, 1852

Mack, A., An investigation of the relationship between eye and retinal image movement in the perception of movement. **Perception & Psychophysics**, 1970, **8**, 291 – 298

Mack, A. & Bachant, J., Perceived movement of the afterimage during eye movements. **Perception & Psychophysics**, 1969, **6**, 379 – 384

Mack, A., Fendrich, R. & Pleune, J., Adaptation to an altered relation between retinal image displacements and saccadic eye movements. **Vision Research**, 1978, **18**, 1321 – 1327

MacKay, D.M., Visual stability and voluntary eye movement. In: R. Jung (Hg.), **Handbook of sensory physiology**, Bd. 7/3. Berlin etc.: Springer, 1973

MacKay, D.M. & Mittelstaedt, H., Visual stability and motor control (reafference revisited). In W.D. Keidel, W. Handler & M. Spreng (Hg.), **Cybernetics and bionics**. München: Oldenbourg, 1974

Matin, L., Eye movements and perceived visual direction. In D. Jamesson & L. Hurvich (Hg.), **Handbook of sensory physiology**, Bd. 7/4. Berlin etc.: Springer, 1972

Matin, L., Visual localization and eye movements, In A.H. Wertheim, W.A. Wagenaar & H.W. Leibowitz (Hg.), **Tutorials on motion perception**. New York: Plenum Press, 1982

McClosky, D.I., Corollary discharges: motor commands and perception. In V.B. Brooks (Hg.), **Handbook of physiology**, Abt. 1. The nervous system, Bd.2: Motor control, Teil 2. Bethesda, MD: American Physiological Society, 1981

McLaughlin, S.C., Parametric adjustment in saccadic eye movement. **Perception & Psycophysics**, 1967, 2, 359 - 362

McLaughlin, S.C., Kelly, M.J., Anderson, R.E. & Wenz, T.G., Localization of a peripheral target during parametric adjustment of a saccadic eye movement. **Perception & Psychophysics**, 1968, 4, 45 - 48

Michaels, C.F. & Carello, C., **Direct perception**. Englewood Cliffs, N.J.: Prentice - Hall, 1981

Miller, J. & Festinger, L., Impact of oculomotor retraining on the visual perception of curvature. **Journal of Experimental Psychology: Human Perception and Performance**, 1977, 3, 187 - 200

Miller, J.M., Anstis, T. & Templeton, W.B., Saccadic plasticity: Parametric adaptive control by retinal feedback. **Journal of Experimental Psychology: Human Perception and Performance**, 1981, 7, 356 - 366

Mittelstaedt, H., Reafferenzprinzip - Apologie und Kritik. In W.D. Keidel & K. - H. Plattig (Hg.), **Vorträge der Erlanger Physiologentagung 1970**. Berlin etc.: Springer, 1971

Neisser, U., **Cognition and reality**. San Francisco: Freeman, 1976. Dt.: Kognition und Wirklichkeit. Stuttgart: Klett - Cotta, 1978.

Neisser, U., Gibson's ecological optics: Consequences of a different stimulus description. **Journal of the Theory of Social Behavior**, 1977, 7, 17 - 28

Neumann, O., Zeitliche und funktionale Asymmetrien beim Stroop - Effekt. **Bericht Nr. 7/1979, Psychologisches Institut der Ruhr - Universität Bochum, Arbeitseinheit Kognitionspsychologie**

Neumann, O., **Informationsselektion und Handlungssteuerung. Untersuchungen zur Funktionsgrundlage des Stroop - Interferenzphänomens**. Dissertation, Bochum, 1980 (a)

Neumann, O., Lokalzeichen. In J. Ritter & K. Gründer (Hg.), **Historisches Wörterbuch der Philosophie**. Bd. 5. Basel und Stuttgart: Schwabe, 1980 (b)

Neumann, O., Über den Zusammenhang zwischen Enge und Selektivität der Aufmerksamkeit. **Bericht Nr. 19/1983, Psychologisches Institut der Ruhr - Universtät Bochum, Arbeitseinheit Kognitionspsychologie**.

Pola, J., Voluntary saccades, eye position, and perceived visual direction. In R.A. Monty & J.W. Senders (Hg.), **Eye movements and psychological processes**. New York: Wiley, 1976

Posner, M.I., Orienting of attention. **Quarterly Journal of Experimental Psychology**, 1980, 32, 3 - 25

Remington, R.W., Attention and saccadic eye movements. **Journal of Experimental Psychology: Human Perception and Performance**. 1980, 6, 726 - 744

Saltzman, E., Levels of sensorimotor representation. **Journal of Mathematical Psychology**, 1979, 20, 91 - 163

Scheerer, E., Probleme der Modellierung kognitiver Prozesse: Von der Funktionsanalyse zur genetischen Analyse. **Bericht Nr. 4/1978, Psychologisches Institut der Ruhr-Universität Bochum, Arbeitseinheit Kognitionspsychologie**

Scheerer, E., Motor theories of cognitive structure: A historical review. In W. Prinz & A.F. Sanders (Hg.), **Cognition and motor processes**. Berlin etc.: Springer, 1984

Schmidt, J.C., Gottlieb, M., Coleman, P. & Smith, K.U., Reversal of retinal feedback of binocular eye motions in depth vision. **American Journal of Optometrics and Physiological Optics**, 1974, **51**, 382-399

Senden, M.v., **Die Raumauffassung bei Blindgeborenen vor und nach ihrer Operation**. Dissertation, Kiel, 1931

Sharpe, C.R., The visibility and fading of thin lines visualized by their controlled movement across the retina. **Journal of Physiology**, 1972, 222, 113-114

Shebilske, W.L., Extraretinal information in corrective saccades and inflow vs. outflow theories of visual direction constancy. **Vision Research**, 1976, **16**, 621-628

Shebilske, W.L., Visuomotor coordination in visual direction and position constancies. In W. Epstein (Hg.), **Stability and constancy in visual perception: Mechanisms and Processes.** New York: Wiley, 1977

Shebilske, W.L., Context effects and efferent factors in perception and cognition. In W. Prinz & A.F. Sanders (Hg.), **Cognition and motor processes**. Berlin etc.: Springer, 1984

Skavenski, A.A., Haddad, G. & Steinman, R.M., The extraretinal signal for the visual perception of direction. **Perception & Psychophysics**, 1972, **11**, 287-290

Slotnick, R.S., Adaption to curvature distortion. **Journal of Experimental Psychology**, 1969, **81**, 441-448

Sperry, R.W., Neural basis of the spontaneous optokinetic response produced by visual inversion. **Journal of Comparative and Physiological Psychology**, 1950, **43**, 482-489

Stelmach, G.E. & Diggles, V.A., Control theories in motor behavior. **Acta Psychologica**, 1982, **50**, 83-105

Taylor, J.G., **The behavioral basis of perception**. New Haven: Yale University Press, 1962. Neudruck: Westport, CT: Greewood Press Publ., 1975

Trincker, D., Animalische Physiologie III., In H. Lullies & D. Trincker (Hg.), **Taschenbuch der Physiologie** (Bd. III/2). Stuttgart: Fischer, 1977

Turvey, M., Perspectives in vision: Conception or perception? In D.D. Duane & M.B. Rawson (Hg.), **Reading, perception, and language**. Baltimore: York Press, 1975

Turvey, M., Contrasting orientations to the theory of visual information processing. **Psychological Review**, 1977, **84**, 67-88 (a)

Turvey, M., Preliminaries to a theory of action with reference to vision. In R. Shaw & J. Bransford (Hg.), **Perceiving, acting, and knowing. Toward an ecological psychology**. Hillsdale, N.J.: Lawrence Erlbaum, 1977 (b)

Turvey, M., The thesis of the efference-mediation of vision cannot be rationalized. **The Behavioral and Brain Sciences**, 1979, 2, 81-83

Wallach, H., Eye movement and motion perception. In A.H. Wertheim, W.A. Wagenaar & H.W. Leibowitz (Hg.), **Tutorials on motion perception.** New York und London: Plenum Press, 1982

Wallach, H., Moore, M.E. & Davidson, L., Modification of stereoscopic depth perception. **American Journal of Psychology**, 1963, **76**. 191 - 204

Wallach, H. & Karsh, E.B., Why the modification of stereoscopic depth - perception is so rapid. **American Journal of Psychology**, 1963, **76**, 413 - 420 (a)

Wallach, H. & Karsh, E.B., The modification of stereoscopic depth - perception and the kinetic depth - effect. **American Journal of Psychology**, 1963, **76**, 429 - 435 (b)

Weimer, W.B., A conceptual framework for cognitve psychology: Motor theories of the mind, In R. Shaw & J. Bransford (Hg.), **Perceiving, acting, and knowing. Towards an ecological psychology.** Hillsdale, N.J.: Lawrence Erlbaum, 1977

Welch, R.B., **Perceptual modification. Adapting to altered sensory environments.** New York etc.: Academic Press, 1978

Wolff, P., **Entnahme der Identitäts - und Positionsinformation bei der Identifikation tachistoskopischer Buchstabenzeilen. Ein theoretischer und experimenteller Beitrag zur Grundlagenforschung des Lesens.** Dissertation, Bochum, 1977

Wolff, P., Überlegungen zur experimentellen Leseforschung: Beziehung zwischen der Verarbeitung langfristiger und tachistoskopischer verbaler Reize. In M. Tücke & W. Deffner (Hg.), Bericht über die 2. Osnabrücker Arbeitstagung Psychologie, Borkum, 1978. **Psychologische Forschungsberichte aus dem Fachbereich 3 der Universität Osnabrück, Nr. 10, 1978**

Wolff, P., Funktionsanalyse des Unterschiedes zwischen Lesen und Benennen. **Psychologische Forschungsberichte aus dem Fachbereich 3 der Universität Osnabrück, Nr. 13,** 1979

Wolff, P., Überlegungen zur Repräsentation von Objekteigenschaften in der visuellen Wahrnehmung. **Vortrag auf dem 1. Bochumer Kolloquium zur Kognitionspsychologie, 1980**

Wolff, P., Blickbewegung und Intention. **Unveröff. Manuskript, Fachbereich 8 Psychologie der Universität Osnabrück, 1982 (a)**

Wolff, P., Some efferent factors in visual perception. **Unveröff. Manuskript, Fachbereich 8 Psychologie der Universität Osnabrück, 1982 (b)**

Wolff, P., Saccadic eye movements and visual stability: Preliminary considerations toward a cognitive approach. In W. Prinz & A.F. Sanders (Hg.), **Cognition and motor processes.** Berlin etc.: Springer, 1984

Wolff, P., Visual adaptation to altered reafference of eye movements and to altered reafference of head movements. (in Vorb.)

Wurtz, R.H. & Mohler, C.W., Organization of monkey superior colliculus: Enhanced visual response of superficial layer cells. **Journal of Neurophysiologie,** 1976, **39,** 745 - 765

Yarbus, A.L., **Eye movements and vision.** New York: Plenum Press, 1967

4 Schemata als Grundlage der Steuerung von Blickbewegungen bei der Bildverarbeitung

Gerhard Reinert

Inhalt

1. Einleitung

Experimentell arbeitende Psychologen sind im allgemeinen bemüht, das Reizmaterial so einfach wie möglich zu gestalten, um die Analyse der ohnehin komplizierten psychischen Prozesse nicht zusätzlich zu erschweren. Andererseits stellt sich in Anbetracht vieler experimenteller Versuchsanordnungen die Frage, welche Schlußfolgerungen die Ergebnisse über die psychischen Funktionen unter "natürlichen" Bedingungen überhaupt noch zulassen. So gesehen kann die Analyse der Betrachtung komplexer Bilder (d.h. realistischer Szenen von Wohnungen, Straßen etc.) eine

Herausforderung sein, die man annehmen sollte.[1)]

Kontrovers wird der Stellenwert sakkadischer Augenbewegungen als Indikator für zugrundeliegende psychische Prozesse diskutiert. Das seit Mitte der sechziger Jahre verstärkt der Blickbewegungsforschung entgegengebrachte Interesse wird von der Hoffnung getragen, die Wirkung kognitiver Vorgänge in unverfälschter Form zutage zu fördern.

Beispielsweise hat Yarbus (1967) Blickbewegungen bei der Bildbetrachtung registriert und die Verteilung der Fixationsstellen aufgezeichnet. In Abhängigkeit von der Instruktion konzentrierten sich die Fixationsstellen in regelmäßiger Weise auf die aufgabenrelevanten Bildteile. Eine Zimmerszene, in der sich einige Personen befinden, wird jeweils in charakteristischer Weise durchmustert, wenn die Instruktion z.B. lautet, das Alter der Personen zu schätzen oder den Lebensstandard zu beurteilen. Im ersteren Falle werden hauptsächlich die Gesichter der Personen, im letzteren Falle das Mobiliar und die Bilder fixiert.

Gegenstand der nachfolgenden Überlegungen sind im wesentlichen zwei Aufgabentypen: Die visuelle Suche und die freie Bildbetrachtung. Bei der visuellen Suche wird ein Suchgegenstand vorgegeben, der in einer nachfolgend gezeigten Szene so schnell wie möglich aufgefunden werden soll. Die freie Bildbetrachtung erfolgt ohne Instruktion oder mit der relativ diffusen Anweisung, sich ein ästhetisches Urteil über das Bild zu verschaffen. In jedem Falle werden dem Betrachter Diapositive mit variabler Expositionsdauer gezeigt. Nach Verlöschen des Bildes wird eine neue Szene dargeboten, die in einem mehr oder weniger engen formalen und inhaltlichen Zusammenhang mit der vorausgegangenen stehen kann. Diese Vorgehensweise wird im wesentlichen aus zwei Gründen gewählt: Erstens wird dadurch die Meßgenauigkeit der Blickbewegungen erhöht, bzw. eine Messung wird überhaupt erst ermöglicht. Dies Anliegen ist um so dringlicher, als die Festlegung dessen, was überhaupt eine Sakkade ist, nach wie vor Anlaß zu genaueren Untersuchungen liefert (Heller, 1983). Zweitens werden die Reiz- und Aufgabenbedingungen besser kontrollierbar.

In den folgenden Überlegungen soll die Verarbeitung komplexer Bilder und der zeitliche Verlauf dieser Verarbeitung (Orientierungsphase, Entnahme einzelner Informationsstichproben, Integration dieser Stichproben, Abfolge längerer Fixationssequenzen) diskutiert werden. Es wird jeweils anhand experimenteller Befunde

1) Damit wird freilich nicht behauptet, daß die Wahrnehmung der dreidimensionalen Welt mit der Wahrnehmung der zweidimensionalen Bildszenen gleichzusetzen wäre. Die tachistoskopische Darbietung von Bildern produziert neben den andersartigen Oberflächen- und Tiefeneigenschaften räumliche und zeitliche Diskontinuitäten (Gibson, 1979).

geprüft, welchen Erklärungswert eine schematheoretische Interpretation besitzt bzw. welche experimentell falsifizierbaren Vorhersagen sie ermöglicht.

Bevor jedoch mit diesen komplexen Fällen begonnen werden kann, muß die steuernde Funktion von Schemata bei der elementaren sakkadischen[2)] Blickbewegung erörtert werden. In diesem Zusammenhang wird das diesen Überlegungen zugrundeliegende Schemakonzept genauer erläutert werden.

2. Die steuernde Funktion von Schemata bei Zielbewegungen – oder über das Werfen eines Blickes

Der Leser möge mir den kleinen Scherz über den Blickweitwurf verzeihen. Allerdings ist die Analogie zum grobmotorischen Werfen nicht ganz willkürlich gewählt, denn letztlich besitzen sakkadische Augenbewegungen Zielbewegungscharakter, den sie auch beibehalten, wenn es um die Betrachtung komplexer Bilder geht, d.h. eine programmierte und einmal in Gang gesetzte Sakkade kann nicht mehr durch neu einfließende visuelle Umweltinformationen korrigiert werden.

Dies hängt mit der kurzen Dauer der sakkadischen Bewegung zusammen. Die Dauer beträgt bei kurzen Sakkaden (10 Grad Gesichtswinkel und weniger) 20 bis 30 Millisekunden und steigt mit zunehmender Amplitude linear an, wobei eine maximale Dauer von 120 Millisekunden erreicht werden kann (Kornhuber, 1978). Diese Zeitdauer ist jedoch aufgrund der langen Leitungszeiten von der Retina zum Großhirn und wieder zurück zu den Augenmuskeln zu kurz, um eine kontinuierliche visuelle Regelung während der Zielbewegung zu ermöglichen. Daher muß das Ausmaß der Sakkade vor ihrem Beginn bereits festgelegt sein und kann nach dem Start keine Änderung mehr erfahren.

Um die Vorgänge bei der Ausführung von grobmotorischen Zielbewegungen zu erfassen, hat Schmidt (1976, 1982) das Schemakonzept als Ergänzung zum

---

2) Innerhalb der Klasse der "großen" Blickbewegungen (Sakkaden, Augenfolgebewegungen, kompensatorische Bewegungen, Konvergenz – / Divergenzbewegungen) werden nur die sakkadischen Augenbewegungen in beträchtlichem Ausmaß willkürlich gesteuert; sie sollen daher Gegenstand der nachfolgenden Untersuchungen sein. Damit soll nicht bestritten werden, daß auch sakkadische Augenbewegungen eine "unwillkürliche" Komponente enthalten; physiologisch gesehen sind sowohl hemisphärische als auch subhemisphärische Mechanismen bei der Steuerung von Bedeutung. Diese unwillkürlichen Komponenten und auch der Einfluß eher physikalischer Reizmerkmale sollen nicht Gegenstand der nachfolgenden Überlegungen sein.

Programmierungskonzept eingeführt[3]. Die generalisierten motorischen Programme werden mittels des Schemas mit zusätzlicher Information angereichert. Bewegungsvielfalt entsteht dadurch, daß bei gegebenem Handlungsziel x (z.B. ein Dreißig-Meter-Wurf) ein entsprechender Parameter y (z.B. Kraft N) gewählt werden muß, um das Handlungsziel zu erreichen. Der Parameter y spezifiziert das entsprechende motorische Programm. Die Funktion (Regel), die die gesetzmäßige Beziehung zwischen gewünschtem Handlungsresultat und Parameter angibt, definiert Schmidt als "recall-schema" (im folgenden motorisches Schema genannt). In ähnlicher Weise wie das motorische Schema wird das "recognition-schema" (im folgenden Wahrnehmungsschema genannt) konzipiert. Auf der y-Achse sind jetzt lediglich die Parameter "sensations", d.h. die mit dem Handlungsresultat einhergehenden sensorischen Konsequenzen propriozeptiver und exterozeptiver Art.

Nach diesem Modell kann man sich das Zustandekommen einer sakkadischen Blickbewegung folgendermaßen denken: Ausgehend vom Ausgangspunkt (fixierter Bereich) wird ein in der Peripherie gelegenes Ziel definiert. Das gewünschte Handlungsresultat führt mittels des motorischen Schemas zur Berechnung der Parameter (z.B. Beschleunigungskomponente, Dauer der Bewegung), die das motorische Programm zur Steuerung der sakkadischen Blickbewegung spezifizieren. Gleichzeitig ermöglicht das Wahrnehmungssschema die Schätzung der erwarteten sensorischen Konsequenzen. Die tatsächliche propriozeptive und exterozeptive Stimulation kann mit der erwarteten verglichen werden und zur entsprechenen Fehlerkorrektur führen.[4] Das Problem der Efferenzkopietheorien, nämlich die Unvergleichbarkeit von motorischen Kommandos (Efferenzkopie) und visueller Information (Reafferenz) ist damit recht gut gelöst. Wolff (1984; dieser Band) ist bei der Analyse eines etwas anders gearteten Problems – nämlich bei der Frage, warum die Umwelt ihre visuelle Stabilität trotz sakkadischer Augenbewegung beibehält – zu theoretischen Überlegungen gekommen, die mit dem hier vorgeschlagenen "Zielbewegungs-Modell" weitgehend vereinbar sind.

Unter experimentell vereinfachten visuellen Reizbedingungen – vergleichbar etwa einem Zielkreis auf homogen grünem Rasen – scheint das Modell von Schmidt tragfähig zu sein. Verwickelter werden allerdings die Verhältnisse, wenn das Bild mit

---

3) Damit sollen zwei Probleme gelöst werden: 1. Wenn man postuliert, daß der Ausführung von Handlungen entsprechende motorische Programme zugrundeliegen, so gelangt man angesichts der Vielfalt einer so einfachen Tätigkeit wie der des Werfens zur Annahme einer astronomischen Zahl von Programmen. 2. Wie kann man die Fähigkeit zur Ausführung völlig neuer Bewegungen erklären?

4) Sakkaden, die nicht in einer "Einschritt-", sondern einer "Zweischrittstrategie" (Becker, 1976; Kornhuber, 1978) programmiert werden (50 bis 80 Millisekunden-Latenzen zur Auslösung der jeweiligen Korrektursakkade) kämen nach diesem Modell durch propriozeptiven feedback-feedforeward-Vergleich zustande.

einer Vielzahl verschiedenster Gegenstände angefüllt ist. Bei der visuellen Suche in komplexen Szenen zum Beispiel ist der Zielbereich (das Suchziel) zwar vorher definiert; kann sich jedoch prinzipiell an mehreren Bildstellen befinden.

Wenden wir die Wurf-Metapher z.B. auf das Suchen eines Tellers in einer Küchenszene an, so entspräche die jeweilige Blickbewegung einem Wurf, wobei das Wurfziel nicht von vornherein so deutlich hervorgehoben wäre, daß eine einzige Zielbewegung zur Lösung der Aufgabe führte. Es müßte also eine Reihe schnell aufeinanderfolgender Zielbewegungen durchgeführt werden.

Wären die Zielbewegungen nach dem Zufallsprinzip über das Bild hinweg verteilt, so könnte das Thema prinzipiell als abgeschlossen gelten: Mit zunehmender Zahl von Zielbewegungen stiege die Wahrscheinlichkeit, daß sich das Suchobjekt innerhalb des Fixationsbereichs befände. In der Einleitung wurde jedoch bereits anhand der Untersuchung von Yarbus (1967) gezeigt, daß die einzelnen Fixationen systematisch verteilt sind. Ein Hinweis darauf, daß auch bei der eigentlichen visuellen Suche die Fixationen nicht zufällig verteilt sind, kann einer Arbeit von Meyers & Rhoades (1978) entnommen werden. Versetzt man nämlich den zur Bildszene gehörenden Suchgegenstand an eine falsche räumliche Position, sodaß sich z.B. der Teller innerhalb einer Küchenszene auf dem Fußboden oder auf einem Stuhl befindet, so nehmen die Zeiten bis zum Auffinden des Tellers zu. Wären die einzelnen sakkadischen Zielbewegungen nach dem Zufallsprinzip verteilt, so dürfte es keinen systematischen Suchzeitunterschied zwischen verschiedenen räumlichen Positionen geben.

Es stellt sich also die Frage, wie man sich das Zustandekommen einer nicht zufälligen Auswahl von Zielbereichen erklären kann, und was den qualitativen Unterschied zwischen "richtigen" und "falschen" räumlichen Positionen eines Gegenstandes ausmacht.

3. Schemata als Grundlage der systematischen Auswahl von Zielbereichen beim visuellen Suchen

Es wird folgendes Modell - zunächst anhand des Teller-Beispiels dann in verallgemeinerter Form - vorgeschlagen:

In Anbetracht der Aufgabenanforderung, einen Teller zu suchen, der nicht unmittelbar identifiziert werden kann (d.h. sich nicht bereits innerhalb des Zielbereiches befindet), werden eine Reihe gebräuchlicher Handlungsvollzüge (z.B. Tisch decken, Essen, Spülen) automatisch mitaktiviert, in denen der "Teller" einen zentralen Stellenwert einnimmt. Das jeweilige antizipierte Handlungsresultat[5] (z.B. "den Teller auf den Tisch stellen") ist mittels des Schemas in regelhafter Weise mit antizipierten visuellen Wahrnehmungen (z.B. Schrank, Tisch) verbunden. Diese antizipierten visuellen Wahrnehmungen stellen die Zielbereiche für die sakkadischen Augenbewegungen dar und führen zu einer nicht zufälligen Verteilung der Fixationen.

Das hier im Zusammenhang mit komplexen Bewegungsabfolgen (z.B. "Teller auf den Tisch stellen") formulierte Schemakonzept und das von Schmidt (1982) zur Erklärung von Zielbewegungen vorgeschlagene weisen einen gemeinsamen Grundgedanken auf: Das Schema ist eine gesetzmäßige Beziehung zwischen antizipiertem Handlungsresultat und visueller Wahrnehmung, sodaß die Antizipation des gewünschten Handlungsresultates ausreicht, um über die Regel oder Funktion, die Schema genannt wird, die entsprechene visuelle Wahrnehmung zu extrapolieren und damit den Zielbereich zu bestimmen. Jedoch ist die regelhafte Beziehung zwischen Handlung und Wahrnehmung im Fall einfacher Zielbewegungen vermutlich ganz anders beschaffen als im Fall komplexer Bewegungsabläufe – es sei denn, man postuliert, daß auch die komplexen Bewegungsabläufe aus einzelnen Zielbewegungen oder anderen elementaren Bewegungseinheiten zusammengesetzt sind. Ein Vorstoß in dieser Richtung ist von Gallistel (1980) unternommen worden.

Es fragt sich nun, inwieweit die Annahme einer systematischen Auswahl von Zielbereichen – vermittelt über die entsprechenden Schemata – mit Befunden zur visuellen Suche in komplexen Szenen vereinbar ist.

Es hat sich gezeigt, daß Objekte, die in die Szene hineingehören, die insofern "kongruent" mit der Szene sind, als sie hohe Auftretenswahrscheinlichkeiten im entsprechenden Handlungskontext aufweisen, schneller und mit weniger Fehlern aufgefunden werden als "inkongruente" Objekte, die eigentlich nicht in die Szene hineinpassen (Meyers & Rhoades, 1978; Reinert, 1982; Abb. 1). Ein Fußball wird innerhalb einer Küchenszene schlechter und langsamer aufgefunden als ein Bündel Sellerie.

---

5) Wenn im Zusammenhang mit der Selektion von Zielbereichen von antizipierten Handlungsresultaten die Rede ist, so sind damit **implizite** Antizipationen angesprochen. Die Vp wird bei der Betrachtung realistischer Bilder nicht in gleicher, expliziter Weise Handlungsfolgen antizipieren wie bei der Konfrontation mit der realen Welt.

Abb. 1: Bildbeispiele für die Suche nach einem "inkongruenten" (linke Abbildung: Zu suchen ist der Hobel) und nach einem "kongruenten" Objekt (rechte Abbildung: zu suchen ist das Telefon) (aus Reinert, 1982).

Dieser Befund scheint sich recht gut mit der schematheoretischen Annahme zu decken, denn im Falle kongruenter Objekte können mit einer systematischen Suchstrategie bestimmte potentielle Zielbereiche aufgefunden werden, an denen sich dann der Suchgegenstand - aufgrund der objektiven Beschaffenheit der realen Welt - auch mit einer gewissen Wahrscheinlichkeit befindet. Diese Vorgehensweise ist im Falle inkongruenter Objekte nicht möglich. Der Suchgegenstand kann hier nur durch Zufall aufgefunden werden, da der Handlungskontext keine Extrapolation möglicher räumlicher Zielbereiche mittels des Schemas zuläßt.

Das Ergebnis ist jedoch weniger eindeutig, als es auf den ersten Blick erscheinen mag. Man kann nämlich einwenden, daß dieser "Kongruenz-Effekt" auch als Erkennungseffekt interpretiert werden könnte: Auch bei kurzzeitiger Darbietung einer Szene (100 msec.), bei der zielgerichtete Augenbewegungen weitgehend ausgeschlossen sind, ist die Identifikationsgenauigkeit für mit der Szene "kongruente" Objekte gegenüber "inkongruenten" Objekten signifikant verbessert (Antes, Penland & Metzger, 1981). Ein ähnliches Ergebnis findet sich, wenn man die Szene längere Zeit darbietet und im Anschluß daran ein Objekt mit kurzer Expositionsdauer zeigt.

Im Falle von Objekten, die mit der vorausgegangenen Szene "kongruent" sind, ist eine Herabsetzung der Erkennungsschwellen zu beobachten (Palmer, 1975).

Registriert man in Augenbewegungsuntersuchungen die Fixationszeiten, die auf "inkongruente" Objekte in komplexen Szenen entfallen, so finden sich für "inkongruente" Objekte verlängerte Fixationszeiten (Friedman & Liebelt, 1981; Reinert, 1982). Dies deutet auf längere Erkennungszeiten für diese Objekte hin. Aufgrund dieser Ergebnisse scheint es unumgänglich zu sein, den "Kongruenz - Effekt" **auch** als Erkennungseffekt zu interpretieren. Dieser Punkt wird in Abschnitt 6 erneut aufgegriffen. Daß außerdem das systematische Aufsuchen bestimmter räumlicher Positionen eine Rolle spielt, läßt sich vorläufig lediglich aus der Arbeit von Meyers & Rhoades (1978) schließen, die verlängerte Suchzeiten für Objekte an falschen räumlichen Positionen fanden. Direkte Belege für die schematheoretische Annahme der systematischen Selektion von Suchzielen ließen sich nur einer Blickbewegungsanalyse entnehmen.

Diese Befunde, daß inkongruente Objekte schlechter aufgefunden bzw. erkannt werden, stehen in direktem Gegensatz zu Ergebnissen, die sich bei freier Bildbetrachtung einstellen.

4. Freie Bildbetrachtung

"Informationshaltige" Objekte - und inkongruente Objekte sind informationshaltig - werden bei freier Bildbetrachtung bereits zu Beginn der Bildverarbeitung, innerhalb der ersten Fixationen, aufgefunden und beachtet. Bei der visuellen Suche werden inkongruente Objekte langsamer, bei der freien Bildbetrachtung dagegen schneller gefunden.

Ein Grund, warum dieser Widerspruch bislang unbemerkt geblieben ist, mag darin zu suchen sein, daß die beiden Befunde im Rahmen unterschiedlicher Forschungstraditionen (visuelle Suche und Erkennungsexperimente vs. Blickbewegungsanalysen) erhoben worden sind. Hinzugekommen ist die Begriffsverwirrung darüber, was unter "Informationshaltigkeit" zu verstehen sei: "Informationshaltigkeit" kann nämlich sowohl Kongruenz als auch Inkongruenz beinhalten. Bevor der Widerspruch eingehender erörtert werden kann, muß daher der im Zusammenhang mit der Bildverarbeitung verwendete Informationsbegriff geklärt werden.

Die uneinheitliche Verwendung des Informationsbegriffes hängt einerseits mit der unterschiedlichen Operationalisierung der Informationseinheit zusammen, andererseits mit der Instruktion, die jeweils festlegt, unter welchen Gesichtspunkten diese Informationseinheit skaliert werden soll.

In den ursprünglichen Arbeiten wurde das Bild mit Hilfe eines Rasters in gleich große Bildquadrate zerlegt (Mackworth & Morandi, 1967; Pollack & Spence, 1968), die anschließend hinsichtlich der in ihnen enthaltenen Information skaliert wurden. Dieses Verfahren führt je nach Bildmaterial (Einzelobjekte oder Szenen) und Rastergröße zu Informationseinheiten, die sich auf Teile von Objektmerkmalen oder auf Teile von Objekten beziehen. Für dieses Verfahren spricht, daß jeweils gleich große Bildausschnitte eingeschätzt werden. Der Nachteil liegt darin, daß je nach Größe und Lage des Rasters im Raum die gleichen Bildstellen unterschiedliche Informationswerte erhalten können. Daher hat man in neueren Untersuchungen sinnvolle Einheiten skalieren lassen, wobei erst an zweiter Stelle auf eine ungefähr gleiche Größe geachtet wurde (Antes, 1974).

Die Kriterien für die Einschätzung der Informationshaltigkeit dieser Einheiten werden ebenfalls sehr unterschiedlich formuliert: Als Eignung zum späteren Wiedererkennen (Mackworth & Morandi, 1967), als Bedeutung für die Gesamtaussage des Bildes (Antes, 1974) oder als geringe Auftretenswahrscheinlichkeit (Inkongruenz) eines Objektes innerhalb eines Bildes (Loftus, 1976).

Um so erstaunlicher ist es, daß trotz dieser verschiedenartigen Definitionen von Informationseinheiten und trotz der unterschiedlichen Skalierungsverfahren ein insgesamt recht klares Befundmuster verzeichnet werden kann. Je höher die geschätzte Informationshaltigkeit, desto häufiger (Zahl der Fixationen) und desto länger (Fixationsdauer) wird die entsprechende Bildstelle fixiert.

Während dieser Befund für das Kriterium der Eignung zum Wiedererkennen noch damit erklärt werden kann, daß hervorstechende visuelle Merkmale – also vorwiegend die Objektränder (Mackworth & Morandi, 1967) und einige kritische Innendetails (z.B. Augen und Mund im Gesicht; Yarbus, 1967), die das Wiedererkennen erleichtern, – bei der Suche, den Blick auf sich ziehen, ist für die beiden anderen Kriterien eine weitere Erklärung erforderlich.

Der Sachverhalt, daß ein Objekt um so häufiger fixiert wird, je mehr es "zur Gesamtaussage" des Bildes beiträgt[6)] (Antes, 1974; Nodine, Carmody & Kundel, 1978), läßt sich auf der Basis der Schematheorie folgendermaßen interpretieren. Die Skalierung der Wichtigkeit des betreffenden Bildteiles für die Gesamtaussage des Bildes spiegelt im wesentlichen die Bedeutung der entsprechenden visuellen Infor-

6) Die Forschungsansätze, in denen die skalierte Informationshaltigkeit mit der Fixationshäufigkeit bzw. – dauer korreliert wird, haben es schwer, sich gegen die Behauptung zu wehren, die Befunde seien insofern artifiziell, als die Fixationshäufigkeiten bei der freien Bildbetrachtung identisch mit denen während des Skalierungsvorganges seien und folglich auch dem Skalierungsergebnis zugrundelägen. In der gefundenen Korrelation könnte sich das fortlaufende "Mitregistrieren" der eigenen Blickbewegungstätigkeit spiegeln.

mation für den momentan dominanten Handlungsablauf im Bild wider. Der Beobachter, der bei der freien Bildbetrachtung keine spezifischen Instruktionen erhält, aktiviert implizit Handlungsintentionen, die der dargebotenen Szene entsprechen. Diese Handlungsintentionen führen über das Schema zur Antizipation bestimmter visueller Wahrnehmungen, die ihrerseits die Zielbereiche für die sakkadischen Augenbewegungen bilden. Daß die Fixationen mit besonders großer Häufigkeit auf die "wichtigen" Bildbereiche entfallen, bestätigt die oben (Abschnitt 3) postulierte systematische Auswahl von Zielbereichen aufgrund des Schemas. Pollack & Spence (1968) haben auch beim visuellen Suchen nachweisen können, daß Bildbereiche um so schneller aufgefunden werden können, je mehr sie zur Gesamtaussage des Bildes beitragen. Bei einem Bild, auf dem ein Mann gerade dabei ist, einen Nagel in die Wand zu schlagen, werden die mit dem dominanten Handlungsablauf ("Nagel in die Wand schlagen") zusammenhängenden visuellen Informationen ("Nagel", "Hammer") mittels des Schemas antizipiert und bilden die Zielbereiche für die sakkadischen Augenbewegungen.

Man könnte diese schematheoretischen Annahmen dadurch überprüfen, daß man statt der "Wichtigkeit" die Häufigkeiten der verschiedenen Handlungsalternativen erheben würde, die im jeweiligen szenischen Kontext möglich sind. Die Fixationen müßten sich dann entsprechend diesen Häufigkeiten verteilen.

Damit kommen wir zur dritten Information - Blick - Korrelation, die, - wie oben aufgeführt - im Widerspruch zum Kongruenz - Effekt aus den Such - und Erkennungsexperimenten steht und außerdem unvereinbar mit den bisherigen schematheoretischen Überlegungen zu sein scheint. Objekte, die mit der Gesamtszene inkongruent sind, z.B. ein Polyp innerhalb einer Bauernhofszene (Loftus, 1976; Loftus & Mackworth, 1978), werden länger und häufiger fixiert als andere. Überraschender und besonders interpretationsbedürftig ist jedoch das Ergebnis, daß die inkongruenten Objekte bereits innerhalb der ersten Fixationen - also ganz zu Beginn der freien Bildbetrachtung - angezielt und damit schneller als kongruente Objekte aufgefunden werden.[7)]

Man könnte das Paradoxe dieses Befundes auch folgendermaßen formulieren: Wenn ein inkongruentes Objekt als Suchgegenstand vorgegeben wird und somit die mit dem Gegenstand verbundenen Handlungsintentionen und Schemata aktiviert werden, so erschwert diese "Fixierung" auf die mit dem Gegenstand zusammenhängenden Schemata und die daraus ermittelten räumlichen Positionen das Auffinden in einem unangemessenen Handlungskontext, in dem es diese entsprechenden Ziel-

7) Eine Erklärung aufgrund besserer physikalischer Diskriminierbarkeit inkongruenter Objekte scheint weitgehend ausgeschlossen zu sein (Loftus & Mackworth, 1978, S. 567).

positionen nicht gibt. Richtet sich dagegen die Aufmerksamkeit zunächst auf die Ermittelung der impliziten Handlungsintentionen, die im **Gesamtkontext** des Bildes realisierbar sind, so fällt der inkongruente Gegenstand rasch auf und wird fixiert. Die Ursache hierfür liegt möglicherweise darin, daß die mit den allgemeinen Handlungsintentionen mittels des Schemas einhergehenden antizipierten visuellen Wahrnehmungen für die Gesamtszene nicht mit den tatsächlich einfließenden Informationen übereinstimmen. Diese Störung wird registriert, und das inkongruente Objekt wird fixiert.[8)]

Zur Lösung der mit diesen Problemen aufgeworfenen Fragen dürfte es unumgänglich sein, den Zeitverlauf der Blickbewegungen für inkongruente Objekte und für Objekte, die eine besondere Bedeutung im dominanten Handlungsablauf besitzen, bei der visuellen Suche und bei der freien Bildbetrachtung miteinander zu vergleichen. Erste Ansätze in dieser Richtung sind bei Nodine, Carmody & Kundel (1978) zu finden. Eine systematisch - vergleichende Analyse steht bislang jedoch noch aus.

5. Zum Problem der Orientierungsphase

Oft wird bei der Untersuchung von Augenbewegungen auf zwei Wahrnehmungsphasen verwiesen, die beim Betrachten komplexer Bilder aufeinanderfolgen sollen: Eine generelle Überblicks- oder **Orientierungsphase** gehe einer detaillierteren Identifikation voraus (Buswell, 1935; Karpov, Luria & Yarbus, 1968; Mackworth 1976). So vermutet Gould (1976), daß der Betrachter die Größe seines Blickfeldes in der Weise reguliere, daß die ersten beiden Fixationen relativ "globaler" Art seien, und wie mit einer "Zoom - Linse" erst bei den darauffolgenden Fixationen kleinere Bildausschnitte erfaßt würden. Kundel & Nodine (1978) haben weit erstreckte, kreisförmig verlaufende Blickbewegungen während der Orientierungsphase festgestellt, bevor eine Detailanalyse erfolgt (vgl. Brandt, 1940).

Im allgemeinen werden drei Blickbewegungsindikatoren als Hinweise für die Existenz einer Orientierungsphase gewertet: Große Abstände zwischen den Fixationen (Sakkadenweite), kurze Fixationszeiten zu Beginn der Bildbetrachtung sowie das Auffinden von informationshaltigen Bildteilen nach der zweiten oder dritten Fixation

---

8) Vielleicht ist es auch möglich, den gesamten Vorgang in entgegengesetzter Richtung nachzuvollziehen. Ausgehend von der visuellen Wahrnehmung der Gesamtszene werden mittels des Schemas Handlungsintentionen generiert. Dieser Prozeß der angemessenen Formulierung von Handlungsintentionen kommt aufgrund des inkongruenten Objektes zu keinem befriedigenden Abschluß und führt zur Identifikation der "Störquelle".

– also nach Beendigung der Orientierungsphase (Antes, 1974). Kurze Sakkaden und lange Fixationen gelten als Kriterium für eine sich anschließende Detailanalyse.

Wenn es stimmt, daß es "orientierende" und "detailverarbeitende" Fixationen gibt (und evtl. Fixationen, in denen überhaupt keine Informationen aufgenommen werden: "ins Leere starren"), dann müßte sich bei der Analyse der Häufigkeitsverteilung der Fixationszeiten eine bimodale oder gar trimodale Verteilung zeigen. Dabei würden kurze Fixationen für Orientierung, mittlere Fixationen für Verarbeitung und extrem lange Fixationen für fehlende Informationsverarbeitung sprechen. Cohen (1977) hat diese Untersuchung der Häufigkeiten der Fixationsdauern vorgenommen und gelangt zu einer eindeutig unimodalen Verteilung. Er schließt daraus, daß jede Fixation zugleich eine "orientierende" und eine "detail – verarbeitende" Funktion besitze.

Allerdings muß man bei der Analyse von Cohen (1977) berücksichtigen, daß seine Fixationsdaten in Feldstudien gesammelt worden sind. Es ist leicht zu sehen, daß Prozesse der Orientierung in der realen Welt anders beschaffen sein müssen als bei plötzlicher tachistoskopischer Darbietung von Bildern. In der realen Welt ist üblicherweise eine Kontinuität der Umweltausschnitte gewährleistet, so daß man fortdauernde Orientierung besitzt (Gibson, 1966) und sich nicht plötzlich neu orientieren muß – es sei denn, man böge um einen Häuserblock und befände sich plötzlich am Rande eines Abgrundes.

Schaut man sich die Daten von Antes (1974) nun im einzelnen an, so scheint eine strenge Dichotomisierung der Augenbewegungen hinsichtlich Orientierung und Detailverarbeitung nicht unproblematisch zu sein. Die Ergebnisse weisen eine **kontinuierliche** Zunahme der Fixationsdauer mit zunehmender Betrachtungszeit auf, wobei jedoch die Steigung der Funktion mit zunehmender Betrachtungsdauer abnimmt, so daß möglicherweise nach der vierten Fixation ein Plateau erreicht ist. Aus den Daten von Antes (1974) läßt sich weiter ersehen, daß mit zunehmender Betrachtungsdauer die mittlere Entfernung zwischen den Fixationen (Sakkadenweite) abnimmt, wobei auch in diesem Falle nach der vierten Fixation ein Plateau erreicht zu sein scheint.

Es müssen zwei wesentliche Gründe dafür in Betracht gezogen werden, daß "orientierende" Fixationen nicht immer klar und eindeutig nachweisbar sind: Eine mit zunehmender Zahl der Versuchsdurchgänge sich einstellende Übung und eine geringe "Variabilität" des Bildmaterials zwischen den einzelnen Durchgängen kann zur Beseitigung oder Reduktion der Orientierungsphase führen.

Furst (1971) fand, daß bei wiederholter Darbietung eines Bildes die Fixationshäufigkeiten abnehmen und die Fixationsdauern zunehmen. Es findet eine "Stereotypisierung" der Durchmusterung statt insofern, als die räumliche Vorhersagbarkeit der Augenbewegungen wächst. Diejenigen Bilder, auf die bei der ersten Darbietung die größte Zahl von Fixationen entfiel (vermutlich die drei komplexesten Bilder), profitieren von der ersten Wiederholung am meisten. Auch Antes (1974) gelangt zu dem Schluß, daß die Orientierungsphase im Laufe des Experimentes verschwindet, obgleich er von Durchgang zu Durchgang andere Bilder dargeboten hat.

Der Wegfall der orientierenden Fixationen ist insbesondere für homogenes Reizmaterial zu erwarten. Dabei zeichnet sich homogenes Reizmaterial dadurch aus, daß die Raumkoordinaten des Bildes (oben – unten; rechts – links; vorne – hinten), die Auflösungsstärke (durchschnittliche Größe der informationstragenden Bildobjekte), die Trennschärfe (Diskriminierbarkeit der Bildobjekte vom Hintergrund) und die ausschlaggebenden Invarianzen (werden die Bildobjekte durch Punkte, Linien, Flächen oder dergleichen dargestellt?) während des gesamten Versuchs konstant bleiben, und somit die Orientierungsfunktion nach anfänglicher Gewöhnung an das Material verschwinden kann. In diesen Fällen können bereits aktivierte "räumliche" Schemata zur Bildverarbeitung nutzbar gemacht werden.

Abb. 2: Beispiele für räumliche unorganisierte Szenen (aus Reinert, 1982).

Für diese Überlegung sprechen Reihenfolgen - Effekte in einem Suchexperiment, in dem neben räumlich organisierten Szenen (siehe Abb. 1) auch räumlich unorganisierte Szenen vorkamen, wie sie Abb. 2 zeigt (Reinert, 1982). Ging einer räumlich organisierten Szene eine ebenfalls räumlich organisierte voraus, dann wurde schneller gesucht, als wenn die vorausgehende Szene räumlich unorganisiert war.

Außerdem fanden sich in diesem Experiment generell längere Suchzeiten in unorganisierten als in organisierten Szenen. Dieser häufig bestätigte Befund (Biederman, 1982; Biederman, Glass & Stacy, 1973) legt die Vermutung nahe, daß bei der Suche in unorganisierten Szenen eine längere Orientierungstätigkeit erforderlich ist. In der Tat haben Biederman, Rabinowitz, Glass & Stacy (1974) nachweisen können, daß nach kurzzeitiger Darbietung organisierter Szenen die Gesamtaussage (das Thema) dieser Szenen besser erfaßt wird als nach entsprechender Darbietung unorganisierter Szenen.

Insgesamt finden sich also Belege dafür, daß zu Beginn der Bildverarbeitung einige schnelle Blickbewegungen über das gesamte Bild hinweg erfolgen (kurze Fixationszeiten, weite Sakkaden). Nachdem, was bislang bekannt ist, sind auch diese "orientierenden" Fixationen nicht zufällig verteilt, sondern entfallen auf die hoch informationshaltigen Teile des Bildes (Antes, 1974; Friedman & Liebelt, 1981). Erklärungsbedürftig ist insbesondere ihre kurze Dauer und ihr weiter Abstand.

Im Rahmen der bisherigen schematheoretischen Überlegungen könnte man vermuten, daß große Sakkaden - also die Selektion von Zielbereichen, die weit auseinander liegen - darauf hindeuten, daß während der Orientierungsphase grobmotorische Handlungsabläufe, die sich auf den gesamten Raum beziehen und weit erstreckt sind (z.B. das "Durchschreiten" des Raumes), antizipiert werden. Dementsprechend werden mittels des betreffenden Schemas visuelle Informationen antizipiert und zum Gegenstand der Blickbewegungen gemacht, die räumlich weit voneinander entfernt sind. Möglicherweise ist die Kürze der Fixationsdauern ebenfalls ein Korrelat der vergleichsweise schnellen grobmotorischen Bewegungsabfolge im Gesamtraum, da bei einer raschen Veränderung der visuellen Information ein langes Fixieren nicht möglich ist, wenn man Kollisionen mit den Gegenständen im Raum vermeiden will.

Man könnte diese Überlegungen z.B. dadurch überprüfen, daß man die "orientierenden" Fixationen in unterschiedlichen räumlichen Anordnungen miteinander vergleicht: solchen, die nur begrenzte Bewegungsabfolgen in einer Richtung zulassen (z.B. ein in die Tiefe erstreckter langer Gang) und solchen, in denen vielfältige Bewegungsabfolgen in unterschiedlichsten Richtungen denkbar sind (z.B. Straßenszene).

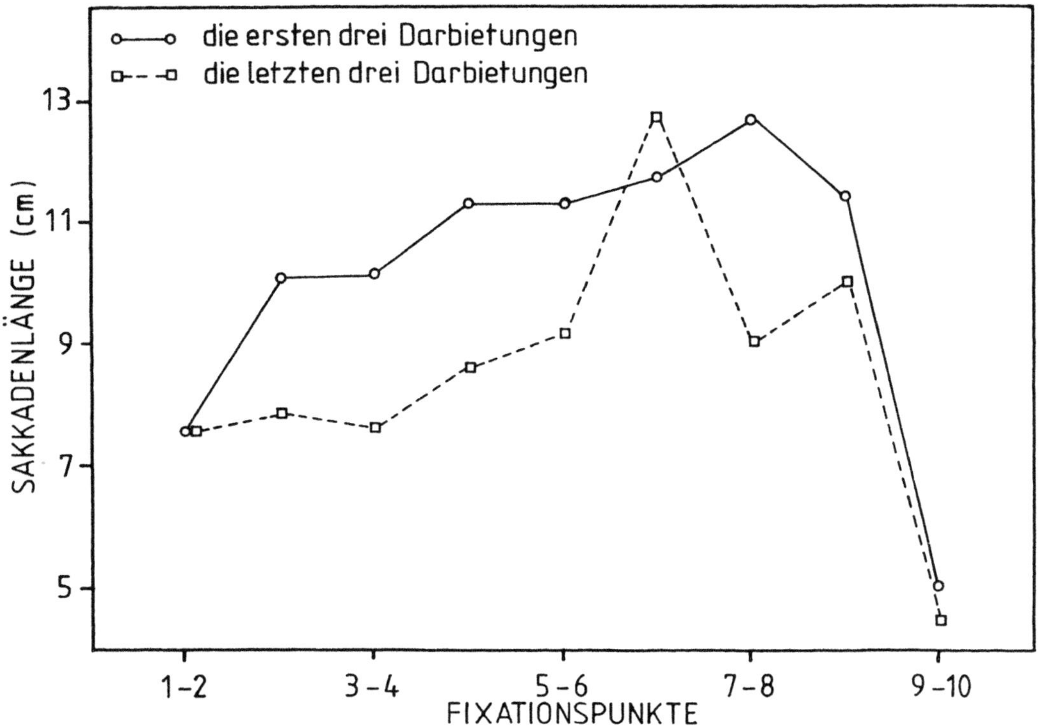

Abb. 3: Sakkadenlängen im Suchverlauf für die ersten und die letzten Darbietungen (aus Reinert, 1982).

Das Konzept der Orientierungsphase ist im wesentlichen in Experimenten zur freien Bildbetrachtung entwickelt worden. Die vorliegenden Befunde zur visuellen Suche (Reinert, 1982) zeigen mindestens für die Sakkadenabstände einen anderen Verlauf als den, der bei der freien Bildbetrachtung von Antes (1974) gefunden worden ist (Abb. 3): Die Sakkadenabstände nehmen anfangs kontinuierlich zu und reduzieren sich erst gegen Ende der Suche. Dieses widersprüchliche Ergebnis bestätigt gleichzeitig die im Zusammenhang mit dem Kongruenzeffekt (Abschnitt 4) geäußerte Vermutung, daß bei der freien Bildbetrachtung mit einer umfassenderen Orientierungstätigkeit begonnen wird als bei der visuellen Suche, was zum schnelleren Auffinden des inkongruenten Gegenstandes führt.

Aus Abb. 3 läßt sich jedoch noch eine weitere Information entnehmen. Oben (S. 126f.) hatten sich einige Hinweise dafür ergeben, daß sich die Orientierungsphase im Laufe eines Experimentes – mit zunehmender Zahl der Versuchsdurchgänge und insbesondere bei homogenem Reizmaterial – reduziert. Abb. 3 zeigt, daß die Sakkadenlängen in den ersten drei Durchgängen des Versuchs größer als in den letzten drei Durchgängen sind.

6. Entnahme einzelner Informationsstichproben

Anschließend an die Orientierungsphase und auf der Grundlage des in ihr gewonnenen Bezugssystems werden einzelne Informationsstichproben entnommen. Die hier zur Anwendung kommenden Schemata unterscheiden sich von denen, die während der Orientierungsphase aktiviert werden. Sie beziehen sich auf spezifischere Handlungsvollzüge als z.B. die des grobmotorischen Durchquerens des Raumes, und/oder sie beziehen sich auf Teilhandlungen aus größeren (übergeordneten) Handlungszusammenhängen (z.B. "Teller hochheben" innerhalb der Handlungssequenz "Tisch decken").

In den bisherigen Überlegungen ging es im wesentlichen um die Frage, nach welchen Gesichtspunkten bestimmte Zielbereiche ausgewählt werden, so daß die sakkadische Blickbewegung an der entsprechenden Stelle landen kann. Dagegen ist bislang wenig darüber gesagt worden, was mit der Bildinformation an der entsprechenden Fixationsstelle geschieht bzw. wie der Erkennungsvorgang vonstatten geht.

Die Bezeichnung "Fixationsstelle" oder gar "Fixationspunkt" ist nicht unproblematisch, da einerseits unbestritten ist, daß während der schnellen Zielbewegung keine visuelle Information entnommen werden kann, andererseits jedoch die entnommene Information auf Bildstellen bezogen sein kann, die sich in einiger Entfernung von der eigentlichen Fixationsstelle befinden. Es ist daher angemessener, wenn man sich den Fixationsbereich als Zielkreis vorstellt, in dem aufgabenspezifische Information entnommen werden kann, ohne daß eine zusätzliche Blickbewegung notwendig wäre. In Such- und Erkennungsaufgaben wird dieser Zielkreis im allgemeinen als "funktionales Gesichtsfeld" - als räumlich erstreckter Bereich, innerhalb dessen ein Gegenstand während der Zeitdauer einer Fixation erkannt werden kann (Bouma, 1978; Scheerer, 1978) - bezeichnet[9]. Damit stellt sich die Frage, welche Größe dieser Zielkreis aufweist bzw. von welchen Faktoren diese Größe abhängt.

Nelson & Loftus (1980) haben Farbbilder "naturalistischer" Szenen (im Ausmaß von 10 Grad Gesichtswinkel) mit variabler Expositionsdauer (248 msec, 500 msec, 750 msec, 1000 msec und 3000 msec) dargeboten und in einer ersten Untersuchungsphase die Augenbewegungen registriert. In einer zweiten Phase wurden dann die Wiedererkennungsleistungen für Einzelobjekte (5 Grad bis 1 Grad Gesichtswinkelgröße) aus der Szene geprüft. In diesem Experiment zeigte sich, daß

9) In der Literatur werden unterschiedliche Maße zur Bestimmung des funktionalen Gesichtsfeldes genannt: Entdeckungsabstand (Entfernung der Fixationsstelle vom "target"), Sakkadenweite zwischen aufeinanderfolgenden Fixationen, Zahl der Entdeckungsfehler und Fixationsdauer. Leistungseinbußen bezüglich eines Maßes können wahrscheinlich durch Leistungssteigerungen bezüglich eines anderen Maßes kompensiert werden.

die Erkennungsleistung mit zunehmender Entfernung des Fixationpunktes vom "kritischen Objekt" abnimmt, bis sie bei 1,8 Grad Entfernung Zufallsniveau (50 %) erreicht. Das funktionale visuelle Gesichtsfeld beträgt also in diesen Experimenten etwa 3,6 Grad Gesichtswinkel. Mit zunehmender Zahl der Fixationen auf dem "kritischen Objekt" nimmt die Erkennungsgenauigkeit im nachträglichen Test zu.

Die Größe des funktionalen Gesichtsfeldes kann nicht allgemeingültig, sondern nur im konkreten Fall ermittelt werden. Dies hat im wesentlichen zwei Gründe.

1. Die Größe variiert in Abhängigkeit von physikalischen Reizmerkmalen. Je größer z.B. die räumliche Dichte der Kontextelemente, um so kleiner das funktionale Gesichtsfeld (Mackworth, 1976; Widdel, 1981). Eine Verkleinerung wird auch beobachtet, wenn die visuelle Ähnlichkeit von Zielreiz und Kontextelementen zunimmt (Engel, 1971; Bartz, 1976). Bedeutsam ist ebenso die Größe des Suchobjektes. Für die Suche nach kleinen Objekten ergeben sich engere Grenzen als für das Auffinden von großen (Mackworth, 1976). Wahrscheinlich könnte man noch eine Reihe weiterer physikalischer Faktoren finden.

2. Die Größe variiert in Abhängigkeit von der Beschaffenheit des szenischen Kontextes und von der Beziehung des jeweiligen Objektes zur Gesamtszene. Bei der visuellen Suche in räumlich unorganisierten Szenen (Oben – Unten – Rechts – Links – Vertauschung) ist das funktionale visuelle Gesichtsfeld gegenüber der Suche in räumlich organisierten Szenen reduziert. Dies zeigt sich an Veränderungen der Fixationsdauer und der durchschnittlichen Sakkadenweite (Reinert, 1982). Bereits erwähnt wurde die verlängerte Fixationsdauer für Objekte, die nicht in die Szene hineingehören (Antes & Penland, 1981). Ebenso ist die Sakkadenweite unmittelbar vor der Fixation dieser Objekte verkürzt. Diese Befunde sprechen für ein kleineres funktionales Gesichtsfeld bei der Wahrnehmung von inkongruenten gegenüber der Wahrnehmung von kongruenten Objekten.

Damit kehren wir zu der am Ende von Abschnitt 3 aufgeworfenen Frage zurück. Wie stellt sich der Erkennungsvorgang in schematheoretischer Sicht dar?

Der Erkennungsvorgang besteht – ganz in Übereinstimmung mit den Überlegungen von Piaget – in der impliziten oder expliziten Anwendung von Handlungssequenzen, die auf den betreffenden Gegenstand abgestimmt sind. Für den Fall, daß die mittels des Schemas antizipierte visuelle Wahrnehmung mit der tatsächlichen Wahrnehmung übereinstimmt, gilt ein Gegenstand als erkannt.

Die Abhängigkeit des funktionalen visuellen Gesichtsfeldes von physikalischen Reizmerkmalen würde demnach bedeuten, daß die tatsächlich verfügbaren visuellen Informationen vielfältige Hinweise an unterschiedlichen räumlichen Positionen für die Gültigkeit der antizipierten visuellen Informationen liefern. Damit wird eine sequentielle Überprüfung aller potentiellen Zielbereiche notwendig, die solange andauert, bis der richtige Gegenstand aufgefunden ist. Da jede Überprüfung eine neue Fixation bzw. zusätzliche Zeit benötigt, ist das funktionale Gesichtsfeld reduziert, insbesondere wenn die potentiellen Zielbereiche eng beieinander liegen.

Die Verkleinerung des funktionalen Gesichtsfeldes im Falle räumlich unorganisierter Szenen hat dagegen andere Gründe. In einer Szene, die in ihre Einzelobjekte zerlegt wurde, gehen Handlungszusammenhänge, die sich auf mehrere räumlich benachbarte Gegenstände beziehen, verloren. Folglich können mit Hilfe des betreffenden Schemas in wirksamer Weise lediglich solche visuellen Informationen antizipiert werden, die sich auf Einzelobjekte beziehen. Dagegen können in räumlich organisierten Szenen antizipierte Handlungssequenzen, die mehrere räumlich benachbarte Gegenstände einbeziehen, mittels des Schemas zur "Abschätzung" visueller Informationen und zum Vergleich dieser Informationen mit den tatsächlich vorhandenen Informationen dienen. Was schließlich den "Kongruenzeffekt" betrifft – schlechtere Aufsuch- und Erkennungsleistungen für Objekte, die mit der Szene inkongruent sind – so scheint es sich hierbei bezüglich der Erkennungsleistungen um ein Problem der Modifikation eines Schemas und in gewissem Sinne auch um ein Problem der Integration von Informationsstichproben zu handeln:

Taucht plötzlich innerhalb eines ansonsten in sich stimmigen Kontexts ein inkongruentes Objekt auf, das mit dem jeweiligen Handlungsablauf unvereinbar ist, so muß das betreffende Schema modifiziert werden. Es wird – im Sinne von Schmidt (1982) – ein neuer Datenpunkt produziert, der den Verlauf der bisherigen Schemafunktion (Zusammenhang zwischen antizipiertem Handlungsresultat und antizipierter Wahrnehmung) verändert. Diese Veränderung des Schemas benötigt Zeit, die sich in einer verlängerten Fixationsdauer niederschlägt.

Antes & Penland (1981) haben jedoch nicht nur signifikant verlängerte Fixationszeiten für inkongruente Objekte gefunden. Auch die unmittelbar auf ein inkongruentes Objekt folgende Fixation eines **kongruenten** Objektes ist erheblich verlängert. Die Autoren interpretieren diese Befunde als Hinweis darauf, daß die Integration aufeinanderfolgender Informationsstichproben erschwert sei. Das Problem der Integration von Informationsstichproben wird kontrovers diskutiert. Es stellt sich die Frage, ob schematheoretische Überlegungen etwas zur Klärung der Problemlage beitragen können.

7. Zum Problem der Integration von Informationsstichproben

Man könnte hinter der Bezeichnung "Aufeinanderfolge von Informationsstichproben" ein Modell vermuten, das eine Aneinanderreihung "homogener", "diskreter" und "nicht überlappender" Schnappschüsse beinhaltet. Diese Annahmen werden auch der klassischen Informationsverarbeitungstheorie unterstellt (siehe Gibson, 1966, 1979). Sie sollen im folgenden kurz präzisiert werden, denn sie erzeugen nach Gibson (1979) in künstlicher Weise ein in Wahrheit nicht existentes Integrations- und Gedächtnisproblem.

Die Annahme der "**Homogenität**" besagt, daß die gesamte in der Stichprobe enthaltene Information mit gleicher Qualität (z.B. Deutlichkeit oder Klarheit) repräsentiert sei. Dagegen könnte man einwenden, daß die physiologischen Grundlagen eher ein zur Peripherie hin abnehmendes Deutlichkeitsfeld vermuten lassen würden, wobei die Information im zentralen Bereich besonders präzise repräsentiert wäre (Engel, 1977). Die Annahme der **"diskreten" Grenze** einer Informationsstichprobe zur Umgebung hin hängt eng mit der ersten Annahme zusammen, da kein kontinuierlich abnehmendes Deutlichkeitsfeld, sondern ein nicht stetiger Übergang postuliert wird. Die Annahme der **nicht überlappenden Informationsstichproben** besagt, daß jede Informationsstichprobe neue Informationen enthält, ohne daß die aufeinanderfolgenden Informationsstichproben einen "Überschneidungsbereich" hätten.

Der schärfste Kritiker dieser Annahmen ist Gibson (1966, 1979). Nach Gibson (1979) führen Körperbewegungen, Kopfbewegungen und Augenbewegungen zu aufeinanderfolgenden Wahrnehmungsstichproben der optischen Anordnung. Zwei aufeinanderfolgende Stichproben überlappen sich immer, d.h. von einer Fixation zur nächsten erfolgt kein abrupter Übergang, sondern beide Fixationen enthalten eine Schnittmenge. Die gemeinsame Struktur der Informationsstichproben – das Bleibende im Wechsel – bezeichnet Gibson als Invarianz trotz Transformation. Die Invarianz der Schnittmengen wird registriert und bildet die Grundlage der Wahrnehmung überhaupt.

Obgleich wir eine Vielzahl von Fixationen ausführen, sehen wir keine einzelnen "Schnappschüsse", sondern ein kontinuierliches Bild. Dies liegt nach Gibson (1979) daran, daß in aufeinanderfolgenden Stichproben Invarianzen extrahiert werden, die die Stabilität und Kontinuität der Wahrnehmungswelt begründen. Es gibt nach Gibson (1979) jedoch offensichtlich noch einen zweiten Grund, warum wir bei der Fixationsabfolge keine aneinandergereihten Einzelbildchen sehen. Bei der Entnahme sukzessiver Informationsstichproben kann sich die Aufmerksamkeit sowohl auf kleine Details als auch auf die **Gesamtsituation** richten: Aufmerksamkeit ist nicht nur selektiv, sondern auch integrativ, so daß die Bewußtheit von Details nicht inkonsistent mit der Bewußtheit von Ganzheiten ist (Gibson, 1979; S. 213).

Andererseits bleibt es unbestreitbar, daß in konkreten Aufgabensituationen, z.B. bei Such- und Entdeckungsaufgaben, eindeutige Angaben über die Größe des funktionalen visuellen Gesichtsfeldes gemacht werden könnten, innerhalb dessen bestimmte Informationen extrahiert werden könnten (s. Abschnitt 6). Für diese Informationsstichproben lassen sich demnach sehr wohl eindeutige Grenzen angeben. Damit stellt sich erneut die Frage, wie die Integration dieser Stichproben gewährleistet wird.

Was bedeuten die Formulierungen "Extraktion von Invarianzen höherer Ordnung" und "Die Aufmerksamkeit kann sich sowohl auf Details als auch auf die Gesamtsituation richten" in schematheoretischer Sicht? Daß die aufeinanderfolgenden Informationsstichproben nicht zusammenhangslos nebeneinanderstehen, sondern aufeinander bezogen sind, liegt daran, daß die antizipierten Teilhandlungsresultate hierarchisch einem gemeinsamen Handlungsziel untergeordnet sind[10]. In aufeinanderfolgenden Fixationen werden normalerweise miteinander zusammenhängende Handlungsfolgen, die unter einem gemeinsamen Handlungsziel stehen, antizipiert. Entsprechend sind die mittels der jeweiligen Schemata antizipierten visuellen Wahrnehmungen nicht nach dem Zufallsprinzip und auch nicht bloß additiv aneinandergefügt, sondern in systematischer Weise aufeinander bezogen. Daß längere Handlungssequenzen einem gemeinsamen Handlungsziel untergeordnet sind, bildet die Grundlage dafür, daß auch die damit zusammenhängenden Informationsstichproben miteinander "integriert" sind.

8. Abfolge längerer Fixationssequenzen

Es wurde angenommen, daß die Integration von Informationsstichproben dadurch zustande kommt, daß ihre Entnahme unter dem Vorzeichen eines gemeinsamen antizipierten Handlungsziels erfolgt. Dann liegt der Gedanke nicht fern, daß eine bestimmte Abfolge der einzelnen Fixationen – also ein bestimmter Augenbewe-

10) Diese hierarchische Handlungsorganisation könnte man sich z.B. folgendermaßen denken: Das Handlungsziel (antizipiertes Handlungsresultat) ist auf untergeordneter Ebene in verschiedene Teilziele gegliedert, welche wiederum auf der untersten Ebene in Bewegungsentwürfe aufgespalten werden (Hacker, 1973; Volpert, 1974), z.B. entsprächen dem übergeordneten Ziel "zu Mittag essen" die Teilziele "Kochen", "Tisch decken", wobei "Tisch decken" seinerseits auf nächst niedrigerer Ebene in "Teller aus dem Schrank holen", "Teller auf den Tisch stellen" etc. aufgespalten werden könnte.

gungspfad – wesentlich oder gar notwendig wäre, damit eine komplexe Szene identifiziert werden kann.

Nach Noton & Stark (1971) durchlaufen die Augen beim Betrachten komplexer Bilder einen bestimmten (nicht zufälligen) Augenbewegungspfad, wobei die Abfolge der Fixationen sogar ein Format zur Verknüpfung der Einzelfixationen zu einer internen Gesamtrepräsentation liefert. Bilder werden während der "Wiedererkennungsphase" (zweite Exposition des Bildes) in der gleichen Abfolge durchmustert wie während der "Lernphase" (erste Exposition des Bildes). Augenbewegungen und Richtungsänderungen der Aufmerksamkeit haben nach dieser Theorie die Funktion, Objektteile ("features") miteinander zu einem "feature ring" zu verknüpfen.

Ein ganz ähnlicher Gedanke findet sich bereits bei (Hebb, 1949): "If line and angle are the bricks from which form perceptions are built, the primitive unity of the figure might be regarded as mortar, and eye movement as the hand of the builder" (Hebb 1949, S. 83). Einige empirische Befunde scheinen diese Theorie zu bestätigen, z.B. hat Furst (1971) gefunden, daß nach mehrfach wiederholter Darbietung des gleichen Bildes eine Stereotypisierung der Durchmusterung stattfindet, so daß die Vorhersagbarkeit der Augenbewegungsabfolge wächst. Der Augenbewegungspfad verkürzt sich und wird stereotyper, je besser das Bild gelernt ist. Stark & Ellis (1981) haben anhand von Kippfiguren nachweisen können, daß sich das Durchmusterungsverhalten der Blickbewegungen in Abhängigkeit davon verändert, welche der Figuren der Betrachter momentan sieht. Ebenso ändert sich die Durchmusterungsabfolge nach der Identifikation einer versteckten Figur. Die für die identifizierte Figur relevanten Merkmale werden jedoch nicht in deterministischer, sondern in probabilistischer Weise durchmustert. Das jeweils aktivierte Schema legt also die "Elemente" fest, die in nicht deterministischer Weise durchmustert werden.

Die Augenbewegungspfad-Theorie ist von Fisher, Karsh, Breitenbach & Barnette (1983) mit dem Argument kritisiert worden, daß der vermeintliche Augenbewegungspfad lediglich aus der Korrelation der Fixationsstellen mit den hoch informationshaltigen Stellen des Bildes resultiere. Die **Abfolge** der Augenbewegungen sei dabei jedoch im übrigen völlig zufällig. Eine Lösung der "Augenbewegungspfadkontroverse" ist momentan noch nicht in Sicht. Die Augenbewegungspfadtheorie geht im Grunde genommen implizit von einer funktionalen Identität der Augenbewegungstätigkeit und der taktilen Abtasttätigkeit aus. Beim taktilen Abtasten und Erkennen eines Gegenstandes scheint es in der Tat notwendig zu sein, eine bestimmte Abfolge einzuhalten. Möglicherweise ist das visuelle "Abtasten" mit den Augen dem taktilen Abtasten ontogenetisch verwandt (Piaget & Inhelder, 1971).

9. Augenbewegungspfade und Informationshaltigkeit in ontogenetischer Sicht

Nach Piaget & Inhelder (1971) besteht die visuelle Wahrnehmungsaktivität – ähnlich wie das taktile Abtasten – aus **Dezentrierungen**, d.h. aus Verschiebungen von Einzelzentrierungen (welche den einzelnen Fixationen entsprechen) über die Reizgrundlage hinweg. Die Ergebnisse einer Zentrierung werden auf andere Zentrierungen übertragen[11]. Den Aussagen Piagets muß man entnehmen, daß das eigentliche Erkennen eines Gegenstandes nur dann vonstatten gehen kann, wenn die einzelnen Zentrierungen in systematischer Weise und **in einer Richtung** aufeinander folgen. Dies ist jedoch nichts anderes als ein Augenbewegungspfad, der die Grundlage des Erkennens bildet:

"Bei den einfachen Figuren wie Kreis oder Dreieck umfaßt der Blick schon bei der ersten Zentrierung die Gesamtheit der beteiligten Elemente und Relationen. Bei den komplexen Figuren hingegen muß der Blick auf die gleiche Art forschen wie die Hand, und dann tritt eine Wahrnehmungs- oder sensomotorische Aktivität auf den Plan: Sie besteht genau wie auf dem Gebiet des Tastens im Koordinieren der Zentrierungen und weist die gleichen Wechselwirkungen zwischen dem Wahrnehmungs- und dem motorischen Element auf." (Piaget & Inhelder, 1971, S. 64).

Verallgemeinernd könnte man sagen, daß eine notwendige Bedingung für das Auftreten bestimmter Augenbewegungspfade darin besteht, daß eine Erkennungsleistung (oder eine Problemlösung) gefordert wird, die nur bei systematischer Abfolge möglich ist.

Ob diese Augenbewegungspfade nur während einer bestimmten Phase der sensomotorischen Entwicklung zu beobachten sind und eine wesentliche Bedingung für die Entstehung der ersten Formkonstanzen darstellen, müßte im einzelnen empirisch geprüft werden. In dem Maße jedoch, in dem sukzessiv verknüpfte Zentrierungen durch eine simultane Zentrierung ersetzt werden können, ist eine identische Abfolge von Fixationen nicht mehr zwingend notwendig, um in aufeinanderfolgenden Durchgängen des gleichen Bildes eine vergleichbare Erkennungsleistung zustande zu bringen. Zwar hat Furst (1971) gefunden, daß die Vorhersagbarkeit der Fixationsabfolge mit zunehmender Zahl der Durchgänge wächst; dies könnte jedoch im wesentlichen ein Ergebnis der enormen Reduktion der Zahl fixierter

---

11) Es finden Vergleiche, Übertragungen von Relationen etc. statt – Vorgänge, die schließlich in einer Koordination der Zentrierungen münden. Ähnlich wie beim taktilen Ertasten und Erkennen einer Figur ist das visuelle Erkennen das Ergebnis aller aufeinanderfolgender Zentrierungen und deren Koordinationen (mit dem Unterschied, daß die Zentrierung des Blicks mehr Elemente umfaßt als die Zentrierung der Hand).

Bereiche sein. Je weniger Bereiche überhaupt fixiert werden, desto größer ist natürlich die Wahrscheinlichkeit, daß identische Abfolgen gewählt werden.

Die bislang diskutierten Abfolgesequenzen ergeben sich aus dem betreffenden Wahrnehmungsgegenstand. Das implizit antizipierte übergeordnete Handlungsresultat führt zu einer bestimmten Abfolge antizipierter Teilhandlungen. Mittels der jeweiligen Schemata werden die visuellen Wahrnehmungen antizipiert und bilden die Grundlage der Auswahl von Zielbereichen. Die systematische **Abfolge** ergibt sich aus dem antizipierten übergeordneten Handlungsresultat. Von diesen Abfolgesequenzen, bei denen das Schema die Auswahl des jeweiligen Zielbereiches regelt, muß ein zweiter Typ von Augenbewegungsabfolgen unterschieden werden, bei dem die Vermittlung über das Schema fehlt, und wo stattdessen eine willentliche Kontrolle der Blickbewegungen gemäß einem "abstrakt" formulierten Plan erforderlich ist.

Systematische und nicht zufällige Augenbewegungsabfolgen sind bei einigen Problemlösungsaufgaben zu beobachten; hierbei legt die Anordnung einzelner Bildelemente – mit denen bestimmte Operationen ausgeführt werden müssen – die Durchmusterungsabfolge fest, falls man zur Lösung des Problems gelangen will, z.B. sollen in den Experimenten von Vurpillot (1968) zwei nebeneinanderstehende Häuser hinsichtlich ihrer Identität oder Verschiedenartigkeit miteinander verglichen werden. Jedes Haus enthält 6 Fenster, in denen verschiedenartigste Gegenstände zu sehen sind. Diese "Fensterinformation" kann beim Vergleich beider Häuser identisch oder nicht identisch sein. Eine optimale Durchmusterungsstrategie besteht in dieser Aufgabe darin, daß jeweils ein Fenster des einen Hauses mit dem entsprechenden (homologen) Fenster des anderen Hause verglichen wird. Unökonomisch dagegen sind Augenbewegungen innerhalb des jeweiligen Hauses bzw. aufeinanderfolgende Fixationen nichthomologer Fenster, da sie keine adäquaten Informationen für die Vergleichsoperation liefern.

Die Fähigkeit, willentlich kontrollierte Blickbewegungen nach einem bestimmten Plan auszuführen, entwickelt sich mit zunehmendem Alter. In der Aufgabe von Vurpillot (1968) wird eine optimale Durchmusterungsstrategie (maximale Zahl homologer Vergleiche) erst mit 9 Jahren erreicht. Bei 4jährigen Kindern überschreitet die Zahl der homologen Vergleiche nicht das Zufallsniveau. Die Kinder schauen auf eine konstante Zahl von Fenstern, unabhängig davon, ob die Häuserpaare identisch oder verschieden sind und wieviele Differenzen die Häuserpaare enthalten; es werden durchschnittlich lediglich 6 – 7 Fenster untersucht, ehe die Kinder ihr Urteil ("gleich" oder "verschieden") abgeben.

Zu ähnlichen Ergebnissen gelangen Lesèvre (1964) und Elkind & Weiss (1967) in Aufgaben, in denen die Vpn eine Vielzahl systematisch oder unsystematisch angeordneter Gegenstände nach einem bestimmten Plan durchmustern sollten.

Systematische Durchmusterungsstrategien finden sich erst relativ spät, ungefähr im Schuleintrittsalter.

Während diese Befunde sich eher auf relativ "abstrakte" Handlungspläne und die Verselbständigung der Blickbewegungstätigkeit beziehen, hat die ontogenetische Analyse der Blickbewegungstätigkeit einige Ergebnisse zutage gefördert (Mackworth & Bruner, 1970), die aufschlußreich für das Problem der Entwicklung der Orientierungstätigkeit sind: 1. Kinder sind weniger gut als Erwachsene in der Lage, die informationshaltigen Teile einer Szene aufzufinden und zu fixieren, 2. Die Gesamtstrecke des zurückgelegten Augenpfades ist bei Kindern geringer als bei Erwachsenen und 3. der Wechsel zwischen kurzen Sakkaden ("Stufen") und langen Sakkaden ("Sprüngen") ist weniger häufig und wird weniger flexibel gehandhabt.

Diese Befunde lassen sich folgendermaßen interpretieren: Kinder haben nicht die aus größeren Handlungssequenzen resultierenden Schemata zur Verfügung, die Erwachsene zum Auffinden informationshaltiger Teile nutzen können. Ihre Fähigkeit, längere zusammenhängende Handlungssequenzen auszuführen, und somit auch die Fähigkeit, die entsprechenden visuellen Wahrnehmungen mittels des betreffenden Schemas zu antizipieren, ist begrenzt. Erst im Zuge des fortschreitenden Lernens verbessert sich die Fähigkeit zur Antizipation komplexerer Handlungsfolgen als Resultat der hierarchischen Organisation einzelner Teilhandlungen zu größeren Einheiten. Die geringere Strecke des insgesamt zurückgelegten Augenbewegungspfades spiegelt demnach die Tendenz zur Antizipation von visuellen Informationen wider, die sich in unmittelbarer räumlicher Nähe befinden, und auf die sich dann die Zielbewegungen richten können.

Dies ist m.E. auch der Grund dafür, daß eine systematische Selektion der informationshaltigen Teile von Kindern nicht in gleich effektiver Weise vorgenommen werden kann wie von Erwachsenen. Ein informationshaltiger Bildteil erhält die Qualität der Informationshaltigkeit überhaupt erst im Kontext größerer Handlungszusammenhänge. Bei zu geringer Korngröße verschwindet diese Informationshaltigkeit. Aufgrund ihres begrenzteren Handlungsspielraums – insbesondere der begrenzteren Fähigkeit zur Antizipation längerer Handlungssequenzen – können Kinder mit Hilfe der verfügbaren Schemata im wesentlichen nur solche visuellen Informationen antizipieren, die räumlich weniger weit erstreckten Teilhandlungen zuzuordnen sind. Die dem dominanten Handlungskontext entsprechenden hoch informationshaltigen Bildteile können folglich höchstens per Zufall aufgefunden werden[12].

Was schließlich den dritten Befund betrifft – die Zahl der Wechsel zwischen kurzen Augenbewegungen und langen Augenbewegungen ist bei Erwachsenen größer als bei Kindern –, so vermuten Mackworth & Bruner (1970), daß sich hierin die Fähigkeit widerspiegelt, simultan im Zentrum der Fixation (Detailanalyse) und in der Peripherie (Globalanalyse) Informationen zu verarbeiten. Kinder seien zwar auch in der Lage, eine Detail- und eine Globalanalyse auszuführen, sie könnten dies jedoch nur sukzessiv. Diese Annahme entspricht in gewisser Weise derjenigen von Piaget, wonach eine ausgewogene Wechselbeziehung von Zentrierung und Dezentrierung zum Erreichen der "Phase der konkreten Operationen" von entscheidender Bedeutung sei. In der Tat haben Wilton & Boersma (1974) gefunden, daß Kinder, die in der Lage sind, die Konservierungsaufgaben von Piaget zu lösen, hinsichtlich ihrer Augenbewegungen auch stärkere allgemeine Wahrnehmungsaktivität (Dezentrierung) zeigen.

Dagegen könnte der hier formulierten Schematheorie zufolge ein rascher Wechsel zwischen kurzen und langen Augenbewegungen prinzipiell zwei Ursachen haben. Neben der oben ausgeführten begrenzten Fähigkeit zur Antizipation längerer Handlungssequenzen, die zwangsläufig die Zahl weit erstreckter Sakkaden und folglich auch die Zahl der möglichen Wechsel zwischen kurzen und langen Augenbewegungen reduzieren würde, könnte auch die Zahl der insgesamt verfügbaren, **qualitativ** unterschiedlichen Handlungsziele von entscheidender Bedeutung sein. Je weniger alternative übergeordnete Handlungsziele – einschließlich der damit verbundenen, mittels des Schemas antizipierten visuellen Wahrnehmungen – zur Verfügung stehen, um so geringer ist die Wahrscheinlichkeit für einen Bewegungssprung, der sich auf entlegene visuelle Information richten kann.

Wenn es zulässig ist, geistig behinderte und nicht behinderte Kinder auf einem Entwicklungskontinuum anzusiedeln, so gibt es erste Hinweise dafür, daß die Zahl der insgesamt verfügbaren, qualitativ unterschiedlichen Handlungsziele bedeutsam sein könnte (Reinert, 1983). Behinderte und nicht behinderte Kinder unterscheiden sich **nicht** hinsichtlich ihrer Fixationshäufigkeiten auf informationshaltigen Bereichen. Dagegen ist die Zahl der fixierten qualitativ unterschiedlichen informationshaltigen Gebiete in beiden Gruppen verschieden groß: Während geistig behinderte Kinder im

12) Bruner & Potter (1964) haben bei der Registrierung verbaler Berichte, die zu komplexen Bildern abgegeben wurden, gefunden, daß jüngere Kinder in ihren Kommentaren von Merkmal zu Merkmal springen, während ältere Vpn eher auf Zusammenhänge und Beziehungen eingehen.

allgemeinen nur drei oder vier informationshaltige Bildbereiche fixieren, sind die Fixationen der normal entwickelten Kinder **gleichmäßig** auf doppelt so viele Bereiche verteilt.

10. Beziehungen zu anderen Schematheorien

Nachdem nun die einzelnen Problembereiche diskutiert worden sind, soll zum Schluß der hier zugrundegelegte Schemabegriff – als Weiterentwicklung des Grundgedankens von Schmidt (1976, 1982) – gegen andere schematheoretische Formulierungen abgegrenzt werden. Dies ist um so notwendiger, als der Schemabegriff – bzw. seine nahen Verwandten, der "frame" - Begriff (Minsky, 1975; Friedman, 1979) und die "global - lokal" - Terminologie (Navon, 1977; Antes, Penland & Metzger, 1981) – in fast allen Theorien der Bildverarbeitung in der einen oder anderen Version thematisiert werden. Ihre Verwendung ist jedoch sehr uneinheitlich:

1. Das Wahrnehmungsschema ist eine regelhafte Beziehung zwischen Handlung und Wahrnehmung. Die Auffassung, daß das Schema eine Regel sei, findet sich bereits bei Kant[13]. Sie besitzt in der Wahrnehmungstheorie Piagets einen zentralen Stellenwert. Sie ist besonders hilfreich, wenn es darum geht, sich von der intuitiv so eingängigen Vorstellung zu lösen, das Schema sei ein irgendwie vereinfachtes "Bildchen" im Kopf, z.B. eine Schablone ("template" - Kritik bei Neisser, 1967), die mit dem visuellen "input" zur Deckung gebracht werden könnte.

2. Nach Festlegung des gewünschten Handlungsresultates können die visuellen Wahrnehmungen mit Hilfe des Schemas "abgeschätzt" werden. Stimmen die erwarteten (feedforeward) und die tatsächlichen visuellen Wahrnehmungen (feedback) nicht überein, so wird ein neuer "Datenpunkt" produziert, der die regelhafte Beziehung (Schema) zwischen Handlung und Wahrnehmung modifiziert (Akkomodation bei Piaget).

3. Der Prozeß der Schemaaktivierung beginnt jeweils beim antizipierten Handlungsresultat und nicht bei der visuellen Wahrnehmung. Dies ist nicht selbstverständlich. Die meisten Schematheorien – jedenfalls im Bereich der Bildverarbeitung – gehen von der umgekehrten Beziehung aus und postulieren, daß die visuelle

---

13) Bei Kant (1787) ist das Schema eine Regel zur Synthese der Einbildungskraft gemäß einem allgemeinen Begriffe: "Der Begriff vom Hunde bedeutet eine Regel, nach welcher meine Einbildungskraft die Gestalt eines solchen vierfüßigen Thieres allgemein verzeichnen kann, ohne auf irgendeine einzige besondere Gestalt, die mir die Erfahrung darbietet, oder auch ein jedes mögliche Bild, was ich **in concreto** darstellen kann, eingeschränkt zu sein" (Kant, 1787, S. 144). Im Hintergrund bleibt hier allerdings die Beziehung zur Handlung.

Wahrnehmung in **direkter** Weise die Erwartungen für Objekte an bestimmten räumlichen Positionen des Bildes festlege und damit die Zielbewegungen auf die entsprechenden Bildbereiche hin steuere (Neisser, 1976; Biederman, Glass & Stacy, 1973). Mit dieser Annahme ist jedoch das Problem verbunden, daß nicht nachvollziehbar wird, wie die Erwartungen bestimmter Objekte an bestimmten räumlichen Positionen des Bildes zustandekommen. Unseren Überlegungen zufolge richtet sich die Selektion der Zielbereiche für die sakkadischen Blickbewegungen auf diejenigen Wahrnehmungsobjekte, die bei gegebenem antizipiertem Handlungsresultat mittels des Schemas "extrapoliert" worden sind.

4. Häufig wird darauf verwiesen, daß Schemata hierarchisch organisiert seien (Szene, Objekte, Teile von Objekten). Danach nimmt innerhalb der hierarchisch geordneten Schemapyramide in Abhängigkeit von der Korngröße die Zahl der Verarbeitungseinheiten von oben nach unten zu (Hanson & Riseman, 1978). Dies ist ein sicherlich wichtiger Gedanke, dessen Kerngehalt man in gängigen Schematheorien benötigt, wenn man eine Reihe von Befunden erklären will. So läßt sich z.B. die der Suche vorausgehende Orientierungsphase als Durchlaufen der hierarchisch geordneten Schemata von oben nach unten begreifen. Die rasche Identifikation von Objekten, die in der Szene erwartet werden, kann bereits auf einer hierarchisch übergeordneten Ebene (automatisch) erfolgen, während in der Szene nicht erwartete Objekte prinzipiell nur auf der untergeordneten Objektebene identifiziert werden können, da diese Objekte auf der übergeordneten Ebene nicht repräsentiert sind (Friedman & Liebelt, 1981). Allerdings ergeben diese Überlegungen erst einen Sinn, wenn man plausibel machen kann, wie solche hierarchisch gegliederten Schemata zustandekommen, und welche Funktion sie besitzen.

Der hier entwickelten Schematheorie zufolge ergibt sich eine hierarchische Strukturierung von Schemata daraus, daß längere Handlungssequenzen nicht zusammenhanglos nebeneinander stehen, sondern einem gemeinsamen Handlungsziel untergeordnet sind. Bei der Entnahme kleiner Informationsstichproben werden Schemata aktiviert, die sich auf implizit antizipierte Teilhandlungen beziehen. Dagegen werden in der vorausgehenden Orientierungsphase bzw. bei der Entnahme größerer Informationsstichproben Schemata aktiviert, die aus der Antizipation größerer Handlungssequenzen (mit hierarchisch übergeordnetem Handlungsziel) resultieren.

Die Integration von aufeinanderfolgenden Informationsstichproben ist ebenfalls ein Ergebnis hierarchischer Handlungsorganisation. Da die antizipierten Teilhandlungen einem gemeinsamen Handlungsziel untergeordnet sind, stehen auch die Bildbereiche, die den Gegenstand der Zielbewegungen abgeben, in engem

Zusammenhang zueinander, so daß jede neu erhobene Informationsstichprobe im Bezugssystem aller vorausgegangener Stichproben bzw. aller vorausgegangener antizipierter Handlungsresultate steht.

11. Zusammenfassung und Schlußbemerkungen

Blickbewegungen bei der Betrachtung komplexer Bilder zu untersuchen, gehört – bis auf wenige Ausnahmen (z.B. Buswell, 1935) – zu einer sehr jungen Forschungsrichtung. Die Vielzahl der Instrumente zur Blickbewegungsregistrierung (Young & Sheena, 1975), ihre technische Perfektionierung und vor allem die Möglichkeiten zur computergesteuerten Datenaufbereitung und -auswertung haben erst in den siebziger Jahren zu einem regelrechten "Boom" geführt. Um so erstaunlicher ist es, daß bereits im Jahre 1980 – und ausgerechnet von amerikanischer Seite – scherzhaft das Ende dieser Bewegung angekündigt wird ("Last Whole Earth Eye Movement Conference", St. Petersburg, Florida 1980). Ist einigen Forschern das Interesse an weiteren Fragen abhanden gekommen, nachdem auf dem Gebiet der Augenbewegungsforschung plötzlich fast alles technisch machbar erscheint?

Die vorliegende Analyse des Forschungsfeldes "Blickbewegungen bei der Bildverarbeitung" hat ergeben, daß allerhöchstens Anlaß zu einer ersten Zwischenbilanz, nicht jedoch zum Abschluß der entsprechenden Forschungen besteht. "Das System befindet sich in einem gespannten Zustand", so daß man mit einer Fortdauer der entsprechenden Forschungen rechnen kann[14).]

Die Ergebnisse der vorliegenden Überlegungen lassen sich folgendermaßen zusammenfassen: Ausgehend vom Zielbewegungscharakter der sakkadischen Blickbewegung wurden die elementaren Bewegungssprünge im Rahmen der Schematheorie von Schmidt (1976, 1982) erörtert. Demnach werden bei definiertem Handlungsziel (Bereich, in dem die Blickbewegung landen soll) mittels des motorischen Schemas die Parameter geschätzt, die in der Lage sind, das motorische Programm zur Steuerung der Blickbewegung zu spezifizieren. Das Wahrnehmungsschema ermöglicht gleichzeitig eine Abschätzung der erwarteten visuellen Informationen; diese Erwartungswerte werden mit den tatsächlichen visuellen Wahrnehmungen verglichen. Das Modell scheint recht gut anwendbar zu sein, wenn es um Fälle geht, wo ein gut sichtbares und klar definiertes Suchziel auf **homogenem**

14) In der Tat konnte man bereits nach kurzer Zeit einen neuen Augenbewegungskongreß – diesmal von europäischer Seite aus veranstaltet – einschließlich der einschlägigen internationalen Publikation (Groner, Menz, Fisher & Monty, 1983) zur Kenntnis nehmen.

Grund angezielt werden soll. Bei der Verarbeitung komplexer Bilder stellt sich jedoch das Problem, daß eine Vielzahl von Objekten als Ziele für die sakkadischen Blickbewegungen prinzipiell in Frage kommen. Der eigentlich erklärungsbedürftige Sachverhalt ist also, wie die nicht zufällige Selektion der Suchziele vonstatten geht.

Es wurde angenommen, daß antizipierte Wahrnehmungen "zweiter Ordnung" zum Gegenstand der Zielbewegung werden, d.h. nicht nur in der realen Welt, sondern auch bei der Betrachtung realistischer Bilder werden bestimmte Handlungsvollzüge antizipiert, die mittels des entsprechenden Wahrnehmungsschemas eine Abschätzung (Antizipation) der visuellen Wahrnehmungen ermöglichen. Diese antizipierten visuellen Wahrnehmungen sind es, auf die sich die nachfolgende Blickbewegung richtet.

Innerhalb dieses theoretischen Rahmens wurden Befunde zur visuellen Suche und zur freien Bildbetrachtung diskutiert, u.a. das paradoxe Ergebnis, daß Objekte, die mit der Szene inkongruent sind, beim visuellen Suchen langsamer, bei der freien Bildbetrachtung dagegen schneller aufgefunden werden. Für diese Diskrepanz wurden unterschiedliche Schemaaktivierungen verantwortlich gemacht: Im Falle des visuellen Suchens werden primär Schemata aktiviert, die sich auf das Suchobjekt richten, während sich die Schemata bei der freien Bildbetrachtung (zunächst) auf die gesamte Szene beziehen.

Anschließend wurde der Verlauf der Blickbewegungstätigkeit von der Orientierungsphase über die Entnahme einzelner Informationsstichproben bis zur Integration dieser Informationsstichproben verfolgt. Dies geschah unter dem Gesichtspunkt der hierarchischen Strukturierung von Schemata, wobei sich diese hierarchische Strukturierung daraus ergibt, daß Abfolgen von Teilhandlungen einem gemeinsamen Handlungsziel untergeordnet sind.

Es ist versucht worden, die vorliegenden schematheoretischen Überlegungen so zu formulieren, daß sie falsifizierbar sind. Bleibt also zu hoffen, daß die "Last Whole Earth Eye Movement Conference" noch etwas auf sich warten läßt.

Literatur

Antes, J.R., The time course of picture viewing. **Journal of Experimental Psychology**, 1974, **103**, 62 - 70

Antes J.R. & Penland, J.G., Picture context effects on eye movement patterns. In D.F. Fisher, R.A. Monty & J.W. Senders (Hg.), **Eye movements: Cognition and visual perception**. Hillsdale, N.J.: Lawrence Erlbaum, 1981

Antes, J.R., Penland, J.G. & Metzger, R.L., Processing global information in briefly presented pictures. **Psychological Research**, 1981, **3**, 277 - 292

Bartz, A.G., Peripheral detection and central task complexity. **Human Factors**, 1976, **18**, 63 - 70

Becker, W., Do correction saccades depend exclusively on retinal feedback? A note on the possible role of non-retinal feedback. **Vision Research**, 1976, **16**, 425 - 427

Biederman, I., Perceiving real-world scenes. **Science**, 1972, **177**, 77 - 80

Biederman, I., Glass, A.L. & Stacy, E.W., Searching for objects in real-world scenes. **Journal of Experimental Psychology**, 1973, **97**, 22 - 27

Biederman, I., Rabinowitz, J.C., Glass, A.L. & Stacy, E.W., On the information extracted from a glance at a scene. **Journal of Experimental Psychology**, 1974, **103**, 597-600

Bouma, H., Visual search and reading: Eye movements and functional visual field. A tutorial review. In J. Requin (Hg.), **Attention and performance** 8. Hillsdale, N.J.: Lawrence Erlbaum, 1978

Brandt, H.F., Ocular patterns as an index of attentional value of size. **American Journal of Psychology**. 1940, **53**, 564 - 574

Bruner, J.S. & Potter, M.C., Interference in visual recognition. **Science**, 1964, **144**, 424 - 425

Buswell, G.T., **How people look at pictures**. Chicago: University of Chicago Press, 1935

Cohen, A.S., Is the duration of an eye fixation a sufficient criterion refering to information input? **Perceptual and Motor Skills**, 1977, **45**, 766

Elkind, D. & Weiss, J., Studies in perceptual development: III. Perceptual exploration. **Child Development**, 1967, **38**, 553 - 561

Engel, F.L., Visual conspicuity, directed attention and retinal locus. **Vision Research**, 1971, **11**, 563 - 576

Engel, F.L., Visual conspicuity, visual search and fixation tendencies of the eye. **Vision Research**, 1977, **17**, 95-108

Fisher, D.F., Karsh, R., Breitenbach, F. & Barnette, B.D., Eye movements and picture recognition: Contribution or embellishment? In R. Groner, C. Menz, D.F., Fisher & R.A. Monty (Hg.), **Eye Movements and psychological functions: International views**. Hillsdale, N.J.: Lawrence Erlbaum, 1983

Friedman, A., Framing pictures: The role of knowledge in automatized encoding and memory for gist. **Journal of Experimental Psychology: General**, 1979, **108**, 316 - 355

Friedman, A.L. & Liebelt, L.S., On the time course of viewing pictures with a view towards remembering. In: D.F. Fisher, R.A. Monty & J.W. Senders (Hg.), **Eye movements: Cognition an visual perception**. Hillsdale, N.J.: Lawrence Erlbaum, 1981

Furst, C.J., Automatizing of visual attention. **Perception & Psychophysics**, 1971, **10**, 65 - 70

Gallistel, G.R., **The organization of action: A new synthesis**. Hillsdale, N.J.: Lawrence Erlbaum, 1980

Gibson, J.J., **The senses considered as perceptual systems**. Boston: Houghton Mifflin, 1966. Dt.: Die Sinne und der Prozeß der Wahrnehmung. Bern, etc.: Huber, 1973.

Gibson, J.J., **The ecological approach to visual perception**. Boston: Houghton Mifflin, 1979.Dt.: Wahrnehmung und Umwelt. München, etc.: Urban & Schwarzenberg, 1982.

Gould, J.D., Looking at pictures. In R.A. Monty & J.W. Senders (Hg.), **Eye movements and psychological processes**. Hillsdale, N.J.: Lawrence Erlbaum, 1976

Groner, R., Menz, C., Fisher, D.F. & Monty, R.A. (Hg.), **Eye movements and psychological functions: International views**. Hillsdale, N.J.: Lawrence Erlbaum, 1983

Hacker, W., **Allgemeine Arbeits- und Ingenieurpsychologie**, Berlin: VEB Deutscher Verlag der Wissenschaften, 1973

Hanson, A.R. & Riseman, E.M., Segmentation of natural scenes. In A.R. Hanson & E.M. Riseman (Hg.), **Computer vision systems**. New York etc: Academic Press, 1978

Hebb, D.O., **The organization of behavior**. New York: Wiley & Sons, 1949

Heller, D., Problems of on-line processing of EOG-data in reading. In Groner, R., Menz, C., Fisher, D.A. & Monty, R.A. (Hg.), **Eye movements and psychological functions: International views**. Hillsdale, N.J.: Lawrence Erlbaum, 1983

Kant, I., **Kritik der reinen Vernunft** 2. Aufl. 1787. (Nachdruck, herausgegeben von B. Erdmann, Leipzig: Verlag von Leopold Voss, 1878)

Kornhuber, H.H., Blickmotorik. In G. Baumgartner, H. Bornschein, R. Hanitzsch, R. Jung, H.H. Kornhuber, I. Rentschler, H. Schober & U. Thoden (Hg.), **Sehen, Sinnesphysiologie III**. München: Urban & Schwarzenberg, 1978

Kundel, H.L. & Nodine, C.F., Studies of eye movements and visual search in radiology. In J.W. Senders, D.F. Fisher & R.A. Monty (Hg.), **Eye Movements and the higher psychological functions**. Hillsdale, N.J.: Lawrence Erlbaum, 1978

Lesèvre, N., **Les mouvements oculaïres d'exploration: étude électrooculographique comparée d'enfants normaux et d'enfants dyslexiques**. Dissertation, Paris, 1964

Loftus, G.R., A framework for a theory of picture recognition. In R.A. Monty & J.W. Senders (Hg.), **Eye movements and psychological processes**. Hillsdale, N.J.: Lawrence Erlbaum, 1976

Loftus, G.R. & Mackworth, N.H., Cognitive determinants of fixation location during picture viewing. **Journal of Experimental Psychology: Human Perception and Performance**, 1978, **4**, 565-572

Mackworth, N.H., Stimulus density limits the useful field of view. In R.A. Monty & J.W. Senders (Hg.), **Eye movements and psychological processes**. Hillsdale, N.J.: Lawrence Erlbaum, 1976

Mackworth, N.H. & Bruner, J.S., How adults and children search and recognize pictures. **Human Development**, 1970, **13**, 149-177

Mackworth, N.H. & Morandi, A.J., The gaze selects informative details within pictures. **Perception & Psychophysics**, 1967, **2**, 547 - 550

Meyers, L.S. & Rhoades, R.W., Visual search of common scenes. **Quarterly Journal of Experimental Psychology**, 1978, **30**, 297 - 310

Minsky, M., A framework for representing knowledge. In P.H. Winston (Hg.), **The psychology of computer vision**. New York: McGraw-Hill, 1975

Navon, D., Forest before trees: The precedence of global features in visual perception. **Cognitive Psychology**, 1977, **9**, 353 - 383

Neisser, U., **Cognitive psychology**. New York: Appleton-Century-Crofts, 1967. Dt.: Kognitive Psychologie. Stuttgart: Klett-Cotta, 1974.

Neisser, U., **Cognition and reality**. San Francisco: Freeman, 1976. Dt.: Kognition und Wirklichkeit. Stuttgart: Klett - Cotta, 1978.

Nelson, W.W. & Loftus, G.R., The functional visual field during picture viewing. **Journal of Experimental Psychology: Human Learning and Memory**, 1980, 6, 391 - 399

Nodine, C.F., Carmody, D.P. & Kundel, H.L., Searching for Nina. In J.W. Senders, D.F. Fisher & R.A. Monty (Hg.), **Eye movements and the higher psychological functions**. Hillsdale, N.J.: Lawrence Erlbaum, 1978

Noton, D. & Stark, L., Scanpaths in eye movements during pattern perception. **Science**, 1971, **171**, 308 - 311

Palmer, S.E., The effects of contextual scenes on the identification of objects. **Memory & Cognition**, 1975, **3**, 519 - 526

Piaget, J. & Inhelder, B., **Die Entwicklung des räumlichen Denkens beim Kinde**. Stuttgart: Klett, 1971

Pollack, I. & Spence, D., Subjective pictoral information and visual search. **Perception & Psychophysics**, 1968, **3**, 41 - 44

Reinert, G., **Visuelle Suche in komplexen Szenen. Ein experimenteller und theoretischer Beitrag zur Bildverarbeitung**. Dissertation, Bochum, 1982

Reinert, G., Augenbewegungen bei geistig behinderten Kindern. **Bericht Nr. 28/ 1983, Psychologisches Institut der Ruhr - Universität Bochum, Arbeitseinheit Kognitionspsychologie**

Scheerer, E., Expansion of the functional visual field and context skipping in a continuous search task. **Psychological Research**, 1978, **40**, 113 - 126

Schmidt, R.A., The schema as a solution to some persistent problems in motor learning theory. In G.E. Stelmach (Hg.), **Motor control: Issues and trends**. New York etc: Academic Press, 1976

Schmidt, R.A., The schema concept. In J.A.S. Kelso (Hg.), **Human motor behavior**. Hillsdale, N.J.: Lawrence Erlbaum, 1982

Stark, L. & Ellis, S.R., Scan path revisited: Cognitive models direct active looking. In D.F. Fisher, R.A. Monty & J.W. Senders (Hg.), **Eye movements: Cognition and visual perception**. Hillsdale, N.J.: Lawrence Erlbaum, 1981

Volpert, W., **Handlungsstrukturanalyse**. Köln: Pahl - Rugenstein, 1974

Vurpillot, E., The development of scanning strategies and their relation to visual differentiation. **Journal of Experimental Child Psychology**, 1968, **6**, 632 - 650

Widdel, H., A method of measuring the visual lobe area. In: R. Groner, C. Menz, D.F. Fisher & R.A. Monty (Hg.), **Eye movements and psychological functions: International views**. Hillsdale, N.J.: Lawrence Erlbaum, 1983

Wilton, K.M. & Boersma, F.J., **Eye movements, surprise reactions and cognitive development**. Rotterdam: Rotterdam University Press, 1974

Wolff, P., Saccadic eye movements and visual stability: Preliminary considerations towards a cognitive approach. In W. Prinz & A.F. Sanders (Hg.), **Cognition and motor processes**. Berlin etc.: Springer, 1984

Yarbus, A.L., **Eye movements and vision**. New York: Plenum Press, 1967

Young, L.R. & Sheena, D., Survey of eye movement recording methods. **Behavior Research Methods and Instrumentation**, 1975, 7, 397 - 429

5 Modelle der kognitiven Verarbeitung und Repräsentation musikalischer Strukturen

Thomas H. Stoffer

Inhalt

1. Einleitung

Bereits Kurth (1931) hat ansatzweise das Programm formuliert, das die Musikpsychologie gegenwärtig aufzugreifen beginnt: "Die Musikpsychologie muß zur Theorie greifen, ähnlich wie man aus der Grammatik eine Psychologie der Sprache rekonstruieren kann" (Kurth, 1931). Hiermit weist er der Musiktheorie eine Funktion

---

Das am Ende des Beitrags dargestellte Experiment wurde im Rahmen eines vom Minister für Wissenschaft und Forschung des Landes Nordrhein-Westfalen geförderten Forschungsprojekts durchgeführt (Az. II B 7 - FA 8636).

für die Musikpsychologie zu, die der der Linguistik für die Sprachpsychologie vergleichbar ist: Strukturbeschreibungen der Musiktheorie sollten Eingang finden in die Bildung von Hypothesen zu strukturellen Aspekten der Verarbeitung beim Hören von Musik, und Aufgabe der experimentellen Musikpsychologie wäre es, die Nützlichkeit solcher Hypothesen im Rahmen einer Theorie der Verarbeitung und Repräsentation musikalischer Strukturen zu beurteilen.

Hirsh (1967) hat es als Defizit von Theorien der auditiven Wahrnehmung bezeichnet, daß ihnen eine geeignete Konzeption zur Beschreibung der Struktur zeitlicher Reizmuster fehle, die die gleiche Rolle in der Theorie der auditiven Wahrnehmung spielen könnte, wie die Konzepte "Gestalt" und "Form" in Theorien der visuellen Wahrnehmung. Diese sich auf die Informationsverarbeitungsmodelle der auditiven Wahrnehmung und auf die Modelle der Psychoakustik beziehende Kritik ist durchaus analog der Kritik von Kurth (1931) an der Tonpsychologie Stumpfs (1883/90), der er eine Vernachlässigung der über den einzelnen Ton hinausgehenden musikalisch-strukturellen Zusammenhänge vorwarf. Für Kurth war es die zentrale Frage der Musikpsychologie, wie die Organisation wahrgenommener Musik von den tonübergreifenden Strukturen des musikalischen Materials abhängt.

Im Rahmen der kognitiven Musikpsychologie (einen aktuellen Überblick enthält Deutsch, 1982 a) tauchen in der letzten Zeit vermehrt theoretische Konstrukte zur Beschreibung struktureller Aspekte der kognitiven Verarbeitung beim Hören von Musik auf, die mit musiktheoretischen Konzepten zur Beschreibung musikalischer Strukturen korrespondieren sollen. Der Versuch, solche Korrespondenzen herzustellen, ist eine Möglichkeit, Hypothesen über strukturelle Aspekte der kognitiven Verarbeitung beim Musikhören zu generieren. Eine Diskussion der Möglichkeiten und Grenzen dieser Forschungsstrategie sowie erster, auf diesem Hintergrund entstandener theoretischer Ansätze und experimenteller Arbeiten soll Gegenstand dieses Beitrags sein.

2. Funktion und Adäquatheit musikalischer Strukturbeschreibungen

Die kognitive Musikpsychologie muß den Besonderheiten Rechnung tragen, in denen sich musikalische Strukturen von anderen akustischen Reizmustern unterscheiden. Gibson (1966) fordert, daß generell für Theorien der Wahrnehmung der Reiz ebenso ein wissenschaftliches Problem zu sein habe, wie die Frage nach den Mechanismen. Indem man typische Charakteristika der Reizmuster zu beschreiben versucht, kann man die Klasse der als plausibel zu betrachtenden Hypothesen über Verarbeitungsprozesse bereits stark eingrenzen, so daß Mechanismen modelliert werden können, die mit der Struktur der Reizmuster im Einklang stehen (Mace, 1977).

Ein Modell zur musikalischen Strukturbeschreibung kann im Rahmen der Musikpsychologie zwei Funktionen erfüllen: Es kann erstens dazu dienen, das in Experimenten zu benutzende musikalische Material und seine unter experimentellen Gesichtspunkten vorzunehmenden Variationen genau zu beschreiben (methodologische Funktion), und zweitens lassen sich aus der Beschreibung der Struktur von Musik Hypothesen über die Struktur der kognitiven Repräsentation beim Hören von Musik herleiten (heuristische Funktion).

Ein Modell der musikalischen Strukturbeschreibung ist ein System formaler Aussagen über Abfolge und Beziehung musikalischer Einheiten. Gegenstand des Modells ist allein die Struktur der Musik; es enthält keine expliziten Aussagen über einen diese Struktur wahrnehmenden Hörer. Die formalen Prinzipien, nach denen solche Modelle konstruiert sein können, sind vielfältig (einen Überblick geben Stoffer & Boroda, 1980), so daß man Kriterien benötigt, nach denen zwischen alternativen Modellen entschieden werden kann.

Ein erstes (und für die Musikwissenschaft einziges) Kriterium ist, daß das Modell eine eindeutige Beschreibung ermöglicht (deskriptive Adäquatheit: Eine Menge musikalischer Einheiten läßt sich durch genau eine geordnete Menge formaler Konzepte beschreiben). Ein zweites (und für die Musikpsychologie besonders wichtiges) Kriterium ist, daß das Strukturbeschreibungsmodell darüber hinaus in ein plausibles, durch experimentelle Befunde gestütztes Modell der kognitiven Repräsentation "übersetzt" werden kann (kognitive Adäquatheit).

Wenn z.B. das musikalische Strukturbeschreibungsmodell von einer hierarchischen Struktur der Musik ausgeht (z.B. Riemann, 1905), wird die Hypothese nahegelegt, daß die kognitive Repräsentation wahrgenommener Musik eine hierarchische Struktur besitzt (z.B. Deutsch, 1980; Stoffer, 1981). Es kann außerdem die Hypothese nahegelegt werden, daß diejenigen musikalischen Einheiten, die das Strukturbeschreibungsmodell definiert, potentielle funktionelle Verarbeitungseinheiten für kognitive Prozesse darstellen (Stoffer, 1981). Die in einem Strukturbeschreibungsmodell verwandten musiktheoretischen Konzepte können Ausgangspunkt für Hypothesen über korrespondierende kognitive Konzepte sein, die das implizite Wissen eines musikalisch kompetenten Hörers beschreiben, wie es z.B. an einer kategorialen Identifikation musikalischer Strukturen beteiligt sein kann.

Kognitive Adäquatheit bedeutet nicht, daß das Strukturbeschreibungsmodell im Sinn von z.B. Fodor & Bever (1965) "psychologische Realität" besitzt, d.h. daß es selbst ein Modell kognitiver Repräsentation ist. Ein kognitiv adäquates Modell muß aber das musikalische Material so beschreiben, daß sich Entsprechungen zur Struktur seiner kognitiven Repräsentation ergeben.

Deskriptive Adäquatheit ist eine Voraussetzung kognitiver Adäquatheit; nur ein deskriptiv adäquates Strukturbeschreibungsmodell kann partiell in ein System von Hypothesen über strukturelle Aspekte der kognitiven Verarbeitung "übersetzt" werden, und in dem Maße, in dem sich diese Hypothesen experimentell als brauchbar erweisen, kann das Strukturbeschreibungsmodell als zunehmend kognitiv adäquat gelten. Im Fall der Nichtbewährung ist es so zu modifizieren, daß es unter Beibehaltung der deskriptiven Adäquatheit mit den Befunden in Einklang gebracht werden kann.

Auf diesem Weg wird man allerdings nicht zu einem vollständigen Verarbeitungsmodell gelangen. Prozessuale Aspekte der Verarbeitung sind nicht ausschließlich durch die Struktur der Reizmuster determiniert, sondern in hohem Maße auch durch die gestellte Aufgabe bzw. durch die im Zusammenhang mit der Wahrnehmung erforderlichen Handlungen. So kann eine Strukturbeschreibung zwar Hypothesen über potentielle Verarbeitungseinheiten ergeben, nicht aber Hypothesen, die Aussagen darüber machen würden, unter welchen Bedingungen und zu welchem Zeitpunkt eine potentiell wahrnehmbare Einheit zur funktionell wirksamen Verarbeitungseinheit wird.

3. Kognitive Modelle des Musikhörens

Neuere Modelle der kognitiven Verarbeitung und Repräsentation von Musik gehen von einer expliziten, formalen Beschreibung von Intervallbeziehungen, rhythmischen Mustern und Harmoniefolgen auf mehreren Ebenen einer als hierarchisch gegliedert aufgefaßten musikalischen Oberflächenstruktur aus (Narmour, 1984).

Mit dieser Form der Beschreibung ist die Hypothese eines hierarchischen Formats der Repräsentation von Tonfolgen verbunden, dessen Entstehung zunächst als eine reine aufsteigende[1)] Kodierung im Rahmen hierarchischer Kodierungsmodelle erklärt wurde. Daß mit diesen Kodierungsoperationen absteigende[2)] Prozesse der Aktivie-

---

1) Steuerung der Verarbeitung ausschließlich durch das Auftreten bestimmter Reize oder Merkmale von Reizen, wobei die Identifikation allein auf der Basis der entdeckten Merkmale geschieht. Musikalisches Beispiel: unwillkürlicher Mitvollzug eines Rhythmus.

2) Steuerung der Verarbeitung ausschließlich durch Konzepte, die in untergeordnete Prozesse z.B. durch Aufsuchen bestimmter Merkmale oder durch Selektion von Merkmalen eingreifen. Musikalisches Beispiel: Bildung einer Erwartung über den Fortgang eines Musikstücks, z.B. wird nach Beendigung einer harmonischen Kadenz auf einem Dominatquartsechstakkord der Beginn einer Solokadenz erwartet.

rung eines beim Hörer vorhandenen impliziten Wissens über musikalische Strukturen interagieren, ist die weitergehende Annahme des Prototypen – und Schemamodells.

3.1 Hierarchische Kodierungsmodelle

Erste Überlegungen zur Struktur der Repräsentation musikalischer Reizmuster entstanden im Bereich der Forschung zur Künstlichen Intelligenz als Analogie zu Modellen des Problemlösens in Aufgaben, in denen regelhafte Zeichenserien zu extrapolieren waren. Simon & Kotovsky (1963) entwickelten hierfür einen einfachen Formalismus, der eine Sequenz aus Elementen eines geordneten Alphabets durch Anwendung von Regeln erzeugt.

Die Grundidee dieses Ansatzes besteht in der Annahme eines Induktionsprozesses, der von niedrigeren zu höheren hierarchischen Ebenen voranschreitet. Zuerst werden Beziehungen zwischen benachbarten Elementen eines seriellen Reizmusters mittels relationaler Konzepte auf der untersten Ebene, anschließend auf den übergeordneten Ebenen erkannt. Jedem Induktionsschritt folgt ein Extrapolationsschritt, durch den ein nachfolgendes Element antizipiert wird. Durch Prüfung der Übereinstimmung zwischen extrapoliertem und wahrgenommenem Element wird die "Richtigkeit" der für die Extrapolation benutzten Relation beurteilt.

Simon & Sumner (1968) entwickelten auf diesem theoretischen Hintergrund ein formales Beschreibungsmodell für musikalische Strukturen, das mit nur zwei Regeln operiert. Restle (1970) und später Jones (1974, 1978) sowie Deutsch & Feroe (1981) erweiterten die Menge relationaler Konzepte auf vier Transformationen, die von ihnen z.T. unterschiedlich definiert wurden: "Wiederholung", "Sequenz" (Wiederholung auf einer höheren oder tieferen Tonstufe), "Umkehrung" (keine einheitliche Definition; kann als Spiegelung an einer durch eine Tonhöhe festgelegten, horizontalen Achse aufgefaßt werden) und "Spiegelung" (keine einheitliche Definition; kann als Spiegelung an einer vertikalen Achse aufgefaßt werden). An der theoretischen Konzeption haben sie nichts wesentliches modifiziert.

Dieses Modell der Kodierung serieller, speziell musikalischer Reizmuster geht von der Hypothese aus, daß das Ergebnis der Kodierung in einer Hierarchie von Gedächtniskodes besteht, die die von einem Hörer identifizierten Relationen auf den einzelnen Strukturebenen der Musik enthält (angefangen bei den Beziehungen zwischen den einzelnen Tönen bis hinauf zu Beziehungen zwischen Themen und den ihnen wiederum übergeordneten Einheiten). Erste experimentelle Befunde, die die Plausibilität der Hypothese eines hierarachischen Formats der Gedächtnisrepräsentation nach Anhören einer Melodie stützen, stammen von Deutsch (1980).

Die Autorin bot musikalisch trainierten Hörern Melodien dar, die in Notenform notiert werden sollten. Es wurden zwei Klassen von Melodien verwendet: hierarchisch strukturierte, die auf allen Ebenen und zwischen allen Einheiten die oben beschriebenen Transformationen als Relationen enthalten, sowie unstrukturierte Melodien, die keinerlei Transformationsbeziehungen enthalten. Nach der strukturellen Beschreibung von Deutsch & Feroe (1981) enthalten die hierarchisch strukturierten Melodien zwei Beziehungsebenen: die Ebene der Dreiergruppen von Tönen und die übergeordnete Ebene der Beziehung zwischen den Dreiergruppen. Unstrukturierte Melodien zeigen auf der Ebene aufeinanderfolgender Intervalle wechselnde Beziehungsmuster, die keine regelhaften Strukturen auf einer übergeordneten Ebene zulassen. Jeweils die Hälfte der strukturierten und die Hälfte der unstrukturierten Melodien wurde durch Einfügen von Pausen nach drei oder vier Tönen segmentiert. Wird nach jeweils drei Tönen segmentiert, führt die resultierende Bildung von Dreiergruppen bei strukturierten Melodien zu einer zur Intervallbeziehungsstruktur kompatiblen Gruppierung, die Einfügung von Pausen nach jeweils vier Tönen dagegen zu einer inkompatiblen Gruppierung. Im Fall der unstrukturierten Melodien werden Dreier- bzw. Vierergruppen gebildet, ohne daß es zu Kompatibilitätsproblemen kommt.

Die seriellen Positionskurven für den Prozentsatz richtig notierter Töne zeigen einen deutlichen Effekt der Strukturiertheit mit bedeutend höheren Werten bei hierarchisch strukturierten als bei unstrukturierten Melodien. Unsegmentierte strukturierte und kompatibel segmentierte strukturierte Melodien führen zu abszissenparallelen Positionskurven auf einem Niveau von über 90 %. Dagegen zeigen alle unstrukturierten sowie die inkompatibel segmentierten strukturierten Melodien die typischen u-förmigen Positionskurven, wie sie Leshowitz & Hanzi (1974) für unorganisierte Tonfolgen ermittelten.

Die Befunde von Deutsch (1980) belegen, daß geschulte Hörer Regelhaftigkeiten in Melodien erkennen und für die Herstellung einer organisierten Gedächtnisrepräsentation nutzen können. Die unterschiedlichen Verlaufsformen der Positionskurven weisen auf einen höheren Organisationsgrad der Repräsentation bei strukturierten und kompatibel zur Intervallstruktur segmentierten Melodien hin. Liegt tatsächlich ein hierarchisches Format der Repräsentation vor, sollten bei Zugriff auf eine Repräsentationsebene immer ganze Einheiten dieser Ebene reproduziert werden, und die Reproduktionsleistung sollte für alle Elemente einer Einheit gleich groß sein (Deutsch, 1980). Da die Reproduktionsleistung für strukturierte Melodien ohne Segmentierung und mit kompatibler Segmentierung gleich hoch ist, ist zu vermuten, daß die Repräsentation in diesem Fall alle Tonbeziehungen einbezieht, während bei unstrukturierten sowie bei inkompatibel segmentierten strukturierten Melodien zumindest einige Töne oder Einheiten vorliegen müssen, die als beziehungslos und nur in ihrer zeitlichen Abfolge repräsentiert sind.

Der Verlauf der Positionskurven bei hierarchisch strukturierten Melodien ist zwar verträglich mit der Hypothese eines hierarchischen Formats der Repräsentation einer Melodie im Gedächtnis, erfordert aber die Annahme eines solchen Formats nicht zwingend (es könnte z.B. eine Einheit ohne interne Gliederung gebildet worden sein). Die von Deutsch (1980) zusätzlich mitgeteilten bedingten Wahrscheinlichkeiten für Fehler an einer Melodieposition bei fehlerfreier Reproduktion an der vorausgegangenen Position lassen die Interpretation zu, daß eine Binnengliederung der Repräsentation in Form einer Hierarchie von Einheiten tatsächlich vorgelegen hat.

Die bedingten Fehlerwahrscheinlichkeiten offenbaren allerdings eine Gliederungsstruktur, die für strukturierte und kompatibel segmentierte Melodien drei statt der aufgrund des Beschreibungsmodells von Deutsch & Feroe (1981) zu erwartenden zwei Beziehungsebenen vermuten lassen: Sie sind an der Position am höchsten, die die Melodie in zwei gleich große Abschnitte teilt, und deutlich geringer an den Positionen, die die Dreiergruppen innerhalb einer jeden Hälfte voneinander trennen; innerhalb der Dreiergruppen sind sie nochmals deutlich niedriger. In diesem Fall kann von drei Beziehungsebenen gesprochen werden: von der der Beziehungen der Töne in einer Dreiergruppe, der der Beziehungen zwischen den Dreiergruppen einer jeden Melodiehälfte und der der Beziehung zwischen den beiden Melodiehälften.

Bei inkompatibel segmentierten strukturierten sowie bei unstrukturierten Melodien mit Pausen nach jeweils vier Tönen weisen die bedingten Fehlerwahrscheinlichkeiten auf zwei Beziehungsebenen hin, nämlich auf die der Vierergruppen und die der einzelnen Töne. Daß in diesem Fall offenbar auch eine hierarchische Repräsentation entstanden ist, die nur eine Ebene weniger besitzt, konnte aufgrund der strukturellen Beschreibung der Melodien nicht vorhergesagt werden.

Dieses Befundmuster läßt sich als Anzeichen dafür interpretieren, daß durch die Segmentierung eine rhythmischen Struktur der Intervallbeziehungsstruktur überlagert wurde, deren Wahrnehmung zu einer rhythmischen Gruppierung von Einheiten führt (Dowling, 1973). Die Form dieser rhythmischen Struktur stimmt mit den Vorhersagen überein, die die Theorie der Repräsentation rhythmisch strukturierter Reizmuster von Povel (1981) in diesem Fall machen würde: Eine Repräsentationsebene wird durch die Vierergruppen einschließlich der Pause gebildet, da die Pause ein deutlich wahrnehmbares Abgrenzungskriterium liefert; und da die Zeitdauer dieser Gruppe nicht im Verhältnis 1:2 untergliedert werden kann, weil die Gruppe fünf Zeitperioden (markiert durch die vier gleichlangen Töne und die ebenso lange Pause) enthält, kann unterhalb der Repräsentationsebene der Vierergruppen nur noch die der einzelnen Töne liegen. Das musikalische Strukturbeschreibungsmodell von Deutsch & Feroe (1981) ist also in Bezug auf rhythmische Strukturen und ihre Interaktionen mit melodischen Strukturen nicht als kognitiv adäquat zu bezeichnen.

Alle hierarchischen Kodierungsmodelle betrachten die musikalischen Merkmalskomplexe Harmonik, Melodik und Rhythmik offenbar als voneinander unabhängig, wie die Interpretationsprobleme, die sich bei den Befunden von Deutsch (1980) einstellten, deutlich zeigen. Sofern diese Modelle überhaupt rhythmische und harmonische Strukturen berücksichtigen (Deutsch & Feroe, 1981, deuten ihre Berücksichtigung zumindest an), beschreiben sie diese in Form getrennter Hierarchien, die nicht aufeinander bezogen werden. Dieses Vorgehen könnte eigentlich nur dann sinnvoll sein, wenn alle Hierarchien sowohl horizontal bezüglich der Anzahl und Größe von Einheiten einer Ebene als auch vertikal bezüglich der Zusammenfassung von Einheiten auf einer übergeordneten Ebene und bezüglich ihrer Binnengliederung in untergeordnete Einheiten identisch wären. Daß dies nicht der Regelfall ist, ließe sich an zahllosen Beispielen demonstrieren. Das Modell wäre außerdem dann sinnvoll, wenn die Repräsentationshierarchien tatsächlich voneinander unabhängig wären. Daß zumindest strukturell Melodik und Harmonik eng miteinander verbunden sind, machen z.B. die Regeln der klassischen Harmonielehre deutlich. Komplexe Interaktionen zwischen melodischen und rhythmischen Strukturmerkmalen für das Erkennen melodischer Figuren zeigen Experimente von Stoffer (1981).

Ein weiterer Mangel hierarchischer Kodierungsmodelle ist die Nichtberücksichtigung der durch musikalische Formen bedingten Restriktionen musikalischer Gestaltung. Im Prinzip ist in diesen Modellen jede Regelkombination auf jeder Hierarchieebene erlaubt. Musikalische Formen aber setzen den theoretisch möglichen Kombinationen Grenzen, die sich bei Vergleich einer Menge von Musikstücken als strukturelle Invarianten erschließen lassen. Die Berücksichtigung musikalischer Formprinzipien in einem Strukturbeschreibungsmodell ist zumindest dann zu fordern, wenn das Modell die eingangs erwähnte methodologische Funktion erfüllen können soll. Die deskriptive Adäquatheit dieser Modelle ist also als recht gering einzuschätzen. Das gleiche muß für ihre kognitive Adäquatheit angenommen werden, wenn sich die Hypothese als plausibel herausstellen sollte, daß musikalisch kompetente Hörer bei der Wahrnehmung von Musik ein formtypenspezifisches musikalisches Wissen einsetzten.

Funktionelle Aussagen über Mechanismen der kognitiven Verarbeitung werden in den hierarchischen Kodierungsmodellen nur insofern gemacht, als der Aufbau einer kognitiven Repräsentation musikalischer Strukturen als aufsteigender Kodierungsprozeß beschrieben wird (Restle & Brown, 1970). Diese "Eingleisigkeit" der angenommenen Verarbeitungsrichtung ist eine Konsequenz ihrer weitgehenden

Beschränkung auf Aussagen über das Endprodukt der Verarbeitung: Sie überbetonen den strukturellen Aspekt zu Ungunsten des funktionellen. Trotz des Anspruchs dieser Modelle, auch Aussagen über die Wahrnehmung zu machen (Deutsch, 1980, 1982 b), handelt es sich doch streng genommen um reine Modelle der Gedächtnis-organisation.

Würden sie als Wahrnehmungsmodelle ernstgenommen, kämen sie zu Aussagen über das Hören von Musik, die mit der Phänomenologie der musikalischen Hörerfahrung nicht immer in Übereinstimmung zu bringen sind. So ist z.B. die Sequenz zweier musikalischer Phrasen in der Wahrnehmung unmittelbar gegeben, bevor überhaupt Details untergeordneter Strukturniveaus erkannt worden sind: Die Wahrnehmung solcher Details scheint überhaupt erst auf dem Hintergrund des sie tragenden Ganzen möglich zu sein (Kurth, 1931). Um dem Eindruck der Ganzheitlichkeit der Wahrnehmung im Rahmen von Informationsverarbeitungsmodellen Rechnung zu tragen, kommen viele Autoren inzwischen zu der Hypothese einer funktionellen Dominanz der Verarbeitung konfigurativer Merkmale sowohl für die visuelle Wahrnehmung (einen Überblick gibt Cooper, 1980) als auch für die auditive Wahrnehmung (Divenyi & Hirsh, 1974, 1975; Stoffer, 1981).

Diese Hypothese macht die Annahme von Interaktionen zwischen auf- und absteigenden Prozessen der Wahrnehmungsanalyse erforderlich. Solche interaktiven Modelle haben sich im Bereich der Forschung zur Künstlichen Intelligenz bei der visuellen Szenenanalyse als den ausschließlich aufsteigend arbeitenden Modellen eindeutig überlegen erwiesen (einen Überblick gibt Mackworth, 1977). Erste Ansätze zu interaktiven Modellen des musikalischen Strukturerkennens wurden von Jones (1982) als Weiterentwicklung ihres hierarchischen Kodierungsmodells (Jones, 1974, 1978) und von Stoffer (1981) im Zusammenhang mit einem Prototypen- bzw. Schemamodell formuliert.

3.2 Prototypenmodelle

Struktur und Funktion kognitiver Prototypen. Der Begriff "Prototyp" bezeichnet ein Konstrukt zur Beschreibung einer kognitiven Repräsentation, die so etwas wie die "zentrale Tendenz" einer Kategorie darstellt, für die keine scharfen Abgrenzungskriterien existieren. Die zentrale Tendenz besteht in einer organisierten Menge von Merkmalen, die als Schnittmenge aller Merkmale von Konzepten oder Wahrnehmungsobjekten abstrahiert wurde, die der Kategorie angehören, für die der Prototyp steht (Rosch, 1978).

Prototypen enthalten nach Palmer (1978) hoch spezifische Informationen über Merkmalsausprägungen, die bei der Identifikation von Wahrnehmungsobjekten herangezogen werden, um die Ähnlichkeit zwischen den Merkmalsmengen des Wahrnehmungsobjekts und des Prototypen zu bestimmen. Die Identifikation eines Wahrnehmungsobjekts als zu einer bestimmten Kategorie gehörig wird nach dem Kriterium der bestmöglichen Übereinstimmung zwischen seinen Merkmalsausprägungen und denen verschiedener Prototypen geleistet.

Musikalische Prototypen. Ein musikalischer Prototyp ist eine kognitive Repräsentation derjenigen Merkmale und strukturellen Eigenschaften, die bei einer Menge musikalischer Strukturen gemeinsam anzutreffen sind. Die Fähigkeit von Hörern, zwischen verschiedenen Klassen musikalischer Strukturen zu diskriminieren (z.B. zwischen Sonaten- und Rondoform oder zwischen einer Kadenz und allen anderen Harmonieprogressionen) oder ein Mitglied einer Klasse als solches zu identifizieren, wird durch die Annahme entsprechender Prototypen zu erklären versucht. Damit diese Erklärung nicht zirkulär wird, muß das theoretische Konstrukt eines so und so gearteten Prototyps über die Feststellung der Diskriminierbarkeit und Identifizierbarkeit der zugrundeliegenden Klassen hinaus validiert werden, z.B. durch Überprüfung von Hypothesen über die Identifikationsgeschwindigkeit von Mitgliedern einer Klasse in Abhängigkeit von der Anzahl der Merkmale, die der theoretisch spezifizierte Prototyp mit den Mitgliedern der Klasse gemeinsam hat (weitere Validierungsmethoden s. Rosch, 1978).

Rosner & Meyer (1982) bezeichnen einige formal definierte Klassen melodisch-harmonischer Konstruktionsprinzipien als melodische "Archetypen", deren kognitive Äquivalente die Funktion von Prototypen besitzen. Die Identifikation der als hierarchisch gegliedert aufgefaßten Melodiestrukturen soll durch eine kategoriale Zuordnung geleistet werden, die im Prinzip einer Prüfung auf Übereinstimmung mit einer Menge von Prototypen entspricht. Experimentelle Befunde der Autoren belegen zwar die Fähigkeit musikalisch wenig geschulter Hörer, zwischen den definierten Strukturklassen zu diskriminieren, sie geben aber keine Hinweise dafür, daß sich die Diskrimination genau auf die in der strukturellen Beschreibung angegebenen distinktiven Merkmale stützt. Ein über den Nachweis der Diskriminierbarkeit hinausgehender Validierungsversuch wurde noch nicht unternommen. In einer Untersuchung von Welker (1982) sind Definition und Validierung der Prototypen strikt getrennt worden. Welker postulierte melodische Prototypen, die die Identität eines Themas trotz z.T. mehrfacher Transformation (z.B. durch Transposition, Verkürzung, Spiegelung) zu bestimmen erlaubten.

Den Versuchspersonen wurden in einer ersten Phase des Experiments Melodien dargeboten, die alle durch Transformation einer Grundmelodie entstanden waren. Die Grundmelodie selbst wurde in dieser Phase, in der sich bei den Hörern der

Prototyp bilden sollte, nicht dargeboten. In der zweiten Phase des Experiments war es Aufgabe der Versuchspersonen, diejenigen Melodien wiederzuerkennen, die in der ersten Phase dargeboten worden waren. Hierbei wurde die Grundmelodie, die jetzt erstmalig dargeboten wurde, als die Melodie "wiedererkannt", die mit der höchsten subjektiven Sicherheit in der ersten Phase vorgekommen sein soll. Vergleichbare Befunde ergaben Experimente von Chew, Larkey, Soli, Blount & Jenkins (1982).

Welker (1982) hat mit diesem Experiment gezeigt, daß Hörer innerhalb ganz kurzer Zeit in der Lage sind, eine kognitive Repräsentation zu entwickeln, die es ihnen erlaubt, musikalische Klassifikationen durchzuführen. Für die Entstehung einer solchen Repräsentation muß die Bedingung erfüllt sein, daß eine große Menge potentieller Klassenmitglieder wahrgenommen worden ist, deren Abweichungen voneinander trotz Variation zahlreicher Merkmale so etwas wie einen stabilen Kern der musikalischen Struktur erkennen lassen (hier transformationelle Invarianten, vgl. Shaw & Pittenger, 1978).

Derartige Prototypen können auf einem recht globalen Niveau z.B. zur Gattungsklassifikation herangezogen werden (z.B. bei der sehr unscharfen Unterscheidung zwischen E- und U-Musik). Auf einem hinsichtlich der Korngröße der zeitlichen Strukturerstreckung niedrigeren Niveau spielen sie z.B. bei der Identifikation von Melodieverlaufstypen eine Rolle, die im Rahmen der hierarchischen Kodierungsmodelle als Transformationen bezeichnet werden.

Prototypen und Bezugssysteme. Dowling & Bartlett (1981) betrachteten die Repräsentation der Intervallstruktur einer diatonischen Tonleiter (achtstufige Tonleiter mit Halbtonschritten zwischen der dritten und vierten sowie zwischen der siebten und achten Tonstufe, ansonsten Ganztonschritte) als Prototyp, der dem Prototyp der chromatischen Tonleiter (zwölfstufige Tonleiter aus lauter Halbtonschritten) hierarchisch untergeordnet ist. Diese Relation der beiden postulierten Prototypen wurde von den Autoren durch Nachweis eines Asymmetrieeffekts zu bestätigen versucht. Der Effekt besteht darin, daß bei Ähnlichkeitsurteilen über aufeinanderfolgende diatonische und chromatische Melodien die skalierte Ähnlichkeit für die Darbietungsreihenfolge diatonisch - chromatisch geringer eingestuft wurde als für die umgekehrte Reihenfolge.

Der Asymmetrieeffekt wird dadurch erklärt, daß die erste Melodie den jeweils passenden Prototyp aktiviert, der auch zur Analyse der nachfolgenden Melodie herangezogen wird. Bei der Reihenfolge diatonisch - chromatisch paßt die chromatische Melodie nicht genau zum diatonischen Prototyp (sie enthält nämlich mindestens ein Intervall, das in der diatonischen Tonleiter nicht vorkommt). Wird die Darbietungsreihenfolge umgekehrt, ist der chromatische Prototyp der zuerst aktivierte, der alle Intervalle der nachfolgenden diatonischen Melodie enthält.

Die Verwendung des Konstrukts "Prototyp" im Zusammenhang mit der Erklärung der Befunde von Dowling & Bartlett (1981) halten wir für nicht angemessen. Wir sehen in der Entstehung des Asymmetrieeffekts eher die Wirkung zweier unterschiedlicher, hierarachisch verschachtelter Bezugssysteme. Wahrgenommene Merkmale eines Musikstücks können neben strukturellen Ursachen in den Merkmalen der gerade zu hörenden Töne auch noch Ursachen in Form weit zurückliegender Kontexte oder früherer Erlebnisinhalte haben. Der Begriff "Bezugssystem" bezeichnet den Sachverhalt, daß ein in der Wahrnehmung gegebenes Objekt seine qualitativ und quantitativ beschreibbaren Merkmale aus dem Bezug zu Merkmalen der Gesamtsituation gewinnt (Sarris & Lauterbach, 1980).

Ein musikalisches Beispiel für die Wirkungsweise eines Bezugssystems für Lautheitseindrücke ist die Beurteilung einer fortissimo gespielten Passage in einem Violinenduett als "sehr laut", während eine physikalisch gleichlaute Orchesterstelle aus einer Wagner-Oper als "nur ein wenig laut" beurteilt wird. Durch einen phänomenal nicht gegenwärtigen Bezug auf die Menge aller erlebten musikalischen Intensitätsgrade in verschiedenen Situationen kommt es zur jeweils erlebten Lautheit.

Die aus der Stellung im System früherer Erlebnisinhalte resultierenden Eigenschaften eines Objekts werden als Systemeigenschaften bezeichnet, die unabhängig vom Kontext existierenden Eigenschaften als Objekteigenschaften. Die dem Konstrukt "Prototyp" zugewiesene Funktion ist die der Analyse von Objekteigenschaften, dem Konstrukt "Bezugssystem" wurde die Funktion zugewiesen, Merkmale des Objekts auf der Grundlage von Merkmalen des Kontextes zu gewichten. Ein Bezugssystem relativiert die Merkmale eines Objekts und beeinflußt damit die Klassifikationsgrundlage für eine eventuelle kategoriale Identifikation; es kann damit nicht gleichzeitig Repräsentation der Klasse von Objekten sein, deren Klassifikationsgrundlage es beeinflußt, denn dann würde es sich selbst beeinflussen. Die Idee, die hinter der Einführung des Konstrukts "Prototyp" stand, war ja gerade die einer Repräsentation, die unabhängig von der Variabilität der Merkmale der Objekte einer Klasse das Konstante und damit das für die Mitglieder der Klasse Typische repräsentieren sollte. Prototypen operieren also im Kontext von Bezugssystemen. Die übergeordnete kognitive Struktur, die sowohl Prototypen als auch Bezugssysteme enthält, bezeichnen wir als "Schema" (s. Abschnitt 3.3).

In unserem Beispiel für die Funktion eines Bezugssystems ist der unterschiedliche Lautheitseindruck trotz gleicher Lautstärke auf zweierlei Weise zu erklären: Bezugssysteme berücksichtigen die Spannweite der Merkmalsvariation, im Beispiel also den unterschiedlichen Dynamikbereich zweier unterschiedlich großer Besetzungen, was zu einer Stauchung oder Spreizung der Lautheitskala führen kann. Die zweite Erklärung geht davon aus, daß einzelne Merkmale von unterschiedlicher "klassifikatorischer Signifikanz" (Tversky, 1977) sein können. Das Gewicht der Lautstärke für die Bildung eines Lautheitseindrucks könnte dann reduziert werden, wenn andere Merkmalsdimensionen existieren, die die beiden Situationen besser zu unterscheiden erlauben, wie z.B. die Dimensionen "Dichte" und "Volumen", in die die Frequenz- und die Lautstärkedimension eingehen (Stevens, 1934). Die Befunde von Dowling & Bartlett (1981) können also auch damit erklärt werden, daß die Hörer einen Bezugssystemwechsel unterschiedlicher Richtung erkannt haben, wobei der Wechsel vom chromatischen zum diatonischen Bezugssystem als geringer als der umgekehrte erlebt wird, weil das diatonische dem chromatischen untergeordnet ist und somit das chromatische für die Beurteilung der Ähnlichkeit der Melodien ebenso als Bezugssystem dienen kann, wie das diatonische, während das umgekehrte nicht möglich ist.

3.3 Das Prototypenmodell von Jones

Die Idee, einige wesentliche Phänomene der Musikwahrnehmung als Interaktion von Wahrnehmung und Erwartung zu beschreiben, stellte bereits Meyer (1957) ins Zentrum seines informationstheoretisch inspirierten Modells der Entstehung ästhetischer und affektiver Eindrücke beim Musikhören. Einen ganz ähnlichen Gedanken entwickelte Jones (1982) im Rahmen eines Prototypenmodells, nach dem sich die Wahrnehmung musikalischer Strukturen in Interaktion mit der Bildung von Erwartungen vollzieht. Die Transformationsregeln, die Jones (1974, 1978) noch als Beschreibung sowohl der musikalischen Struktur als auch der Kodierungsoperationen des Hörers betrachtete (s. Abschnitt 3.1), erhalten nun eine neue Interpretation: Sie beschreiben jetzt "ideale Prototypen", die Bestandteil des musikalischen Wissens eines Hörers sind und die zentrale Tendenz verschiedener Klassen musikalischer Strukturen repräsentieren.

Der strukturelle Aspekt der kognitiven Verarbeitung wird durch die Konstrukte "Prototyp" und "Erwartungsschema" erfaßt. Als Erwartungsschema bezeichnet die Autorin die hierarchisch organisierte Menge der zu jedem Zeitpunkt des Hörens gerade aktiven Prototypen. Am Anfang einer Melodie wird z.B. die Beziehung zwischen den beiden Hälften eines Takts analysiert, indem die Intervallstruktur solange mit Prototypen verglichen wird, bis sich eine exakte Übereinstimmung einstellt. Ist der erste Takt kategorial, identifiziert z.B. als Sequenz, wird mit dem nächsten Takt entsprechend verfahren, hinzu kommt allerdings noch die Analyse der übergeordneten Beziehung zwischen den beiden Takten. Im Verlauf der Melodie ergibt sich so eine zunehmend komplexere Hierarchie aktiver Prototypen, die zusammen das Erwartungsschema darstellen.

Analog der Konzeption einer Regelextrapolation bei Simon & Kotovsky (1963) nimmt Jones (1982) eine Extrapolation der von den Prototypen des Erwartungsschemas spezifizierten Struktur des Melodieverlaufs auf jeder Hierarchieebene an, der phänomenal eine Erwartung über den Fortgang der musikalischen Entwicklung entspricht. Im Fall des oben begonnenen Beispiels wird eine solche Erwartungsbildung in dem Augenblick möglich, in dem der zweite Takt zu hören ist. Die Erwartung könnte z.B. darin bestehen, daß die am Anfang begonnene Sequenz der Takthälften als übergeordnete Sequenz der beiden ersten Takte fortgesetzt werden kann. Solange die musikalische Struktur mit diesen Erwartungen konform geht, bleibt das Erwartungsschema in der aktuellen Zusammenstellung bestehen. Stimmt aber Extrapolation und musikalische Struktur nicht überein, muß ein neuer, besser passender Prototyp ausgewählt werden.

Den Prozeß der Aktivierung passender Prototypen kennzeichnet Jones (1982) als Synchronisation zwischen der zeitlichen Erstreckung der Einheiten der musikalischen Struktur auf den verschiedenen Niveaus der Strukturhierarchie und den Perioden der Prototypen des Erwartungsschemas. Synchronisation bedeutet hier, daß entsprechend der zeitlichen Erstreckung einer durch einen Prototyp zu repräsentierenden Einheit die zeitliche Periode des Prototyps im Erwartungsschema gewählt wird: Die Sequenz im ersten Takt unseres Beispiels führt zu einer zeitlich weniger weit reichenden Repräsentation einer Sequenzbeziehung als die Sequenz zwischen dem ersten und zweiten Takt. Die Reichweite der Erwartungsbildung entspricht dann der Länge der zeitlichen Periode eines Prototyps.

Aus der Konzeption der Erwartungsbildung im Rahmen des Modells von Jones wäre zu folgern, daß die jeweils kommende musikalische Struktur ziemlich exakt vom Hörer zu antizipieren sein sollte, sofern er in der Vergangenheit immer den richtigen Prototyp zur Repräsentation der musikalischen Beziehungsstruktur innerhalb des Musikstücks gefunden hat. Das aber würde bedeuten, daß die Aufmerksamkeit annähernd gleichmäßig auf alle Niveaus innerhalb des Erwartungsschemas verteilt sein müßte. Damit wäre jegliche Form selektiver Wahrnehmung unmöglich. Im Modell fehlt die Berücksichtigung der Fokussierung der Aufmerksamkeit auf einzelne Ebenen der Repräsentation und des Wechsels von einer zur anderen Repräsentationsebene, wie dies z.B. der Fall ist, wenn der Hörer von einer sich über mehrere Takte erstreckenden thematischen Entwicklung übergeht auf ein einzelnes Motiv von Taktlänge, daß gerade seine Aufmerksamkeit auf sich gezogen hat.

Am wenigsten konkret sind die Vorstellungen von Jones (1982) für den sehr häufigen Fall, daß ein Ton oder eine musikalische Passage nicht die exakte Erfüllung der erwarteten musikalischen Entwicklung darstellt. Für diesen Fall wird lediglich angenommen, daß ein neuer Prototyp auszuwählen ist, aber über den Vorgang macht Jones keinerlei Aussagen. Zu beantworten wäre z.B. die Frage, in welcher Reihenfolge unter den zur Verfügung stehenden Prototypen ausgewählt wird. Wenn ein Prototyp sich als unzutreffende Repräsentation herausstellt, sind gleichzeitig alle diesen Prototyp als untergeordnete Repräsentation enthaltenden Prototypen unzutreffend, so daß das gesamte Erwartungsschema umzuorganisieren ist, für das sich ein Prototyp als unzutreffende Repräsentation erwies. Erlaubt in einem solchen Fall keiner der Prototypen eine zutreffende Repräsentation, dann sind von dieser Stelle an keine übergeordneten Repräsentationen mehr möglich, die die abweichende Struktur enthalten würden. Die Annahme von nur vier Prototypen bei der unüberschaubaren Vielfalt der Musik macht es sehr wahrscheinlich, daß dieses Modell für die Mehrzahl musikalischer Strukturen ihre Nichtrepräsentierbarkeit vorhersagen muß.

Die sich hier abzeichnende Schwäche des Modells von Jones (1982) ist die Konsequenz der in die Konzeption des Prototypenvergleichs eingebauten "Rigidität" gegenüber Abweichungen eines Tons von den Erwartungen, die im Rahmen des Erwartungsschemas gebildet wurden. Entgegen der sonst üblichen Konzeption einer kategorialen Identifikation aufgrund der bestmöglichen Übereinstimmung zwischen Merkmalsspezifikationen eines Prototyps und Merkmalen eines Reizmusters im Rahmen von Prototypmodellen (Palmer, 1978), die eine gewisse "Toleranz" gegenüber partiellen Abweichungen impliziert, scheint Jones (1982) nur dann von einer erfolgreichen kategorialen Identifikation auszugehen, wenn vollständige Übereinstimmung herrscht. Da die von ihr postulierten Prototypen nur wenige und zudem noch besonders regelmäßige Strukturen zu erfassen erlauben, sollte als Alternative angenommen werden, daß die Toleranz gegenüber Diskrepanzen zwischen wahrgenommener Struktur und den Spezifikationen eines Prototyps um so größer sein kann, je höher die Repräsentationsebene ist, auf der kategorial identifiziert werden soll. D.h. die Anzahl der Freiheitsgrade bei der Spezifikation dessen, was als Übereinstimmung zu gelten hat, sollte für eine erfolgreiche Identifikation umso größer sein, je höher in der Hierarchie des Erwartungsschemas ein Prototyp steht. Z.B. sollte ein Prototyp für Wiederholung bei Anwendung auf zwei Motive eine Wiederholung weniger restriktiv spezifizieren als bei Anwendung auf zwei unmittelbar aufeinanderfolgende Töne: Was auf dem Niveau von Einzeltönen einer physischen Identität entsprechen muß, um als "Wiederholung" kategorisiert zu werden, kann auf dem Niveau der Motive durchaus nur eine Ähnlichkeitsbeziehung sein.

In Volksliedern kommt der Fall häufig vor, daß das zweitaktige Anschlußglied zu einem Motiv eine Wiederholung mit einer minimalen Abwandlung am Schluß darstellt, die durch die harmonisch bedingte Notwendigkeit entsteht, am Ende des Liedes einen Ton der Tonika oder mit einem vorausgehenden Dominantdurchgang den Grundton zu erreichen. Doch trotz dieser Abweichungen von einer notengetreuen Wiederholung stellt sich bei den meisten Hörern unmittelbar der Eindruck einer Wiederholung ein, die Abwandlung am Schluß wird vielleicht noch nicht einmal bemerkt. Analoge partielle Abweichungen von exakten Transformationen, wie sie Jones (1982) ihrer Definition der Prototypen zugrundegelegt hat, gibt es bei der Sequenzbildung und bei Spiegelungen auf allen Ebenen der musikalischen Struktur; sie bilden eher die Regel als die nicht integrierbare Ausnahme.

3.3 Ein Schemamodell

Prototypen sind Konstrukte zur Beschreibung kategorialer Repräsentationen, die Teil eines umfassenden Repräsentationssystems sind. Über eine solche organisierte musikalische Wissensstruktur werden im Modell von Jones (1982) und in den hierarchischen Kodierungsmodellen jedoch keine Aussagen gemacht. Ein Modell der Struktur und Funktionen eines impliziten musikalischen Wissens sollte, ähnlich den Modellen der Sprachbenutzung durch einen kompetenten Sprecher/Hörer, "musikalisches Verstehen" und Handeln zu beschreiben erlauben. Einen durchaus noch ergänzungsbedürftigen Modellrahmen hierfür stellt das Schemamodell von Stoffer (1981) dar, das wir in seinen Grundzügen vorstellen und zugleich ein wenig ergänzen wollen.

An dieser Stelle wäre zur begrifflichen Klärung ein Exkurs über musikwissenschaftliche und kognitionspsychologische Konzeptionen des Verstehens in ihrer Übertragung auf den Begriff "Verstehen von Musik" notwendig. Wir beschränken uns jedoch aus Platzgründen auf einige wenige Literaturhinweise. Musikwissenschaftliche und ältere psychologische Konzeptionen des Verstehens diskutieren Rauhe, Reinecke & Ribke (1975) auf dem Hintergrund einer kritischen Sicht der Musik-Sprache-Analogien; darüber hinaus liegen den folgenden Ausführungen Analogien zu Theorien des Verstehens von Texten zugrunde (z.B. Rumelhart, 1975; Schank, 1975; Spiro, 1977).

Wir fassen "Verstehen von Musik" als Gefüge kognitiver Prozesse auf, in deren Verlauf eine Konzeptstruktur (Schank, 1975) aktiviert wird, die in einer kognitiven Repräsentation kategorialer Beziehungen zwischen Einheiten eines Musikstücks in

Relation zu einem musikalischem Formtyp, in der kategorialen Einordnung in verfügbares musikhistorisches Wissen (z.B. stilistische Eigenarten eines Komponisten oder kompositorische Prinzipien einer musikhistorischen Epoche) sowie in der Einordnung in ein affektiv und ästhetisch bestimmtes Bewertungssystem bestehen kann. Strukurelle Basis dieser kognitiven Prozesse ist ein Repräsentationssystem impliziten musikalischen Wissens in Form eines organisierten Netzwerks musikalischer Konzepte ("deklaratives Wissen", Laske, 1980), das in ein operatives kognitives System ("prozedurales Wissen", Laske, 1980) eingebettet ist.

3.3.1 Struktur und Funktion kognitiver Schemata

Eine Schematheorie ist eine Theorie über die Struktur der Repräsentation von Wissen und die Funktion von Wissen im Zusammenhang mit Prozessen der Verarbeitung von Informationen. Der Schemabegriff bezeichnet ein theoretisches Konstrukt zur integrativen Beschreibung zweier Aspekte der kognitiven Verarbeitung: 1. Als "Schema" wird die Struktur der Organisation repräsentierten Wissens bezeichnet (struktureller Aspekt), und 2. werden innerhalb des strukturellen Rahmens Funktionen beschrieben, die das Wissen für Verarbeitungsprozesse haben kann (funktioneller Aspekt).

Die Organisation eines kognitiven Schemas wird als hierarchische Verschachtelung von Schemata und Subschemata modelliert, als deren Bestandteil auch Prototypen betrachtet werden können (Rumelhart, 1980), die idealtypisch spezifizierte Subschemata zur Repräsentation invarianter Merkmalsbündel der in der Vergangenheit vom System verarbeiteten Reizmuster darstellen. Gleichfalls Bestandteil eines Schemas, speziell von Wahrnehmungsschemata (Neisser, 1976), die der Analyse von Merkmalen und der Repräsentation von Wahrnehmungsobjekten dienen, sind die in die Wahrnehmung eingehenden Bezugssysteme. Jedes Schema und Subschema besitzt "Variablen", die durch Wahrnehmungsinhalte und ihre Merkmale, andere Subschemata oder Prototypen spezifiziert werden können.

Die Aktivierung von Schemata kann auf- oder absteigend erfolgen. Wenn ein Schema ein Subschema aktiviert, handelt es sich um den Typ der absteigenden Aktivierung (z.B. bei der Generierung einer Erwartung durch Wahl eines Subschemas mit einem der Jones'schen Prototypen). Aktiviert ein Schema ein übergeordnetes, handelt es sich um eine aufsteigende Aktivierung (z.B. bei der kategorialen Einordnung eines Musikstücks als zu einem bestimmten Formtyp gehörig).

Die Verarbeitung innerhalb eines Netzes von Schemata beschreibt Rumelhart (1980) in groben Zügen folgendermaßen: Bei Auftreten eines Ereignisses in der Umwelt werden zuerst Schemata der niedrigsten Ordnung aktiviert, die ihrerseits die wahrscheinlich am besten passenden übergeordneten Schemata aktivieren, deren Konstituenten sie sind; Schemata höherer Ordnung aktivieren dann sowohl einige ihnen wiederum übergeordnete Schemata zur Identifikation zunehmend komplexer werdender Zusammenhänge als auch solche untergeordeten Schemata, die zuvor noch nicht aktiviert waren, die aber entweder besser passende Subschemata sind oder noch nicht berücksichtigte Detailinformationen systematisch explorieren, die anschließend durch übergeordnete Schemata zu einer Repräsentation eines Wahrnehmungsobjekts integriert werden.

3.3.2 Struktur musikalischer Schemata

Das globale Schema, das die organisierte Menge des gesamten kognitiv repräsentierten musikalischen Wissens eines Hörers umfaßt, wollen wir als "Musikschema" bezeichnen. Es ist selbst Subschema einer übergeordneten Struktur von Schemata, die das gesamte "Weltwissen" repräsentieren. Über das "Musikschema" haben einige seiner Subschemata Verbindung zu außermusikalischem Wissen. So sollte z.B. ein Subschema zum Erkennen musikalischer Stilrichtungen Verbindung zu einem historisches Wissen organisierenden Schema haben, dessen Subschemata teilweise geeignet sein könnten, musikhistorisches Wissen in ein strukturelles Wissen repräsentierendes "musikalisches Stilschema" einzubringen.

Unmittelbare Konstituenten des "Musikschemas" sind ein globales Klassifikationsschema" und ein "Formtypenschema" (Abb. 1). Das "globale Klassifikationsschema" dient der musikalischen Klassifikation nach zahlreichen formalen und pragmatischen Gesichtspunkten und enthält einige zur Klassifikation geeignete Prototypen, die z.B. der Unterscheidung zwischen "Klassischer Musik" und "Unterhaltungsmusik" dienen können. Das "Formtypenschema" enthält die Repräsentation der mit musiktheoretischen Konzepten beschreibbaren musikalisch-syntaktischen Regeln des formalen Aufbaus von Musik in den Ausschnitten, die zum Wissen eines Hörers gehören. Beide in der Schemahierarchie sehr hoch stehenden Schemata besitzen eine hierarchische Binnengliederung in sich teilweise überlappende Subschemata, was eine Konsequenz der Nichtorthogonalität der Klassifikationsgesichtspunkte ist. Sie sind außerdem mit einem "musikalischen Stilschema" verknüpft, das gleichfalls zu den unmittelbaren Konstituenten des "Musikschemas" gehört. Nicht zu den unmittelbaren Konstituenten zu zählen ist ein "historisches Wissensschema" das zumindest ein musikhistorisches Wissen repräsentierendes Subschema enthält, sowie ein affektiv-ästhetisches Bewertungssystem darstellendes Schema; beide stehen jedoch mit den unmittelbaren Konstituenten des "Musikschemas" in

Verbindung. Hypothesen über die Idealstruktur des "Formtypenschemas" lassen sich eventuell aus der Musikalischen Formenlehre ableiten.

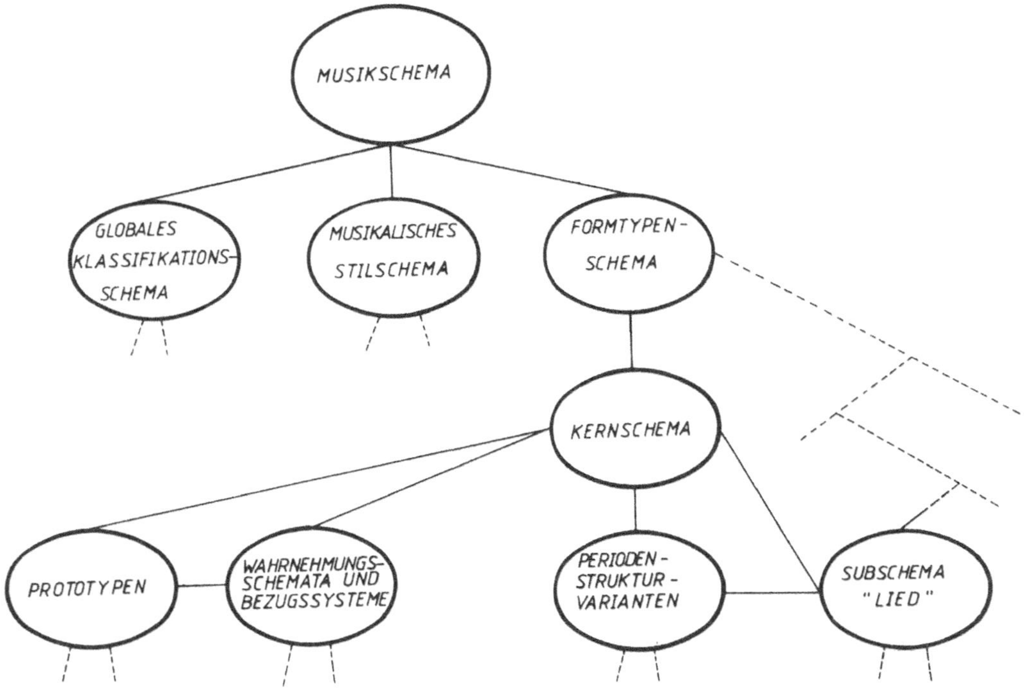

Abb. 1: Hypothetische Struktur der kognitiven Schemata zur Repräsentation musikalischen Wissens

Wir wollen nun etwas detaillierter auf die hypothetische Organisation eines Subschemas des "Formtypenschemas" eingehen, wie sie Stoffer (1981) in Ansätzen für den Formtyp des Volks- und Kinderliedes beschrieben hat. Grundlage für die in das Schemamodell eingegangenen Hypothesen bildeten eine generative Transformationssyntax für einen Korpus einsätziger deutscher Volks- und Kinderlieder (Stoffer, 1979), die sowohl kategoriale als auch skalare Beziehungen rhythmischer, harmonischer und melodischer Art zwischen allen Einheiten der musikalischen Konstituentenstruktur auf allen Ebenen der der Strukturhierarchie beschreibt.

Eine Konstituentenstrukturbeschreibung ist das Ergebnis einer Gliederungsanalyse des musikalischen Materials auf der Grundlage zahlreicher Kriterien, die es erlauben, Einheiten der musikalischen Struktur z.B. aufgrund der Verteilung von Pausen, Akzenten, harmonischen Progressionen, Intervallbeziehungen unterschiedlicher Komplexität usw. zu definieren (vgl. Stoffer, 1979, 1981; Sundberg & Lindblom, 1976). Die Analyse beginnt bei den kleinsten Einheiten und führt zur Bildung übergeordneter Einheiten (Töne werden zu Zählzeiten, diese wiederum zu rhythmischen Füßen, diese zu Takten, Takte zu Motiven, Motive zu Subphrasen, diese zu Phrasen und Phrasen zu Perioden zusammengefaßt (Abb. 2)). Auf diese Weise entsteht eine Hierarchie struktureller Niveaus, die als Konstituentenstruktur bezeichnet wird.

Die Konstituentenstrukturen einer Liedperiode bildeten den Ausgangspunkt für Hypothesen über die Verschachtelung von Subschemata, die zum Erkennen struktureller Beziehungen notwendig sind. Die Konstituentenstruktur einsätziger Volkslieder läßt sich formal als Kernstruktur, die aus einer achttaktigen Periode besteht und von der Syntax durch obligatorische Regeln erzeugt wird, und als Erweiterungen bzw. Verkürzungen der Kernstruktur darstellen, die von der Syntax durch optionale Regeln erzeugt werden. Bereits Riemann (1905) ging davon aus, daß eine typische musikalische Periode aus acht Takten besteht, deren untergeordnete Niveaus musikalische Einheiten aus ganzzahligen Vielfachen von zwei Takten besitzen, und daß alle Abweichungen von diesem Konstruktionsprinzip als systematische Formen der Erweiterung oder Verkürzung aufzufassen sind.

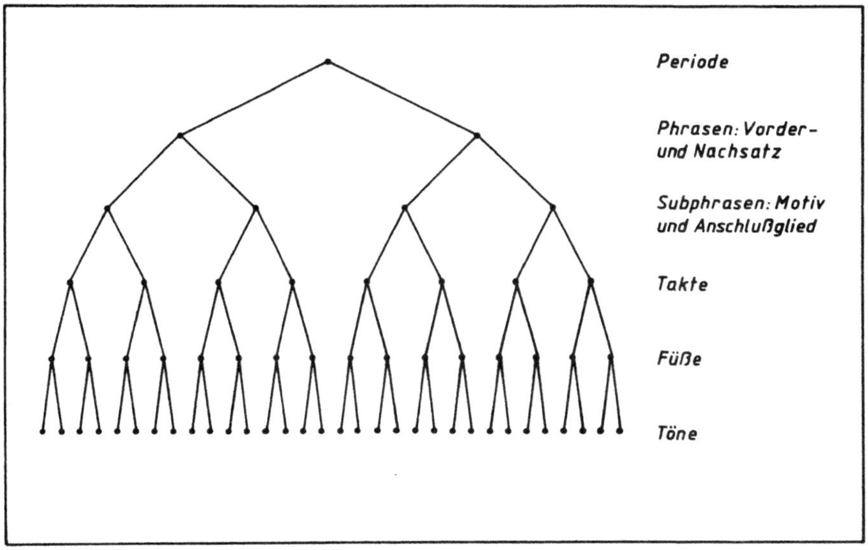

Abb. 2: Konstituentenstruktur einer typischen achttaktigen Liedperiode

Wir gehen von der grundlegenden Hypothese aus, daß dieses Prinzip der binären Binnengliederung musikalischer Einheiten auf allen Niveaus der Strukturhierarchie (Abb. 2) durch ein dem "Formtypenschema" unmittelbar untergeordnetes "Kernschema der Periodenstruktur" repräsentiert wird, wobei nicht die Taktzahl, sondern ausschließlich die Gliederungsform durch das Schema spezifiziert wird. Alle weiteren Arten von Periodenstrukturen werden als Spezialfälle geringeren Allgemeinheitsgrades betrachtet und sind Inhalt des untergeordneten Schemas für Periodenstrukturtransformationen (Abb. 1).

Empirische Evidenz für die kognitive Repräsentation eines derartigen "Kernschemas" liefert eine Untersuchung von Stoffer (1983), in der gezeigt werden konnte, daß musikalisch wenig erfahrene Hörer zwei Varianten einer zwölftaktigen Periode anfangs unhängig von der tatsächlichen Lage der Hauptkonstituentengrenze so segmentieren, als ob eine regelmäßig auf allen Ebenen binär verzweigte Konstituentenstruktur vorliegt. Erst allmählich erwarben sie das zur Unterscheidung zwischen Konstituentenstrukturvarianten erforderliche Wissen (bei Erweiterung der Periode durch Motivsequenz verschiebt sich die Hauptkonstituentengrenze von der Position zwischen dem vierten und fünften Takt zur Position zwischen dem sechsten und siebten Takt) und differenzierten in ihren Segmentierungen zwischen den beiden Varianten. Musikalisch trainierte Hörer differenzierten von Anfang an zwischen den beiden Varianten der Konstituentenstruktur.

Dem "Kernschema" unmittelbar untergeordnet ist eine Hierarchie von Subschemata, die das musikalische Reizmuster unter dem Aspekt der Identifikation der Variation physischer Merkmale analysieren und damit im Sinne von Rumelhart (1980) als Schemata niedriger Ordnung bzw. im Sinne von Neisser (1976) als Wahrnehmungsschemata bezeichnet werden können. Sie sind keineswegs für die Musikwahrnehmung spezifisch, wohl aber in der Mehrzahl der Schemata für niedrigere Analyseniveaus als modalitätsspezifisch zu betrachten. Teil dieser Wahrnehmungsschemata ist eine Hierarchie von Bezugssystemen tonaler und harmonischer Art, wie sie im Prinzip von Krumhansl & Castellano (1983) beschrieben wurde. Einen weiteren Strang hierarchisch organisierter Repräsentationssysteme bilden die Prototypen zur kategorialen Identifikation melodischer, rhythmischer und harmonischer Strukturen, zu denen das "Kernschema" sowie über dieses auch alle seine unmittelbaren Konstituenten eine Verbindung besitzen (Abb. 1).

Eine plausible Hypothese zur Prototypenorganisation können wir auf der Basis von Befunden zum Lernen und Erkennen von Melodietransformationen (Stiebing, 1983) formulieren. Wir übernehmen die Auffassung von Jones (1982), wonach Beziehungsstrukturen auf allen Ebenen musikalischer Einheiten durch Vergleich mit Prototypen kategorial identifiziert werden. Inhaltlich lassen sie sich in vielen Fällen als Repräsentation transformationeller Invarianztypen kennzeichnen, die "Stile der Veränderung" (Shaw & Pittenger, 1978) musikalischer Einheiten darstellen. Die Organisation der Prototypen wird als Hierarachie entsprechend den Invarianzordnungen betrachtet (Stoffer, 1981): Auf der niedrigsten Stufe steht der "Wiederholungsprototyp", auf übergeordneten Stufen folgen in der Reihenfolge zunehmender Invarianzordnungen die Prototypen für "Sequenz", "Krebs" (Spiegelung an einer vertikalen Achse) und "Umkehrung" (Spiegelung an einer horizontalen Achse). Natürlich ist die Zahl möglicher Prototypen wesentlich größer und außerdem individuell unterschiedlich, aber das Organisationsprinzip sollte individuell nicht variieren.

Im Unterschied zu Jones (1982) nehmen wir an, daß bei der Zuordnung einer Tonfolge zu einem Prototyp gewisse Abweichungen toleriert werden. Je höher die Repräsentationsebene ist, auf die ein Prototypenvergleich angewandt werden soll, desto größere Abweichungen sollten geduldet werden. Die zur Spezifikation der zu duldenden Abweichungen notwendigen Informationen werden absteigend vom "Kernschema" und seinen unmittelbaren Konstituenten oder vom "Formtypenschema" und dessen unmittelbaren Konstituenten bereitgestellt.

Funktionen musikalischer Schemata. Eine zentrale Funktion musikalischer Schemata ist die eines Parsers. Als Parser bezeichnet man einen Strukturanalysemechanismus, der für ein Wahrnehmungsobjekt eine Repräsentation seiner Konstituentenstruktur erzeugt, d.h. die Repräsentation der vertikalen Schichtung und horizontalen Abgrenzung von Einheiten auf mehreren Strukturebenen unterschiedlicher Korngröße und zeitlicher Reichweite.

Die Funktion des Parsers besteht in der Steuerung des Zugriffs auf die analoge Repräsentation des musikalischen Reizmusters. Als "analog" bezeichnen wir die komplexe, alle relationalen Informationen klanglich-phänomenal enthaltende Repräsentation, die als Inhalt des echoischen Speichers (Neisser, 1967) betrachtet werden kann (zum Konzept der analogen Repräsentation vgl. Reinert, 1982).

Diese Repräsentation ist sowohl horizontal in potentielle Verarbeitungseinheiten als auch vertikal in Form von Über- oder Unterordnungsrelationen zwischen potentiellen Verarbeitungseinheiten gegliedert (Stoffer, 1981; Wolff, 1977). Funktionelle Grundlage dieser Gliederung ist eine Analyse der Variationen physischer Merkmale des musikalischen Reizmusters in der Zeit ("Fourieranalyse" (Pribram, 1977) oder "Autokorrelationsanalyse" (Uttal, 1975) der Schallpegelverläufe, Frequenzverläufe, Klangfarbenvariationen u. dgl.), deren Ergebnis eine Gliederung in zeitliche Perioden unterschiedlicher Länge ist. Solche Perioden der physischen Merkmalsvariation sind besonders deutlich phänomenal repräsentiert bei der

Variation der Akzentstärken innerhalb eines Taktes, die eine der physischen Grundlagen für die Rhythmuswahrnehmung ist. Mit teilweise wechselnden Perioden variieren z.B. Pausen, Tonhöhen und Klangfarben. Bei simultaner Berücksichtigung all dieser Variationsmuster und ihrer Perioden ergibt sich eine hierarchische Schichtung in Ebenen relativ langer Variationsperioden (relativ hohe Hierarchieniveaus) und Ebenen relativ kurzer Variationsperioden (relativ niedrige Hierarchieniveaus). Fallen die Periodengrenzen mehrerer Ebenen an einigen Stellen zusammen, was immer dann der Fall ist, wenn Periodenlängen eines höheren Niveaus ganzzahlige Vielfache von Periodenlängen untergeordneter Niveaus sind, liegen phänomenal besonders markant gegliederte Gruppen innerhalb der musikalischen Struktur vor.

Die derart voneinander abgegrenzten und hierarchisch organisierten Einheiten der analogen Repräsentation stellen diejenigen potentiellen Verarbeitungseinheiten dar, auf die sich die Aufmerksamkeit richten kann (Bregman, 1981; Kahneman & Henik, 1981). Die Zuwendung der Aufmerksamkeit auf diese Einheiten (Fokussierung; Wolff, 1977) kann entweder mit dem Ziel geschehen, eine bestimmte Einheit oder das strukturelle Gefüge innerhalb einer Repräsentationsebene kategorial zu identifizieren, d.h. weiterzuverarbeiten, oder aber die Variationsstruktur einer Repräsentationsebene bloß zu verfolgen, ohne daß dazu eine Weiterverarabeitung notwendig wäre. In beiden Fällen sind Schemata aktiv, aber im letzteren Fall werden keine Prototypen zur kategorialen Identifikation aktiviert.

Die Steuerung der Aufmerksamkeitszuwendung geschieht sowohl auf- als auch absteigend. Die absteigende Komponente geht auf relativ hoch in der Schemahierarchie angesiedelte Schemata zurück, die Wissen über die Gliederung musikalischer Perioden in die Verarbeitung einbringen; die aufsteigende Komponente besteht in der Analyse relativ niedrig in der Schemahierarchie stehender Wahrnehmungsschemata, die die Anlyse der Merkmalsvariationen vornehmen, um Informationen über die Länge der Variationsperioden an übergeordnete Schemata weiterzuleiten. Die absteigend spezifizierte Korngröße der mit Aufmerksamkeit zu verfolgenden Einheiten muß mit der aufsteigend analysierten Periodenlänge der Variation physischer Merkmale zur Deckung gebracht werden, um die Aufmerksamkeit auf die intendierte Ebene zu richten. Hierbei handelt es sich um den von Jones (1982) als "Synchronisation" und von Gibson (1966, 1979) als "tuning" bezeichneten Vorgang.

Ein Hörer, der über differenzierte musikalische Schemata verfügt, kann auf diese Weise eine bestimmte Repräsentationsebene durch sukzessiven Übergang von einer zur anderen Ebene ansteuern (Fokussierungswechsel; Neumann, 1980) und bei Erreichen der Zielebene diese hinsichtlich ihrer horizontalen Abfolge von Repräsentanzen durchmustern (konstantes Fokussieren; Neumann, 1980). So erkennt der

Hörer im Verlauf des wiederholten Übergangs von einem zum anderen Repräsentationsniveau die Binnengliederung der jeweils zuletzt fokussierten Einheit und damit die Einbettungsrelationen, wie z.B. die Verschachtelung von Themen, Motiven und einzelnen Takten. Gleichzeitig führt die Aktivierung schematisch repräsentierten musikalischen Wissens zu hierarchieebenenspezifischen Erwartungen über die Gliederungsstrukturen eines Musikstücks, die umso spezifischer werden, je niedriger die zuletzt fokussierte Repräsentationsebene ist. Solche Erwartungen erlauben die Vorwegnahme möglicher Grenzen zwischen Verarbeitungseinheiten des fokussierten Niveaus und damit die Einleitung kategorialer Identifikationsprozesse zu einem Zeitpunkt, zu dem die nachfolgende Grenze der fokussierten Einheit noch nicht erreicht ist.

Mit der Fokussierung von Perioden der analogen Repräsentation ist nicht notwendigerweise auch eine kategoriale Identifikation verbunden. Diese setzt beim Hörer das Vorhandensein von Prototypen voraus. Intendiert ein Hörer eine Identifikation, muß zuerst die entsprechende Verarbeitungseinheit fokussiert werden. Die Identifikation geschieht dann durch sukzessive Überprüfung der Übereinstimmung zwischen Prototypen und Verarbeitungseinheit (vgl. Abschnitt 3.3.2).

Die Handlungsintention eines Hörers kann an mehreren Stellen im Sinne einer absteigenden Spezifikation von Schemata in die kognitive Verarbeitung eingehen. Sie bestimmt erstens die zeitliche Korngröße und damit das Repräsentationsniveau, das ein Hörer zu einem bestimmten Zeitpunkt verfolgt. Sie legt zweitens Kriterien für eine als hinreichend präzise zu betrachtende Übereinstimmung zwischen Merkmalen des Reizmusters und denen eines Prototyps fest. Die Toleranz gegenüber Abweichungen hängt nicht allein vom Repräsentationsniveau ab, für das eine Identifikation intendiert ist, sondern auch von der Präzision der Identifikation, die der Hörer anstrebt. So kann es in einem Handlungskontext durchaus ausreichen, eine melodische Verlaufsfigur, die ganz exakt als "sequenzierte Umkehrung" zu beschreiben wäre, als einfache "Umkehrung" kategorial zu identifizieren, wenn die Aufgabe nur die Kategorie "Umkehrung" thematisiert, aber in einem anderen Aufgabenzusammenhang kann dieselbe Verlaufsfigur vom Hörer als "sequenzierte Umkehrung" identifiziert werden, wenn die Aufgabe einen derartigen Präzisionsgrad vorschreibt. Schließlich legt die Handlungsintention auch fest, ob überhaupt Schemata und Prototypen zur strukturellen Repräsentation von Musik aktiviert werden sollen, und ob nicht vielmehr die Merkmalsvariation auf der fokussierten Repräsentationsebene unter Verwendung von Schemata und Prototypen weiterverarbeitet werden soll, die affektive oder Ausdrucksqualitäten der Musik kategorial zu repräsentieren erlauben.

Beim Lernen musikalischen Materials entstehen Gedächtnisspuren, die "partielle Kopien" (Rumelhart, 1980) derjenigen Schemata und Prototypen sind, die bei der Wahrnehmung aktiviert wurden, d.h. die Aktivierung von Schemata und Prototypen hinterläßt organisierte Gedächtnisbestände, die wahrgenommene und/oder identifizierte Aspekte der musikalischen Struktur als Fall einer bestimmten Konstellation von Schemata und Subschemata mit bestimmten Variablenwerten und passenden Prototypen repräsentieren. Damit enthält das Gedächtnis bereits Informationen, die bei einem späteren Erinnern diejenige Schemakonstellation signalisieren, die eine Rekonstruktion der ursprünglichen Repräsentation (z.B. beim Spielen eines Instruments) zu leisten vermag. Für die Organisation der Gedächtnisinhalte ergibt sich hieraus die Hypothese eines hierarachischen Formats, die aufgrund der in Abschnitt 3.1 beschriebenen Untersuchungen von Deutsch (1980) und einiger Experimente von Stoffer (1981, 1983) als ziemlich plausibel zu betrachten ist.

Wesentlich weniger plausibel sind die Detailaussagen über die hierarchische Gliederung, die verschiedene Modelle der Repräsentation von Musik machen. Dies liegt einerseits daran, daß es zahlreiche Strukturbeschreibungsmodelle gibt, die bezüglich der Details der Untergliederung von Musik zu ganz unterschiedlichen Ergebnissen kommen (Namour, 1984), andererseits daran, daß es kaum empirische Untersuchungen zur kognitiven Adäquatheit von Strukturbeschreibungsmodellen gibt. Das im folgenden Abschnitt beschriebene Experiment untersucht die Frage, welches Modell der kognitiven Repräsentation von Musik die Gliederungsstruktur der Repräsentationshierarchie besser vorhersagt, das hierarchische Kodierungsmodell von Deutsch & Feroe (1981), das Prototypenmodell von Jones (1982) oder das Schemamodell von Stoffer (1981).

4. Experiment zur Beurteilung der kognitiven Adäquatheit dreier musikalischer Strukturbeschreibungsmodelle

Jones (1981) zufolge sollten nur solche musikalischen Strukturen hierarchisch repräsentiert werden können, deren Einheiten nach dem folgenden Prinzip organisiert sind: Zwei Elemente a und b bilden nur dann hierarchisch übergeordnete Einheiten, wenn ihre Beziehung zueinander als eine Transformation zu beschreiben ist, d.h. wenn b eine Transformation von a ist (z.B. aufgrund einer Transposition); ist dies der Fall, dann existiert nur dann eine weitere, der Beziehung von Paaren übergeordnete Ebene, wenn die auf a und b folgenden Elemente c und d eine Transformation der Folge a, b sind, was impliziert, daß zwischen den Elementen c und d dieselbe Transformationsbeziehung bestehen muß, die zwischen a und b besteht; ist dies nicht der Fall, existiert nur die Ebene der Elemente a, b, c, d und die der Paare (a, b) (c, d).

Diesen viel zu engen Hierarchiebegriff kritisierten Deutsch (1982 c) und Stoffer (1981): Allein die Annahme, daß zwei Einheiten als Teile eines Ganzen wahrgenommen werden können, führt zu der Hypothese einer hierarchischen Repräsentation. Diese dem Modell von Deutsch & Feroe (1981) zugrundeliegende Annahme ist zwar notwendig, nicht jedoch schon hinreichend zur präzisen Ableitung von Vorhersagen über diejenigen strukturellen Einheiten, die sich auf derselben oder auf unterschiedlichen Ebenen zu übergeordneten Einheiten zusammenschließen. Demnach müssen auch solche Einheiten auf übergeordneten Hierarchieebenen zu Einheiten höherer Ordnung zusammengeschlossen werden können, die keinerlei Transformationsbeziehung zeigen.

Im Rahmen des Modells von Jones (1974, 1978, 1982) ist die Existenz einer Transformationsbeziehung zwischen Einheiten notwendige und hinreichende Bedingung für den Zusammenschluß von Einheiten auf der unmittelbar übergeordneten Ebene; im Modell von Deutsch & Feroe (1981) handelt es sich dabei lediglich um eine hinreichende Bedingung, da dieses Modell auch noch andere Arten der Beziehungsbildung zuläßt; im Syntaxmodell von Stoffer (1981) handelt es sich hierbei weder um eine notwendige noch um eine hinreichende Bedingung, da das Modell nicht auf Transformationsbeziehungen beschränkt ist. Wenn eine Transformation vorkommt, kann diese nicht allein, sondern nur die Gesamtheit der syntaktischen Regeln bestimmen, ob die eventuell zusammenzufassenden Einheiten (im Rahmen der bei dem vorliegenden musikalischen Formtyp zulässigen Periodenstrukturen) an genau dieser Position eine übergeordnete Einheit konstituieren können oder nicht. Die unterschiedliche Bedeutung von Transformationsbeziehungen bei der Bildung von Einheiten auf übergeordneten Strukturniveaus führt zu Unterschieden in der Konstituentenstrukturbeschreibung, die die Modelle für Melodien liefern, die an verschiedenen Positionen Transformationsbeziehungen enthalten.

Anhand des Beispiels in Abb. 3 können wir Unterschiede in der Konstituentenstrukturbeschreibung verdeutlichen. Das Beispiel stellt den Vordersatz einer einfachen Liedmelodie dar, dessen Konstituentenstruktur wir hier auf den Ebenen oberhalb des Taktniveaus betrachten wollen. Das Beispiel enthält eine Transformationsbeziehung des Typs "Wiederholung" zwischen den Takten B und C. Da die Existenz einer Transformationsbeziehung für die Modelle von Deutsch & Feroe (1981) und Jones (1974, 1978, 1982) eine Zusammenfassung der Takte B und C auf der unmittelbar übergeordneten Ebene notwendig macht, ergibt sich die in Abb. 3a dargestellte Konstituentenstruktur.

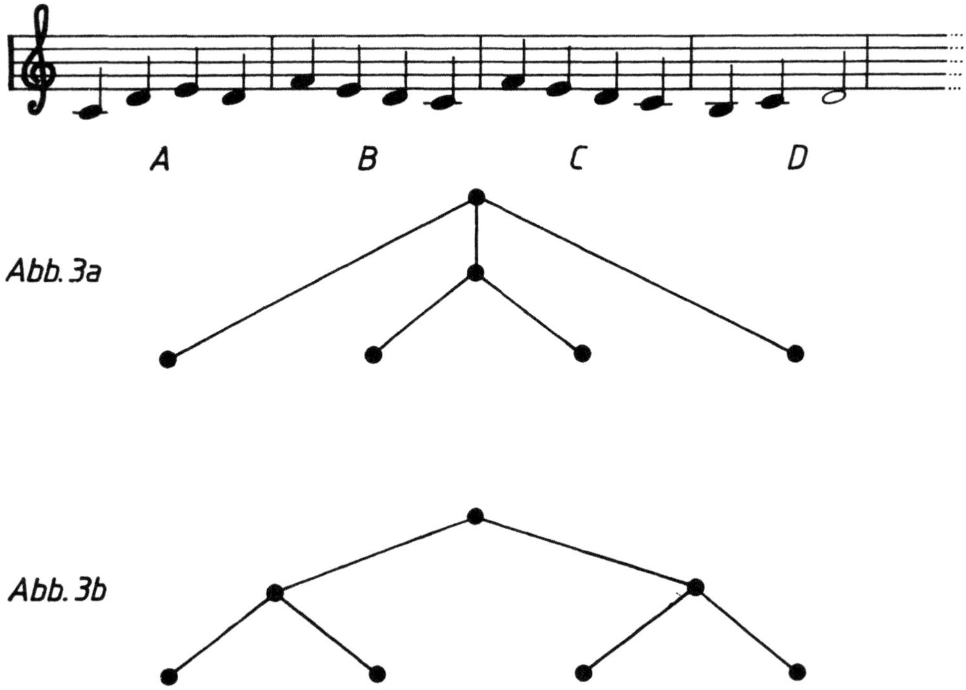

Abb. 3: Konstituentenstrukturbeschreibung einer Beispielmelodie aufgrund der Modelle von Deutsch & Feroe (1981) und Jones (1974, 1978, 1982) (Abb. 3 a) und des Modells von Stoffer (1981) (Abb. 3b)

Im Syntaxmodell von Stoffer (1981) bleibt diese Transformation ohne unmittelbaren Einfluß auf die Konstituentenstruktur, weil die Takte B und C nach den hier geltenden Regeln der musikalischen Periodengliederung auf der unmittelbar übergeordneten Ebene zu syntaktisch verschiedenen Einheiten gehören, nämlich B zum Motiv und C zum Anschlußglied (wir gehen in diesem Beispiel von einer typischen Periodengliederung einer achttaktigen Periode aus, vgl. Abb. 1 in Abschnitt 3.3.2). Die resultierende Konstituentenstruktur ist in Abb. 3b dargestellt. Bestünde statt zwischen B und C zwischen A und B und/oder zwischen C und D eine Transformation, kämen die drei Modelle zu identischen Kostituentenstrukturbeschreibungen, die der in Abb. 3b dargestellten entspräche.

Indem wir Befunde eines Experiments von Stoffer (1981, Exp. 5) ex post facto den Vorhersagen gegenüberstellen, die auf der Basis dieser Konstituentenstrukturbeschreibungen über die Struktur der Repräsentation von Melodien gemacht werden können, die Realisationen des dargestellten Beispiels sind, wollen wir die kognitive

Adäquatheit der Strukturbeschreibungsmodelle überprüfen. Im Rahmen eines Zwei - Alternativen - Wahlreaktionszeit - Experiments haben wir den Versuchspersonen die Aufgabe gestellt, für zwei Melodieausschnitte zu entscheiden, ob zwischen ihnen eine Beziehung des Typs "Wiederholung" besteht oder nicht.

Bei den dargebotenen Melodien handelte es sich um achttaktige "Kinderlieder", die mit Hilfe einer generativen Syntax (Stoffer, 1979, 1981) konstruiert wurden. Ihre Konstituentenstrukturen lassen sich auf allen Ebenen als binär verzweigte Baumgraphen (Abb. 1 in Abschnitt 3.3.2) darstellen. Die Hälfte der Melodien enthielt eine Wiederholung an einer den Versuchspersonen vor dem Anhören mitgeteilten Position, die sich aus einer schriftlich gestellten Frage des Typs "Ist Y (2. Ausschnitt) identisch mit X (1. Ausschnitt)?" ergab (Beispiel:"Ist das Vordersatzanschlußglied identisch mit dem Vordersatzmotiv?"). Außer der eventuellen Wiederholung enthielten die Melodien keinerlei Transformationen. Die 38 Versuchspersonen wurden vor dem Versuch im Erkennen von Wiederholungen auf allen Ebenen der Melodiestruktur trainiert, wobei die im folgenden beschriebenen Bedingungen syntaktischer und zeitlicher Nähe bzw. Ferne der Vergleichseinheiten gleich häufig vorkamen. In den Bedingungen ohne Wiederholung wich bereits der erste Ton der zweiten Vergleichseinheit und alle folgenden von den Tönen der ersten Einheit ab, so daß im Prinzip bereits nach Erklingen des ersten Tons der zweiten Einheit reagiert werden konnte. Die Reaktionszeitmessung begann deshalb mit Erklingen des ersten Tons der zweiten Einheit. Die Tondauer sowie die Pause zwischen den Tönen betrug jeweils 200 msec.

Variiert wurde die Stellung der zu vergleichenden Ausschnitte innerhalb der Konstituentenstruktur bezüglich ihrer syntaktischen und zeitlichen Nähe (Abb. 4): 1. Syntaktisch und zeitlich nah sind solche Vergleichseinheiten, die zeitlich unmittelbar aufeinanderfolgen und auf der ihnen unmittelbar übergeordneten Strukturebene zur selben Einheit gehören (z.B. zwei Takte eines Motivs); 2. syntaktisch fern und zeitlich nah sind Einheiten, die zwar unmittelbar aufeinanderfolgen, aber auf der ihnen unmittelbar übergeordneten Ebene zu verschiedenen benachbarten Einheiten gehören, die ihrerseits auf der nächst höheren Ebene zu einer Einheit zusammengefaßt werden (z.B. Takt 2 eines Motivs und Takt 1 des Anschlußglieds); 3. syntaktisch und zeitlich fern sind Einheiten, die zeitlich durch eine Einheit gleicher Länge voneinander getrennt werden und deshalb auf dem unmittelbar übergeordneten Niveau zu zwei verschiedenen Einheiten gehören, die ihrerseits auf dem nächsthöheren Niveau zu einer Einheit zusammengefaßt werden (z.B. Takt 1 eines Motivs und Takt 1 des Anschlußglieds). Die Bedingungskombination mit syntaktischer Nähe und gleichzeitiger zeitlicher Ferne ist nicht realisierbar. Diesen Definitionen liegt immer das Syntaxmodell von Stoffer (1979, 1981) zugrunde.

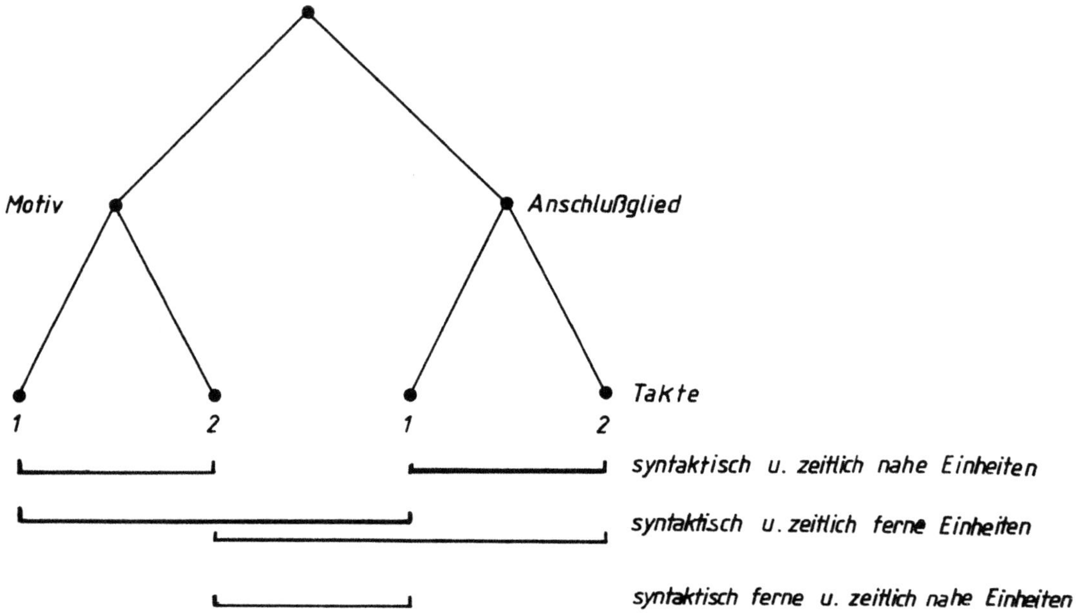

Abb. 4: Definition syntaktischer und zeitlicher Nähe/Ferne

Als weitere unabhängige Variable wurde das Vergleichsniveau variiert: 1. Subphrasenniveau: Einheiten sind Motive und Anschlußglieder aus jeweils zwei Takten: 2. Taktniveau: Einheiten sind Takte mit vier gleichlangen Viertelnoten; 3. Füße: Einheiten sind das erste bzw. zweite Paar von Viertelnoten eines Taktes. Die dritte unabhängige Variable bestand in den beiden Bedingungen mit vs. ohne Wiederholung. Als abhängige Variable wurde die Reaktionszeit erhoben.

Auf der Grundlage des Schemamodells läßt sich die kognitive Verarbeitung in dieser Versuchssituation durch die Parserfunktion kognitiver Schemata beschreiben. Da in diesem Modell die Annahme gemacht wird, daß die formtypenspezifischen Konstituentenstrukturen der Melodien als vertikale Einbettungsbeziehungen strukturebenenspezifischer Schemata und Subschemata repräsentiert sind, ist eine Vorhersage der relativen Verarbeitungszeiten für Vergleiche zwischen Melodieausschnitten aufgrund der Anzahl notwendiger Repräsentationsebenenwechsel möglich, die bis zur Entnahme der Beziehungsinformation aus einer Repräsentanz für die Vergleichseinheiten erforderlich sind, bzw. aufgrund der Anzahl von Schemata und Subschemata, die bei der Steuerung der Fokussierung der die Beziehungsinformation enthaltenden Repräsentanz durchlaufen werden.

Bei Vorliegen syntaktischer Nähe sind die Repräsentanzen beider Vergleichseinheiten die einzigen Binnenglieder einer ihnen unmittelbar übergeordneten Repräsentanz, so daß die Beziehungsinformation ihr unmittelbar zu entnehmen sein sollte. Es braucht also nur dasjenige Schema aktiviert zu werden, dessen Periodenlänge der Periodenlänge beider Vergleichseinheiten zusammen entspricht.

Bei Vorliegen syntaktischer Ferne und zeitlicher Nähe der Vergleichseinheiten sind ihre Repräsentanzen auf dem ihnen unmittelbar übergeordneten Niveau Binnenglieder verschiedener benachbarter Repräsentanzen, so daß ihre Konfiguration Bestandteil einer Repräsentanz ist, die noch ein Niveau höher liegt als im Fall syntaktischer Nähe. Allerdings enthält diese die Vergleichseinheiten integrierende Repräsentanz zusätzlich zwei weitere Binnenglieder mit der Periodenlänge der Vergleichseinheiten, die nicht aufgabenrelevant sind. Deshalb kann dieser Repräsentanz die Beziehungsinformation über die Vergleichseinheiten nicht unmittelbar entnommen werden, weil sie die Konfiguration aller vier Binnenglieder enthält. In diesem Fall muß davon ausgegangen werden, daß zunächst ein Schema aktiviert wird, das die Fokussierung von Repräsentanzen desjenigen Niveaus ermöglicht, auf dem die Vergleichseinheiten isolierte Repräsentanzen darstellen. Am Ende der ersten Vergleichseinheit wird das übergeordnete Schema aktiviert, das die Repräsentanz der ersten Vergleichseinheit mit der Repräsentanz der vorausgegangenen, nicht aufgabenrelevanten Einheit integriert. Bei Beginn der zweiten Vergleichseinheit wird das dem Schema unmittelbar übergeordnete Schema aktiviert, das nun beide die Vergleichseinheiten als Binnenglieder enthaltende Repräsentanzen integriert. Erst im Anschluß an diese aufsteigende Aktivierung der Schemata kann eine absteigend gesteuerte Fokussierung der Vergleichseinheiten stattfinden. Während also bei Vorliegen syntaktischer Nähe nur ein Schema aktiviert werden muß, sind es bei syntaktischer Ferne drei Schemata unterschiedlichen Niveaus, womit auch wesentlich mehr Repräsentationsebenenwechsel bei der Fokussierung der Vergleichseinheiten verbunden sind. Aus diesem Grund ist bei Bedingungen mit syntaktisch fernen Vergleichseinheiten eine höhere Verarbeitungszeit zu erwarten als bei Bedingungen mit syntaktisch nahen.

Analog zum Fall syntaktischer Ferne bei gleichzeitiger zeitlicher Nähe läßt sich auch der Fall syntaktischer Ferne bei gleichzeitiger zeitlicher Ferne beschreiben, jedoch sollte in diesem Fall die Verarbeitungszeit noch ein wenig höher liegen als im Fall syntaktischer Ferne mit zeitlicher Nähe, da die Entnahme der Beziehungsinformation über die Vergleichseinheiten aufgrund des größeren zeitlichen Abstands anfällig für Interferenzeffekte durch die Struktur des dazwischenliegenden Melodieausschnitts sein sollte (Deutsch, 1975).

Das Prototypenmodell von Jones (1982) beschreibt die kognitive Verarbeitung in dieser Versuchssituation als Entdecken von Transformationsbeziehungen durch Vergleich der wahrgenommenen Tonfolge mit einem eine Wiederholung kognitiv repräsentierenden Prototyp. Da das Modell für ein erfolgreiches Erkennen von Transformationen lediglich fordert, daß die durch den Prototyp zu integrierenden Teiltonfolgen unmittelbar aufeinanderfolgen müssen, sollte die Verarbeitung bei Vorliegen zeitlicher Nähe unabhängig von der syntaktischen Nähe immer gleich lange dauern. Nur bei zeitlicher Ferne sollte eine gegenüber den Bedingungen mit zeitlicher Nähe höhere Verarbeitungszeit zu erwarten sein, weil für diesen Fall kein passender Prototyp repräsentiert sein sollte, so daß eine sequentielle Analyse aufeinanderfolgender Tonbeziehungen durchzuführen wäre, die mehr Einzelkodierungen und damit auch eine höhere Verarbeitungszeit bedeuten sollte als eine durch einen Prototypen vorgenommene kategoriale Identifikation.

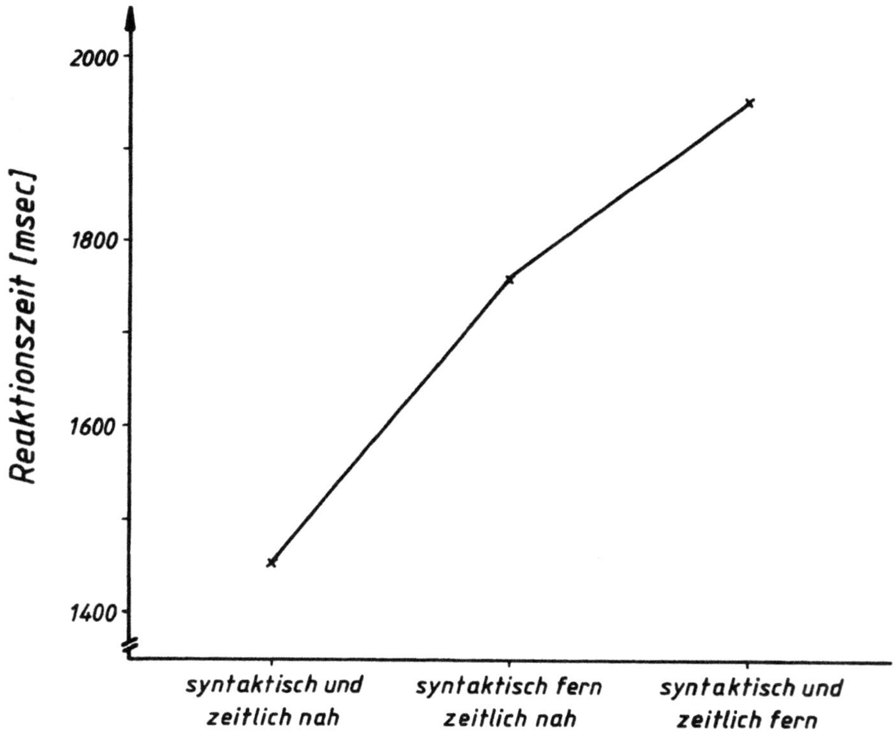

Abb. 5: Reaktionszeitmittelwerte für Bedingungen unterschiedlicher syntaktischer und zeitlicher Nähe/Ferne

Zu denselben Vorhersagen gelangt man auf der Basis des Modells von Deutsch & Feroe (1981). Immer dann, wenn aufeinanderfolgende Melodieausschnitte eine Beziehung aufweisen, die einer kognitiv repräsentierten Beziehungsform entspricht, werden die betreffenden Einheiten kodiert. Formtypenspezifische Konstituentenstrukturregeln werden auch von diesem Modell nicht berücksichtigt, so daß alle Vergleichseinheiten mit zeitlicher Nähe gleich schnell zu verarbeiten sein sollten, und nur bei zeitlicher Ferne sollte wegen möglicher Interferenzeffekte eine höhere Verarbeitungszeit zu erwarten sein.

Das Befundmuster entsprach exakt den Vorhersagen, die wir aufgrund des dem Schemamodell zugrundeliegenden Syntaxmodells gemacht haben (Abb. 5): Bei syntaktischer und zeitlicher Nähe der Vergleichseinheiten ist die Reaktionszeit signifikant geringer als bei Vorliegen syntaktischer Ferne und zeitlicher Nähe, und in letzterer Bedingung ist sie ebenfalls deutlich kürzer als bei syntaktischer und zeitlicher Ferne ($F(2,74) = 58.6$; $p < .001$; alle Scheffé-Kontraste mit $p < .01$; zu den weiteren Befunden des Experiments s. Stoffer, 1981).

Die musikalischen Strukturbeschreibungsmodelle von Deutsch & Feroe (1981) und Jones (1974, 1978, 1982) liefern Konstituentenstrukturbeschreibungen, die nicht in jedem Fall zu plausiblen Hypothesen über die Struktur der Repräsentation geführt haben. Die Befunde des Experiments belegen, daß zumindest bei musikalisch geschulten Hörern die Struktur der Repräsentation von Musik formtypenspezifische, vertikale Einbettungsbeziehungen musikalischer Einheiten reflektiert, die der Konstituentenstruktur entsprechen, wie sie die Syntax beschreibt. Musikalische Strukturbeschreibungsmodelle, die ihre heuristische Funktion für die Entwicklung einer Theorie der Repräsentation musikalischer Strukturen erfüllen können sollen, müssen also formtypenspezifische Konstituentenstrukturen berücksichtigen, um als kognitiv adäquat beurteilt werden zu können.

5. Zusammenfassung und Schlußbetrachtungen

Kognitionspsychologische Modelle der Wahrnehmung und Repräsentation von Musik, die von explizit formulierten Modellen der musikalischen Strukturbeschreibung ausgehen, thematisieren die Abhängigkeit kognitiver Prozesse von Details der musikalischen Struktur sowie vom Wissen des Hörers über sie. Dabei besitzt ein musikalisches Strukturbeschreibungsmodell eine doppelte Funktion: Es muß sowohl die musikalische Struktur adäquat beschreiben als auch so formuliert sein, daß es seiner heuristischen Funktion gerecht wird, die darin besteht, Entsprechungen zwischen der Struktur der Musik und ihrer kognitiven Repräsentation in Form von

Hypothesen herzustellen. In dem Grad, in dem sich solche Hypothesen bei experimenteller Überprüfung bewähren, kann das Strukturbeschreibungsmodell als kognitiv adäquat bezeichnet werden.

Die Grenzen eines sich überwiegend auf den strukturellen Aspekt der Repräsentation wahrgenommener Musik stützenden Ansatzes wurden deutlich, als die hierarchischen Kodierungsmodelle (Deutsch & Feroe, 1981; Jones, 1978; Restle, 1970) auf ihre kognitive Adäquatheit überprüft wurden. Diese Modelle berücksichtigen keine durch musikalische Formen bedingten Restriktionen der musikalischen Gestaltung, was zur Folge hat, daß sie nicht das beim Hörer vorhandene musikalisch-syntaktische Wissen adäquat zu modellieren erlauben. Für den funktionellen Aspekt eines kognitiven Modells hat dieser Mangel die Konsequenz, daß die Verarbeitung überwiegend als aufsteigend beschrieben werden muß.

Eine eingehendere Berücksichtigung von absteigenden Prozessen zeigte das Prototypenmodell von Jones (1982). Es definierte Typen von Transformationsbeziehungen zwischen musikalischen Ausschnitten als kognitive Prototypen, die der kategorialen Identifikation von Beziehungsstrukturen in Musik dienen. Eine hierarchische Schichtung aufsteigend aktivierter Prototypen erstellt eine hierarchische Repräsentation und erlaubt eine von der Höhe des aktiven Repräsentationsniveaus abhängige Bildung von Erwartungen, die absteigende Prozesse aktivieren können. Dieser Ansatz berücksichtigt allerdings nicht, daß musikalisches Wissen organisiert sein muß, um gezielt die Verarbeitung musikalischer Strukturen beeinflussen zu können. Den Organisationsaspekt stellt das als theoretische Weiterentwicklung vorgenannter Ansätze entwickelte Schemamodell in den Mittelpunkt.

Ein Schema ist strukturell als Hierarchie organisierter Wissensrepräsentationen und funktionell als Interaktion auf- und absteigender Prozesse zu beschreiben. Das Modell skizziert die Struktur musikalischer Wissenrepräsentationen, speziell die des musikalisch-syntaktischen Wissens, sowie Prozesse der Aufmerksamkeitsfokussierung auf einzelne Ebenen der Repräsentation. Der Steuerung der Aufmerksamkeit wird von der horizontalen und vertikalen Gliederung strukturelle Grenzen gesetzt: Die horizontale Gliederung (in der Zeit) grenzt potentielle Verarbeitungseinheiten ab, auf die nur als Ganze zugegriffen werden kann; die vertikale Gliederung bestimmt die Möglichkeiten des Zugriffs auf über- oder untergeordnete Verarbeitungseinheiten, wobei von einer Repräsentationsebene aus immer nur zur unmittelbar über- oder untergeordneten Ebene übergegangen werden kann. Sich hieraus ergebende Konsequenzen für die Durchführung kognitiver Vergleichsoperationen zwischen Einheiten derselben oder verschiedener Repräsentationsebenen wurden im Rahmen eines Experiments überprüft, in dem die unterschiedlichen Vorhersagen bezüglich der Repräsentationsstruktur von Melodien mit einer Transformationsbeziehung an unterschiedlichen Positionen gegenübergestellt wurden, die die Modelle von Deutsch & Feroe (1981) und Jones (1978, 1982) einerseits und das Schemamodell andererseits machen. Die Befunde sprachen für das Schemamodell und machten damit deutlich, wie wichtig eine Berücksichtigung der Organisation musikalischen Wissens ist, wenn man zu plausiblen Modellen der kognitiven Verarbeitung von Musik kommen will.

Das Schemamodell befindet sich noch auf einem Entwicklungsstand, der nur einen relativ geringen Detailreichtum zuläßt. Diesen Mangel teilt es mit anderen Modellen dieses Typs (Alba & Hasher, 1983). Abhilfe verspricht nicht nur der bislang verfolgte Weg, auf der Grundlage musikalisch-syntaktischer Beschreibungen zu Hypothesen über Inhalt und Organisation musikalischen Wissens zu gelangen, die dann experimentell überprüft werden. Zusätzlich könnte die Einbeziehung des entwicklungspsychologischen Aspekts Aufschluß über genetisch frühe Formen der kognitiven Repräsentation von Musik und der Struktur des musikalischen Wissens geben. Aus seiner allmählichen Differenzierung und Erweiterung im Verlauf der Entwicklung sollte sich Aufschluß über Prinzipien der Organisation des Wissens und seine Funktionen für die Prozesse der Musikwahrnehmung auch beim Erwachsenen gewinnen lassen.

Das Schemamodell berücksichtigt gegenwärtig den gesamten, über ein musikalisch-syntaktisches Wissen hinausgehenden Bereich des semiotische, kulturhistorische und auch affektiv-ästhetische Aspekte des Musikhörens repräsentierenden Wissens nur unzureichend. Solches Wissen geht aber in Bewertungen und Erlebnisweisen von Musik ein und dominiert in vielen Höreinstellungen. Diese nicht primär auf das Erfassen musikalischer Strukturaspekte gerichteten Höreinstellungen sind im Rahmen des Schemamodells Ausdruck der Verwendung inhaltlich andersartiger Schemata und Prototypen. An den beschriebenen Prinzipien des Zugriffs auf Verarbeitungseinheiten der analogen Repräsentation sollte sich jedoch nichts ändern, wenn eine Einheit statt durch ein strukturelle Aspekte der Musik analysierendes Schema durch ein z.B. affektive Qualitäten analysierendes Schema weiterverarbeitet wird.

Ungeklärt ist in diesem Zusammenhang die Frage, in welchem Ausmaß eine strukturelle Identifikation oder Kategorisierung einer solchen qualitativ andersartigen Repräsentation vorausgehen muß. Ungeklärt ist auch, welche Prototypen kategoriale Identifikationen nicht-struktureller Art ermöglichen und wie ihre Organisation aussehen könnte. Hier liegt ungefähr die Schnittstelle zwischen kognitiver Musikpsychologie und der klassischen, eher an den Erlebnisinhalten interessierten Musikpsychologie. Um die Einbeziehung kognitiver Verarbeitungsprozesse kommen jedoch auch Modelle der ästhetischen Beurteilung von Musik und des affektiven Reagierens auf sie nicht mehr aus (Raab & Ebner, 1982; Swanwick, 1973; Vitz, 1974).

Literatur

Alba, J.W. & Hasher, L., Is memory schematic? **Psychological Bulletin**, 1983, **93**, 203 - 231

Bregman, A.S., Asking the "what for" question in auditory perception. In M. Kubovy & J.R. Pomerantz (Hg.), **Perceptual organization**. Hillsdale, N.J.: Lawrence Erlbaum, 1981

Chew, S.L., Larkey, L.S., Soli, S.D., Blount, J. & Jenkins, J.J., The abstraction of musical ideas. **Memory & Cognition**, 1982, **10**, 413 - 423

Cooper, L.A., Recent themes in visual information processing: A selected overview. In R.S. Nickerson (Hg.), **Attention and performance 8**. Hillsdale, N.J. Lawrence Erlbaum, 1980

Deutsch, D., The organization of short - term memory for a single attribute. In D. Deutsch & J.A. Deutsch (Hg.), **Short - term - memory**. New York etc.: Academic Press, 1975

Deutsch, D., The processing of structured and unstructured tonal sequences. **Perception & Psychophysics**, 1980, **28**, 381 - 389

Deutsch, D. (Hg.), **The psychology of music**. New York etc.: Academic Press, 1982 (a)

Deutsch, D., The processing of pitch combinations. In D. Deutsch (Hg.), **The psychology of music**. New York etc.: Academic Press, 1982 (b)

Deutsch, D., The internal representation of information in the form of hierarchies. **Perception & Psychophysics**, 1982, **31**, 596 - 598 (c)

Deutsch, D. & Feroe, J., The internal representation of pitch sequences in tonal music. **Psychological Review**, 1981, **88**, 503 - 522

Divenyi, P.L. & Hirsh, I.J., Identification of temporal order in three - tone sequences. **Perception & Psychophysics**, 1974, **55**, 144 - 151

Divenyi, P.L. & Hirsh, I.J., The effect of blanking on the identification of temporal order in three - tone sequences. **Perception & Psychophysics**, 1975, **17**, 246 - 252

Dowling, W.J., Rhythmic groups and subjective chunks in memory for melodies. **Perception & Psychophysics**, 1973, **14**, 37 - 40

Dowling, W.J. & Bartlett, J.C., **Assimilation of brief atonal melodies to tonal prototyps: Assymmetrical effects on judgment**. Vortrag auf der Tagung der Psychonomic Society, Philadelphia, November 1981

Fodor, J.A. & Bever, T.G., The psychological reality of linguistic segments. **Journal of Verbal Learning and Verbal Behavior**, 1965, **4**, 414 - 420

Gibson, J.J., **The senses considered as perceptual systems**. Boston: Houghton Mifflin, 1966. Dt.: Die Sinne und der Prozeß der Wahrnehmung. Bern, etc.: Huber, 1973.

Gibson, J.J., **The ecological approach to visual perception**. Boston: Houghton Mifflin, 1979. Dt.: Wahrnehmung und Umwelt. München, etc.: Urban & Schwarzenberg, 1982.

Hirsh, I.J., Information processing in input channels for speech and language: The significance of serial order of stimuli. In C.H. Millikan & F.L. Darley (Hg.), **Brain mechanisms underlying speech and language**. New York: Grune & Stratton, 1967

Jones, M.R., Cognitive representations of serial patterns. In B.H. Kantowitz (Hg.), **Human information processing: Tutorials in performance and cognition**. Hillsdale, N.J.: Lawrence Erlbaum, 1974

Jones, M.R., Auditory patterns: Studies in the perception of structure. In E.C. Carterette & M.P. Friedman (Hg.), **Handbook of perception. Bd. 3.** New York etc.: Academic Press, 1978

Jones, M.R., A tutorial on some issues and methods in serial pattern research.**Perception & Psychophysics**, 1981, **30**, 492 - 504

Jones, M.R., Music as a stimulus for psychological motion. Part II: An expectancy model. **Psychomusicology**, 1982, **2**, 1 - 13

Kahnemann, H. & Henik, A., Perceptual organization and attention. In M. Kubovy & J.R. Pomerantz (Hg.), **Perceptual organization**. Hillsdale, N.J.: Lawrence Erlbaum, 1981

Krumhansl, C.L. & Castellano, M.A., Dynamic processes in music perception. **Memory & Cognition**, 1983, **11**, 325 - 334

Kurth, E., **Musikpsychologie**. Berlin: Hesse, 1931

Laske, O.E., Toward an explicit cognitive theory of musical listening. **Computer Music Journal**, 1980, **4**, 73 - 83

Leshowitz, B. & Hanzi, R., Serial position effects for tonal stimuli. **Memory & Cognition**, 1974, **2**, 112 - 116

Mace, W.M., James J. Gibson's strategy for perceiving: Ask not what's inside your head, but what your head's inside of. In R. Shaw & J.D. Bransford (Hg.), **Perceiving, acting, and knowing: Toward an ecological psychology**. Hillsdale, N.J.: Lawrence Erlbaum, 1977

Mackworth, A., How to see a simple world: An exegesis of some computer programs for scene analysis. In E.W. Elcock & D. Michie (Hg.), **Machine Intelligence 8**. Chichester: Horwood, 1977

Meyer, L.B., Meaning in music and information theory. **Journal of Aesthetics and Art Criticism**, 1957, **15**, 412 - 424

Narmour, E., Some major theoretical problems concerning the concept of hierarchy in the analysis of tonal music. **Music Perception**, 1984, **1**, 129 - 199

Neisser, U., **Cognitive psychology**. New York: Appleton - Century - Crofts, 1967. Dt.: Kognitive Psychologie. Stuttgart: Klett - Cotta, 1974.

Neisser, U., **Cognition and reality**. San Francisco: Freeman, 1976. Dt.: Kognition und Wirklichkeit. Stuttgart: Klett - Cotta, 1978.

Neumann, O., **Informationsselektion und Handlungssteuerung: Untersuchungen zur Funktionsgrundlage des Stroop - Interferenzphänomens**. Dissertation, Bochum, 1980

Palmer, S.E., Fundamental aspects of cognitive representation. In E. Rosch & B.B. Lloyd (Hg.), **Cognition and categorization**. Hillsdale, N.J.: Lawrence Erlbaum, 1978

Povel, D.J., Internal representation of simple temporal patterns. **Journal of Experimental Psychology: Human Perception and Performance**, 1981, **7**, 3 - 18

Pribram, K.H., Holonomy and the structure in the organization of perception. In J.M. Nicholas (Hg.), **Images, perception, and knowledge**. Dordrecht: Reidel, 1977

Raab, E. & Ebner, H., Rhythmus und musikalisches Erleben: Der affektive Eindruck einstimmiger rhythmischer Strukturen von variierender Komplexität. **Zeitschrift für Experimentelle und Angewandte Psychologie**, 1982, 29, 315 - 342

Rauhe, H., Reinecke, H.P. & Ribke, W., **Hören und Verstehen**. München: Kösel, 1975

Reinert, G., **Visuelle Suche in komplexen Szenen. Ein experimenteller und theoretischer Beitrag zur Bildverarbeitung**. Dissertation, Bochum, 1982

Restle, F., Theory of serial pattern learning: Structural trees. **Psychological Review**, 1970, **77**, 481 - 495

Restle, F. & Brown, E., Organization of serial pattern learning. In G.H. Bower (Hg.), **The psychology of learning and motivation**. Bd. 4. New York etc.: Academic Press, 1970

Riemann, H., **Grundriß der Kompositionslehre: I. Allgemeine Formenlehre**. Leipzig, Hesse, 1905

Rosch, E., Principles of categorization. In E. Rosch & B.B. Lloyd (Hg.), **Cognition and categorization**. Hillsdale, N.J.: Lawrence Erlbaum, 1978

Rosner, B.S. & Meyer, L.B., Melodic processes and the perception of music. In D. Deutsch (Hg.), **The psychology of music**. New York etc.: Academic Press, 1982

Rumelhart, D.E., Notes on a schema for stories. In D.G. Bobrow & A. Collins (Hg.), **Representation and understanding**. New York etc.: Academic Press, 1975

Rumelhart, D.E., Schemata: The building blocks of cognition. In R.J. Spiro, B.C. Bruce & W.F. Brewer (Hg.), **Theoretical issues in reading comprehension**. Hillsdale, N.J.: Lawrence Erlbaum, 1980

Sarris, V. & Lauterbach, W., Zur konzeptuellen Bedeutung von psychologischen Bezugssystemen: Wahrnehmungspsychologische Grundlagen. In W. Lauterbach & V. Sarris (Hg.), **Beiträge zur psychologischen Bezugssystemforschung**. Bern: Huber, 1980

Schank, R.C., The structure of episodes in memory. In D.G. Bobrow & A. Collins (Hg.), **Representation and understanding**. New York etc.: Academic Press, 1975

Shaw, R. & Pittenger, J., Perceiving change. In H.L. Pick & E. Saltzman (Hg.), **Models of perceiving and processing information**. Hillsdale, N.J.: Lawrence Erlbaum, 1978

Simon, H.A. & Kotovsky, K., Human acquisition of concepts for sequential patterns. **Psychological Review**, 1963, **79**, 427 - 434

Simon, H.A. & Sumner, R.K., Pattern in music. In B. Kleinmutz (Hg.), **Formal representation of human judgment**. New York: Wiley, 1968

Spiro, R.J., Remembering information from texts: The "state of schema" approach. In R.C. Anderson, R.J. Spiro & W.E. Montague (Hg.), **Schooling and the acquisition of knowledge**. Hillsdale, N.J.: Lawrence Erlbaum, 1977

Stevens, S.S., The attributes of tone. **Proceedings of the National Academy of Science**, 1934, 20, 457 - 459

Stiebing, Ch., **Erwerb musikalischer Transformationskonzepte und Diskrimination zwischen Transformationen: Überprüfung von drei Modellalternativen**. Diplomarbeit, Ruhr - Universität Bochum, 1983

6 Die Hypothese begrenzter Kapazität und die Funktionen der Aufmerksamkeit

Odmar Neumann

Inhalt

1. Die Kapazitätsmetapher

In den fünfziger Jahren entstand zuerst in England, dann auch in den USA eine Aufmerksamkeitsforschung, die sich, unbekümmert um die vorausgegangene Aufmerksamkeitspsychologie, ihrem Gegenstand mit neuen Methoden und neuen theoretischen Ideen zuwandte. Wohl stimmt es, daß auch in den Jahrzehnten vor diesem Neubeginn die Aufmerksamkeit nicht ganz aus der Psychologie verschwunden war (Lovie, 1983, hat hierauf kürzlich hingewiesen), aber die neue Richtung verstand sich nicht als die Fortsetzung dieser Tradition. Sie erfand nicht nur ein neues methodisches Paradigma, das dichotische Hören (Broadbent, 1954; Cherry,

1953; Poulton, 1953), sondern vor allem eine Metapher, die ein neues funktionelles Verständnis der Aufmerksamkeit versprach: Die Metapher der begrenzten Kapazität.

In der älteren Psychologie hatte man die Aufmerksamkeit als eine innere Tätigkeit verstanden, die bestimmte Inhalte aus dem Kontext des Bewußtseins heraushebt (siehe Neumann, 1971). Die einzelnen theoretischen Richtungen unterschieden sich hauptsächlich darin, ob sie im Tätigkeitsaspekt oder in der Änderung der Klarheit von Bewußtseinsinhalten den zentralen Sachverhalt sahen. Einige Theorien, wie z.B. Wundts Apperzeptionstheorie, suchten beide Aspekte gleichrangig zu verbinden. Dies waren Differenzen vor dem Hintergrund eines gemeinsamen Konzepts von Aufmerksamkeit, das seit dem 18. Jahrhundert vorlag. Christian Wolffs Definition der Aufmerksamkeit als ein "Vermögen... zu machen, daß ein Gedanke mehr Klarheit bekommet, als die übrigen" (Wolff, 1751/1983, I, Paragraph 268) galt, sieht man von ihrer vermögenspsychologischen Färbung ab, auch noch für die experimentelle Befassung mit der Aufmerksamkeit bis ins erste Drittel dieses Jahrhunderts.

Das mit der Metapher der Kapazität verbundene Aufmerksamkeitskonzept war und ist ein anderes. Es bestimmt als den Grundsachverhalt nicht ein Vermögen, sondern ein Unvermögen: die Unfähigkeit des Menschen, die gesamte an der Sinnesperipherie verfügbare Information zu verarbeiten. So wenig diese Vorstellung zur traditionellen Aufmerksamkeitspsychologie paßte, so mannigfach waren die außerpsychologischen Analogien, die sie eröffnete. Man dachte sich die begrenzte Aufmerksamkeitskapazität ähnlich wie die begrenzte Übertragungskapazität eines Kommunikationskanals (Broadbent, 1958), wie die begrenzte Rechenkapazität der zentralen Verarbeitungseinheit eines Computers (Moray, 1967), wie den begrenzten Energievorrat eines physikalischen Systems (Kahneman, 1973), oder gar wie die begrenzten Ressourcen einer Volkswirtschaft (Navon & Gopher, 1979).

Der Grundgedanke aller dieser Ausformungen der Kapazitätsmetapher war und ist die Hypothese eines Defizits als Funktionsgrundlage der Aufmerksamkeit. Als der unmittelbare Ausdruck dieses Mangels wird die Enge der Aufmerksamkeit betrachtet: Man kann nicht beliebig vieles zugleich beachten und mit Aufmerksamkeit tun, weil es dazu an Übertragungs- oder Rechenkapazität, energetischem Input, Ressourcen etc. fehlt. Die anderen Aspekte der Aufmerksamkeit, die für die früheren Theorien die bestimmenden gewesen waren, werden auf dieses Grunddefizit zurückgeführt. Man deutet sie sich als seine mittelbaren Folgen: Selektives Beachten ist erforderlich, um eine Überlastung der Kapazität zu vermeiden (Broadbent, 1958); eine innere Aktivität ist die Aufmerksamkeit insofern, als die Selektion eine Steuerung der Kapazitätszuweisung verlangt, der eine bestimmte "Verteilungspolitik" zugrundeliegt (Kahneman, 1973); der Herausgehobenheit beachteter Inhalte im Bewußtseinskontext entspricht der Umstand, daß nur durch Kapazitätszuweisung die Informationsverarbeitung über eine grobe, globale Form der Repräsentation hinausgelangen kann (Neisser, 1967).

Diese Betrachtungsweise hat in den vergangenen Jahrzehnten die Aufmerksamkeitsforschung so vollständig bestimmt, daß sie gemeinhin gar nicht als eine theoretische Möglichkeit wahrgenommen wird, sondern als der Rahmen für theoretische Möglichkeiten. Es wird diskutiert, wo die Kapazität begrenzt ist, ob es unterschiedliche Teilkapazitäten gibt, ob Verarbeitungsprozesse auch kapazitätsfrei sein können, usw.. Die Frage, ob Aufmerksamkeit überhaupt ihre Funktionsgrundlage in begrenzter Kapazität hat, ist dagegen - von einigen Dissidenten (Allport, 1980 b; Neisser, 1976; Neumann, 1978 a, 1978 b, 1983) abgesehen - bisher kaum als ein theoretisches Problem betrachtet worden.

Eine der Ursachen für die Unbefangenheit, mit der die Kapazitätshypothese als selbstverständlich richtig betrachtet wird, dürfte in der Mehrdeutigkeit des Kapazitätsbegriffs liegen: Dadurch, daß man begrenzte Kapazität in einem **deskriptiven** Sinn mit der **Hypothese** begrenzter Kapazität in eins setzt, entsteht der falsche Eindruck, diese Hypothese sei gewissermaßen in der Sache selbst begründet. Vermischt man die Bedeutungen des Kapazitätsbegriffs, dann gilt in der Tat: "It is obvious that man has a limited capacity for processing information" (Egeth, 1977, S. 308).

Die Aussage, die menschliche Verarbeitungskapazität sei begrenzt, kann **erstens** bedeuten, daß der Mensch nicht beliebig vieles zugleich beachten und mit Aufmerksamkeit tun kann. 'Begrenzte Kapazität' in diesem Sinn ist ein Synonym für die **Enge der Aufmerksamkeit**. Sie zu konstatieren bedeutet natürlich noch keinen Schritt zur Erklärung. Vor allem kann aus dem Sachverhalt der Enge keineswegs ohne weiteres geschlossen werden, es mangele dem Verarbeitungssystem an Leistungsfähigkeit. Es könnte ebensogut sein, daß eine quantitative Begrenzung bei der Informationsaufnahme und bei der Handlungssteuerung funktionell zweckmäßig ist; so wie es ja z.B. kein Ausdruck begrenzter Leistungsfähigkeit ist, daß man mit einem Radio zu einer Zeit nur eine Station empfangen kann.

Man könnte, wenn es erforderlich wäre, vermutlich ein Radio bauen, das mehrere Stationen zugleich empfängt; aber es könnte als ein endliches System nicht unendlich viele Stationen zugleich empfangen. Ebenso ist **das Gehirn ein endliches System**, in dem es nur eine bestimmte Anzahl von Nervenelementen und von Verbindungen zwischen ihnen gibt. Man kann diesen Umstand in einem **zweiten**, ebenfalls deskriptiven Sinn als begrenzte Kapazität des ZNS bezeichnen. Die von Angehörigen einer Spezies benötigte Kapazität in diesem Sinn hängt, wie vergleichende Untersuchungen (Jerison, 1973) zeigen, erstens vom Körpergewicht ab;

zweitens liegt aber das Verhältnis von Gehirnmasse und Körpergewicht bei Säugetieren höher als bei anderen Wirbeltieren.

Beide Verwendungen des Begriffs "begrenzte Kapazität" – als Bezeichnungen für die Enge der Aufmerksamkeit und für die Leistungsgrenzen des Gehirns – sind unproblematisch, weil sie unstrittige Sachverhalte beinhalten. Aus diesem Grund sind sie aber auch ohne Erklärungswert. Eine Kapazitäts**theorie** gewinnt man erst, wenn man den einen Sachverhalt auf den anderen bezieht. Dies geschieht mittels der Hypothese, daß die begrenzte Kapazität im ersten Sinn ihre Funktionsgrundlage in begrenzter Kapazität im zweiten Sinn hat. Die Enge der Aufmerksamkeit ist, so die Annahme, ein Ausdruck der begrenzten Leistungsfähigkeit des Gehirns oder seiner Teilsysteme. Damit wird begrenzte Kapazität in einem **dritten** Sinn eingeführt: das hypothetische Konstrukt einer begrenzten **Aufmerksamkeitskapazität**. Es ist ein hypothetisches Konstrukt, weil es eine funktionelle Abhängigkeit zwischen den beiden Sachverhalten behauptet, die aus diesen selbst noch nicht hervorgeht. Die Enge der Aufmerksamkeit muß nicht notwendig auf Leistungsgrenzen des Gehirns zurückgehen; die Funktionsgrenzen des Gehirns könnten sich in anderer Weise manifestieren als durch die Enge der Aufmerksamkeit.

Wir werden uns zuerst mit dieser **Hypothese** befassen; ihrem Aufstieg und ihren Wandlungen. Sodann wird diese Hypothese mit den **Sachverhalten** zur Enge der Aufmerksamkeit konfrontiert; wir werden sehen, daß sie ihnen nicht gerecht wird. Wenn aber die Hypothese begrenzter Kapazität nicht zur Erklärung des Sachverhalts der begrenzten Kapazität geeignet ist, dann wird begrenzte Kapazität zum **Problem**: Warum, wenn nicht verursacht durch Leistungsgrenzen des Gehirns, gibt es die Engephänomene? Dieser Frage werden wir im letzten Abschnitt nachgehen. Sowohl die experimentalpsychologischen Daten als auch funktionelle Überlegungen, die sich auf Ergebnisse der Hirnphysiologie stützen, legen, wie ich zeigen möchte, ein Aufmerksamkeitskonzept nahe, das mit den klassischen Vorstellungen besser übereinstimmt als mit der Kapazitätshypothese.

2. Begrenzte Kapazität als Hypothese

2.1 Hintergrund

Wenn ein Lebewesen einer bestimmten Spezies eine von ihm geforderte Leistung nicht oder nur unzulänglich erbringen und die benötigte Fertigkeit auch nicht erlernen kann, dann ist es für diese Leistung offensichtlich biologisch nicht ausgestattet. Sie wird wahrscheinlich unter ökologischen Bedingungen nicht von ihm verlangt; oder das Unvermögen ist sogar das Ergebnis stammesgeschichtlicher Anpassung.

Daß Primaten beispielsweise nicht ohne eine Kopfbewegung sehen können, was neben und hinter ihnen vorgeht, ist die Folge der evolutionären Entwicklung zur Frontalstellung der Augen, deren Nutzen offensichtlich ist. Wenn ein Huhn infolge von Verhaltenshemmung nicht zugleich fressen und sichern kann (v. Holst & v. St. Paul, 1960), dann ist dies ebenfalls nicht ein Mangel, sondern Ausdruck der Anpassung an eine Umwelt, in der man als Federvieh bei Gefahr die Nahrungsaufnahme besser unterbricht.

Der naheliegende Gedanke, daß die Enge der Aufmerksamkeit beim Menschen in gleicher Weise ihren funktionellen Sinn haben könnte, hat eigenartigerweise in der modernen Aufmerksamkeitsforschung praktisch keine Rolle gespielt. Die Kapazitätshypothese besagt das Gegenteil: Die Enge ist nicht zweckmäßig, sondern sie markiert eine Grenze der Zweckmäßigkeit, die durch die beschränkte Leistungsfähigkeit des Systems gesetzt ist.

Daß diese biologisch unplausible Annahme so breite Resonanz finden konnte, ist erklärungsbedürftig. Die Ursachen liegen teils in den Umständen der modernen Aufmerksamkeitsforschung, teils im Nachwirken vorwissenschaftlicher Vorstellungen vom Seelenleben.

Der Anstoß dazu, daß man sich nach dem zweiten Weltkrieg wieder für Probleme der Aufmerksamkeit zu interessieren begann, kam von der Arbeits- und Ingenieurpsychologie. Die ersten der experimentellen Untersuchungen, aus denen die bis in die siebziger Jahre einflußreichste Version der Kapazitätstheorie (Broadbent, 1958, 1971) hervorging, simulierten Kommunikationsprozesse bei der Flugkontrolle (Broadbent, 1952 a, 1952 b, 1954). Eine andere empirische Grundlage der Kapazitätshypothese waren Beobachtungen an Soldaten, die Flakgeschütze bedienten (Craik, 1948 a, 1948 b). Auch die gegenwärtige Kapazitätstheorie wird wesentlich von Autoren bestimmt, die in der Arbeits- und Ingenieurpsychologie engagiert sind. Einen Überblick über die enge Verflechtung zwischen Grundlagenforschung und angewandter Forschung auf dem Gebiet der Aufmerksamkeit findet man in Moray (1979).

Vor diesem Forschungshintergrund wird es verständlich, daß eine Betrachtungsweise, die der spezifischen Aufgabenstellung der Arbeits- und Ingenieurpsychologie entstammt, und die ihr angemessen ist, in die Grundlagenforschung hinein diffundieren konnte, wo sie fehl am Platze ist. Der Arbeitspsychologe sucht herauszufinden, wo die Grenzen der geistigen Beanspruchbarkeit von Menschen in Arbeitssituationen liegen, so wie sich die Arbeitsphysiologie mit den Grenzen seiner körperlichen Leistungsfähigkeit befaßt. Im psychischen wie im somatischen Bereich werden diese Grenzen durch die biologische Ausstattung des Menschen gesetzt. Der biologische Tagesrhythmus (circadianer Rhythmus; siehe Aschoff, 1981) beschränkt z.B. die

Beliebigkeit bei der Festlegung der täglichen Arbeitszeit. Ähnlich wird durch die Enge der Aufmerksamkeit der Umfang dessen beschränkt, was ein Mensch in einem Mensch - Maschine - System an Informationen berücksichtigen und an eigenen Handlungen steuern kann. Definiert man als Leistung ein bestimmtes Arbeitsergebnis, dann sind dies Beispiele für Leistungsgrenzen. Gegen einen solchen an ökonomischen und technischen Kriterien orientierten Leistungsbegriff ist solange nicht einzuwenden, wie die Untersuchungsabsicht im Anwendungsbereich verbleibt (siehe Neumann, 1979 b). Es ist z.B. sinnvoll, zu fragen, bei welchen Schichtplänen der circadiane Rhythmus am wenigsten leistungsbeeinträchtigend wirkt, oder wie ein Cockpit gestaltet sein sollte, damit die Aufmerksamkeit des Piloten nicht über seine Leistungsfähigkeit hinaus beansprucht wird. Mit diesem außerpsychologischen Leistungsbegriff läßt sich aber nicht mehr operieren, wenn man den Anwendungsbereich verläßt und eine biologische oder psychologische Funktionsanalyse anstrebt. Es wäre abwegig, den circadianen Rhythmus als Versagen einer biologischen Leistung zu deuten, nur weil er die Leistungsfähigkeit des Schichtarbeiters mindert. Er ist natürlich im Gegenteil ein Produkt evolutionärer Anpassung. In der Aufmerksamkeitspsychologie ist der Unterschied zwischen diesen beiden Leistungsbegriffen übersehen worden. Grenzen der Arbeitsleistung, die durch Aufmerksamkeitsmechanismen bedingt sind, wurden mit Leistungsgrenzen der Aufmerksamkeit verwechselt.

Daß es dazu kommen konnte, lag nicht ausschließlich an der engen Verzahnung von Grundlagen- und angewandter Forschung. Hinzu kam die Vorliebe für der Technik nachgebildete (technomorphe) Modelle in der Allgemeinen Psychologie der vergangenen Jahrzehnte. Hatte die Verbindung mit der angewandten Forschung dazu geführt, daß man die **Funktion** der Aufmerksamkeit nur unter dem Gesichtspunkt der Arbeitsanforderungen in Mensch - Maschine - Systemen konzipierte, so lieferten die technomorphen Modelle darüber hinaus den Rahmen dafür, sich ihre **Funktionsgrundlage** in Analogie zu technischen Systemen vorzustellen. Das Vorbild waren solche Systeme, die der Übermittlung oder der Verarbeitung von Information dienen. Sie sind in ihrer Kapazität begrenzt, d.h. sie können aufgrund ihrer materiellen Eigenschaften weniger Information pro Zeiteinheit bewältigen, als man es sich wünschen würde. Ähnlich dachte man sich das Zentralnervensystem.

Daneben gibt es noch eine weitere Wurzel des Kapazitätsgedankens, die freilich in einem ganz anderen Humus steckt. Es ist die Vorstellung von psychischer Energie als Grundlage des dynamischen Aspekts psychischer Vorgänge. Das Bedürfnis, sich etwas Substanzhaftes hinter funktionellen Sachverhalten zu denken, ist älter als alle Wissenschaft und hat in der vorwissenschaftlichen Psychologie z.B. die animistischen Ideen von einer Blutseele oder einer Hauchseele hervorgebracht. Später dachte man sich seelische Vorgänge als die Bewegung von Seelenatomen, von Lebensgeistern oder eines Nervenfluidums (siehe z.B. Diamond, 1974, Kap. 8).

Die genialste Ausformung dieses Gedankens war Freuds ökonomische Betrachtungsweise, in der die Vorgänge im psychischen Apparat als "Schicksale der Erregungsgrößen" beschrieben werden - z.B. als Umwandlung von freier in gebundene Energie, als Verschiebung, Verdichtung usw. (z.B. Freud, 1915; vgl. Laplanche & Pontalis, 1972). Während diese psychoanalytischen Konstrukte in der experimentellen Psychologie im allgemeinen mit Skepsis betrachtet werden, hat ein Abkömmling des Freudschen Ökonomiegedankens weithin Anerkennung gefunden und die gegenwärtige Aufmerksamkeitstheorie wesentlich geprägt. Es ist Kahnemans (1973) Konzept einer psychischen Energie, die als ein "unspezifischer Input" für alle psychischen Vorgänge (mit Ausnahme der peripheren Reizverarbeitung) benötigt wird, und die wie elektrischer Strom in einem Leitungsnetz je nach Bedarf verteilt, aber nur in begrenztem Maß vermehrt werden kann. Diese Energie bezeichnet Kahneman als Kapazität. Wie bei Freuds Besetzungsenergie handelt es sich um ein psychophysiologisches Konstrukt. Als die neurophysiologische Grundlage der Kapazität betrachtet Kahneman die Aktivierung (arousal), die mit aktiver Tätigkeit einhergeht.

Der Grundgedanke der Kapazitätshypothese, daß die Aufmerksamkeit Ausdruck eines Defizits sei, findet hier eine etwas andere Versinnbildlichung als in den technomorphen Modellen. Die Metapher ist dort die eines Engpasses, hier die einer knappen Menge von etwas Substanzhaftem; "Schlauch" auf der einen, "Saft" auf der anderen Seite.

2.2 Varianten

Natürlich hat die Kapazitätshypothese in den dreißig Jahren, in denen sie die Aufmerksamkeitstheorie beherrschte, Wandlungen erfahren. Es wurde nicht nur die Metaphorik bereichert, sondern die technomorphen Modelle wurden auch der jeweiligen technischen Entwicklung angepaßt; und schließlich gab es Modifikationen, die durch bestimmte experimentelle Befunde erzwungen wurden.

Die Urform der Schlauchmetapher war der **Kommunikationskanal**, wie er in der Shannon-Weaver'schen Informationstheorie (Shannon & Weaver, 1949) beschrieben wurde: Ein Übertragungskanal, der nur eine bestimmte Informationsmenge pro Zeiteinheit ("Bit-Rate") übertragen kann. Das "P-System" ("P" stand für "Perception", weil dem Kanal primär Wahrnehmungsfunktionen zugeschrieben wurden) in Broadbents (1958) Filter-Kanal-Modell war ein solcher Übertragungskanal. Er wurde von einem vorgeschalteten Filter davor geschützt, durch zuviel Input überlastet zu werden.

Dieses Modell stützte sich auf die Leistungsgrenzen, die man in bestimmten experimentellen Situationen gefunden hatte, z.B. beim gleichzeitigen Hören zweier Texte (Broadbent, 1954; Cherry, 1953) und in Reaktionszeitexperimenten, in denen die Anzahl und Wahrscheinlichkeit der alternativen Reize und Reaktionen variiert wurde (Hick, 1952; Hyman, 1953). Jedoch erwies sich die Vermutung, daß sich in solchen Befunden die begrenzte Kapazität eines zentralen Kanals äußert, bald als unzutreffend. Es zeigte sich, daß die Übertragungsleistung, gemessen als Bit-Rate, keineswegs konstant ist, sondern nach Übung und bei bestimmten Reiz-Reaktions-paarungen sogar gegen unendlich gehen kann (z.B. Leonard, 1959; Mowbray & Rhoades, 1959; Moray, 1967).

Es gab zwei verschiedene Reaktionen auf diese Art von Befunden. Die eine war eine Änderung des technomorphen Modells. Moray (1967) schlug vor, die begrenzte Kapazität nicht als die eines Übertragungskanals zu konzipieren, sondern als die der **Zentralen Verarbeitungseinheit eines Computers**. Wieviel von dieser Kapazität ein Computerprogramm benötigt, hängt nicht allein von der eingegebenen Informationsmenge ab, sondern auch von der verlangten Transformationen. Weiterhin kann eine Transformation je nach Geschick des Programmierers so programmiert werden, daß sie viel oder daß sie weniger Kapazität benötigt. Was scheinbar wie eine Kapazitätserweiterung aussieht, ist nach dieser Modellvorstellung in Wahrheit die bessere Nutzung der Kapazität, wie sie etwa durch Übung erreicht werden kann.

Die zweite Reaktion war radikaler. Sie bestand darin, die Kapazitätshypothese auf einen besonderen Bereich "zentraler" Verarbeitung einzuschränken und daneben Verarbeitungsprozesse anzunehmen, die ohne Kapazität auskommen (Keele, 1973; Kerr, 1973). Hieraus entwickelten sich die **Zwei-Prozeß-Theorien**, die zwei Typen von Verarbeitungsprozessen unterscheiden: Automatische Verarbeitung, die keine Kapazität benötigt, nicht von willentlicher Kontrolle abhängig ist und ohne bewußte Repräsentation bleiben kann; und willentlich kontrollierte Verarbeitung, die mit bewußter Repräsentation verbunden ist und nur über begrenzte Kapazität verfügt (Posner & Snyder, 1975 a, 1975 b; ähnlich LaBerge & Samuels, 1974; Neumann, 1973/1979; Schneider & Shiffrin, 1977; Shiffrin & Schneider, 1977). Es handelt sich im Wesentlichen um eine Wiederentdeckung von Wundts Apperzeptionstheorie (siehe Neumann, 1984).

Dies ist eine der beiden in der gegenwärtigen Forschung aktuellen Varianten der Kapazitätshypothese. Die zweite entstand ebenfalls als Reaktion auf eine empirische Schwierigkeit des Filter-Kanal-Modells: Wenn es stimmt, daß die Interferenz zwischen gleichzeitigen Tätigkeiten durch ihre Konkurrenz um unspezifische zentrale

Kapazität entsteht, dann sollte es gleichgültig sein, welche Arten von Aufgaben zugleich auszuführen sind. Maßgeblich für die Interferenz dürfte allein die Aufgabenschwierigkeit sein. Dies ist unzutreffend. In zwei eleganten Demonstrationen zeigten Allport, Antonis & Reynolds (1972), daß die Kapazitätsbeschränkung bei dichotischem Hören, dem Paradestück der Filter-Kanal-Theorie, alles andere als der Ausdruck unspezifischer Interferenz ist. Während man einen auditiv dargebotenen Text nachspricht, kann man zwar nicht einen zweiten auditiven Text beachten; aber die Versuchspersonen von Allport und Mitarbeitern konnten zugleich fast ohne Beeinträchtigung sich eine Serie von Abbildungen einprägen und in einem anderen Experiment sogar am Klavier Melodien vom Blatt spielen!

Inzwischen ist in einer Fülle von Experimenten nachgewiesen worden, daß die Doppelaufgaben-Interferenz von der jeweiligen Aufgabenpaarung abhängig und insbesondere dann groß ist, wenn die zu kombinierenden Aufgaben einander in bestimmter Hinsicht ähnlich sind, z.B. dieselbe Sinnesmodalität oder dasselbe motorische System beanspruchen (Überblick z.B. bei Neumann, 1981, 1983; Sanders, 1979; Wickens, 1980).

Es liegt auf der Hand, mit welcher Modifikation die Kapazitätshypothese diesen Befunden Rechnung tragen kann: Man muß die eine, unspezifische Kapazität durch eine Mannigfaltigkeit **spezifischer Kapazitäten** ersetzen. So wurde aus dem Einkanal- ein Vielkanal-Konzept (Allport, Antonis & Reynolds, 1972), aus Morays Prozessor- ein Multiprozessor-Modell (McLeod, 1977; Sanders, 1979) und aus dem unspezifischen Kapazitätsvorrat Kahnemans ein System von spezifischen Ressourcen (Navon & Gopher, 1979; Sanders, 1981, 1983).

Im Unterschied zu den Zwei-Prozeß-Theorien, die in ihren Grundannahmen weitgehend übereinstimmen, bieten die Theorien spezifischer Kapazitäten ein Bild bunter Vielfalt. Es lassen sich drei hauptsächliche Varianten unterscheiden. Die erste ordnet die spezifischen Kapazitäten neuroanatomischen Strukturen zu, z.B. den beiden Hemispären (z.B. Friedman & Polson, 1981; Kinsbourne & Hicks, 1978). Die zweite identifiziert sie mit Teilsystemen, die das physiologische Erregungsniveau regulieren (Arousal, Aktivierung, Anstrengung; Sanders, 1981, 1983). Die dritte, breiteste Spielart dieses Ansatzes vermeidet jede derartige Konkretisierung und spricht allgemein von "Ressourcen", zu denen z.B. Anstrengung, Gedächtniskapazität und Kommunikationskanäle (Norman & Bobrow, 1975), "units, channels, and facilities" (Navon & Gopher, 1979, S. 233) oder Verarbeitungsstufen, Sinnesmodalitäten, motorische Teilsysteme und Hemisphären (Wickens, 1980) gerechnet werden.

3. Begrenzte Kapazität als Sachverhalt

Unser kurzer Rückblick auf die Wandlungen der Kapazitätshypothese hat gezeigt, wie leicht es ist, sie einer geänderten Befundlage anzupassen. In der Tat läßt sich jedes Befundmuster kapazitätstheoretisch interpretieren, indem man einfach den vorgefundenen Sachverhalten die passende(n) Kapazität(en) zuordnet (siehe Allport, 1980; Neumann, 1978 b). Dies ergibt eine vermögenspsychologische Scheinerklärung von der Art der bekannten Vertus Dormitiva (Einschläferungskraft), auf die der Doktorkandidat in Molières "Eingebildetem Kranken" es zurückführt, daß Opium einschläfert[1].

Es geht deshalb nicht darum, zu entscheiden, ob man die Aufmerksamkeit auf begrenzte Kapazität zurückführen kann. Man kann es. Die Frage ist vielmehr, was mit dieser Rückführung gewonnen ist: Sagt sie uns etwas über die Funktion der einzelnen Aufmerksamkeitsphänomene und über die Mechanismen, die ihnen zugrundeliegen? Die im letzten Abschnitt skizzierte Entwicklung der Kapazitätshypothese gibt Anlaß zum Pessimismus. Ihre Plausibilität und ihr Erklärungswert sind in dem Maß gesunken, in dem sie sich in Anpassung an neue Befunde gewandelt hat.

Broadbents Filter-Kanal-Theorie, Morays Computer-Analogie und Kahnemans energetisches Modell waren zu ihrer Zeit attraktiv, weil ihr Kapazitätsbegriff dreierlei leistete: Er machte, wie es schien, unmittelbar plausibel, warum es die Enge der Aufmerksamkeit gibt (weil das Gehirn nur eine begrenzte Leistungsfähigkeit hat; weil die in ihm verfügbare Energie begrenzt ist); er erklärte die übrigen Aufmerksamkeitsphänomene als funktionelle Konsequenzen der begrenzten Kapazität

---

1) Diejenigen Varianten der Ressourcen-Hypothese, in denen die Ressourcen mit neuroanatomischen Strukturen (Kinsbourne & Hicks, 1978; Friedman & Polson, 1981; Hellige, Cox & Litvac, 1979) oder mit Teilsystemen zur Steuerung des physiologischen Erregungsniveaus (Sanders, 1981, 1983) identifiziert werden, unterliegen nicht dieser Kritik. Das gilt insbesondere für die Version von Sanders, in der die postulierten Ressourcen den drei Komponenten eines neurophysiologischen Erregungsmodells (Pribram & McGuinness, 1975) zugeordnet und in einer Reihe unabhängiger Variablen (Wirkung von Neuropharmaka, von Schlafentzug, von Leistungsrückmeldung usw.) verankert werden. Doch erfaßt diese Theorie - wie auch die neuroanatomische Variante, die als die einzigen strukturellen Ressourcen bisher die beiden Großhirnhälften identifiziert hat - nur einen Teil der Aufmerksamkeitsphänomene, die in den folgenden Abschnitten beschrieben werden. Des weiteren verlassen beide Ansätze im Grunde schon den Boden der Kapazitätshypothese. Die intrahemisphärische Interferenz wird bei Kinsbourne & Hicks (1978; siehe auch die klarere Darstellung bei Kinsbourne, 1980) nicht auf begrenzte Kapazität zurückgeführt, sondern auf Probleme bei der gegenseitigen Hemmung funktionell benachbarter Systeme. Erregung (arousal), Aktivierung (activation) und Anstrengung (effort) bei Pribram & McGuinness (1975) werden nicht einfach als Energiereservoirs betrachtet, sondern bestimmten Kontrollfunktionen (z.B. Steuerung der Orientierungsreaktion und der vigilanten Handlungsbereitschaft) zugeordnet. Dies sind Alternativen zur Kapazitätstheorie von demjenigen Typus, der in der jetzigen Forschungssituation den meisten Erfolg verspricht (siehe Abschnitt 5).

(s.o. Abschnitt 1); und aus ihm folgten die beiden eindeutigen Vorhersagen, daß **alle** zentralen Verarbeitungsprozesse bei hinreichender Schwierigkeit miteinander interferieren, und daß das Ausmaß der Interferenz **nur** von ihrer Schwierigkeit abhängt.

Beide Vorhersagen haben sich, wie wir im letzten Abschnitt sahen, als unzutreffend erwiesen. Die Gegenbelege kamen unabhängig voneinander zu Tage, und die theoretische Anpassung an sie vollzog sich innerhalb von zwei getrennten theoretischen Strömungen. Die Zwei-Prozeß-Theorien waren die Reaktion auf die Widerlegung der ersten, die Annahme spezifischer Kapazitäten war die Antwort auf das Scheitern der zweiten Vorhersage.

Solches Dehnen einer Theorie, damit sie auf ihr eigentlich widersprechende Befunde paßt, hat seinen Preis: Es geht, aber nur mit Ach und Krach. Die Stringenz der ursprünglichen Theorie geht verloren, und es reicht schließlich doch nicht zu einer Erklärung der neuen Daten, die auf Dauer Bestand hat. Dies ist die gegenwärtige Situation der Kapazitätshypothese. Keine der beiden Revisionen wird in den empirischen Einzelheiten dem Sachverhalt gerecht, den zu erklären sie eingeführt wurde; erst recht nicht dem, der zu der jeweils anderen Revision führte. Keine von beiden kann damit noch plausibel machen, warum es überhaupt die Enge der Aufmerksamkeit gibt, und keine ermöglicht es mehr wie die ursprünglichen Kapazitätstheorien, aus der Enge die anderen Aufmerksamkeitsphänomene herzuleiten. Was die Kapazitätshypothese einmal attraktiv gemacht hat, ist dahin.

Dies ist die Sachlage, die sich aus der Durchsicht der experimentellen Literatur ergibt (Neumann, 1978 a, 1983, 1984, im Druck). Im folgenden sind einige der Befunde zusammengestellt.

3.1 Perzeptive Aufmerksamkeit

Daß man nicht beliebig viele Objekte und Ereignisse zugleich beachten kann, hatten die ursprünglichen Versionen der Kapazitätstheorie damit erklärt, daß alle Verarbeitungsprozesse, die über eine periphere Reizanalyse hinausgehen, von der begrenzten unspezifischen Kapazität zehren. Entgegen dieser Annahme ist aber **erstens**, wie wir gesehen haben, ein wesentlicher Teil der perzeptiven Interferenz, z.B. beim dichotischen Hören, modalitätsspezifisch. **Zweitens** hat sich herausgestellt, daß die Grenzen des Beachtens keineswegs mit den Grenzen der Verarbeitung von Reizinformation zusammenfallen. Auch nicht bewußt beachtete Wörter können z.B. einen psychogalvanischen Reflex auslösen (Corteen & Wood, 1972); und sogar unter Narkose können gehörte Wörter noch so weit verarbeitet werden, daß sie überzufällig richtig später wiedererkannt werden (Millar & Watkinson, 1983). Eine **dritte** Gruppe von Befunden betrifft den Sachverhalt, daß nicht nur das Beachten, sondern auch das Nichtbeachten eine Aufmerksamkeitsleistung ist, die mißlingen kann. Dies widerspricht nicht den älteren Varianten der Kapazitätstheorie, wird durch sie aber auch nicht erklärt. Es ist nun zu prüfen, wie die beiden Revisionen der Kapazitätshypothese – die Hypothese spezifischer Kapazitäten und die Zwei-Prozeß-Theorien – mit diesen Befunden zurechtzukommen.

Spezifische perzeptive Interferenz. Der Umstand, daß sich durch einen Wechsel der Sinnesmodalität in bestimmten Fällen die Interferenz bei der Reizverarbeitung verringern oder beseitigen läßt, ist als Beleg dafür gedeutet worden, daß die Sinnesmodalitäten ihre jeweils spezifischen Ressourcen haben (z.B. Wickens, 1980). Eine derartige Annahme hat aber, wie Wickens selbst betont, nur dann Erklärungswert, wenn sich die anzunehmenden Ressourcen (Prozessoren, Kanäle usw.) nicht in dem Maß vermehren, in dem man neue Aufgaben und Aufgabenkombinationen untersucht. Zu genau dieser Konsequenz zwingt das Befundmaterial. Es stimmt zwar, daß perzeptive Interferenz modalitätsspezifisch ist, aber sie ist auch **innerhalb** derselben Sinnesmodalität von spezifischen Merkmalen der Reize abhängig.

Beispielsweise hatten die Versuchspersonen von Treisman & Davies (1973) Schwierigkeiten, zwei gesprochene Wörter oder zwei Sinustöne zugleich zu beachten, während ihnen die simultane Verarbeitung eines gesprochenen und eines geschriebenen Wortes fast fehlerfrei gelang. Aber auch bei der Kombination zwischen einem gesprochenen Wort und einem Sinuston gab es kaum gegenseitige Beeinträchtigung, was beweist, daß bei gegebener Modalität weitere, strukturelle Merkmale für die Interferenz verantwortlich sind. Entsprechende weitere Ressourcen wären zu eröffnen, wobei es auch mit einer Ressource "Tonwahrnehmung" nicht getan wäre, denn ob zwei Tonfolgen simultan beachtet werden können, hängt wiederum von Strukturmerkmalen wie z.B. dem Frequenzabstand ab (z.B. Dowling, 1973; Überblick bei Deutsch, 1982).

Die Erfindung einer neuen Ressource für jeden neuen Fall spezifischer Interferenz trägt nicht nur nichts zum Verständnis bei, sondern sie ist darüber hinaus geeignet, die tatsächlichen Zusammenhänge zu verdecken. Dies wird am Beispiel der visuellen Aufmerksamkeit deutlich. Auch hier findet man, daß die Zugehörigkeit zur selben Modalität die simultane Verarbeitung nicht in allen Fällen gegenüber modalitätsverschiedener Darbietung beeinträchtigt (z.B. Lindsay, Taylor & Forbes, 1968; Millar, 1975). Wiederum sind augenscheinlich strukturelle Faktoren dafür verantwortlich, wieviel an Information innerhalb derselben Modalität simultan verarbeitet werden kann. Worum es sich handelt, ist unschwer zu erkennen, wenn man erst einmal die Suche nach Ressourcen aufgegeben hat: Entscheidend ist nicht,

wieviel und auch nicht **welche** Information zu verarbeiten ist, sondern **wo** sie lokalisiert ist; wobei die Lokalisation sich nicht durch ein abstraktes räumliches Bezugssystem bestimmt, sondern durch die perzeptive Struktur der Reizanordnung.

Merkmale auf unterschiedlichen Dimensionen desselben Objekts (z.B. Form und Farbe) sind ohne Interferenz simultan zu verarbeiten (z.B. Allport, 1971; Biederman & Checkosky, 1970; Saraga & Shallice, 1973). Figurale Elemente, die Teile einer übergeordneten perzeptiven Einheit sind (z.B. Buchstaben eines Worts oder die Kanten eines Objekts), können u.U. sogar gleichzeitig besser verarbeitet werden als bei isolierter Darbietung (z.B. McClelland, 1978; Reicher, 1969; Weisstein & Harris, 1974; Wheeler, 1970). Getrennte figurale Einheiten können in gewissem Ausmaß und unter bestimmten Umständen gemeinsam beachtet werden, wenn sie räumlich benachbart sind (z.B. Hoffman & Nelson, 1981), einer gemeinsamen perzeptiven Gruppe zugehören (z.B. Treisman, 1982) oder sich zu einer räumlich kompakten Konfiguration zusammenfügen (Podgorny & Shepard, 1983). Wo es an Integration in der einen oder anderen dieser Formen fehlt, ist gemeinsames Beachten hingegen nicht möglich; z.B. bei voneinander unabhängigen Abbildungen oder bewegten Szenen, selbst wenn sie übereinanderprojiziert werden (Neisser & Becklen, 1975; Goldstein & Fink, 1981), und – dies war das Paradigma, das die Theoriebildung in den vergangenen Jahren weitgehend bestimmt hat – bei der Verarbeitung einer sinnlosen Anordnung von Buchstaben (z.B. Atkinson, Holmgren & Juola, 1969; Prinzmetal & Banks, 1983).

Offenkundig hat die visuelle Aufmerksamkeit nichts mit Leistungsgrenzen des visuellen Systems oder seiner Teilsysteme zu tun. Die Beschränkung liegt in der Unmöglichkeit, voneinander unabhängige perzeptive Einheiten an verschiedenen Orten zugleich zu fokussieren (Wolff, 1977), nicht in der Menge oder Art der Information, die simultan verarbeitet werden kann.

Grenzen der Informationsselektion. Die Schwierigkeit des Ignorierens wird von den Ressourcen – Theorien meist stiefmütterlich behandelt, scheint hingegen auf den ersten Blick den Zwei – Prozeß – Theorien keine Probleme zu bereiten. Unter bestimmten Bedingungen gelingt es nicht oder nur unvollkommen, unerwünschte Reize oder Aspekte von Reizen zu ignorieren; z.B. können Versuchspersonen im Stroop – Experiment (Benennen der Farbe, in der inkongruente Farbwörter geschrieben sind, z.B. der Farbe grün, in der das Wort BLAU geschrieben ist; Überblick bei Dyer, 1973; Neumann, 1980) das störende Farbwort nicht willentlich aus der Verarbeitung ausschließen. Das Mißlingen der Selektion in derartigen Fällen ist aus Kapazitätserwägungen allein nicht zu begründen, denn das Nichtverarbeiten verlangt ja keine Kapazität. Innerhalb der Ressourcen – Theorien sind Zusatzannahmen nötig – die Kapazitätszuweisung geschieht teilweise außerhalb der "Kontrolle des

Systems" (Navon & Gopher, 1979); die Selektion selbst benötigt Kapazität (Johnston & Heinz, 1978); usw. –, die augenscheinlich nichts erklären und deshalb keiner Widerlegung bedürfen.

Anders steht es mit dem Zwei – Prozeß – Ansatz. Daß sie nicht – oder jedenfalls nicht beliebig – willentlich zu unterbinden sind, wird von Theorien dieser Art allgemein als eines der Merkmale automatischer Prozesse angesehen (Überblick bei Neumann, 1984). Wenn es nicht gelingt, bestimmte Reize oder Reizaspekte aus der Verarbeitung auszuschließen, könnte dies also daran liegen, daß sie – aufgrund von Übung oder bedingt durch Funktionsmerkmale des Systems – automatisch verarbeitet werden (z.B. Keele, 1972; Posner & Snyder, 1975 a).

Bei näherem Hinsehen erweist sich aber auch diese Erklärung als unzulänglich. Automatisiertheit, wie sie von den Zwei – Prozeß – Theorien konzipiert wird (siehe Abschnitt 2.2), ist nämlich weder eine notwendige noch eine hinreichende Bedingung dafür, daß das Ignorieren unerwünschter Information mißlingt.

Läge die Stroop – Interferenz an der Automatisiertheit des Lesens, dann müßte sie verschwinden, wenn die Interferenzreize Buchstaben aus einem fremden Schriftsystem sind, mit denen die Versuchspersonen nur kurz vertraut gemacht wurden. Dies ist nicht der Fall, wie Regan (1981) in einem Experiment mit Buchstaben aus dem armenischen Alphabet gezeigt hat. Andererseits läßt sich trotz der Automatisiertheit des Lesens die Interferenz erheblich verringern, wenn das Wort und die Farbe nicht mehr Aspekte desselben Wahrnehmungsgegenstands sind, sondern z.B. das Wort auf einen Farbstreifen geschrieben ist (Neumann, 1977). Entfernt man Farbe und Wort räumlich voneinander, dann reduziert sich die Interferenz weiter, und zwar selbst dann, wenn das Wort foveal und die zu benennende Farbe peripher geboten wird (z.B. Gatti & Egeth, 1978; Goolkasian, 1981). Die Wirksamkeit des Interferenzwortes läßt sich desgleichen verringern, wenn zugleich mit ihm an einer anderen Stelle ein weiteres, neutrales Wort erscheint (Kahneman & Chajczyk, 1983).

Die Folgerung, die durch diese und zahlreiche ähnliche Daten (siehe Neumann, 1980, 1984) nahegelegt wird, ist offensichtlich: Automatisiertheit mag bei bestimmten Fällen, in denen das Ignorieren mißlingt, eine Rolle spielen; sie kann aber das Mißlingen nicht erklären. Nicht weil sie Prozesse auslöst, die von perzeptiver Aufmerksamkeit unabhängig wären, dringt die unerwünschte Information in die Verarbeitung ein, sondern weil sie von dem Fokussieren, das der Entnahme der erwünschten Information dient, mitprofitiert. Dabei spielen ähnliche Faktoren der räumlichen Gliederung eine Rolle, wie wir sie als bestimmend für die Enge der perzeptiven Aufmerksamkeit kennengelernt haben. Die Kapazitätshypothese ist hier so wenig hilfreich wie dort.

Präattentive Verarbeitung. Eingangs dieses Abschnitts wurden Beispiele dafür genannt, daß auch nicht bewußt bemerkte Wörter verarbeitet und u.U. gespeichert werden können. Dies ist inzwischen vielfach nachgewiesen worden. In den fünfziger und sechziger Jahren hatte es eine Welle von Untersuchungen zur "unterschwelligen Wahrnehmung" gegeben, in denen derartige Effekte erstmals berichtet wurden (Überblick bei Dixon, 1971). Sie blieben, hauptsächlich aufgrund ihrer methodischen Angreifbarkeit, ohne dauerhaften Einfluß auf die Wahrnehmungs- und Aufmerksamkeitstheorie. Das änderte sich, als zwei in anderen Bereichen bewährte Methoden zur Untersuchung dieses Problems eingesetzt wurden: Das dichotische Hören im auditiven und die rückwirkende Maskierung im visuellen Bereich.

In den Experimenten, die mit dichotischem Hören arbeiten, läßt man die Vp einen der beiden Texte beachten, was im allgemeinen durch fortlaufendes Nachsprechen sichergestellt wird. Die Verarbeitung von Wörtern im nicht beachteten Text wird durch indirekte Indikatoren nachgewiesen: durch einen von ihnen ausgelösten psychogalvanischen Reflex (z.B. Corteen & Wood, 1972; Dawson & Schell, 1982; Govier & Pitts, 1982) oder durch ihren Einfluß auf das Nachsprechen (z.B. Lewis, 1970; Underwood, 1977) und das Verständnis (MacKay, 1973; Newstead & Dennis, 1979) des beachteten Texts. In den Experimenten mit visuellen Reizen wird die kritische Information (ein Wort oder eine Abbildung) durch einen figuralen Reiz rückwirkend maskiert, wobei man sicherstellt, daß diese Information der Versuchsperson nicht für einen verbalen Bericht zur Verfügung steht. Ihre Verarbeitung wird indirekt durch den Einfluß nachgewiesen, den sie auf die Hypothesen in einer Begriffsbildungsaufgabe (Leclerc & Freibergs, 1971), auf die Reaktionszeit beim Benennen eines anderen Reizes (z.B. Carr, McCauley, Sperber & Parmelee, 1982; Marcel, 1983 a), auf die Erkennungsleistung für ein anderes Wort (Allport, 1977) oder auf die Latenz einer Wort-Nichtwort-Entscheidung hat (z.B. Fowler, Welford, Slade & Tassinary, 1981; Marcel, 1983 a).

Der Einfluß besteht im allgemeinen in Bahnung, d.h. der nicht bewußt repräsentierte Reiz fördert die Verarbeitung eines ihm (meist semantisch) ähnlichen Reizes; in bestimmten Fällen (z.B. Allport, Tipper & Chmiel, 1985; Lewis, 1970) kann er sie aber auch beeinträchtigen. (Zu den möglichen Ursachen für diesen Unterschied siehe Neumann, 1980, 1984).

Auch zum Verständnis dieser Befunde hat die Kapazitätshypothese nichts beizutragen. Zwar lassen sie sich mühelos mit ihr vereinbaren. Man braucht nur anzunehmen, daß nicht alle Verarbeitungsprozesse, denen Kapazität zuteil wird, zu einer bewußten Repräsentation führen (Kahneman, 1973, S. 66 ff), oder daß dem Bewußtsein besondere Ressourcen zugeordnet sind (Navon & Gopher, 1979). Die Reizverarbeitung außerhalb der bewußten Aufmerksamkeit wäre dann immer noch kapazitätsabhängig. Daß dies die Daten nicht erklärt, sondern sie nur in Entitäten übersetzt, liegt auf der Hand.

Die Zwei-Prozeß-Theorien scheinen allerdings auf den ersten Blick durch diese Gruppe von Befunden bestätigt zu werden. Man könnte aus ihnen schließen, daß alle Sinnesdaten automatisch in ihrer Bedeutung analysiert werden – vielleicht gar bis zu den "highest and most abstract levels" (Marcel, 1983 b, S. 244); und daß sie nur wegen der begrenzten Kapazität des zweiten Prozeßtyps nicht alle auch Zugang zum Bewußtsein erhalten.

Indessen geht eine derartige Interpretation weit über das hinaus, was die Daten rechtfertigen. Belegt ist nicht, daß die gesamte an der Sinnesperipherie verfügbare Information automatisch vollständig verarbeitet wird, sondern nur, daß perzeptive Verarbeitung nicht notwendig zur bewußten Repräsentation führt. Hierfür gibt es mannigfache Beispiele sowohl aus dem Alltag – etwa die Berücksichtigung von Umweltinformation bei der eigenen Fortbewegung (Neisser, 1967) oder die Steuerung von unbemerkten Fehlhandlungen durch ebenfalls nicht bewußt bemerkte Aspekte der Umgebung (Reason, 1977, 1979) – wie auch aus alltagsnahen Experimenten (z.B. Hirst, Spelke, Reaves, Caharack & Neisser, 1980). Information kann zur Handlungssteuerung benutzt werden, ohne zu Bewußtsein zu gelangen. Daraus kann überhaupt nicht geschlossen werden, daß auch die gesamte übrige Information perzeptiv verarbeitet wird, obwohl sie nicht in das Handeln einbezogen wird. Belege dafür, daß auch in den zitierten Maskier- und dichotischen Hörexperimenten die Verarbeitung der nicht bewußt repräsentierten Reize vom Handlungskontext und der Ausrichtung der Aufmerksamkeit abhängig sein dürfte, sind in Neumann (1984) genannt.

Andererseits **gibt** es zweifellos Fälle, wo Reize perzeptiv verarbeitet werden, obwohl sie weder in den Handlungskontext passen, noch bereits die Aufmerksamkeit auf den betreffenden Ort gerichtet war. Es handelt sich um Reize, die durch physische Besonderheiten wie z.B. ihr plötzliches Erscheinen (Neumann, 1979 a, 1982) oder (wie z.B. im Fall es eigenen Namens) semantische Merkmale (Moray, 1959; Wolford & Morrison, 1980) Aufmerksamkeit auf sich ziehen, dann aber in der Regel auch zur bewußten Repräsentation gelangen.

Zu klären ist also erstens, warum Umweltinformation einerseits in Abhängigkeit vom Handlungskontext und der Ausrichtung der perzeptiven Aufmerksamkeit verarbeitet wird, andererseits aber auch dann, wenn sie unerwartet, aber bedeutsam oder auffällig ist. Zu klären ist zweitens, warum die Verarbeitung nicht stets zu einer bewußten Repräsentation führt. Mit dem Begriff der automatischen Verarbeitung, wie ihn die Zwei-Prozeß-Theorien benutzen, werden diese Fragen überdeckt, nicht beantwortet.

3.2 Mehrfachtätigkeit

Die Enge der Aufmerksamkeit zeigt sich nicht nur darin, daß nicht die gesamte Umgebung zugleich beachtet werden kann, sondern auch in den begrenzten Möglichkeiten, Handlungen simultan auszuführen. Die Grenzen der Mehrfachtätigkeit sind zwar häufig durch perzeptive Aufmerksamkeit mitbedingt, aber sie ergeben sich nicht ausschließlich aus ihr. Zwei Handlungen, die zugleich mit jeweils der linken und der rechten Hand auszuführen sind, behindern einander z.B. auch dann, wenn die sie steuernde Information durch Fokussieren desselben Reizobjekts entnommen werden kann (Gopher, Brickner & Navon, 1982), oder wenn nur eine der beiden Handlungen durch Reizinformation gesteuert wird (Duncan, 1979; Klapp, 1979, Exp. 1). Holender (1980) fand sogar Interferenz zwischen einer Sprech- und einer Tastendruckreaktion auf denselben Aspekt desselben Reizes (die Identität eines Buchstabens). Die begrenzte Fähigkeit zur Mehrfachtätigkeit ist also unabhängig von der Enge der perzeptiven Aufmerksamkeit ein erklärungsbedürftiger Sachverhalt.

In den ursprünglichen Varianten der Kapazitätstheorie sah man die Erklärung natürlich in dem angenommenen generellen Kapazitätsmangel. Eine besonders radikale Version war die Einkanal-Theorie (Welford, 1952, 1967), nach der die zentrale Verarbeitung nur in Form streng sukzessiver Entscheidungen erfolgen kann. In den Versionen von Moray (1967) und Kahneman (1973) war die gleichzeitige Steuerung von Handlungen als Möglichkeit vorgesehen, begrenzt dadurch, daß alle Handlungen sich in die unspezifische Kapazität teilen müssen.

Die Interferenz zwischen simultanen Handlungen läßt sich damit aber nicht befriedigend erklären. Schon Bornemann (1942) fand, daß unabhängig von ihrer Schwierigkeit bestimmte Aufgaben (z.B. Schreiben und die gleichzeitige Ausführung einer Arbeit mit den Füßen) weitaus stärker miteinander interferieren als andere (z.B. Schreiben und Kopfrechnen). Befunden dieser Art sollen die in Abschnitt 2.2 genannten Varianten der Theorie spezifischer Kapazitäten Rechnung tragen.

Die am häufigsten vertretene Variante verzichtet darauf, diese Teilkapazitäten mit bestimmten Strukturen des ZNS in Verbindung zu bringen und versucht stattdessen, sie dem Muster der Interferenz zwischen Aufgaben unterschiedlichen Typs zu entnehmen. Dies wäre dann ein erfolgversprechender Ansatz, wenn sich zeigen ließe, daß gleichzeitige Handlungen in dem Maß interferieren, in dem sie dieselben identifizierbaren Teilsysteme (Ressourcen, Kanäle, Prozessoren) in Anspruch nehmen.

Die Befunde sprechen gegen diese Hypothese. Die Interferenz ist einerseits zu speziell, in anderer Hinsicht aber auch zu generell, um auf die Überlastung bestimmter Ressourcen zurückgehen zu können. Weiterhin hängt es entscheidend von der Geübtheit ab, wie gut eine Person zwei Tätigkeiten simultan ausführen kann. Aus der Interferenz, die man bei ungeübten Versuchspersonen findet, kann deshalb nicht auf fixe Kapazitätsgrenzen geschlossen werden, sondern zunächst nur auf die Grenzen der jeweiligen Geschicklichkeit; diese sind glücklicherweise variabel. Im folgenden werden diese Sachverhalte durch Beispiele belegt.

Spezifische Interferenz. Wie außerordentlich **speziell** die Interferenz zwischen zwei Tätigkeiten sein kann, zeigen Untersuchungen zur Interferenz bei Tracking-Aufgaben (kontinuierliche manuelle Kontrolle, z.B. der Bewegung eines Lichtpunkts) und ähnlichen motorischen Leistungen:

Nach einer von Vertretern der Ressourcen-Hypothese häufig geäußerten Annahme gibt es ein Ressourcen-Reservoir, das für die motorische Kontrolle benötigt wird (z.B. Gopher, Brickner & Navon, 1982; Gopher & Sanders, 1984; Wickens & Kessel, 1980). In der Tat zeigen Daten dieser und anderer Autoren, daß z.B. die Schwierigkeit der Trackingaufgabe ohne Einfluß auf das Beachten von Tönen ist (Israel, Chesney, Wickens & Donchin, 1980), und daß umgekehrt gleichzeitiges Rechnen die Tracking-Leistung nicht beeinflußt (Wickens & Kessel, 1980). Wenn dies daran läge, daß motorische Prozesse von einem Ressourcen-Reservoir zehren, das sie nicht mit perzeptiven und zentralen Prozessen teilen, dann müßte sich **innerhalb** dieses Reservoirs die Interferenz allein nach der jeweils benötigten Menge dieser Ressource richten, also nach dem Schwierigkeitsgrad der miteinander gepaarten Aufgaben. Davon kann aber keine Rede sein:

Erstens wird Tracking durch eine Tastendruckreaktion mit der anderen Hand erheblich gestört, durch eine sprechmotorische Reaktion aber nur geringfügig (McLeod, 1977). Die motorische Ressource muß also in eine körper- und eine sprechmotorische Teilressource aufgespalten werden. Zweitens interferieren Reaktionen, die mit jeweils einer Hand auszuführen sind, stärker als eine Hand- mit einer Fußreaktion; deren Interferenz ist wiederum auf derselben Körperseite stärker als bei unterschiedlicher Körperseite (Kinsbourne & Hicks, 1978). Erforderlich sind also getrennte Ressourcen für die beiden Körperhälften sowie für Hände und Beine. Drittens ist die Interferenz zwischen zwei Tracking- oder zwei Tastendruck-Aufgaben stärker als bei einer Paarung aus je einer der beiden Aufgaben (North, 1977); also sind getrennte Ressourcen für die jeweiligen motorischen Anforderungen anzunehmen (diskret gegenüber kontinuierlich?). Viertens können bei Zielbewegungs- und Klopfaufgaben mit den beiden Händen zugleich zwar unterschiedliche Bewegungsamplituden, aber nicht unterschiedliche Bewegungszeiten oder sonstige Zeitmuster ohne Interferenz erzeugt werden (Kelso, Southard & Goodman, 1979;

Klapp, 1979; Peters, 1977). Eine spezielle Ressource zur zeitlichen Steuerung des motorischen Ablaufs wird damit erforderlich. Fünftens läßt hingegen das gleichzeitige Anspannen einer Feder mit der anderen Hand die Zeitparameter der Trakking-Leistung unverändert, beeinträchtigt aber die Amplitude der Korrekturbewegungen (Wickens, 1976). Es wäre also eine weitere Ressource zu postulieren, die für die Kontrolle des Kraftparameters benötigt wird. Wie im Fall der perzeptiven Aufmerksamkeit vermehren sich die hypothetischen Ressourcen in dem Maß, in dem man die Interferenz genauer in Augenschein nimmt.

Wie bei der perzeptiven Aufmerksamkeit würde eine solche Übersetzung des Befundmusters in ein deckungsgleiches Muster von Ressourcen keinen Erkenntnisgewinn bringen. Zwei gleichzeitige Handlungen zeigen in bestimmten Fällen Interferenz nach Maßgabe ihrer Ähnlichkeit. Solange man dies als Konkurrenz um Ressourcen interpretiert, wird man für jede weitere Ähnlichkeitsdimension, deren Einfluß auf die Interferenz sich erweist, eine neue Ressource eröffnen müssen. Die Aspekte, unter denen Handlungen einander ähnlich sein können, sind aber fast so vielfältig wie die Aufgaben, die man einer Versuchsperson stellen kann. Daß irgendeine davon **nicht** eine Quelle der Interferenz sein könnte, ist der experimentellen Literatur nicht zu entnehmen. Beispielsweise wird das innere Durchmustern (scanning) einer gemerkten Buchstabenfolge durch eine gleichzeitige Schreibaufgabe beeinträchtigt; die Interferenz ist aber größer, wenn Buchstaben, als wenn Ziffern zu schreiben sind (Weber & Blagowski, 1971). Während Versuchspersonen sich etwas vorstellen, erhöht sich ihre Entdeckungsschwelle für Sinnesreize; dies aber besonders dann, wenn Vorstellung und Reiz derselben Modalität angehören (Segal & Fusella, 1970). Das Aufsagen eines Kinderverses führt zu einer Leistungsminderung bei der Aufgabe, so schnell wie möglich zu klopfen, macht es aber völlig unmöglich, einen vom Versrhythmus abweichenden Rhythmus zu klopfen (Peters, 1977). In diesen und vielen anderen Fällen müßten innerhalb der spezifischen Ressourcen noch spezifischere postuliert werden; so wie in der russischen Puppe immer noch eine kleinere steckt.

Während aber beim Aufdecken der russischen Puppen immerhin etwas Neues zum Vorschein kommt, ist die Einführung einer Ressource nur eine Scheinerklärung, die noch dazu den Blick auf wesentliche Aspekte des Problems verstellt. Die Faktoren, die spezifische Interferenz bewirken **können**, müssen sie nämlich keineswegs **notwendig** hervorbringen; und andererseits tritt Interferenz auch zwischen Tätigkeiten auf, die inhaltlich ganz verschieden sind.

Übungseffekte. Der erstgenannte Sachverhalt wird von den Ressourcen-Theorien naturgemäß vernachlässigt, denn wenn zwei Aufgaben dieselben Ressourcen beanspruchen, dann sollten sie bei hinreichender Schwierigkeit stets miteinander interferieren. Das ist aber keineswegs der Fall. Spezifische Interferenz zwischen zwei gleichzeitigen Tätigkeiten reflektiert in der Regel nicht eine generelle Leistungsgrenze, sondern die Schwierigkeiten, die auftreten, solange die Versuchspersonen ihre Aufgabe noch nicht beherrschen (Neisser, 1976). Sie reduziert sich oder verschwindet in vielen Fällen, wenn man ihnen Gelegenheit gibt, sich die benötigten Fertigkeiten anzueignen.

Dies läßt sich durch Trainingsexperimente belegen, einfacher und überzeugender aber durch die Leistungen von Personen, die über die betreffenden Fertigkeiten bereits aus außerexperimenteller Erfahrung verfügen. Zur ersten Kategorie gehören z.B. Daten von Damos & Wickens (1980), die zeigen, daß bereits innerhalb einer Versuchssitzung gelernt werden kann, zwei simultane Trackingaufgaben fast so gut zu bewältigen wie eine einzelne; sowie eine Langzeitstudie von Hirst, Spelke, Reaves, Caharack & Neisser (1980), während der die Versuchspersonen lernten, zugleich einen Text zu lesen und einen anderen, diktierten Text zu schreiben. Daß spezifische Interferenz, wie wir sie in den vorausgegangenen Beispielen kennengelernt haben, bei geübten Tätigkeiten fehlt, ist bereits der Alltagserfahrung zu entnehmen; Schreibmaschineschreiben und Klavierspielen wären unmöglich, wenn nicht die beiden Hände zugleich verschiedene Bewegungsmuster ausführen könnten. Die spezifischen Beschränkungen, die sich bei ungeübten Personen finden, fehlen hier; z.B. können Pianisten beim Klavierspielen die Zeitmuster der beiden Hände unabhängig voneinander steuern (Shaffer, 1981, 1982) und Stenotypistinnen mehrere Finger beim Schreibmaschineschreiben zugleich zu unterschiedlichen Tasten bewegen (Rumelhart & Norman, 1982). Ein weiteres Beispiel ist das Lesen. Leises Lesen wird durch Sprechen als Zusatztätigkeit spezifisch beeinträchtigt (z.B. Kleiman, 1975; Levy, 1977); die Interferenz fehlt aber innerhalb der Fertigkeit des lauten Lesens: Hier kann eine Textstelle leise gelesen und eine andere, mehrere Wörter zurückliegende ohne Beeinträchtigung zugleich gesprochen werden (Blick-Sprech-Spanne, Überblick z.B. bei Kolers, 1976).

Mit der Feststellung, daß spezifische Interferenz zu einem erheblichen Teil an die Voraussetzung ungenügender Geübtheit gebunden ist, hat man sie freilich noch nicht erklärt. Überlegungen zu ihrer Interpretation sind im nächsten Abschnitt skizziert. Zunächst soll zum Abschluß unserer Befundübersicht noch an einigen Beispielen belegt werden, daß die Interferenz in bestimmten Fällen auch ganz unspezifisch sein kann.

Generelle Interferenz. Eine generelle Beeinträchtigung ist erstens dann anzutreffen, wenn eine Handlung durch einen nicht vorhersagbaren Reiz ausgelöst werden soll, während bereits eine andere Handlung im Gange ist.

Das klassische Beispiel ist die "psychologische Refraktärzeit" in Versuchssituationen, in denen zwei Reize kurz hintereinander mit zwei verschiedenen motorischen Reaktionen zu beantworten sind (Überblick bei Bertelson, 1966; Sanders, 1979; Welford, 1980). Die Reaktion auf den zweiten oder auf beide Reize wird dann verzögert. Der Effekt bleibt auch nach mehreren Monaten Training erhalten (Gottsdanker & Stelmach, 1971) und tritt auch dann ein, wenn die beiden Reize unterschiedlichen Sinnesmodalitäten angehören (Davis, 1959). Ein neueres Paradigma, das einen ähnlichen Effekt zeigt, verlangt von der Versuchsperson eine einfache Reaktion (meist Tastendruck) auf einen einfachen Reiz (Sondierreiz = probe stimulus, z.B. einen Ton), während sie zugleich mit einer anderen Tätigkeit befaßt ist (Überblick bei Posner, 1978; Poulton, 1981). Auch hier findet sich Interferenz selbst bei Verschiedenheit in der Sinnesmodalität (Proctor & Proctor, 1979) und in der Antwortart (unveröffentlichte Daten von McLeod & Posner, zitiert in Posner 1982); und auch hier bleibt sie nach monatelangem Training bestehen (Salthouse & Somberg, 1982). Neben der Interferenz, die durch die Enge der perzeptiven Aufmerksamkeit verursacht wird, scheint dies die einzige Form zu sein, die im Prinzip unabhängig vom Grad der Geübtheit ist.

Eine weitere Art der Interferenz, die nicht an spezifische Ähnlichkeit zwischen den gepaarten Aufgaben gebunden ist, betrifft den zeitlichen Aspekt der Doppeltätigkeit. Es besteht eine starke Tendenz zur Synchronisation nicht nur zwischen den beiden Händen (Adams & Chambers, 1962; Kelso, Southard & Goodman, 1979; Klapp, 1979), sondern auch zwischen Handbewegungen und Sprechen (Klapp, 1981; Peters, 1977). Der Übungsfortschritt bei Doppelaufgaben geht oft mit dem Erlernen einer Arbeitsmethode einher, die eine Synchronisation erlaubt (Kalsbeek, 1964; Wehner & Stadler, 1982), obwohl, wie schon erwähnt, auch die Steuerung desynchroner Bewegungen, wie sie z.B. beim Klavierspielen verlangt werden, erlernt werden kann (Shaffer, 1981, 1982). Die zeitliche Feinstruktur der Interferenz zwischen gleichzeitigen Tätigkeiten ist in der Doppelaufgaben-Forschung notorisch vernachlässigt worden. Wo man sie analysiert hat, sind derartige Koordinationsprobleme meist zum Vorschein gekommen (z.B. Fisher, 1975; McLeod, 1977). Vielzitierte Beispiele für Interferenz zwischen zwei verschiedenartigen sequentiellen Tätigkeiten, bei denen eine solche Analyse fehlt, lassen sich möglicherweise u.a. auf diesen Faktor zurückführen (z.B. Kantowitz & Knight, 1974, 1976; Keele, 1967; Trumbo & Milone, 1971).

Während diese beiden Formen der Interferenz, obwohl sie von inhaltlichen Merkmalen der miteinander gepaarten Aufgaben unabhängig sind, doch an bestimmte strukturelle Bedingungen (Auslösung durch einen unerwarteten Reiz, zeitliche Strukturierung der Handlungen) gebunden sind, ist die dritte Form diffuser und deshalb nicht so leicht an einzelnen experimentellen Paradigmen festzumachen. Sie äußert sich in der gegenseitigen Beeinträchtigung zwischen zwei Handlungen in dem Maß, in dem beide es verlangen, bestimmte, ad hoc für das jeweilige Experiment formulierte Zuordnungsregeln zu befolgen.

Dieses Maß kann durch die Zahl oder durch die Komplexität der zu berücksichtigenden Regeln variiert werden. Beispielsweise fand Schvaneveldt (1969), daß die verbale Reaktionszeit auf Ziffern sich mit der Zahl der alternativen Reiz-Reaktionspaarungen in einer simultanen manuellen Reaktionsaufgabe erhöht, und daß deren Reaktionszeit ihrerseits von der Alternativenzahl in der verbalen Aufgabe abhängt. Eine ähnliche gegenseitige Beeinflussung, jedoch nach Maßgabe der Komplexität, ergab sich bei Keele (1967) zwischen einer Reaktionsaufgabe mit unterschiedlicher Kompatibilität und einer verbalen Aufgabe, bei der der Rechenaufwand variiert wurde.

Bei anderen Aufgabentypen wird durch Manipulation der Schwierigkeit die Zahl und Komplexität der Zuordnungsregeln hingegen nicht verändert. Beim Tracking lautet die Regel z.B. stets, den Zeiger auf dem Ziel zu halten; unabhängig davon, ob dessen Bewegungsgeschwindigkeit, Amplitude etc. die Aufgabe leicht oder schwierig machen. Ebenso befolgt die Versuchsperson in einem Tapping-Experiment stets die Regel, einen Griffel zwischen zwei Zielflächen hin- und herzubewegen; auch dies unabhängig von Faktoren wie der Bewegungsamplitude und der Größe der Zielfläche, die über die Aufgabenschwierigkeit entscheiden.

Bei diesem Typ von Schwierigkeitsmanipulation findet man folgerichtig (sofern nicht andere Interferenzursachen mit im Spiel sind) das Phänomen der Schwierigkeits-Indifferenz (difficulty insensitivity, Wickens, 1980): Wenn man die Schwierigkeit einer derartigen Aufgabe variiert, bleibt das ohne Einfluß auf die Leistung in der anderen (z.B. Israel, Chesney, Wickens & Donchin, 1980; Roediger, Knight & Kantowitz, 1977). Umgekehrt werden solche Aufgaben oft auch ihrerseits nicht dadurch beeinflußt, daß die Zusatzaufgabe hinsichtlich der zu berücksichtigenden Regeln schwieriger gemacht wird (z.B. Briggs, Peters & Fisher, 1972; Kantowitz & Knight, 1974, 1976). Jedoch ist die Leistung in allen Doppelaufgaben jeweils etwas schlechter als in der Einzelaufgaben-Situation; auch die einfache Regel hat eine gewisse Interferenzwirkung.

Derartige Aufgaben können ohne eine genauere Instruktion als die, den Zeiger auf dem Ziel zu halten o.ä., ausgeführt werden. Andererseits kann es für die

Versuchsperson vorteilhaft sein, aus ihrer Erfahrung selbst Regeln abzuleiten, die zu einer komplizierteren Selbstinstruktion führen. Das ist dann der Fall, wenn in die Sequenz der Reizereignisse, z.B. die Bewegungen eines Zielpunkts, statistische Regelmäßigkeiten eingebaut sind. Dies führt zu einem schnelleren Lernzuwachs. Jedoch wächst, wie nach dem bisher Gesagten zu erwarten, damit auch die Anfälligkeit für Interferenz durch eine Zusatzaufgabe; vor allem in der Phase, in der die Regelmäßigkeiten entdeckt werden (Crowder, 1967; Trumbo, Noble & Quigley, 1968).

Entscheidend für diese Art der generellen Interferenz ist nicht, jedenfalls nicht ausschließlich, daß die fraglichen Regeln simultan **angewandt** werden. Auch das Verfügbarhalten solcher Regeln wirkt beeinträchtigend (Allport, 1980 b). Das gilt bereits für die Ausführung nur einer Aufgabe; der klassische Nachweis ist die Zunahme der Wahlreaktionszeit mit der Anzahl der alternativen Reiz – Reaktionszuordnungen, die bereitgehalten werden müssen (Hick, 1952; Merkel, 1885). Entsprechend hat sich gezeigt, daß die Reaktionszeit (Noble, Sanders & Trumbo, 1981), das visuelle Suchen (Schneider & Fisk, 1982) und die Leistung in einem Entdeckungsexperiment (Adler, 1979) dadurch beeinträchtigt werden, daß die Vp auf eine Zweitaufgabe vorbereitet ist, auch wenn sie in dem betreffenden Versuchsdurchgang nicht oder erst nach der Erstaufgabe ausgeführt zu werden braucht.

Damit beenden wir den Überblick über die wichtigsten Befunde. Es liegt auf der Hand, daß die Hypothese unspezifischer Kapazität sie nicht erklären kann, weder in ihrer ursprünglichen Fassung noch in der Variante der Zwei – Prozeß – Theorien. Die Hypothese spezifischer Ressourcen schneidet kaum besser ab. Zwar stimmt es, daß die Interferenz in qualitativ unterschiedlichen Formen auftritt, aber die Übersetzung dieses Befundmusters in Ressourcen trägt nicht nur nichts zu seiner Aufklärung bei, sondern verhindert darüber hinaus, daß die richtigen Fragen gestellt werden. Die Formen der Interferenz zu identifizieren ist nicht, wie die Ressourcen – Hypothese es nahelegt, das **Ziel** der Aufmerksamkeitstheorie, sondern ihr **Ausgangspunkt**. Zu fragen ist, warum es jeweils diese Interferez gibt, d.h. welches ihre Funktion ist, und welches ihre Funktionsgrundlage. Die zweite Frage – das Problem der Mechanismen – läßt sich nach meiner Überzeugung erst dann erfolgversprechend angehen, wenn man eine Vorstellung von der **Aufgabe** dieser Mechanismen hat. Nur mit dieser ersten Frage befaßt sich der folgende, abschließende Abschnitt.

4. Begrenzte Kapazität als Problem

4.1 Aufgaben der Aufmerksamkeit

Die Kapazitätshypothese ist nicht nur, wie im Abschnitt 2.1 gezeigt, unter allgemeinen biologischen Gesichtspunkten unplausibel; sie widerspricht auch dem, was über die funktionelle Ausstattung und die Funktionsweise des Zentralnervensystems bekannt ist. Die Bedeutung der Neurophysiologie für die psychologische Theoriebildung ist in den letzten Jahren zunehmend gewürdigt worden (z.B. Allport, 1980 a; Anderson & Hinton, 1981; Arbib, 1981; Feldman & Ballard, 1982; Kohonen, Oja & Lehtiö, 1981). Von den in diesen Arbeiten herausgearbeiteten Gesichtspunkten sind für die Aufmerksamkeitstheorie insbesondere die folgenden von Bedeutung:

1. Parallele Verarbeitung: Im Gegensatz zu den heutigen Digitalrechnern arbeitet das Gehirn hochgradig parallel. Dies gilt auch für den Neokortex, wo sowohl innerhalb eines Areals (z.B. im visuellen Kortex; Zeki, 1978) als auch in unterschiedlichen Arealen Reize parallel analysiert und motorische Muster parallel generiert werden können.

2. Verteilte Repräsentation: Es spricht vieles dafür, daß einzelne Repräsentationen (Gedächtniseintragungen) nicht in der Aktivität individueller Zellen vom Typ der legendären Großmutter - Zelle verkörpert sind, sondern in einem Aktivitätsmuster zahlreicher neuronaler Einheiten, wobei dieselben Elemente - in unterschiedlichen Mustern aktiviert - Träger unterschiedlicher Repräsentationen sein können. Beispielsweise sind dieselben Zellen im visuellen Kortex von Affen sowohl an einer frühen, reizabhängigen Repräsentation der visuellen Information beteiligt wie auch an einem späten, erst nach etwa 300 msec einsetzenden Errregungsmuster, das aufgabenabhängig ist (Bridgeman & Hall, 1982).

3. Verteilte Kontrolle: Eine Handlung wird nicht auf einer funktionellen Ebene des ZNS festgelegt und von untergeordneten Ebenen nur noch ausgeführt, sondern es sind zahlreiche Teilsysteme auf unterschiedlichen Ebenen an der Festlegung ihrer Parameter beteiligt (verteilte Kontrolle im weiteren Sinn; z.B. Pew, 1984). Weiterhin gibt es Gründe für die Annahme, daß auch die Entscheidungen innerhalb einer Kontrollebene nicht an "einer Stelle" fallen, sondern das Ergebnis von Bahnungs - und Hemmungsprozessen innerhalb größerer Zellverbände sind (verteilte Kontrolle im engeren Sinn; Arbib, 1981).

Ein so organisiertes System kennt nicht die Kapazitätsprobleme eines seriellen Digitalrechners. Verschiedene Verarbeitungsprozesse konkurrieren nicht miteinander um Kapazität; sie können es gar nicht, weil sie ihr jeweils **eigenes** neuronales Substrat haben: sie sind inhaltsspezifisch (content specific; Allport, 1980 a). Jedoch treten ganz andersgeartete Probleme auf, insbesondere angesichts der Peripherie, die dieses System zu steuern hat:

Verteilte Repräsentationen und verteilte Kontrolle bedingen einen hohen Vernetzungsgrad. Die an einem Verarbeitungs- und Steuerungsprozeß beteiligten Einheiten weisen stets auch zahlreiche Verbindungen zu Elementen auf, die an dem betreffenden Prozeß nicht beteiligt sind. Hieraus resultiert das in Computern nicht existierende Problem, wie eine ungesteuerte Erregungsausbreitung vermieden werden kann (Berlyne, 1970; Kinsbourne, 1980). Weiterhin erlaubt es die Möglichkeit der parallelen Verarbeitung in Verbindung mit den bei Säugetieren hochentwickelten, auf vielfältige Aspekte der Umwelt eingerichteten Sinnessystemen, Umweltinformation umfassend aufzunehmen; aber die Effektoren lassen es nicht zu, mehr als einen kleinen Teil dieser Information zur Handlungssteuerung zu benutzen. Es muß daher zum einen entschieden werden, welche Umweltinformation eine Handlung **auslösen** soll (Neumann, 1980; Shallice, 1972, 1978). Zum anderen sind Entscheidungen notwendig, die festlegen, welche Information zur **Steuerung** einer Handlung dienen soll, was vor allem dann schwierig ist, wenn ähnliche Arten von Information simultan in unterschiedliche Teilhandlungen einbezogen werden müssen (Allport, 1980 b; Neumann, 1978 a). Auch dort, wo keine konkurrierende Umweltinformation vorliegt, stellen sich solche Entscheidungsprobleme. Die Freiheitsgrade einer Bewegungsfolge müssen beherrscht, d.h. alle Parameter müssen spezifiziert werden, so daß der Bewegungsablauf eindeutig festgelegt ist (Bernstein, 1975). Weiterhin würde die Flexibilität des Systems es ermöglichen, Handlungsziele ständig zu wechseln und/oder sie zugunsten der Anpassung an eine momentane Umweltsituation aufzugeben. Ein solches Verhalten, das sich z.B. bei Frontalhirnschädigungen findet, ist offenbar dysfunktional (siehe z.B. Luria, 1980; Pribram & Luria, 1973).

Alle diese Schwierigkeiten – für eine ausführlichere Erörterung verweise ich auf Neumann (1983) – gibt es für serielle Digitalrechner nicht, es sei denn in Form von Software-Problemen. Die Probleme existieren bei lebenden Organismen in dem Maß, in dem im Lauf der Evolution ihre Fähigkeiten, Information aufzunehmen und zu verwenden, über ihre effektorischen Möglichkeiten hinausgewachsen sind. Einen Selektionsvorteil konnte diese Entwicklung nur dadurch bringen, daß zugleich Wege gefunden wurden, die damit einhergehenden Schwierigkeiten zu beherrschen. Dies sind auch meiner Auffassung die Funktionen der Aufmerksamkeit. Die Engephänomene, in denen sich für die Kapazitätstheorien das Wesen der Aufmerksamkeit ausdrückt, ergeben sich sekundär aus der Lösung der Selektionsprobleme.

Von Funktionen **der** Aufmerksamkeit kann in dieser Betrachtungsweise nur in deskriptivem Sinn die Rede sein. "Aufmerksamkeit" ist die Bezeichnung für die Gesamtheit der Mechanismen, die der Lösung der genannten Probleme dienen. Ihre

Aufgaben sind verschieden; es gibt keinen Grund für die Annahme, daß ihre neurophysiologischen Grundlagen dieselben sein sollten, was die anatomische Lokalisation, die funktionellen Merkmale und das phylogenetische Alter angeht. Einige dieser Mechanismen dürften bei allen Säugetieren vorhanden sein, andere sind möglicherweise auf Primaten oder vielleicht auf den Menschen beschränkt. Sie mit einer gemeinsamen Aufmerksamkeitstheorie fassen zu wollen, kann nur zum Mißerfolg führen, oder zu Theorien, deren umfassende Anwendbarkeit aus ihrer umfassenden Leere entspringt.

Welche Funktionen der Aufmerksamkeit sind zu vermuten? Ein erster Zugang zu dieser Frage sollte sich eröffnen, wenn man die funktionellen **Probleme**, von denen soeben die Rede war, mit den unterschiedlichen **empirischen Erscheinungsformen** der Aufmerksamkeit in Beziehung setzt, die im Abschnitt 3 beschrieben wurden.

4.2 Ursachen der Interferenz

Die im vorigen Abschnitt genannten Funktionsmerkmale des ZNS erzeugen nicht nur – zusammen mit den peripheren Bedingungen, unter denen das ZNS arbeitet – die Selektionsprobleme, sondern sie schränken auch die Möglichkeiten zu ihrer Lösung ein. In einem hochgradig parallelen System mit verteilter Kontrolle scheidet das "Machtwort von oben" als ein allgemeines Lösungsprinzip aus; ganz abgesehen davon, daß der das Machtwort sprechende Homunkulus selbst wieder vor eben jenen Problemen stehen würde, um deren Lösung es geht. Es ist vielmehr anzunehmen, daß das ZNS neben "abwärtsgerichteter" Steuerung in hohem Maß über die Möglichkeiten verfügt, Selektionsprobleme auf derselben Ebene zu lösen, auf der sie entstehen. Wie neuronale Netze durch Kooperation und Wettstreit zwischen ihren Elementen zu stabilen Entscheidungen gelangen können, haben z.B. Amari & Arbib (1977) und Feldman & Ballard (1982) gezeigt. Reziproke Hemmung, durch die zwischen möglichen Handlungen oder Handlungskomponenten entschieden wird, ist auf den verschiedensten Ebenen der zentralnervösen Integration gefunden worden; von der Hemmung, von "Fixationsneuronen" im Areal 7 durch "Sakkadenneurone" (Lynch, Mountcastle, Talbot & Yin, 1977) bis zur Hemmung komplexer Handlungen, wenn eine andere Handlung durch elektrische Hirnreizung ausgelöst wird (z.B. v. Holst & v. St. Paul, 1960; s.o. Abschnitt 2.1).

Diese Art der Lösung eines Selektionsproblems ist notwendigerweise mit Engephänomenen verbunden. Wenn z.B. – wie es das Modell von Amari & Arbib (1977) vorsieht – der Wettstreit im Tectum des Frosches dazu führt, daß nur noch ein einziges (einen Ort repräsentierendes) Element erhöhte Aktivität aufweist, dann "beachtet" der Frosch diesen Ort – aber notwendigerweise **nur** diesen Ort. Der Preis für die Selektion ist die Enge der perzeptiven Aufmerksamkeit; oder vielmehr: Die Enge würde als ein zu zahlender Preis erscheinen, wenn man dem Frosch die Aufgabe stellen würde, zugleich zwei Fliegen an zwei Orten zu beachten. Er braucht es nicht zu können. Eine solche Fähigkeit würde ihn bei der Entscheidung darüber, wohin er springen soll, nur in die Lage des buridanischen Esels versetzen.

Nach diesem Prinzip lassen sich, wie ich abschließend zeigen möchte, die in Abschnitt 3 beschriebenen Engephänomene als Leistungen von Selektionsmechanismen verstehen. Zunächst kann es nur darum gehen, mit einer gewissen Plausibilität diese Mechanismen zu identifizieren. Die Aufklärung ihrer Funktionsweise ist eine andere Sache.

Perzeptive Aufmerksamkeit. Lebewesen nehmen Information aus der Umwelt nicht zur Bereicherung ihrer Kenntnisse auf, sondern weil sie sie benötigen, um situationsgerecht handeln zu können. (Exploration kann freilich die Funktion haben, dem Handeln eine Orientierungsgrundlage zu verschaffen. Aber auch hier wird Information nicht einfach aufgenommen, sondern in das Handeln einbezogen; siehe Neumann, 1983, sowie Wolff, dieser Band). Es ist deshalb nicht erklärungsbedürftig, warum nicht die gesamte an der Sinnesperipherie verfügbare Information verarbeitet wird. Es gibt keinen Grund, warum dies geschehen sollte. Die nicht in das Handeln einbezogene Information braucht auch nicht notwendigerweise durch spezielle Mechanismen ausgefiltert zu werden; sie wird einfach nicht aufgenommen (Neisser, 1976).

Der Frosch, der auf eine Fliege lauert, braucht das Surren der Libellen und die Wärme der Sonne nicht auszufiltern. Er verfügt über die angeborene Fertigkeit des zielgerichteten Schnappens und nimmt diejenige Information aus der Umwelt auf, die zur Anwendung dieser Fertigkeit benötigt wird. Sie besteht in der Position einer Fliege in seinem Gesichtsfeld, aber nicht im Surren der Libellen. Soweit ist Neisser zuzustimmen. Dem Frosch stellen sich jedoch Selektionsprobleme in den folgenden beiden Situationen: Erstens, wenn anstatt der erhofften Fliege der Schnabel eines Storchs auftaucht. Zweitens, wenn zugleich zwei oder mehr Fliegen in seinem Gesichtsfeld erscheinen. Der erste Fall erfordert die Reaktion auf einen nichterwarteten Reiz, der zweite verlangt es, auf erwartete Reize (nämlich alle Fliegen bis auf eine) nicht zu reagieren. Zur Lösung dieser Selektionsprobleme sind Aufmerksamkeitsmechanismen erforderlich.

Es gibt Hinweise darauf, daß jedenfalls Säugetiere das erste Problem mit Hilfe eines speziellen Orientierungssystems lösen, welches das Syndrom der Orientierungsreaktion (Lynn, 1966; Sokolov, 1963) steuert und für das neuroanatomisch der

Mandelkern und möglicherweise der Hippocampus die entscheidenen Schaltstellen sein könnten (Grossberg, 1982; Pribram & McGuinness, 1975).

Die neuroanatomische Funktionsgrundlage der zweiten Leistung – des Nichtverarbeitens von Reizen, **obwohl** sie in das laufende Handeln passen – ist weniger klar. Es ist jedoch offensichtlich, wie das Problem auf der Verhaltensebene gelöst wird. Lebewesen sind beweglich und verfügen über bewegliche Sinnesorgane. Die Nichtverarbeitung wird weitgehend dadurch ermöglicht, daß die fragliche Information durch eine äußere Abwendung "ausgefiltert" wird. Wenn ein Huhn den Blick und den Schnabel auf ein Korn richtet, fallen andere, alternative Körner als Konkurrenten um die Steuerung des Pickens aus. Der Wolf, der einem Schaf nachsetzt, hat das Selektionsproblem ebenfalls durch äußere Orientierung gelöst.

Dies ist aber offensichtlich nicht ausreichend. Zum einen muß ja erst einmal über diese äußere Orientierung entschieden werden. Zweitens gehen die Selektionsanforderungen jedenfalls beim Menschen über das hinaus, was durch diese groben äußeren Mittel zu bewältigen ist. Beide Funktionen – die **Steuerung** und die **Ergänzung** der Selektion durch äußere Zuwendung – müssen von speziellen Aufmerksamkeitsmechanismen wahrgenommen werden. Entsprechend spezialisierte neuronale Systeme sind in den letzten Jahren für die Steuerung der Blickbewegungen und der visuellen Aufmerksamkeit im Areal 7 von Affen gefunden worden (Überblick bei Mountcastle, 1975, 1978; Wurtz, Goldberg & Robinson, 1980).

Auch diese "innere" Selektion ist, wie die äußere, die Zuwendung zu einem Objekt an einem bestimmten Ort. Nur durch dieses räumliche Fokussieren (Wolff, 1977; Neumann, 1980, 1983) ist eine eindeutige und stabile Selektion möglich. Für die in Abschnitt 3.1 beschriebenen Befunde ergibt sich hieraus folgendes:

1. **Spezifische perzeptive Interferenz**: Der grundlegende Mechanismus der perzeptiven Selektion ist das räumliche Fokussieren. Innerhalb einer Modalität können nicht unabhängig voneinander zwei Objekte fokussiert werden, aber räumlich benachbarte Objekte können zu Einheiten höherer Ordnung zusammengefaßt und dadurch gemeinsam fokussiert werden. (Die Aufmerksamkeit kann **verteilt**, aber nicht innerhalb einer Modalität **geteilt** werden). Eine solche Integration kann allerdings dazu führen, daß die Merkmale der Komponenten nicht mehr getrennt zu identifizieren sind. Das erklärt, warum neben der räumlichen Nähe auch strukturelle Ähnlichkeit ein kritischer Faktor ist, wie z.B. in dem in Abschnitt 3.2 berichteten Experiment von Treisman & Davies (1973) (vgl. Neumann, 1981).

2. **Grenzen der Informationsselektion**: Das Ignorieren irrelevanter Information kann aus zwei Gründen mißlingen: Erstens, wenn sie eine Orientierungsreaktion auslöst – ein Beispiel ist des Effekt des eigenen Namens –, zweitens dann, wenn

das Fokussieren versagt oder unzulänglich gelingt. Die meisten der in Abschnitt 3.1 genannten Beispiele sind dem zweiten Fall zuzurechnen. Beim Stroop-Effekt in seiner klassischen Form **muß** z.B. das räumliche Fokussieren als Selektionsinstrument versagen, weil Farbe und Wort ja Merkmale desselben, nur als eine Einheit fokussierbaren Reizobjekts sind (Neumann, 1980). Sind relevante und irrelevante Information räumlich benachbart und Teile einer übergeordneten perzeptiven Einheit, dann wird die irrelevante Information mitbeachtet, wenn beim Fokussieren zunächst diese übergeordnete Einheit erfaßt wird.

3. **Präattentive Verarbeitung**: Die Einbeziehung von Information in das Handeln ist, wie wir gesehen haben, nicht generell mit Bewußtsein verbunden; aber nichts berechtigt zu der Behauptung, daß die gesamte Reizinformation präattentiv verarbeitet wird. Information wird in das Handeln einbezogen, wenn sie entweder zu seiner Steuerung benötigt wird (Kriterium der **Eignung**; Neumann, 1983; vgl. den Begriff der Relevanz bei Prinz, 1983), oder wenn sie aufgrund ihrer **Wichtigkeit** (Pertinenz bei Prinz, 1983) zur Auslösung einer Orientierungsreaktion geeignet ist. Im zweiten Fall ist die aufgenommene Information aufgrund der Funktion des Vorgangs (bezogen auf das laufende Handeln) "irrelevant"; im ersten Fall kann, wie gerade erörtert, irrelevante Information eindringen, wenn das Fokussieren nicht völlig gelingt. Damit sind die experimentellen Beispiele für präattentive Verarbeitung beim dichotischen Hören und bei rückwirkender Markierung hinreichend erklärt, was den Umstand angeht, daß es überhaupt zur Verarbeitung der betreffenden Information kommt: Die Ursachen sind dieselben wie in den Fällen, in denen irrelevante Information mit dem Resultat ihrer bewußten Repräsentation verarbeitet wird. Erklärungsbedürftig ist allerdings, warum unter den speziellen Bedingungen, unter denen präattentive Verarbeitung nachgewiesen wurde, die Stufe der bewußten Repräsentation nicht erreicht wird. Die Lösung könnte die folgende sein:

Es handelt sich stets um Situationen, in denen die irrelevante Information zwar Aufmerksamkeit auf sich ziehen kann, aber nur **kurzzeitig** – entweder, weil der anschließende Maskierreiz als Gegenstand des Fokussierens an die Stelle des Testreizes tritt, wie bei rückwirkender Maskierung (siehe Neumann, 1982), oder weil die Versuchsperson sich bemüht, den Reiz zu ignorieren, wie im Fall des dichotischen Hörens (siehe Treisman, Squire & Green, 1974). Nun ist aus den Untersuchungen von Libet und seinen Mitarbeitern (Überblick bei Libet, 1978) bekannt, daß kortikale Erregung erst nach einer Dauer von einigen hundert Millisekunden zu einer bewußten Repräsentation führt (Libet, 1966). Dieses späte Auftreten von Bewußtsein im Verarbeitungsverlauf scheint ein generelles Phänomen zu sein, das auch auf der Seite der Handlungssteuerung anzutreffen ist (Libet, Gleason, Wright

& Pearl, 1983). Es liegt also nahe, das Fehlen von Bewußtsein auf die unzureichende Dauer der Aufmerksamkeitszuwendung zurückzuführen. Die Daten aus derartigen Experimenten zeigen demnach nicht, daß alle Reize präattentiv verarbeitet werden, sondern nur, daß die Zuwendung perzeptiver Aufmerksamkeit zwar eine notwendige, aber noch nicht eine hinreichende Bedingung für die Entstehung einer bewußten Repräsentation ist.

Mehrfachtätigkeit. Das Verhalten von Tieren wie auch das von kleinen Kindern ist dadurch gekennzeichnet, daß sie nur eine Sache zu einer Zeit tun, aber zwischen Handlungen häufig hin und herwechseln. Offenbar ist hier reziproke Hemmung im Spiel, die dafür sorgt, daß von alternativen Handlungen, für die Kausalfaktoren existieren, jeweils nur eine ausgeführt wird. Die konkurrierenden Handlungstendenzen bleiben aber erhalten und setzen sich oft früher oder später durch ("Pendeln", von Holst & v. St. Paul, 1960; "Time-sharing", MacFarland, 1974; Überblick bei Baerends, 1976; Fentress, 1973; Hinde, 1970).

Diese Art von Mehrfachtätigkeit entspricht der Funktionsweise eines Systems mit verteilter Kontrolle: Die Dominanzverhältnisse sind flexibel, aber zu einer Zeit kann immer nur ein Handlungssystem dominant sein (Shallice, 1972, 1978). Die simultane Ausführung unabhängiger Handlungen ist in einem solchen System nicht vorgesehen; sie kann allenfalls passieren, wenn der Mechanismus der reziproken Hemmung seiner Aufgabe nicht gerecht wird. Die Frage ist deshalb, wie erwachsene Menschen überhaupt in der Lage sind, Doppeltätigkeits-Aufgaben zu bewältigen.

Shallice hat zur Erklärung angenommen, daß neben der dominanten Handlung weitere Handlungen in dem Maß ausgeführt werden können, in dem für sie Ressourcen übrigbleiben. Das erklärt aber erstens nicht, wieso Tiere und kleine Kinder nicht zur Mehrfachtätigkeit fähig sind, wird zweitens dem Sachverhalt nicht gerecht, daß auch gleich gewichtige Handlungen simultan ausführbar sind, und übersieht drittens, daß damit das Selektionsproblem nicht gelöst, sondern nur verlagert wäre; denn es bedürfte eines vorausschauenden Homunkulus, der den Ressourcenbedarf der Teilhandlungen kennt und die Ressourcen verteilt, um diese Art der Mehrfachtätigkeit zu realisieren.

Die Lösung liegt nach meiner Auffassung vielmehr darin, daß es neben dem "Pendeln" oder "Time-sharing" noch eine zweite Möglichkeit gibt, unterschiedliche Handlungstendenzen miteinander zu vereinbaren, nämlich ihre Integration in eine übergeordnete Handlung. Die Integration von zunächst getrennten funktionellen Systemen zu größeren Einheiten mit neuen Aufgaben ist ein allgemeines Prinzip sowohl beim Erwerb neuer Funktionsmöglichkeiten in der Evolution (siehe z.B.

Lorenz, 1977) als auch bei der Aneignung von Fertigkeiten (z.B. Schaeffer, 1975; Weigl, 1981). Die konkurrierenden werden dabei zu kooperierenden Systemen.

Erwachsene Menschen können in bestimmten Fällen zwei Handlungen miteinander integrieren, ohne zuvor eine solche übergeordnete Fertigkeit durch Lernen erworben zu haben. Dies ist möglich, weil sie zur Integration einen gemeinsamen Handlungsplan formulieren können. Mehrfachtätigkeit im strengen Sinn gibt es deshalb nicht. Die meisten Handlungspläne enthalten Elemente, die einander in der Ausführung mehr oder weniger zeitlich überlappen. Bei "Doppeltätigkeit" handelt es sich um nichts grundsätzlich anderes.

Die Grenzen der Mehrfachtätigkeit sind in dieser Interpretation identisch mit den Grenzen der Handlungssteuerung durch einen Handlungsplan. Damit lassen sich die in Abschnitt 3.2 genannten Befunde verstehen:

1. **Spezifische Interferenz**: Ein Handlungsplan legt Parameter der Handlung fest, die nicht bereits durch die benutzten Fertigkeiten und die verfügbare Umgebungsinformation spezifiziert werden. Dadurch ist es möglich, etwas zu tun, bevor man es gelernt hat. Diese Parameterspezifikation durch Handlungsplanung ist, wie die Selektion eines Objekts beim räumlichen Fokussieren, die Reduktion von Möglichkeiten auf genau eine verbleibende Möglichkeit. So, wie nicht zugleich verschiedene unabhängige Objekte in derselben Modalität fokussiert werden können, kann ein Parameter innerhalb einer Fertigkeit auch nicht zugleich mit unterschiedlichen Werten belegt werden. Möglicherweise wird das durch Hemmung zwischen benachbarten Gehirnlokalisationen sichergestellt, wie sie Kinsbourne (1980) in einem anderen theoretischen Kontext vermutet.

Tätigkeiten, die innerhalb eines Handlungsplans zugleich gesteuert werden, interferieren deshalb miteinander in dem Maß, in dem sie es verlangen, von derselben Fertigkeit in unterschiedlicher Weise Gebrauch zu machen. Je ähnlicher zwei Handlungen hinsichtlich der beteiligten Effektoren, der Art der auszuführenden Bewegung, der Beschaffenheit der zu berücksichtigenden Information usf. sind, umso größer wird diese funktionelle Überlappung, und umso ausgeprägter muß deshalb die Interferenz sein.

2. **Übungseffekte**: Daß spezifische Interferenz durch Übung überwunden werden kann, folgt unmittelbar aus dieser Annahme. Durch Übung werden Fertigkeiten differenziert, d.h. aus allgemeinen Fertigkeiten werden spezifische Fertigkeiten (Anderson, 1982; Schaeffer, 1975). Bei gleicher äußerer Ähnlichkeit zwischen zwei Aufgaben reduziert sich damit ihre funktionelle Überlappung. Beispielsweise wird, wie schon erwähnt, das Lesen durch eine gleichzeitige, vom Lesen unabhängige Sprechaufgabe beeinträchtigt. Eine wesentliche Rolle scheint dabei zu spielen, daß in

dieser Situation die zeitliche Sturktur des gelesenen Textes nicht mehr durch inneres Sprechen repräsentiert werden kann (Baddeley, Eldridge & Lewis, 1981; Levy, 1977; vgl. Neumann, 1980). Lesen und Sprechen konkurrieren also um gemeinsam benötigte sprachliche Fertigkeiten. Geübte Stenotypistinnen können hingegen, während sie einen visuell dargebotenen Text tippen, zugleich eine Sprechaufgabe ausführen (Shaffer, 1975). Es gibt Hinweise darauf, daß sie die zeitliche Struktur des Textes in einer auf die speziellen motorischen Anforderungen beim Schreiben abgestimmten Form repräsentieren (Shaffer, 1976, 1978). Sie sind dadurch offenbar nicht mehr auf die generellen sprachlichen Fertigkeiten angewiesen, die bei ungeübten Personen die Interferenz verursachen.

3. **Generelle Interferenz**: Eine der Quellen genereller Interferenz ist, wie wir in Abschnitt 3.2 gesehen haben, die zeitliche Strukturierung der simultanen Handlungen. Dies erklärt sich unmittelbar aus dem bisher Gesagten: Auch wenn Fertigkeiten hochdifferenziert sind, d.h. die Parameter der Handlung weitgehend spezifizieren, muß die zeitliche Struktur des Handlungsablaufs doch in der Regel durch Handlungsplanung festgelegt werden. Es liegt deshalb hier eigentlich nicht generelle Interferenz vor, sondern ein genereller Fall spezifischer Interferenz.

Zweitens interferieren Handlungen in dem Maß, in dem bei ihrer Ausführung ad hoc formulierte Regeln angewandt werden müssen. Diese Interferenzform spiegelt unmittelbar den Anteil der Handlungsplanung an der Festlegung von Parametern wider; sie verschwindet, wenn die Handlungsplanung durch Erwerb einer spezifischen Fertigkeit überflüssig gemacht wird (z.B. Schneider & Fisk, 1982). Ein funktionelles Verständnis dieses Engephänomens wird man erst erwarten können, wenn Handlungsplanung einmal zu einem Forschungsgegenstand geworden ist. Es könnte die lineare Organisation der Sprache eine Rolle spielen, die das Medium sicherlich eines Teils der Handlungsplanung ist (Neumann, 1983). Allgemeiner könnte von Bedeutung sein, daß bei der Erzeugung und Aufrechterhaltung eines Handlungplans funktionelle Verbindungen innerhalb und zwischen Teilsystemen entstehen, die, da sie nicht vollständig auf struktureller Verknüpfung beruhen, der Gefahr des Verrauschens durch unkontrollierte Erregungsausbreitung unterliegen. Das ist möglicherweise nur durch einen hohen Hemmungsaufwand zu unterbinden, der diese Form der Interferenz erzeugen könnte.

Der dritte im Abschnitt 3.2 genannte Fall genereller Interferenz findet sich in Situationen, in denen eine Handlung ausgelöst wird, während eine andere im Gang ist. Wenn der auslösende Reiz unerwartet erscheint, wie im Sondierreiz – Paradigma und in den meisten Experimenten zur psychologischen Refraktärzeit, ist eine Koordination der beiden Teilhandlungen durch einen übergeordneten Handlungsplan nicht möglich. Da voneinander unabhängige Handlungen nicht simultan ausgeführt werden können, kommt es zur Interferenz. Findet die Versuchsperson Möglichkeiten, die beiden Handlungen zu integrieren – z.B. durch die sogenannte Gruppierung im Refraktärzeit-Experiment, d.h. durch die Koordination der beiden Reaktionen in einer gemeinsam gesteuerten Sequenz – dann hat dies Auswirkungen auf den Refraktärzeit-Effekt (z.B. Sanders, 1964; Sanders & Keuss, 1969; Überblick bei Sanders, 1979; Welford, 1980).

5. Zusammenfassung und Schlußbemerkungen

Wir haben uns in diesem Kapitel mit dem Konzept der begrenzten Verarbeitungskapazität unter drei Aspekten befaßt: begrenzte Kapazität als Hypothese, als Sachverhalt und als Problem.

Die **Hypothese** begrenzter Aufmerksamkeitskapazität besagt, daß der Grundsachverhalt der Aufmerksamkeit ihre Enge ist, die ihre Funktionsgrundlage in der begrenzten Leistungsfähigkeit des Zentralnervensystems hat. Die Popularität dieser Annahme erklärt sich wissenschaftsgeschichtlich aus der engen Verknüpfung der Grundlagenforschung mit der Arbeits- und Ingenieurpsychologie in der Zeit nach dem Zweiten Weltkrieg, sodann aus der Beliebtheit quasi-technischer (technomorpher) Modelle in der "Psychologie der Informationsverarbeitung", und schließlich nicht zuletzt aus der historisch tiefverwurzelten Idee einer substanzhaften Seelenenergie, die insbesondere bei Kahnemans (1973) Kapazitätskonzept Pate gestanden hat.

In den ursprünglichen Varianten der Kapazitätstheorie wurde angenommen, daß diese Kapazität unspezifisch ist, und daß sie, sieht man von der peripheren Verarbeitung ab, für alle psychischen Prozesse benötigt wird. Beide Annahmen haben sich als empirisch unzutreffend erwiesen, so daß Revisionen nötig wurden, die sich allerdings nur jeweils einer der beiden Annahmen widmeten. An die Stelle der einen, unspezifischen Kapazität trat in den Ressourcen-Theorien eine Vielfalt spezifischer Kapazitäten (Ressourcen, Kanäle, Prozessoren etc.). Die Zwei-Prozeß-Theorien gaben die Annahme auf, Kapazität werde generell zur Verarbeitung benötigt, und beschränkten deren Wirkungsbereich auf bestimmte zentrale Prozesse.

Die gegenwärtige Kapazitätstheorie ist durch das Nebeneinander dieser beiden Revisionen mit ihrem mannigfachen Spielarten bestimmt. Werden sie dem **Sachverhalt** der begrenzten Kapazität, d.h. den empirisch vorfindbaren Engephänomenen gerecht? Wir sind dieser Frage anhand von experimentellen Beispielen zur perzeptiven Aufmerksamkeit und zur Mehrfachtätigkeit nachgegangen. Sie zeigen durchweg, wie unzulänglich die Kapazitätshypothese in allen ihren Varianten ist. Sie kann weder die Enge der perzeptiven Aufmerksamkeit erklären, noch die Schwierigkeiten, die beim Ignorieren von Information auftreten können, noch den Sachverhalt, daß unter bestimmten Bedingungen und in bestimmtem Ausmaß die perzeptive Verarbeitung "präattentiv" bleiben kann. Ebensowenig wird sie den Tatsachen der Mehrfachtätigkeit gerecht: der äußerst spezifischen Interferenz, die in vielen Fällen auftritt, während in anderen Fällen die Interferenz ganz generellen Charakter hat; sowie dem Umstand, daß Übung bestimmte Formen der Interferenz beseitigt oder stark reduziert, andere aber nicht.

Da der Sachverhalt begrenzter Kapazität augenscheinlich nicht in der theoretischen Annahme begrenzter Kapazität seine Erklärung findet, ist begrenzte Kapazität ein **Problem**, das die Aufmerksamkeitstheorie herausfordert. Warum gibt es die Engephänomene, wenn ihnen nicht Leistungsgrenzen des ZNS zugrundeliegen? Der Erklärungsansatz, der im letzten Abschnitt des Kapitels skizziert wurde, geht von den Selektions- und Entscheidungsproblemen aus, die sich in einem System mit den Funktionseigenschaften des ZNS (hochgradig parallele Verarbeitung, verteilte Repräsentation und verteilte Kontrolle) stellen; vor allem dann, wenn man die äußeren Randbedingungen – begrenzte physische Handlungsmöglichkeiten bei einem reichhaltigen Informationsangebot aus der Umwelt – berücksichtigt. Erforderlich ist es, die außerordentliche Flexibilität des Systems soweit zu bändigen, daß geordnetes und über die Zeit hinweg kohärentes Handeln resultiert. Hierzu dienen nach der hier vertretenen Annahme die Aufmerksamkeitsmechanismen.

Sie haben im einzelnen unterschiedliche Funktionen und wahrscheinlich auch unterschiedliche anatomisch-physiologische Grundlagen. Bei der **Informationsselektion** ist zum einen die Balance zwischen der Konzentration auf die im Gang befindliche Handlung und der Orientierung hin zu unerwarteten, wichtigen Umweltsignalen zu gewährleisten; zum anderen muß entschieden werden, welcher Ausschnitt aus derjenigen Information, die sich zur Steuerung einer in Gang befindlichen Handlung eignet, tatsächlich in diese einbezogen wird. Bei der Lösung beider Probleme spielt u.a. das räumliche Fokussieren eine entscheidende Rolle; mögliche physiologische Mechanismen wurden kurz diskutiert. Was die **Mehrfachtätigkeit** angeht, so ist vorangig erklärungsbedürftig, wie sie überhaupt stattfinden kann; das Verhalten von Tieren und kleinen Kindern läßt ja keinen Zweifel daran, daß die Dominanz einer Handlung zu einer Zeit der – durch noch nicht näher bekannte Hemmungsmechanismen sichergestellte – Normalzustand ist. Er wird nach der hier vertretenen Auffassung bei Mehrfachtätigkeit eigentlich nicht aufgehoben; doch verfügen erwachsene Menschen über die Fähigkeit, Fertigkeiten, die unabhängig von einander angeeignet wurden, in einen gemeinsamen Handlungsplan zu integrieren und dadurch simultan zu realisieren.

Bei der Informationsselektion wie auch bei der Handlungssteuerung ergeben sich die Engephänomene aus der Lösung der Selektionsprobleme. Wie wir gesehen haben, können nach diesem Prinzip die Sachverhalte der Aufmerksamkeit besser verstanden werden als durch ihre Rückführung auf begrenzte Kapazität. Doch ist die hier skizzierte Betrachtungsweise weit davon entfernt, eine Aufmerksamkeitstheorie zu sein; in der Tat läßt sie die Suche nach einer generellen Aufmerksamkeitstheorie als ein zweifelhaftes Unterfangen erscheinen. Die Kapazitätstheorien tendieren zu einem umfassenden Erklärungsanspruch, der sich aber vorwiegend auf psychologische Daten, noch dazu aus einer meist kleinen Zahl experimenteller Paradigmen, stützt. Anzustreben sind Theorien, die umgekehrt ihren Erklärungsanspruch auf eine der Aufmerksamkeitsfunktionen beschränken, sich aber auf eine breitere Basis stellen, indem sie neben psychologischen auch Daten aus der Neurophysiologie, der Neuropsychologie und der biologischen Verhaltensforschung heranziehen. Ihre Leitfrage wäre nicht "Where is capacity limited?" (Moray, 1967) oder "How ist capacity limited?" (Navon & Gopher, 1980), sondern vielmehr: "Why is capacity limited?".

Literatur

Adams, J.J. & Chambers, R.W., Response to simultaneous stimulation of two sense modalities. **Journal of Experimental Psychology**, 1962, **63**, 198 - 206

Adler, A., **Die Wirkung eines zusätzlichen Reizes im Gesichtsfeld auf den Verlauf der Metakontrastfunktion. III. Ein Kontrollexperiment mit objektiven Leistungsmaßen**. Unveröffentlichte Diplomarbeit, Psychologisches Institut der Ruhr - Universität Bochum, 1979

Allport, D.A., Parallel encoding within and between elementary stimulus dimensions. **Perception & Psychophysics**, 1971, **10**, 104 - 108

Allport, D.A., On knowing the meaning of words we are unable to report: The effects of visual masking. In D. Dornic (Hg.), **Attention and performance 6**. Hillsdale, N.J.: Lawrence Erlbaum, 1977

Allport, D.A., Patterns and actions: Cognitive mechanisms are content - specific. In G. Claxton (Hg.), **Cognitive psychology - new directions**. London: Routledge & Kegan Paul, 1980 (a)

Allport, D.A., Attention and performance. In G. Claxton (Hg.), **Cognitive psychology - new directions**. London: Routledge & Kegan Paul, 1980 (b)

Allport, D.A., Antonis, B. & Reynolds, P., On the division of attention: A disproof of the single channel hypothesis. **Quarterly Journal of Experimental Psychology**, 1972, **24**, 225 - 235

Allport, D.A., Tipper, S.P. & Chmiel, N.R.J., Perceptual integration and post-categorical filtering. Im Druck

Amari, S. & Arbib, M.A., Competition and cooperation in neural nets. In J. Metzler (Hg.), **Systems neuroscience**. New York etc.: Academic Press, 1977

Anderson, J.A. & Hinton, G.E., Models of information processing in the brain. In G.E. Hinton & J.A. Anderson (Hg.), **Parallel models of associative memory**. Hillsdale, N. J.: Lawrence Erlbaum, 1981

Anderson, J.R., Acquisition of cognitive skill. **Psychological Review**, 1982, **89**, 369-406

Arbib, M.A. Perceptual structures and distributed motor control. In V.B. Brooks (Hg.), **Handbook of physiology, Abteilung 1: The nervous system**. Bd. 2: **Motor control**, Teil 2. Bethesda, Maryland: American Physiological Society, 1981, 1449-1480

Aschoff, I., Biological rhythms. In **Handbook of behavioral neurobiology**, Bd. 4. New York: Plenum Press, 1981

Atkinson, R.C., Holmgren, J.E. & Juola, J.F., Processing time as influenced by the number of elements in a visual display. **Perception & Psychophysics**, 1969, **6**, 321-326

Baddeley, A., Eldridge, M. & Lewis, V., The role of subvocalisation in reading. **Quarterly Journal of Experimental Psychology**, 1981, **33 A**,, 439-454

Baerends, G.P., The functional organization of behavior. **Animal Behavior**, 1976, **24**, 726-738

Berlyne, D.E., Attention as a problem in behavior theory. In D.J. Mostofsky (Hg.), **Attention: Contemporary theory and analysis**. New York: Appleton-Century-Crofts, 1970

Bernstein, N.A., **Bewegungsphysiologie**. Leipzig: J.A.Barth, 1975

Bertelson, P., Central intermittency 20 years later. **Quarterly Journal of Experimental Psychology**, 1966, **18**, 153-163

Biederman, I. & Checkosky, S.F., Processing redundant information. **Journal of Experimental Psychology**, 1970, **83**, 486-490

Bornemann, E., Untersuchungen über den Grad der geistigen Beanspruchung. **Arbeitsphysiologie**, 1942, **12**, 142-172

Bridgeman, B. & Hall, K., Multiplexing in single cells of the alert monkey's visual cortex during brightness discrimination. **Neuropsychologia**, 1982, **20**, 33-42

Briggs, G.E., Peters, G.L. & Fisher, R.P., On the locus of the divided-attention effects. **Perception & Psychophysics**, 1972, **11**, 315-320

Broadbent, D.E., Speaking and listening simultaneously. **Journal of Experimental Psychology**, 1952, **43**, 267-273 (a)

Broadbent, D.E., Listening to one of two synchronous messages. **Journal of Experimental Psychology**, 1952, **44**, 51-55 (b)

Broadbent, D.E., The role of auditory localization in attention and memory span. **Journal of Experimental Psychology**, 1954, **47**, 191-196

Broadbent, D.E., **Perception and communication**. New York: Pergamon Press, 1958

Broadbent, D.E., **Decision and stress**. New York etc.: Academic Press, 1971

Carr, T.H., McCauley, C., Sperber, R.D. & Parmelee, C.M., Words, pictures, and priming: On semantic activation, conscious identification, and the automaticity of information processing. **Journal of Experimental Psychology: Human Perception and Performance**, 1982, **8**, 757 - 777

Cherry, C., Some experiments on the recognition of speech with one and with two ears. **Journal of the Acoustical Society of America**, 1953, **25**, 975 - 979

Corteen, R.S. & Wood, B., Autonomic responses to shock - associated words in an unattented channel. **Journal of Experimental Psychology**, 1972, **94**, 308 - 313

Craik, K.J.W., Theory of the human operator in control systems: I. The operator as an engineering system. **British Journal of Psychology**, 1948, **38**, 56 - 61 (a)

Craik, K.J.W., Theory of the human operator in control systems: II. Man as an element in a control system. **British Journal of Psychology**, 1948, **38**, 142 - 148

Crowder, R.G., Short - term memory for words with a perceptual - motor interpolated activity. **Journal of Verbal Learning and Verbal Behavior**, 1967, **6**, 753 - 761

Damos, D.L. & Wickens, C.D., The identification and transfer of timesharing skills. **Acta Psychologica**, 1980, **46**, 15 - 39

Davis, R., The role of "attention" in the psychological refractory period. **Quarterly Journal of Experimental Psychology**, 1959, **11**, 211 - 220

Dawson, M.E. & Schell, A.M., Electrodermal responses to attended and unattended significant stimuli during dichotic listening. **Journal of Experimental Psychology: Human Perception and Performance**, 1982, **8**, 315 - 324

Deutsch, D., Grouping mechanisms in music. In D. Deutsch (Hg.), **The psychology of music**. New York etc.: Academic Press, 1982

Diamond, S., **The roots of psychology. A Sourcebook in the history of ideas**. New York: Basic Books, 1974

Dixon, N.F., **Subliminal perception. The nature of a controversy**. New York, London: McGraw - Hill, 1971

Dowling, W.J., The perception of interleaved melodies. **Cognitive Psychology**, 1973, 5, 322 - 327

Duncan, J., Divided attention: The whole is more than the sum of its parts. **Journal of Experimental Psychology: Human Perception and Performance**, 1979, **5**, 216 - 228

Dyer, F.N., The Stroop phenomenon and its use in the study of perceptual, cognitive, and response processes. **Memory & Cognition**, 1973, 1, 106 - 120

Egeth, H.A., Attention and preattention. In G.H. Bower (Hg.), **The psychology of learning an motivation**. Bd. 11. New York etc.: Academic Press, 1977

Feldman, J.A. & Ballard, D.H., Connectionist models and their properties. **Cognitive Science**, 1982, **6**, 205 - 254

Fentress, J.C., Specific and nonspecific factors in the causation of behavior. In P.P.G. Bateson & P.H. Klopfer (Hg.), **Perspectives in ethology**. New York: Plenum Press, 1973

Fisher, S., The microstructure of dual - task interaction. 1. The patterning of main - task responses within secondary - task intervals. **Perception**, 1975, **4**, 267 - 290

Fowler, L.A., Welford, G., Slade, R. & Tassinary, L., Lexical access with and without awareness. **Journal of Experimental Psychology: General**, 1981, **110**, 341 - 362

Freud, S., **Das Unbewußte. Gesammelte Werke, Bd. 10.** London: Imago, 1949

Friedman, A. & Polson, M.C., Hemispheres as independent resource systems: Limited - capacity processing and cerebral specialisation. **Journal of Experimental Psychology: Human Perception and Performance**, 1981, **7**, 1031 - 1058

Gatti, S.V. & Egeth, H.E., Failure of spatial selectivity in vision. **Bulletin of the Psychonomic Society**, 1978, **11**, 181 - 184

Goldstein, E.B. & Fink, S.I., Selective attention in vision: Recognition memory for superimposed line drawings. **Journal of Experimental Psychology: Human Perception and Performance**, 1981, **7**, 954 - 967

Goolkasian, P., Retinal location and its effect on the processing of target and distractor information. **Journal of Experimental Psychology: Human Perception and Performance**, 1981, **7**, 1247 - 1257

Gopher, D., Brickner, M. & Navon, D., Different difficulty manipulations interact differently with task emphasis: Evidence for multiple resources. **Journal of Experimental Psychology: Human Perception and Performance**, 1982, **8**, 146 - 157

Gopher, D. & Sanders, A.F., "S - Oh - R": Oh stages! Oh resources! In W. Prinz & A.F. Sanders (Hg.), **Cognition and motor processes**. Berlin etc.: Springer, 1984

Gottsdanker, R. & Stelmach, G.E., The persistence of psychological refractoriness. **Journal of Motor Behavior**, 1971, **3**, 301 - 312

Govier, E. & Pitts, M., The contextual disambiguation of polysemous words in an unattended message. **British Journal of Psychology**, 1982, **73**, 537 - 545

Grossberg, S., Processing of expected and unexpected events during conditioning and attention: A psychophysiological theory. **Psychological Review**, 1982, **89**, 529 - 572

Hellige, J.B., Cox, P.J. & Litvac, L., Information processing in the cerebral hemispheres: Selective hemispheric activation and capacity limitations. **Journal of Experimental Psychology: General**, 1979, **108**, 251 - 279

Hick, W.E., On the rate of gain of information. **Quarterly Journal of Experimental Psychology**, 1952, **4**, 11 - 26

Hinde, R.A., **Animal behavior: A Synthesis of ethology and comparative psychology**. New York: MacGraw - Hill, 1970

Hirst, W., Spelke, E.S., Reaves, C.C., Caharack, G. & Neisser, U., Dividing attention without alternation or automaticity. **Journal of Experimental Psychology: General**, 1980, **109**, 98 - 117

Hoffman, J.E. & Nelson, B., Spatial selectivity in visual search. **Perception & Psychophysis**, 1981, **30**, 282 - 290

Holender, D., Interference between a vocal and a manual response to the same stimulus. In G.E. Stelmach & J. Requin (Hg.), **Tutorials in motor behavior**. Amsterdam, New York, Oxford: North - Holland, 1980

v. Holst, E. & v. St. Paul, U., Über das Wirkungsgefüge der Triebe. **Die Naturwissenschaften**, 1960, **18**, 409 - 422

Hyman, R., Stimulus information as a determinant of reaction time. **Journal of Experimental Psychology**, 1953, **45**, 188 - 196

Israel, J.B., Chesney, G.L., Wickens, C.D. & Donchin, E., P300 and tracking difficulty: Evidence for multiple resources in dual-task performance. **Psychophysiology**, 1980, **17**, 259-273

Jerison, H.J., **Evolution of the brain and intelligence**. New York etc.: Academic Press, 1973

Johnston, W.A. & Heinz, S.P., Flexibility and capacity demands of attention. **Journal of Experimental Psychology: General**, 1978, **107**, 420-435

Kalsbeek, J.W.H., On the measurement of deterioriation in performance caused by distraction stress. **Ergonomics**, 1964, **7**, 187-195

Kahneman, D., **Attention and effort**. Englewood Cliffs, N.J.: Prentice-Hall, 1973

Kahneman, D. & Chajczyk, D., Tests of the automaticity of reading: Dilution of Stroop effects by color-irrelevant stimuli. **Journal of Experimental Psychology: Human Perception and Performance**, 1983, **9**, 497-509

Kantowitz, B.H. & Knight, J.L., Testing tapping timesharing. **Journal of Experimental Psychology**, 1974, **103**, 331-336

Keele, S.W., Compatibility and timesharing in serial reaction time. **Journal of Experimental Psychology**, 1967, **75**, 529-539

Keele, S.W., Attention demands of memory retrieval. **Journal of Experimental Psychology**, 1972, **93**, 245-248

Keele, S.W., **Attention and human performance**. Pacific Palisades: Goodyear, 1973

Kelso, J.A.S., Southard, D.L. & Goodman, D., On the coordination of two-handed movements. **Journal of Experimental Psychology: Human Perception and Performance**, 1979, **5**, 229-238

Kerr, B., Processing demands during mental operations. **Memory & Cognition**, 1973, **1**, 401-412

Kinsbourne, M., Brain-based limitations on mind. In R.W. Rieber (Hg.), **Body and mind, past, present and future**. New York etc.: Academic Press, 1980

Kinsbourne, M. & Hicks, R.E., Functional cerebral space: A model for overflow, transfer, and interference effects in human performance: A tutorial review. In J. Requin (Hg.), **Attention and Performance 7**, Hillsdale, New Jersey: Lawrence Erlbaum, 1978

Klapp, S.T., Doing two things at once: The role of temporal compatibility. **Memory & Cognition**, 1979, **7**, 375-381

Klapp, S.T., Temporal compatibility in dual motor tasks II: Simultaneous articulation and hand movements. **Memory & Cognition**, 1981, **9**, 398-401

Kleiman, G.M., Speech recoding in reading. **Journal of Verbal Learning and Verbal Behavior**, 1975, **14**, 323-339

Kohonen, T., Oja, E. & Lehtiö, P., Storage and processing of information in distributed associative memory systems. In G.E. Hinton & J.A. Anderson (Hg.), **Parallel models of associative memory**. Hillsdale, N.J.: Lawrence Erlbaum, 1981

Kolers, P.A., Buswell's discoveries. In R.A. Monty & J.W. Senders (Hg.), **Eye movements and psychological processes**. Hillsdale, N.J.: Lawrence Erlbaum, 1976

LaBerge, D. & Samuels, S.J., Toward a theory of automatic information processing in reading. **Cognitive Psychology**, 1974, **6**, 293-323

Laplanche, J. & Pontalis, J.B., **Das Vokabular der Psychoanalyse**. Frankfurt: Suhrkamp, 1972

Leclerc, C. & Freibergs, V., L'influence d'indices subliminaux perceptifs et symboliques sur la formation d'un concept. **Canadian Journal of Psychology**, 1971, 25, 292 - 301

Leonard, J.A., Tactual choice reactions. **Quarterly Journal of Experimental Psychology**, 1959, **11**, 76 - 83

Levy, B.A., Reading: Speech and meaning processes. **Journal of Verbal Learning and Verbal Behavior**, 1977, **16**, 623 - 638

Lewis, J.L., Semantic processing of unattended messages using dichotic listening. **Journal of Experimental Psychology**, 1970, **85**, 225 - 228

Libet, B., Brain stimulation and the threshold of conscious experience. In J.C. Eccles (Hg.), **Brain and conscious experiences**. Berlin etc.: Springer, 1966

Libet, B., Neuronal vs. subjective timing for a conscious sensory experience. In P.A. Buser & A. Rougeul - Buser (Hg.), **Cerebral correlates of conscious experience**. Amsterdam: North - Holland, 1978

Libet, B., Gleason, L.A., Wright, E.W. & Pearl, D.K., Time of conscious intention to act in relation to onset of cerebral activity (readiness - potential). **Brain**, 1983, **106**, 623 - 642

Lindsay, P.H., Taylor, M.M. & Forbes, S.M., Attention and multidimensional discrimination. **Perception & Psychophysics**, 1968, **4**, 113 - 117

Lorenz, K., **Die Rückseite des Spiegels. Versuch einer Naturgeschichte des menschlichen Erkennens**. Frankfurt: Suhrkamp, 1977

Lovie, A.D., Attention and behaviorism - fact and fiction. **British Journal of Psychology**, 1983, **74**, 301 - 310

Luria, A.R., **Higher cortical function in man**. 2. Auflage. New York: Basic Books, 1980

Lynn, R., **Attention, arousal and the orienting reaction**. New York: Pergamon Press, 1966

MacFarland, D.J., Time - sharing as a behavioral phenomenon. **Advances in the Study of Behavior**, 1974, 5, 201 - 225

MacKay, D.G., Aspects of the theory of comprehension, memory, and attention. **Quarterly Journal of Experimental Psychology**, 1973, 25, 22 - 40

Marcel, A.J., Conscious and unconscious perception: Experiments on visual masking and word recognition. **Cognitive Psychology**, 1983, **15**, 197 - 237 (a)

Marcel, A.J., Conscious and unconscious perception: An approach to the relations between phenomenal experience and perceptual processes. **Cognitive Psychology**, 1983, **15**, 238 - 302 (b)

McClelland, J.L., Perception and masking of wholes and parts. **Journal of Experimental Psychology: Human Perception and Performance**, 1978, **4**, 210 - 223

McLeod, P.D., A dual - task response modality effect: Support for multiprocessor models of attention. **Quarterly Journal of Experimental Psychology**, 1977, 29, 651 - 667

Merkel, J., Die zeitlichen Verhältnisse der Willensthätigkeit. **Philosophische Studien**, 1885, 2, 73 - 127

Millar, K., Processing capacity requirements of stimulus encoding. **Acta Psychologica**, 1975, **39**, 393 - 410

Millar, K. & Watkinson, N., Recognition of words presented during general anaestesia. **Ergonomics**, 1983, **26**, 585 - 594

Moray, N., Attention in dichotic listening: Affective cues and the influence of instructions. **Quarterly Journal of Experimental Psychology**, 1959, 11, 56 - 60

Moray, N., Where is capacity limited? A survey and a model. **Acta Psychologica**, 1967, 27, 84 - 92

Moray, N., **Mental workload. Its theory and measurement**. New York: Plenum Press, 1979

Mountcastle, V.B., The world around us: neural command functions for selective attention. **Neurosciences Research Progress Bulletin (Suppl.)**, 1975, 14, 1 - 47

Mountcastle, V.B., Some neural mechnisms for directed attention. In P.A. Buser & A. Rougeoul - Buser (Hg.), **Cerebral correlates of conscious experience**. Amsterdam: North - Holland, 1978

Mowbray, G.H. & Rhoades, M.V., On the reduction of choice - reaction times with practice. **Quarterly Journal of Experimental Psychology**, 1959, 11, 16 - 23

Navon, D. & Gopher, D., On the economy of the human processing system. **Psychological Review**, 1979, 86, 214 - 255

Navon, D. & Gopher, D., How is performance limited: Testing the notion of central capacity. **Acta Psychologica**, 1980, 46,161 - 180

Neisser, U., **Cognitive Psychology**. New York: Appleton - Century - Crofts, 1967. Dt.: **Kognitive Psychologie**. Stuttgart: Klett - Cotta, 1974

Neisser, U., **Cognition and reality**. San Francisco: Freeman, 1976. Dt.: **Kognition und Wirklichkeit**. Stuttgart: Klett - Cotta, 1979

Neisser, U. & Becklen, R., Selective looking: Attending to visually specified events. **Cognitive Psychology**, 1975, 7, 480 - 494

Neumann, O., Aufmerksamkeit. In J. Ritter (Hg.), **Historisches Wörterbuch der Philosophie**, Bd. 1. Basel & Stuttgart: Schwabe, 1971

Neumann, O., Über den Unterschied zwischen Lesen und Benennen. Unveröffentlichtes Manuskript, **Psychologisches Institut der Ruhr - Universität Bochum, Arbeitseinheit Kognitionspsychologie**, 1973. Nachdruck: **Bericht Nr. 9/1979, Psychologisches Institut der Ruhr - Universität Bochum, Arbeitseinheit Kognitionspsychologie**

Neumann, O., Steuerung der Informationsselektion durch visuelle und 'semantische' Reizmerkmale. **Bericht Nr. 2/1977, Psychologisches Institut der Ruhr - Universität Bochum, Arbeitseinheit Kognitionspsychologie**

Neumann, O., Aufmerksamkeit als 'zentrale Verarbeitungskapazität'. Anmerkungen zu einer Metapher. In M. Tücke & W. Deffner (Hg.), Bericht über die 2. Osnabrücker Arbeitstagung Psychologie. **Psychologische Forschungsberichte aus dem Fachbereich 3 der Universität Osnabrück**, Nr. 10, 1978 (a)

Neumann, O., Intramodale und intermodale Interferenz zwischen einer Nachsprech - ('Shadowing' -) und einer Entdeckungsaufgabe. **Bericht Nr. 3/1978, Psychologisches Institut der Ruhr - Universität Bochum, Arbeitseinheit Kognitionspsychologie** (b)

Neumann, O., Visuelle Aufmerksamkeit und der Mechanismus des Metakontrasts. In L. Eckensberger (Hg.), **Bericht über den 31. Kongreß der Deutschen Gesellschaft für Psychologie**. Göttingen: Hogrefe, 1979 (a)

Neumann, O., Bemerkungen zum Leistungsbegriff der Kognitionspsychologie. **Bericht Nr. 12/1979, Psychologisches Institut der Ruhr - Universität Bochum, Arbeitseinheit Kognitionspsychologie** (b)

Neumann, O., **Informationsselektion und Handlungssteuerung. Untersuchungen zur Funktionsgrundlage des Stroop-Interferenzphänomens.** Dissertation, Bochum, 1980

Neumann, O., Interferenz beim Beachten simultaner sprachlicher Texte: Unspezifische Kapazitätsbegrenzung oder spezifische Verarbeitungsschwierigkeiten? **Bericht Nr. 18/1981, Psychologisches Institut der Ruhr-Universität Bochum, Arbeitseinheit Kognitionspsychologie**

Neumann, O., Experimente zum Fehrer-Raab-Effekt und das "Wetterwart"-Modell der visuellen Maskierung. **Bericht Nr. 24/1982, Psychologisches Institut der Ruhr-Universität Bochum, Arbeitseinheit Kognitionspsychologie**

Neumann, O., Über den Zusammenhang zwischen Enge und Selektivität der Aufmerksamkeit. **Bericht Nr. 19, 1983, Psychologisches Institut der Ruhr-Universität Bochum, Arbeitseinheit Kognitionspsychologie**

Neumann, O., Automatic processing: A review of recent findings and a plea for an old theory. In W. Prinz & A.F. Sanders (Hg.), **Cognition and motor processes.** Berlin etc.: Springer, 1984

Neumann, O., Beyond Capacity: A functional view of attention. In H. Heuer & A.F. Sanders, **Perception and Action.** Hillsdale, N.J.: Lawrence Erlbaum, im Druck.

Newstead, S.E. & Dennis, I., Lexical and grammatical processing of unshadowed messages: A re-examination of the MacKay effect. **Quarterly Journal of Experimental Psychology**, 1979, **31**, 477-488

Noble, M.E., Sanders, A.F. & Trumbo, D.A., Concurrence costs in double stimulation tasks. **Acta Psychologica**, 1981, **49**, 141-158

Norman, D.A. & Bobrow, D.S., On data-limited and resource-limited processes. **Cognitive Psychology**, 1975, **7**, 44-64

North, R.A., Task components and demands as factors in dual-task performance. **Technical Report ARL-77-2/AFOSR-77-2, Aviation Research Laboratory, Institute of Aviation, University of Illinois**, 1977

Peters, M., Simultaneous performance of two motor activities: The factor of timing. **Neuropsychologia**, 1977, **15**, 461-465

Pew, R.W., A distributed processing view of human motor control. In W. Prinz & A.F. Sanders (Hg.), **Cognition and motor processes.** Berlin etc.: Springer, 1984

Podgorny, P. & Shepard, R.N., Distribution of visual attention over space. **Journal of Experimental Psychology: Human Perception and Performance**, 1983, 9, 380-393

Posner, M.I., **Chronometric exploration of mind.** Hillsdale, N.J.: Lawrence Erlbaum, 1978

Posner, M.I., Cumulative development of attentional theory. **American Psychologist**, 1982, **37**, 168-179

Posner, M.I. & Snyder, R.R., Attention and cognitive control. In R. Solso (Hg.), **Information processing and cognition: The Loyola Symposion.** Potomac, Maryland: Lawrence Erlbaum, 1975 (a)

Posner, M.I. & Snyder, R.R., Facilitation and inhibition in the processing of signals. In P.M.A. Rabbitt & S. Dornic (Hg.), **Attention and performance** 5. New York etc.: Academic Press, 1975 (b)

Poulton, E.C., Two channel listening. **Journal of Experimental Psychology**, 1953, **46**, 91-96

Poulton, E.C., Human manual control. In V.B. Brooks (Hg.), **Handbook of physiology: The nervous system.** Bd. 2: Motor control, Teil 2. Bethesda, Maryland: American Physiological Society, 1981.

Pribram, K.H. & Luria, A.R., **Psychophysiology of the frontal lobes.** New York etc.: Academic Press, 1973

Pribram, K.H. & McGuinness, D., Arousal, activation and effort in the control of attention. **Psychological Review**, 1975, **82**, 116 - 149

Prinz, W., **Wahrnehmung und Tätigkeitssteuerung.** Berlin etc.: Springer, 1983

Prinzmetal, W. & Banks, W.P., Perceptual capacity limits in visual detection and search. **Bulletin of the Psychonomic Society**, 1983, 21, 263 - 266

Proctor, R.W. & Proctor, J.D., Secondary task modality, expectancy, and the measurement of attentional capacity. **Journal of Experimental Psychology: Human Perception and Performance**, 1979, 5, 610 - 624

Reason, J.T., Skill and error in everyday life. In M. Howe (Hg.), **Adult learning.** London: Wiley, 1977

Reason, J.T., Actions not as planned: The price of automatization. In G. Underwood & R. Stevens (Hg.), **Aspects of consciousness.** New York etc.: Academic Press, 1979

Regan, J.E., Automaticity and learning: Effects of familiarity on naming letters. **Journal of Experimental Psychology: Human Perception and Performance**, 1981, 7, 180 - 185

Reicher, G.M., Perceptual recognition as a function of meaningfulness of stimulus material. **Journal of Experimental Psychology**, 1969, **81**, 275 - 280

Roediger, H.L., Knight, J.L. & Kantowitz, B.H., Inferring decay in short - term memory: The issue of capacity. **Memory & Cognition**, 1977, **7**, 167 - 176

Rumelhart, D. & Norman, D.A., Simulating a skilled typist: A study of skilled cognitive - motor performance. **Cognitive Science**, 1982, **6**, 1 - 36

Salthouse, T.A. & Somberg, B.L., Skilled performance: Effects of adult age and experience on elementary processes. **Journal of Experimental Psychology: General**, 1982, **111**, 176 - 207

Sanders, A.F., Selective strategies in the assimilation of successively pressented signals. **Quarterly Journal of Experimental Psychology**, 1964, **15**, 368 - 372

Sanders, A.F., Some remarks on mental load. In N. Moray (Hg.), **Mental workload. Its theory and measurement.** New York: Plenum Press, 1979

Sanders, A.F., Stress and human performance: A working model and some applications. In G. Salrendy & U.J. Smith (Hg.), **Machine pacing and occupational stress.** London: Taylor and Francis, 1981

Sanders, A.F., Towards a model of stress and human performance. **Acta Psychologica**, 1983, **53**, 61 - 97

Sanders, A.F. & Keuss, P.J.G., Grouping and refractoriness in multiple selective responses. **Acta Psychologica**, 1965, **30**, 177 - 194

Saraga, E. & Shallice, T., Parallel processing of the attributes of single stimuli. **Perception & Psychophysics**, 1973, **13**, 261 - 270

Schaeffer, B., Skill integration during cognitive development. In A. Kennedy & A. Wilkes (Hg.), **Studies in long-term memory**. New York: Wiley, 1975

Schneider, W. & Fisk, A.D., Concurrent automatic and controlled visual search: Can processing occur without recource cost? **Journal of Experimental Psychology: Learning, Memory, and Cognition**, 1982, **8**, 261 - 278

Schvaneveldt, R.W., Effects of complexity in simultaneous reaction time tasks. **Journal of Experimental Psychology**, 1969, **81**, 289 - 296

Segal, S.J. & Fusella, V., Influence of imaged pictures and sounds on detection of visual and auditory signals. **Journal of Experimental Psychology**, 1970, **83**, 458 - 464

Shaffer, L.H., Multiple attention in contiuous verbal tasks. In P.M.A. Rabbitt & S. Dornic (Hg.), **Attention and performance** 5. New York etc.: Academic Press, 1975

Shaffer, L.H., Intention and performance. **Psychological Review**, 1976, **83**, 375 - 393

Shaffer, L.H., Timing in the motor programming of typing. **Quarterly Journal of Experimental Psychology**, 1978, **30**, 333 - 345

Shaffer, L.H., Performances of Chopin, Bach and Bartok: Studies in motor programming. **Cognitive Psychology**, 1981, **13**, 326 - 376

Shaffer, L.H., Rhythm and timing in skill. **Psychological Review**, 1982, **89**, 109 - 122

Shallice, T., Dual functions of consciousness. **Psychological Review**, 1972, **79**, 383 - 393

Shallice, T., The dominant action system: An information - processing approach to consciousness. In K.S. Pape & J.L. Singer (Hg.), **The stream of consciousness**. New York: Plenum Press, 1978

Shannon, C. & Weaver, W., **The mathematical theory of communication**. Urbana: University of Illinois Press, 1949

Shiffrin, R.M. & Schneider, W., Controlled and automatic human information processing: II. Perceptual learning, automatic attending, and a general theory. **Psychological Review**, 1977, **84**, 127 - 190

Sokolov, E.N., **Perception and the conditioned reflex**. Oxford: Pergamon Press, 1963

Treisman, A., Perceptual grouping and attention in visual search for features and for objects. **Journal of Experimental Psychology: Human Perception an Performance**, 1982, **8**, 194 - 214

Treisman, A. & Davies, A., Divided attention to ear and eye. In S. Kornblum (Hg.), **Attention and performance** 4. New York etc.: Academic Press, 1973

Treisman, A., Squire, R. & Green, J., Semantic processing in dichotic listening? A replication. **Memory & Cognition**, 1974, 2, 641 - 646

Trumbo, D. & Milone, F., Primary task performance as a function of encoding, retention, and recall in a secondary task. **Journal of Experimental Psychology**, 1971, **91**, 273 - 279

Trumbo, D., Noble, M. & Quigley, J., Sequential probabilities and the performance of serial tasks. **Journal of Experimental Psychology**, 1968, **76**, 364 - 372

Underwood, G., Contextual facilitation from attended and unattended messages. **Journal of Verbal Learning and Verbal Behavior**, 1977, **16**, 99 - 106

Weber, R.J. & Blagowsky, J.D., Metered memory search and concurrent chanting. **Journal of Experimental Psychology**, 1971, **89**, 162 - 170

Wehner, T. & Stadler, M., Frequenzanalytische Untersuchungen zur kognitiven Steuerung von Mehrfachhandlungen durch Rhythmisierung. **Zeitschrift für Psychologie**, 1982, **190**, 183 - 201

Weigl, E., **Neuropsychology and neurolinguistics. Selected papers**. The Hague etc.: Mouton, 1981

Weisstein, N. & Harris, C.S., Visual detection of line segments: An object superiority effect. **Science**, 1974, **186**, 752 - 755

Welford, A.T., The "psychological refractory period" and the timing of high - speed performance - A review and a theory. **British Journal of Psychology**, 1952, **43**, 2 - 19

Welford, A.T., Single - channel operation in the brain. **Acta Psychologica**, 1967, **27**, 5 - 11

Welford, A.T., The single - channel hypothesis. In A.T. Welford (Hg.), **Reaction times**. New York etc.: Academic Press, 1980

Wheeler, D.J., Processes in word recognition. **Cognitive Psychology**, 1970, **1**, 59 - 85

Wickens, C.D., The effects of divided attention on information processing in manual tracking. **Journal of Experimental Psychology: Human Perception and Performance**, 1976, **2**, 1 - 13

Wickens, C.D., The structure of attentional resources. In R.S. Nickerson (Hg.), **Attention and performance 8**. Hillsdale, N. J.: Lawrence Erlbaum, 1980

Wickens, C.D. & Kessel, C., Processing resource demands of failure detection in dynamic systems. **Journal of Experimental Psychology: Human Perception and Performance**, 1980, **6**, 564 - 577

Wolff, C., **Vernünftige Gedanken von Gott, der Welt und der Seele des Menschen, auch allen Dingen überhaupt (1751). Gesammelte Werke, Bd.** 2. Hildesheim: Olms, 1983

Wolff, P., **Entnahme der Identitäts - und Positionsinformation bei der Identifikation tachistoskopischer Buchstabenzeilen. Ein theoretischer und experimenteller Beitrag zur Grundlagenforschung des Lesens**. Dissertation, Bochum, 1977.

Wolford, G. & Morrison, F., Processing of unattended visual information. **Memory & Cognition**, 1980, **8**, 521 - 527

Wurtz, R.H., Goldberg, U.E. & Robinson, D.C., Behavioral modulation of visual responses in the monkey: Stimulus selection for attention and movement. **Progress in Psychobiology and Physiological Psychology**, 1980, **9**, 43 - 83

Zeki, S.M., Uniformity and diversity of structure and function in rhesus monkey visual cortex. **Journal of Physiology**, 1978, **277**, 273 - 290

7 Edmund Husserls Phänomenologie und ihre Perspektiven für die Kognitionspsychologie

Eckart Scheerer

Inhalt

1. Kognitionspsychologie und Philosophie

1.1 Kognitionspsychologie und Operationalismus

Im letzten Jahrzehnt läßt sich das Bestreben konstatieren, die Psychologie in eine umfassende "Kognitionswissenschaft" (cognitive science) einzuordnen, ihr also eine interdisziplinäre Basis zu geben. Die Grenzen dieser neuen Wissenschaft sind noch unscharf. Der Impuls zu ihrer Formulierung ging von Vertretern der Künstlichen – Intelligenz – Forschung (KI) aus. Zumindest einige von ihnen (z.B. Norman, 1980) plädieren dafür, alle erdenklichen Verhaltens – und Sozialwissenschaften einzubeziehen. Auch die Philosophie soll berücksichtigt werden. Wie ich glaube, geschieht dies allerdings bis jetzt noch nicht in genügendem Maße. Im folgenden möchte ich an einem Beispiel zeigen, daß die Kognitionsforschung von einer breiter angelegten Rezeption philosophischer Ansätze wichtige Impulse erfahren könnte.

Es bedürfte eingehenderer Forschungen in der "Zeitgeschichte der Psychologie", wollte man die Gründe für die relative Vernachlässigung der Philosophie vollständig erfassen. Versuchsweise möchte ich **einen** möglichen Grund benennen. Er soll mir dazu dienen, die Gesichtspunkte vorzustellen, unter denen die Kognitionspsychologie von einer Beschäftigung mit der Philosophie profitieren könnte.

Innerhalb der Psychologie stellt sich die kognitive Wende bekanntlich als Revolte gegen den vormals in den USA herrschenden Behaviorismus dar. Man kann allerdings fragen, ob diese Revolte gründlich genug war. Sie betraf weit mehr gewisse inhaltliche Annahmen des Behaviorismus als das ihm vorschwebende Forschungsziel, nämlich die Vorhersage und Kontrolle des Verhaltens. Bemühungen um wissenschaftstheoretische Legitimation sind zwar unter den Kognitionspsychologen weit weniger populär, als sie es bei den Behavioristen waren; vermutlich halten sie aber in der Mehrzahl an jenem **operationalistischen Wissenschaftsverständnis** fest, das in der Formel "Vorhersage und Kontrolle" zum Ausdruck kommt.

Ohne Zweifel leistet die operationalistische Wissenschaftstheorie eine zutreffende Beschreibung gewisser allgemeiner Merkmale der experimentellen Forschung; in dieser Hinsicht soll sie hier nicht problematisiert werden. Aber ist sie auch dazu imstande, theoretische Zielsetzungen der Forschung zu begründen? Ursprünglich verfolgte der Operationalismus – wenigstens so, wie er in der Psychologie rezipiert wurde (vgl. Scheerer, 1984) – das Ziel, den Einzelwissenschaften intersubjektiv verbindliche, eindeutige und philosophisch nicht vorbelastete Begriffe bereitzustellen; Wissenschaft sollte von Philosophie emanzipiert werden. Aber an diesem Anspruch mußte er scheitern. Es läßt sich zeigen, daß gerade eine operationalistisch fundierte Psychologie allenthalben gezwungen ist, Anleihen jenseits ihres eigenen Gebiets aufzunehmen.

Dies wird vor allem bei begrifflichen Problemen deutlich. Daß sich die Bedeutung eines Begriffs in einer Anzahl von Meßoperationen erschöpfe, wird heute kein ernsthafter Wissenschaftstheoretiker mehr behaupten. Die "Operationalisierbarkeit" von Begriffen ist eine notwendige, aber keine hinreichende Bedingung experimenteller Forschung. Allgemein wird anerkannt, daß Begriffe einen "Bedeutungsüberschuß" über ihre operationale Definition hinaus besitzen müssen. Ich halte diese Redeweise zwar für irreführend, weil sie suggeriert, die Meßoperationen seien wesentlich, der Bedeutungsüberschuß aber akzidentell. Dennoch werde ich mich ihrer bedienen, um Lesern mit operationalistischen Denkgewohnheiten entgegenzukommen.

Woher soll nun der Bedeutungsüberschuß bezogen werden? Sieht man von einer "Anreicherung" durch Begriffe aus Nachbarwissenschaften ab, so wird man häufig auf die Alltagssprache verwiesen: Die Begriffe der Psychologie sollen sich möglichst am Sprachgebrauch orientieren. Wenn es darum geht, die Psychologie an die Öffentlichkeit "wegzugeben", mag dies nützlich sein; zu ihrer systematischen Begründung ist es kein gangbarer Weg. Die Begriffe der Alltagssprache entstammen anderen als wissenschaftlichen Interessen; dennoch waren und sind sie beträchtlich durch die philosophische bzw. wissenschaftliche Terminologie geprägt. Wenn dem so ist, dann empfiehlt es sich, die entsprechende Terminologie selbst und nicht ihre alltagssprachlichen Derivate aufzusuchen.

Schon dem oberflächlichen Betrachter muß auffallen, daß das Begriffsinventar der Kognitionspsychologie uneinheitlich, unvollständig und unscharf ist. Nicht einmal der Grundbegriff 'Kognition' hat eine allgemein akzeptierte Definition, ganz zu schweigen von solchen (z.T. modischen) Begriffen wie etwa 'Schema'. Klagen über die Uneinheitlichkeit der Terminologie werden häufig geäußert, am ausdrücklichsten vielleicht von Claxton (1980, S. 15). Er fordert eine "lingua franca", die auf die verschiedensten Probleme angewendet werden kann, jedoch einem einheitlichen kognitivistischen Standpunkt, einer von allen anerkannten "Metapher für den Verstand" entstammt. Woher soll sie kommen? Soll sie wirklich eine "Mythologie" sein, wie Claxton meint? An die Stelle des Mythos hätte wohl eher die Ratio zu treten, und sie wäre vielerorts aufzusuchen – auch an ihrem ursprünglichen Wohnsitz: der Philosophie.

1.2 Mögliche Beiträge der Philosophie zur Kognitionspsychologie

Kritik und Geschichte der Begriffe. Verspricht ein Rückgriff auf die philosophische Terminologie Erfolg? Ist sie nicht ebenso uneinheitlich wie die psychologische? Mehr noch: erschöpft sie sich nicht in bloßen Verbalismen?

Gewiß, die philosophische Terminologie ist uneinheitlich. Aber muß sie deswegen auch willkürlich sein? Läßt sich nicht zumindest vermuten, daß ihre Uneinheitlichkeit durch Probleme bedingt ist, die in den Gegenständen der Begriffe selbst liegen? Wenn dem so wäre, dann ließen sich gerade durch einen Vergleich der verschiedenen Definitionen und Verwendungsweisen eines Begriffs Hinweise auf sachliche Probleme gewinnen. Dies vor allem bei diachroner, begriffsgeschichtlicher Analyse. Ob zum Beispiel die Unterscheidung zwischen 'Empfindung' und 'Wahrnehmung' für die heutige Psychologie noch von Belang ist, läßt sich nicht allgemein beantworten, sondern nur in Hinsicht auf die verschiedenen Kriterien, unter denen sie vorgenommen worden ist (z.B. Hamlyn, 1961; Neumann, 1973). Indem uns die **Begriffsgeschichte** ferner über den Entstehungskontext der von uns verwendeten Begriffe aufklärt, läßt sie uns deren weltanschauliche Konnotationen erkennen. Sie hat also eine eminent kritische Funktion für die aktuelle empirische Forschung; 'Kritik' dabei im ursprünglichen Sinn von 'Unterscheidung' und im heute üblichen engeren Sinne genommen.

Ob sich die philosophische Terminologie in bloß verbalen Definitionen erschöpft, kann nicht allgemein, sondern nur relativ zu einer bestimmten Periode und Herangehensweise entschieden werden. Als Psychologen müssen wir berücksichtigen, daß sich unsere Wissenschaft recht spät von der Philosophie gelöst hat, so daß nach heutigem Verständnis psychologische Fragestellungen noch in der Literatur des letzten Jahrhunderts als philosophische auftreten. Dies gilt vor allem für die Erkenntnistheorie, die sich lange Zeit nicht nur, wie heute üblich, mit der "Rechtfertigung" der Erkenntnis, sondern auch mit ihrem faktischen Zustandekommen befaßt hat. Philosophische Ansätze, die **nach** der Verselbständigung der Psychologie formuliert wurden, müssen daraufhin überprüft werden, welche Art von Daten oder Beobachtungsmaterial sie heranziehen. Grundsätzlich ist denkbar, daß sie den Anforderungen genügen, welche die Psychologie als Einzelwissenschaft zu stellen hat – es sei denn, sie verengt ihre eigenen Fragestellungen durch "Verbote" bezüglich ihrer Datenbasis, und zwar schon im Vorfelde des Formulierens von Hypothesen.

Bewußtmachung und Benutzung der Problemgeschichte. Ist man einmal dazu bereit, die mögliche Relevanz einzelner Begriffe für die Psychologie anzuerkennen, dann liegt es nahe, dies auch für ihre Verknüpfung zu tun – also für bestimmte **Fragestellungen**. Daß sich die Kognitionspsychologie wenigstens zum Teil mit Fragen befaßt, welche die Menschheit beschäftigt haben, seit sie überhaupt wissenschaftlich zu denken begonnen hat, das klingt vielleicht etwas pathetisch, trifft aber gleichwohl zu. Nur zwei Beispiele für solche altehrwürdigen Kontroversen seien genannt: "analoge vs. propositionale Repräsentation" und "direkter Realismus vs. Konstruktivismus". Daß solche Kontroversen schon jahrhundertelang diskutiert worden sind, bedeutet natürlich nicht, daß die seinerzeit angebotenen Lösungen einfach übernommen werden könnten oder sollten. Vielmehr stehen uns heute schon allein infolge des technischen Fortschritts Lösungsansätze offen, über die frühere Jahrhunderte nicht verfügen konnten. Die Lösungen werden also anders beschaffen sein müssen, aber das heißt nicht, daß die Fragen prinzipiell unvergleichbar sind. Sofern aber eine historische Kontinuität der Fragestellungen vorliegt, wäre es einfach unökonomisch, sie nicht zu berücksichtigen.

Erweiterung des Methodenspektrums. Ich habe bis jetzt mehr auf die inhaltliche Seite einer möglichen Einbeziehung der Philosophie in die neue "Kognitionswissenschaft" abgehoben und möchte dies nun im Hinblick auf die **Methodologie** ergänzen. Unter 'Methodologie' verstehe ich nicht die konkret-empirische Methodik, sondern die "Meta-Methodik", d.h. einen Fragenkomplex, der von der Begründung einzelner Methoden bis hin zur Reflexion über Sinn und Zweck der wissenschaftlichen Forschung reicht. Aus diesem Komplex möchte ich zwei Teilprobleme hervorheben.

Im Großen und Ganzen ist die experimentelle Kognitionsforschung in **dem** Sinne **objektivistisch**, daß sie soweit irgend tunlich mit objektiven Daten – fast ausschließlich Reaktionslatenzen und Fehlerhäufigkeiten – arbeitet. Zwar wird neuerdings dafür plädiert, aus dem Behaviorismus übernommene Vorurteile gegenüber der Introspektion zu revidieren (Lieberman, 1979). Ferner hat unter den KI-Forschern die Methode des lauten Denkens schon immer ihre Anhänger gehabt, aber diese präsentieren sie als "verbalen Bericht", der prinzipiell ebenso objektiv zu handhaben ist wie die üblichen, mehr elementaren Daten (Ericsson & Simon, 1980). Insgesamt konstatiert man entweder einen prinzipiellen Gegensatz zwischen introspektiven und objektiven Daten, oder man ist bestrebt, die ersteren an die letzteren anzugleichen.

Diese beiden Ansätze werden der Frage nach den für die Kognitionspsychologie adäquaten Daten wohl kaum in ihrer ganzen Komplexität gerecht. Zunächst einmal war die "klassische" Introspektion ein keineswegs einheitliches Verfahren; schon in der experimentellen Bewußtseinspsychologie gab es sehr divergente Auffassungen darüber, wie sie zu praktizieren sei und welcher Stellenwert ihr im Kontext der Formulierung und Überprüfung psychologischer Theorien zukomme (Danziger, 1980). Ferner ist die Dichotomie 'introspektive vs. objektive Daten' zu einfach. Was wird z.B. aus der Phänomenbeschreibung, wie sie von den Gestaltpsychologen betrieben wurde? Sie scheint in der heutigen Kognitionspsychologie keinen Platz mehr zu haben und würde wohl als Variante der Introspektion betrachtet werden, obwohl sie von den Gestaltpsychologen dieser gerade entgegengestellt wurde.

Ich bin bis jetzt davon ausgegangen, daß die Introspektion und andere "subjektive" Verfahren in demselben Sinne "Daten" liefern, wie es die üblichen "objektiven" Verfahren tun, d.h. beide dienen der Überprüfung wissenschaftlicher Hypothesen. Nach einer verbreiteten Auffassung gehört die Introspektion jedoch nicht in den "Kontext der Überprüfung", sondern in den "Kontext der Entdeckung", d.h. sie dient dem Finden möglicher, nicht der Bestätigung tatsächlicher Zusammenhänge. Diese Konzeption wurde im Zuge der "Liberalisierung" des operationalistischen Behaviorismus entwickelt, sie könnte jedoch auch außerhalb dieses Entstehungskontextes ihren guten Sinn haben.

Die Philosophie hat ebensowenig wie die Psychologie eine allgemein anerkannte Methode. 'Reflexion' und 'Intuition' sind wohl diejenigen Ausdrücke, die einem Nicht-Philosophen am ehesten einfallen, wenn er spezifisch philosophische Wege des Erkenntnisgewinns benennen möchte. Vorläufig noch vage möchte ich jedenfalls die Vermutung aussprechen, daß die Kognitionspsychologie von einer differenzierteren Bekanntschaft mit gewissen in der Philosophie angewendeten Methoden Nutzen ziehen könnte. Ich habe mit diesem Vorschlag weniger eine Bereicherung der empirischen Forschungsmethoden im Auge, sondern die methodische Disziplinierung einer Argumentationsweise, die häufig verwendet, aber selten explizit benannt wird: der Appell an die "Plausibilität". Was meinen wir, wenn wir diese oder jene Theorie als 'nicht plausibel' bezeichnen? Doch offenbar, daß der von ihr behauptete Zusammenhang nicht nur faktisch nicht existiert, sondern überhaupt nicht existieren kann, weil er z.B. "widersinnig ist", "unserer Anschauung nicht entspricht", kurz – wie die Anglophonen sagen – "counter-intuitive" ist. Und eben diese "Anschauung" und die auf sie gegründete "Reflexion auf Plausibilität" müßte, so meine ich, zum Gegenstand methodologischer Überlegungen gemacht werden; vielleicht ist sie dazu bestimmt, an diejenige Stelle zu treten, welche gemäß der oben skizzierten Auffassung die (nicht näher bestimmte) "Introspektion" einnimmt.

Apriorische Voraussetzungen der Theoriebildung. Im Erlebnis der Evidenz oder wenigstens der Plausibilität tut sich die "innere Notwendigkeit" eines Prozeßgefüges kund. Auf welchem Wege könnte man zu objektiven Kriterien für die (zunächst postulierte oder vermutete) innere Notwendigkeit einer bestimmten Prozeßkonfiguration gelangen? In den technischen, biologischen und Sozialwissenschaften wird häufig – allerdings selten explizit – mit funktionsanalytischen Argumenten operiert. Das heißt: Ein gegebenes System wird unter dem Gesichtspunkt seines Zwecks betrachtet, und unter Berücksichtigung gewisser Randbedingungen wird die Existenz von Systemkomponenten und ihre Verknüpfung daraus abgeleitet, daß sie zur Erreichung des Zwecks unentbehrlich sind. Vor einigen Jahren habe ich die Funktionsanalyse, wenn sie durch eine genetische Betrachtungsweise ergänzt wird, als die angemessene Vorgehensweise der Kognitionspsychologie bezeichnet (Scheerer, 1978). Ich halte diese Einschätzung nach wie vor für zutreffend, möchte sie jedoch durch eine Überlegung bezüglich der bei der Funktionsanalyse zu berücksichtigenden **Randbedingungen** ergänzen. Gewöhnlich denken wir bei den "Randbedingungen", unter denen sich psychische Prozesse vollziehen, an gewisse allgemeine Eigenschaften des materiellen Systems, durch das sie realisiert werden: sie wären also anatomisch-physiologischer Natur. Mit demselben Recht müßten Eigenschaften der Umwelt herangezogen werden, doch wird dieser Aspekt von der Kognitionspsychologie sträflich vernachlässigt und war bis vor kurzem das Monopol der von J.J. Gibson vertretenen, ökologisch orientierten Wahrnehmungspsychologie (z.B. Gibson, 1979). Schließlich wären auch allgemeine Bedingungen der Mensch - Umwelt - Interaktion einzubeziehen.

Die genannten Randbedingungen werden, soweit sie durch die Kognitionspsychologie überhaupt thematisiert werden, in der Regel als Gegenstände einzelwissenschaftlicher Forschung angesehen. Es wäre jedoch zu überlegen, ob es auch Randbedingungen so allgemeinen Charakters gibt, daß sie der Kompetenz einer Einzelwissenschaft entzogen sind; sie wären dann z.B. von der Allgemeinen Systemtheorie zu bearbeiten, oder auch von der Philosophie. Die letztere hat ja spätestens seit Kant die grundsätzlichen, "apriorischen" Voraussetzungen der Erkenntnis zu ihrem Gegenstand gemacht. Sofern es sich dabei um die Voraussetzungen der "Erkenntnis überhaupt" handelt, ist die Kognitionspsychologie von ihnen prinzipiell nicht anders betroffen als andere Wissenschaften auch. Anders steht es mit der Möglichkeit, daß bestimmte Bereiche der Realität, sollen sie wissenschaftlicher Erkenntnis unterzogen werden, ihren jeweils eigenen Randbedingungen unterworfen sind, die dann als "regionales Apriori" bezeichnet werden könnten, aber mit dem absoluten Apriori den Charakter der Notwendigkeit teilen würden. Welcher Art solche apriorischen Voraussetzungen der Kognitionspsychologie sein könnten, möchte ich zunächst dahingestellt sein lassen; ich möchte jedoch die Vermutung äußern, daß es sie gibt, und ihre Untersuchung als wichtiges Kooperationsfeld mit der Philosophie bezeichnen.

2. Husserls Beitrag zur Psychologie der Erkenntnisfunktionen

Ich habe bis jetzt von 'Philosophie' gesprochen, so, als ob es eine einheitliche Philosophie gäbe. Tatsächlich ist aber die Philosophie mindestens genauso in "Schulen" zersplittert wie z.B. die Psychologie. Ihre Legitimationsprobleme sind vielleicht noch schwerwiegender als die unsrigen, sie hat mit der Psychologie gemein, daß sie noch nicht einmal zu einer allgemein akzeptierten Festlegung ihres Gegenstandes gelangt ist. Ebenso wie der Philosoph, der Interesse an psychologischen Fragen hat, sich immer nur an eine bestimmte Psychologie und nicht an die Psychologie schlechthin wenden kann - vorausgesetzt, er macht sich nicht seine eigene Psychologie zurecht -, genauso kann der Psychologe immer nur bei einer bestimmten Philosophie (oder auch bei mehreren Philosophien) Rat suchen.

Welche "Richtung" der Philosophie könnte der Kognitionspsychologie etwas "geben"?

Ohne dies durch Zitationshäufigkeiten quantitativ belegen zu wollen, glaube ich sagen zu können, daß die heutige Kognitionsforschung vor allem **eine** Art des Philosophierens kennt und berücksichtigt: die Philosophie des "späten" Wittgenstein, des Wittgenstein der "Philosophischen Untersuchungen" (1953), und die von ihm inaugurierte sprachanalytische Richtung. Diese Bevorzugung kommt nicht ganz von ungefähr; denn die Kognitionsforschung ist weitgehend auf die Untersuchung sprachlichen Verhaltens fixiert, und was die KI-Forschung betrifft, so gehört die Simulation alltagssprachlicher Konversation zu ihren großartigsten Leistungen (oder wenigstens Visionen). Die "ordinary language philosophy" hat ihr also etwas zu sagen. Abgesehen von solchen sachlichen Motiven ist auch in Anschlag zu bringen, daß die genannte Richtung im angelsächsischen Bereich am besten repräsentiert ist.

Nichts gegen Wittgensteins Philosophie! Dennoch: Die Suche nach einem philosophischen Gewährsmann sollte wohl etwas gerichteter erfolgen. Ein Suchschema ist einfach zu umreißen. Wir brauchen eine Philosophie, die (1) "kognitiv orientiert ist", also die Erkenntnis in den Mittelpunkt ihres Interesses stellt, die (2) mit dem Anspruch der Wissenschaftlichkeit auftritt, also systematisch durchgeführt ist und allgemeinverbindliche Aussagen anstrebt, und die (3) "ähnlich denkt" wie die Kognitionspsychologie, also mit vergleichbaren Grundannahmen über die Struktur kognitiver Prozesse arbeitet.

Bei historischen Studien bin ich auf einen möglichen "Kandidaten" gestoßen. Es handelt sich um die Philosophie Edmund Husserls, des Begründers der modernen Phänomenologie. Daß die Wahl ausgerechnet auf ihn fällt, mag überraschen. Denn Husserl ist auch dem philosophisch interessierten Psychologen wohl hauptsächlich als ein "Vorläufer" der Existential-Ontologie Heideggers oder Sartre's bekannt, die ihrerseits gelegentlich zu den philosophischen Autoritäten einer unscharf abgegrenzten, sich selbst als 'humanistisch' bezeichnenden Strömung der heutigen Psychologie zählen. Umgekehrt vermag die heutige phänomenologische Psychologie keine Affinität zur Kognitionspsychologie zu erkennen; diese taucht in einer kürzlich erschienen Zusammenstellung möglicher "Bündnispartner" der Phänomenologie (Ashworth, 1981) jedenfalls nicht auf.

Will man die Feststellung solcher Affinitäten richtig bewerten, dann muß man im Auge behalten, daß sie sich in aller Regel auf den "späten" Husserl beziehen. Husserl hat die Phänomenologie nicht als geschlossenes System aufgefaßt, sondern als offenes Forschungsfeld, in dem jederzeit neue Entdeckungen und insgesamt ein kumulativer Erkenntnisfortschritt zu erwarten sind. Auch sein persönliches Ethos war nicht dasjenige des Verkünders von unumstößlichen Wahrheiten, sondern des exakten Forschers, was u.a. durch seine umfangreichen, zu seinen Lebzeiten unveröffentlichten "Forschungsmanuskripte" belegt wird.

2.1 Husserls Auffassungen vom Verhältnis zwischen Phänomenologie und Psychologie

Im Zuge seiner immer neuen Ansätze, die Eigenart der phänomenologischen Methode so präzise wie möglich in den Griff zu bekommen, hat Husserl häufig Überlegungen zum **Verhältnis von Phänomenologie und Psychologie** angestellt. Dabei lassen sich drei Phasen unterscheiden:

(1) Anfänglich bezeichnete Husserl sein Arbeitsgebiet nicht als 'Phänomenologie', sondern als 'deskriptive Psychologie'. Der Höhepunkt dieses Abschnitts wird durch seine 'Logischen Untersuchungen' (1900/01; 1968; künftig als 'LU' zitiert) markiert, sein definitiver Abschluß durch den Artikel 'Philosophie als strenge Wissenschaft' (1910).

(2) Nachdem Husserl in dem erwähnten, in der Zeitschrift 'Logos' erschienenen Artikel prinzipielle Kritik an den Erkenntnisgrundlagen der "naturalistischen" Psychologie, und übrigens auch an dem Historismus Diltheys geübt hatte, zog er eine scharfe Grenzlinie zwischen Phänomenologie und (empirischer) Psychologie. Die Phänomenologie hat jetzt für die Psychologie, wie für jede andere "Tatsachenwissenschaft", vorwiegend methodologische, begriffsklärende Funktion, deren Ausübung einer "eidetischen Psychologie" zukommt. Dieser Entwicklungsstand ist z.B. im ersten Buch der 'Ideen zu einer reinen Phänomenologie und phänomenologischen Philosophie' (1913) repräsentiert.

(3) In seinem letzten Lebensabschnitt konzipierte Husserl die "phänomenologische Psychologie" als zur Phänomenologie hinführende und gleichzeitig eine inhaltliche Alternative zur empirisch - naturwissenschaftlichen Psychologie bildende Disziplin. Von dieser Auffassung sind z.B. seine Vorlesungen über 'Phänomenologische Psychologie' (1925) bestimmt. Seinerzeit unveröffentlicht, bilden sie jetzt Band IX der Gesamtausgabe (1968).

Ich habe Husserls wechselnde Auffassungen über das Verhältnis von Phänomenologie und Psychologie stark vereinfacht dargestellt. Komplizierend kommt z.B. dazu, daß Husserl in seiner letzten Phase die phänomenologische Psychologie nicht nur als Propädeutik zur Phänomenologie, sondern – vorausgesetzt, sie wird unter "transzendentaler Einstellung" betrieben – als mit ihr identisch bezeichnet hat. Auch die Funktion der "eidetischen Psychologie" ist mit 'begriffsklärend' etwas dürftig umschrieben. Für nähere Ausführungen zu diesen Punkten muß ich auf die philosophische Spezialliteratur (z.B. Ströker, 1983) verweisen.

Für meine Zwecke reichte eine vereinfachte Darstellung aus, da es mir darauf ankommt, den aus den verschiedenen Phasen des Husserlschen Denkens zu erwartenden Beitrag zur aktuellen Problematik der Kognitionspsychologie abzuschätzen. Aus der ersten Phase werden wir uns vor allem inhaltliche, auf die einzelwissenschaftliche Problematik bezogene Aufschlüsse versprechen können. Die zweite Phase wird vorwiegend von methodologischem Interesse sein. Die "phänomenologische Psychologie" der dritten Phase endlich ist nach Voraussetzungen und Zielen von der Kognitionspsychologie derart verschieden, daß sie allenfalls für eine destruktive Kritik an der letzteren verwertet werden kann. Insofern ist die oben vermerkte gegenseitige Nicht - Beachtung sachlich berechtigt.

Im übrigen belegt die Wissenschaftsgeschichte, daß die Husserl - Rezeption durch die Psychologie entlang der gerade angedeuteten Linien erfolgt ist. Die 'Logischen Untersuchungen' lösten in der Psychologie eine heftige Debatte aus. Während Wundt sich scharf ablehnend verhielt, ist die Entstehung der Würzburger Schule überhaupt nicht ohne die von ihnen ausgehenden Impulse zu verstehen. Die Arbeiten von Messer (1906) und Karl Bühler (1907) z.B. sind nichts anderes als Versuche, "experimentelle Phänomenologie" zu betreiben, d.h. Husserlsche Theoreme empirisch zu überprüfen (vgl. Scheerer, in Vorbereitung, Kap. 2.51). Nachdem Husserl solche Versuche als irregeleitet zurückgewiesen hatte, diente seine Philosophie den Psychologen eher zum Ansatzpunkt erkenntniskritischer Erwägungen, die jedoch z.B. durch Linke (1929) noch für die experimentelle Grundlagenforschung fruchtbar gemacht wurden. Als Gewährsmann einer "geisteswissenschaftlichen Psychologie" erscheint Husserl erst aufgrund der dritten Phase seiner Arbeiten.

2.2 Ähnlichkeiten zwischen Aktpsychologie und heutiger Kognitionspsychologie

Wie bemerkt, sind die 'Logischen Untersuchungen' für uns vor allem in begrifflicher und problemgeschichtlicher Hinsicht von Interesse, also bezüglich der beiden ersten von uns genannten Aspekte, unter denen sich die Kognitionspsychologie von der Philosophie Rat holen könnte. Unsere Diskussion beginnt also am besten mit ihnen.

Die LU bestehen aus zwei nach Umfang und Inhalt recht verschiedenen Teilen. Der erste Teil ist der Widerlegung des seinerzeit gängigen Psychologismus in der Logik gewidmet. Er soll uns hier nicht weiter beschäftigen, da er einen Markstein in der Geschichte der Logik und nicht so sehr der Psychologie bildet. Der wesentlich umfangreichere zweite Teil enthält 'Untersuchungen zur Phänomenologie und Theorie der Erkenntnis'. Es ist eine damals und heute unter den Philosophen umstrittene Frage, inwieweit das Thema des zweiten Teils der LU – die Korrelation zwischen den Gegenständen des Denkens und den Denkerlebnissen – der anti-psychologistischen Programmatik des ersten Teils widerspricht. Entscheidend ist für uns, daß Husserl im zweiten Teil der LU eine deskriptive Untersuchung der Denkerlebnisse beabsichtigte und durchführte.

Vor allem in der ersten Auflage der LU hat Husserl es versäumt, die von ihm angewendete Methode zu beschreiben. Sie mußte also seinen Zeitgenossen als "Introspektion" erscheinen, allerdings nicht in der von Wundt propagierten, experimentell kontrollierten Form, sondern in der traditionellen "Lehnstuhl"-Manier, wie sie von den britischen Empiristen des 18. und 19. Jahrhunderts gepflegt wurde. Seinem Vorgehen nach ordnet sich Husserl in die von seinem Lehrer Franz Brentano (1874) begründete Tradition einer empirischen, aber nicht experimentellen Psychologie ein, die in der damaligen Psychologie einen Gegenpol zum Ansatz Wundts darstellte.

Obwohl Husserl in den LU mehrfach Kritik an Brentano übt, steht er in seinen Grundanschauungen seinem Lehrer noch recht nahe. Tatsächlich kann man die LU als Höhepunkt und Abschluß der nicht-experimentellen Variante der **Aktpsychologie** bezeichnen, einer psychologischen Richtung, in die sich unter den experimentell arbeitenden Psychologen Carl Stumpf – dem die LU gewidmet sind – und später sowohl die Würzburger Schule als auch die Grazer Schule der Gestaltpsychologie einordneten. Ihr Grundgedanke ist die dualistische Aufspaltung des Psychischen in "Inhalte" und "Akte". Diese beiden Pole des Psychischen unterscheiden sich nach zwei Gesichtspunkten. Zum einen bilden Inhalte das Substrat, an dem Akte operieren; Inhalte sind **fundierend,** Akte **fundiert**. Das beste Beispiel für die Kategorie 'psychischer Inhalt' sind die Empfindungen, die von der Aktpsychologie noch ganz im Sinne der klassischen Konstanzannahme als peripher determiniert und reizgebunden konzipiert werden. Ein zweiter Gesichtspunkt ist die Gegenstandsbezogenheit oder **Intentionalität**, die nur den Akten, nicht aber den Inhalten zukommt. Das begriffliche Grundschema der Aktpsychologie wird am besten anhand der Wahrnehmungskonstanzen illustriert. In ihnen bleibt der "gemeinte", "intendierte" Gegenstand derselbe, gleichgültig, wie er je nach den Beobachtungsbedingungen "erscheint"; oder, theoretisch formuliert: Aufgrund von variablen Inhalten wird ein konstanter Gegenstand wahrgenommen. Wie es möglich ist, daß sich das Psychische durch ständig variierende Inhalte hindurch auf konstante Gegenstände bezieht: Dies begreiflich zu machen, war ein hauptsächliches Anliegen der Aktpsychologie.

Der Akt-Inhalt-Dualismus zeigt, jedenfalls sofern er nach dem ersten Gesichtspunkt – Inhalte als Substrat –, Akte als Tätigkeitspol des Psychischen – betrachtet wird, bemerkenswerte Ähnlichkeit zu einem die heutige Kognitionspsychologie durchziehenden Dualismus, nämlich dem zwischen Daten und Operationen, und hinsichtlich der Konnotationen des Inhaltsbegriffs, wie sie am Beispiel der Empfindungen deutlich werden, auch zu der von Atkinson & Shiffrin (1968) popularisierten Unterscheidung von festgelegten Strukturen und frei zur Disposition stehenden 'Kontrollprozessen'. Denn die Inhalte sind zwar variabel, aber durch ein für allemal festgelegte Eigenschaften des kognitiven Apparats determiniert. Ja, in bestimmten Varianten der Aktpsychologie, vor allem bei Stumpf (1907) und Messer (1914), wird als Kriterium für die Unterscheidbarkeit von Akten und Inhalten ausdrücklich angegeben, daß sie unabhängig voneinander variieren können. Die Aktpsychologie macht also eine Annahme, die Allport (1980) – freilich in kritischer Absicht – an der Kognitionspsychologie diagnostiziert: die Annahme, daß ein "Allzweck" – Apparat kognitiver Mechanismen bereitstehe, der an beliebigen Daten operieren könne. Es fragt sich nun, inwieweit eine solche "Auseinanderreißung" zweier Pole des Psychischen auch bei Husserl zu konstatieren ist.

Auf sehr allgemeiner Ebene ist dies der Fall. Brentano hatte psychische Phänomene insgesamt durch das Kriterium der Intentionalität definiert. Auch Husserl hält die Intentionalität zwar für das, "was in einem gewissen prägnanten Sinne psychisches, bewußtes Dasein charakterisiert" (LU, TT/1, S. 365). Aber er kennt auch nicht – intentionale Erlebnisse, wie z.B. die Empfindungen. Erst in den 'Ideen' bestimmt er das "Sensuelle" als "Moment ... in der konkreten Einheit eines intentionalen Erlebnisses" (1913, S. 65). Es tritt dort als "hyle" (= "Stoff") der intentionalen "Morphe" (= Form) auf, doch hat es nach wie vor "in sich nichts von Intentionalität" (S. 172). Im Spätwerk kritistiert er dann sein früheres Verhaftetsein an das "Inhalts – Auffassungs – Schema". Schon früher hatte er freilich in seinen konkreten Einzelanalysen den einheitlichen Aktcharakter ('Akt' und 'intentionales Erlebnis' sind für ihn identisch) des Psychischen betont.

Mit welchem Recht kann der Husserl der LU als 'Kognitivist' bezeichnet werden? Das hängt natürlich davon ab, woran man einen solchen erkennt – keine leichte Aufgabe, wenn man bedenkt, daß die heutigen Kognitivisten nicht so recht wissen, wie sie das, was ihnen gemeinsam ist, auf einen Nenner bringen sollen. Vielleicht könnte man es so beschreiben: Kognitivisten halten dafür, daß die Erkenntnisbeziehung Voraussetzung für jegliche andere Gegenstandsbeziehung psychischer Prozesse ist. In diesem Sinne war jedenfalls Husserl einer. Denn er geht davon aus, daß es eine besondere Klasse "setzender" oder "objektivierender" Akte gibt, die "allen übrigen Akten die Gegenständlichkeit zu allererst vorstellig ... machen, auf die sie sich ... beziehen sollen" (LU, II/1, S. 494). Es gibt sehr wohl nicht – setzende Akte (Wunsch, Zweifel, Frage ...), aber sie alle setzen objektivierende Akte (Wahrnehmungen, Urteile, Vorstellungen...) voraus.

2.3 Einige Grundbegriffe der "deskriptiven Psychologie"

Ich habe bis jetzt gewisse Ähnlichkeiten in der "Denkweise" Husserls und der Kognitionspsychologie hervorgehoben, um deutlich zu machen, daß die LU durchaus zu einer immanenten Kritik der von der letzteren verwendeten Begriffe und zur Schärfung ihres Problembewußtseins herangezogen werden können. Dafür möchte ich nun einige Beispiele bringen.

"Intention" als Schlüsselbegriff. Der für Husserl so zentrale Begriff der **Intention** ist in der Kognitionspsychologie so gut wie überhaupt nicht anzutreffen. Eine Ausnahme bilden nur die erst kürzlich erschienen Arbeiten von Neumann (1984) und Wolff (1984). Wie ich glaube, hat uns Husserls Konzept der Intention in mehreren Richtungen etwas zu sagen.

Zunächst einmal darf die intentionale Beziehung des Psychischen auf Gegenstände nicht mit der Beziehung zwischen Akten und Inhalten ("Operationen" und "Daten") verwechselt werden. Im Grunde scheidet die Kognitionspsychologie die gegenständliche Beziehung des Psychischen aus ihrer Betrachtung aus, indem sie 'Gegenstand' objektivistisch, als Umweltbestandteil, definiert, die wissenschaftliche Behandlung der so definierten Gegenstände den dafür zuständigen Wissenschaften zuschiebt, und für ihre eigenen Zwecke den Gegenständen interne Repräsentanzen substituiert, die im Denkschema der Aktpsychologie als "Inhalte" anzusprechen wären. Nun verwendet Husserl den Begriff des intentionalen Gegenstandes in den LU keineswegs einheitlich: Einesteils läßt er intentionale Gegenstände bewußtseinstranszendent sein, zum anderen sind sie für ihn immer Gegenstände, so wie sie in einem bestimmten Akt aufgefaßt werden. Auf keinen Fall hätte er aber einer Reduktion der Gegenstände auf ihnen konstant zugeordnete innere Repräsentanzen zugestimmt. Soweit ich sehe, hat die Kognitionspsychologie noch keinen Zugang zu dem bewußtseinsdeskriptiv so prägnanten Sachverhalt der Intentionalität gefunden. Ein Symptom dafür ist die immer neue Versuchung, "homunculi" zu konstruieren, die innere Abbilder "betrachten", "weiterverarbeiten" usw.

Ist 'Intention' mit 'Absicht' gleichzusetzen? Bei Husserl nicht. Er verwendet zwar zur Illustration der Intention das Bild des "Abschießens und Treffens" (LU, II/1, S. 379), sucht aber vom Begriff des intentionalen Erlebnisses "jeden Gedanken der Betätigung fernzuhalten". Des weiteren darf 'Intention' nicht mit 'Erwartung' gleichgesetzt werden: "es ist ihr nicht wesentlich, auf ein künftiges Ereignis gerichtet zu sein" (LU, Bd. II/2, S. 40). Wenigstens in den LU ist 'Intention' somit ausschließlich als das 'Meinen eines Gegenstandes' zu verstehen; erst in Husserls späterem Werk wird die Zeitstruktur zum Wesensmerkmal der Intentionalität. Unter anderem diese sehr allgemeine, mehr formale Definition der Intention hat einige unter Husserls Zeitgenossen, z.B. Wundt, dazu veranlaßt, ihm "scholastische Begriffsspalterei", "Anhäufen von Tautologien" usw. vorzuwerfen.

Dennoch glaube ich, daß der Intentionsbegriff der LU beachtenswerte Hinweise auf bestimmte funktionelle Probleme bietet.

Zum einen stellen wir fest, daß die Intention auf **Gegenstände** und nicht etwa auf Merkmale, Stellen im Gesichtsfeld o.ä. geht. Neisser drückt denselben Gedanken – wohl ohne Husserl gelesen zu haben – wie folgt aus: "We do not attend to ears, modalities, or points in the visual field" (1976, S. 84) und kritisiert damit den "Hauptstrom" der zeitgenössischen Aufmerksamkeitsforschung. Zum anderen weist die Intention ein eminent dynamisches Moment auf, und zwar deswegen, weil sie in der Regel auf **Erfüllung** angelegt ist. Sie wird dann erreicht, wenn ein zunächst bloß "vermeinter" Gegenstand anschaulich erfaßt wird. Es würde eine eigene Abhandlung erfordern, sämtlichen Implikationen des "Intention – Erfüllung" – Konzepts für die empirische Psychologie nachzugehen. Sie betreffen hauptsächlich jene Sachverhalte, die heute meistens mit Hilfe des Schema – Begriffs angegangen werden.

Aufmerksamkeit. Nachdem wir den Bedeutungsgehalt des Begriffs 'Intention' im groben umrissen haben, können wir ihn als Leitfaden dazu benutzen, Husserls Stellungnahme zu einigen Problembereichen der damaligen und der heutigen Psychologie kennenzulernen.

Die **Aufmerksamkeit** wird damals wie heute im allgemeinen als selektive Funktion aufgefaßt, die auf dem Wege der Bahnung oder Hemmung nahezu beliebige "Daten" zur weiteren Verarbeitung auswählt. Wie schon erwähnt, hat Husserl gegen die Vorstellung von einer unspezifischen, an Inhalten operierenden Aufmerksamkeit Einspruch erhoben. Er hat zwar 'Intention' und 'Aufmerksamkeit' nicht gleichgesetzt, da nicht jeder intentionale Gegenstand ein bemerkter sein muß (LU, II/1, S. 378). Aber die Aufmerksamkeit ist für ihn andererseits nicht eine besondere Klasse psychischer "Akte"; vielmehr ist sie im wesentlichen mit dem Vollzug der Akte identisch, wenn dabei beachtet wird, daß diese immer gegenstandsbezogen sind und nicht mit den bloßen "Haben" von Inhalten gleichgesetzt werden dürfen. Lassen wir ihn selbst zu Wort kommen: Indem wir Akte vollziehen, "achten wir auf die Gegenstände dieser Akte, sind wir diesen nebenbei oder primär zugewendet, ev. mit denselben thematisch beschäftigt. Das eine und das andere ist dasselbe, nur von verschiedenen Seiten ausgedrückt" (LU, II/1, S. 409).

Seiner Fragestellung in den LU gemäß hatte Husserl wenig Anlaß dazu, sich mit dem Problem der **Mehrfachtätigkeit** zu befassen, das ein wichtiges Forschungsfeld der heutigen Aufmerksamkeitspsychologie ist. Es ist durch die Schwierigkeit belastet, einen nicht – zirkulären, d.h. unabhängig von der empirisch festgestellten Interferenz durch eine zweite Aufgabe definierbaren Indikator für die gegenseitige Störung beim

Vollzug von Tätigkeiten zu finden. Nicht in den LU, aber in den etwas späteren Forschungsmanuskripten findet sich ein wichtiger Gedanke zu diesem Problem, wenn auch in einem Kontext, in dem man ihn vielleicht nicht erwartet. Es handelt sich um die, wegen der weiter unten zu erörternden methodologischen Bedeutung der Phantasie für Husserl wichtige Frage, ob die Phantasie sich analog zu dem "Bildbewußtsein" verhält, das auftritt, wenn wir physische Bilder als solche auffassen. Anfangs hatte Husserl dies noch bejaht, indem er von der konventionellen Vorstellung einer "doppelten Gegenständlichkeit" der Phantasie ausgegangen war: die Wahrnehmung ist "selbstgegenwärtig", d.h. sie kennt keinen (erlebten) Dualismus von Bild und Objekt, die Phantasie dagegen hat einesteils einen bildlichen Inhalt, andererseits das von ihm abgebildete Objekt zum Gegenstand. Dagegen gelangt er in Vorlesungen aus dem Jahr 1905 (Husserl, 1980) zu dem Schluß, daß die Phantasie sich ebenso "einfältig" auf Gegenstände bezieht wie die Wahrnehmung. Wichtig ist für uns gegenwärtig weniger dieses Ergebnis als seine Begründung. Wahrnehmung und Phantasie sollen nämlich deswegen nicht koexistieren können, weil ihre "Raumfelder" sich nicht "zusammenschauen" lassen, genausowenig wie sich z.B. beim binokularen Wettstreit die Sehfelder der beiden Augen zur Deckung bringen lassen. Entscheidend für die Unverträglichkeit perzeptiver und imaginativer Akte ist mithin, daß sie auf dieselbe (als objektiv erlebte) Raumordnung rekurrieren: Der Wettstreit "betrifft offenbar nur die Lokalität, die das Fundament der objektiv-phänomenalen Raumordnung ist. Das perzeptive und das imaginative Gesichtsfeld haben dieselben Ordnungswerte, dieselben phänomenologischen Ortsanordnungen. Gleichzeitig können aber nicht zwei Anschauungen zur Einheit einer Anordnung gebracht werden, in denen die Lokalwerte sich wiederholen" (1980, S. 76).

Ich habe diesen Gedankengang etwas ausführlicher referiert, um wenigstens an einem Beispiel zu belegen, daß sich aus phänomenologischen Befunden sehr wohl experimentell überprüfbare Hypothesen ableiten lassen. Denn die Studien von Brooks (1967, 1968), in denen gezeigt wurde, daß die "Visualisierung" eines Objektes gleichzeitige perzeptive Prozesse behindert, lassen sich als Bestätigung des Husserlschen Theorems auffassen. Ebenso liefert es eine Begründung für die privilegierte Stellung der Lokalisation als Selektionsfundament beim dichotischen Hören. Allerdings müssen bei solchen Extrapolationen von der Phänomenologie auf die Experimentalpsychologie gewisse methodologische Vorbehalte gemacht werden, auf die ich später zu sprechen kommen werde.

Wahrnehmung. In den LU findet sich keine ausgearbeitete Theorie der **Wahrnehmung**, und die auf sie bezüglichen Forschungsmanuskripte aus dem zeitlichen

Umfeld der LU sind erst zum Teil erschienen. Trotzdem lassen sich aus dem schon veröffentlichten Material einige Prinzipien von Husserls "Wahrnehmungspsychologie" entnehmen.

Der "wesentliche Charakter der Wahrnehmung" besteht "in dem anschaulichen Vermeinen, ein Ding oder einen Vorgang als einen selbst gegenwärtigen zu erfassen" (LU, II/2, S. 34) – ein Sachverhalt, den Husserl später unter der prägnanten Formel 'Selbstgebung des Gegenstandes in der Wahrnehmung' zusammengefaßt hat. Diese Formel steht für mehrere theoretisch wichtige Aussagen. Sie weist zunächst einmal eine "Vermittlungstheorie" ab: Die Wahrnehmung zielt unmittelbar, und nicht auf dem Wege eines inneren Abbildes, auf den Gegenstand. Ferner wird eine "intellektualistische" Wahrnehmungstheorie abgelehnt: Das "anschauliche Vermeinen" ist "in der unvergleichlichen Mehrheit der Fälle gegeben, ohne jede begriffliche, ausdrückliche Fassung" (a.a.O.). Und endlich betont die Formel die erlebte Passivität der Wahrnehmung: Der Gegenstand "gibt sich selbst", er affiziert uns, und nicht umgekehrt.

Besonders im letzten Punkt weicht Husserls Formel von einer derzeit gängigen Auffassung ab, wonach die Wahrnehmung ein aktiver Prozeß der Konstruktion und des beständigen Überprüfens von Hypothesen sein soll. Nun hätte Husserl wohl gegen eine "aktivistische" Wahrnehmungskonzeption nichts einzuwenden, wenn sie 'Aktivität' als Umgang mit realen Gegenständen definierte; in der Regel ist jedoch bei der Rede vom 'Konstruieren', 'Überprüfen von Hypothesen' usw. an eine innere Aktivität gedacht, die sich an einem ebenso inneren Abbild vollzieht. Man kann hieran dergestalt Kritik üben, daß man fragt, wie denn die Aktivität erst einmal zu innerer Aktivität wird (vgl. Scheerer, 1978). Die Frage nach der faktischen Genese interessiert jedoch die Phänomenologie nicht (vgl. Husserl, 1913, S. 1), ihr geht es primär um den schlichten Aufweis des Sachverhalts, daß Wahrnehmen in der Regel keine **erlebte** Aktivität involviert. Demgemäß hat Husserl auch nicht gezögert, von "passiven Intentionen" des Wahrnehmens zu sprechen – nach der üblichen, nicht aber nach seiner eigenen Definition des Intentionsbegriffs eine widersinnige Ausdrucksweise.

'Passivität' bedeutet nun nicht, daß die Wahrnehmung keinen prozessualen Charakter hat. Vielmehr wird sie (freilich noch nicht in den LU) unter dem Gesichtspunkt **passiver Synthesen** untersucht, denen die entscheidende Rolle bei der Konstitution des Wahrnehmungsgegenstandes und der verschiedenen modalen Abwandlungen der Gegenstandsbeziehung (Negation, Zweifel, Möglichkeit usw.) zukommt. Den Ausgangspunkt für solche Untersuchungen bilden Phänomene des Widerstreits, der Erfüllung und der Enttäuschung von Intentionen: also genau jene Klasse von Phänomenen, welche Anlaß zur Aufstellung konstruktivistischer

Wahrnehmungstheorien gegeben haben. Nur daß Husserl die Logik letzten Endes aus der Wahrnehmung ableitet, statt umgekehrt – nach konstruktivistischer Art – eine schon fertig bereitstehende Logik an Wahrnehmungsinhalten operieren zu lassen.

Mit dem Begriff der passiven Synthesis – den ich hier nur andeuten konnte – habe ich den von mir selbst gezogenen chronologischen Rahmen überschritten, da er in den LU noch nicht vorkommt. Ich beeile mich daher, zu den LU zurückzukehren, und zwar zu der in ihnen vorgetragenen Lehre von der **kategorialen Wahrnehmung**. Um sie verständlich zu machen, muß ich etwas weiter ausholen.

Ein wichtiges Anliegen der LU ist die deskriptive Klassifikation intentionaler Erlebnisse. Sie erfolgt nach den Dimensionen 'Qualität', 'Materie' und 'Fülle' (vgl. zur Übersicht Port, 1928; Scheerer, in Vorb.). Die **Aktqualität** haben wir schon kennengelernt, und zwar in Form der Unterscheidung zwischen objektivierenden und nicht-objektivierenden Akten. Die **Materie** eines Aktes ist "dasjenige, was ihm allererst Beziehung auf Gegenständliches verleiht" (LU, II/1, S. 416). Grundsätzlich gibt es eine beliebige Vielfalt von Aktmaterien. Dennoch lassen sie sich dichotomisch klassifizieren, und zwar gemäß der Unterscheidung zwischen nominalen und propositionalen Akten: 'der vorübergehende Postbote' z.B. drückt einen nominalen, 'der Postbote geht vorüber' einen propositionalen Akt aus. Schließlich variieren Akte auch nach ihrer **Fülle**: "je 'klarer' die Vorstellung ist, je größer ihre 'Lebendigkeit', je höher die Stufe der Bildlichkeit, die sie ersteigt: umso reicher ist sie an Fülle" (LU, II/2, S. 77). Akte, denen das Merkmal der Fülle zukommen kann, werden 'intuitiv' genannt; daneben gibt es signitive Akte, die als bloße "Leermeinungen" keine Fülle besitzen können.

Es ist nun klar, daß die Wahrnehmung ein objektivierend-intuitiver Akt ist. Aber kennt sie auch einen der Unterscheidung nominaler und propositionaler Akte analogen Unterschied in der Aktmaterie? Ja, und zwar in Form der Unterscheidung zwischen schlichter und kategorialer Wahrnehmung. In der schlichten Wahrnehmung sind uns die Gegenstände nominal gegeben, in einer Weise, die sprachlich z.B. mit 'weißes Papier' oder besser 'dies ist Papier, und dies ist weiß' ausgedrückt werden müßte. Um als "Erfüllung" eines propositionalen Aktes (z.B. 'dieses Papier ist weiß') dienen zu können, muß die schlichte Wahrnehmung zum Fundament einer auf sie aufbauenden kategorialen Wahrnehmung verwendet werden. In ihr tritt der Gegenstand z.B. als ein solcher auf, der bestimmte Merkmale "trägt". 'Kategorial' ist die Wahrnehmung insofern, als in ihr begriffliche Beziehungen allgemeiner Art, eben Kategorien (z.B. 'Substanz', 'Eigenschaft') anhand des sinnlichen Materials zur Anschauung gebracht werden.

'Kategorie' ist hier also nicht in dem (historisch falschen) Sinn von 'Oberbegriff' zu verstehen, wie das in den heutigen Theorien der "categorial perception" geschieht. Husserls Lehre von der kategorialen Wahrnehmung darf daher nicht mit dem Prinzip verwechselt werden, daß perzeptives Erkennen immer eine Klassifikationsleistung involviert. Husserl hat solche Konzeptionen gekannt und diskutiert, ohne ihnen beigetreten zu sein. Die eigentliche Bedeutung seiner Analyse liegt anderswo, und zwar in der klaren Einsicht, daß ein perzeptiver Gegenstand nicht - wie heute noch üblich - einfach als ein Bündel von Merkmalen beschrieben werden darf. Denn solange der Gegenstand nur ein Merkmalsbündel ist, ist er noch gar kein Gegenstand, d.h. auf dieser Stufe ist der Unterschied zwischen 'Gegenstand' und 'Merkmal' noch überhaupt nicht konstituiert. Damit ein Gegenstand von seinen Merkmalen getrennt werden kann, so daß er seine Identität angesichts variabler Merkmale durchhalten kann, muß er in einen "beziehenden Akt eintreten", der ihn auf einer höheren als in der schlichten Wahrnehmung gegebenen Stufe "nominalisiert". Man drückt entsprechende Gedanken heute anders aus, z.B. indem man von 'Analyse durch Synthese' spricht. Daß Husserl als "Analyse - durch - Synthese - Theoretiker" eingestuft werden kann, sieht man auch daran, daß er die Merkmale eines Gegenstandes nur implizit in der Wahrnehmung gegeben sein läßt und überhaupt von "oben her", von den natürlichen Sinnendingen aus, an die Wahrnehmung herangeht, statt sie von "unten her", von den Empfindungen aus zu konstruieren (vgl. Hofmann, 1913).

Erinnerung. Zuletzt noch ein Wort zu Husserls **Gedächtnispsychologie**. Da 'Gedächtnis' eine Disposition bezeichnet und Dispositionen die Phänomenologie nichts angehen, wird man nicht erwarten, bei Husserl den Begriff 'Gedächtnis' zu finden. Dennoch gehören seine Analysen der Erinnerung vielleicht zu denjenigen Beständen aus seinen Forschungsmanuskripten, deren systematische Auswertung der Kognitionspsychologie am meisten "bringen" könnte. Ich muß mich mit bloßen Stichworten begnügen.

Nicht nur die Phantasie, sondern auch die Erinnerung bezieht sich in "einfältiger Intention" auf ihre Gegenstände. Es gibt kein surrogathaftes "Erinnerungsbild", das für ein vergangenes Ereignis steht: "Als ob es zum Wesen der Erinnerung gehörte, daß ein im Jetzt vorhandenes Bild für eine andere ihm ähnliche Sache supponiert würde... Wie ich in der Wahrnehmung das Jetztsein erschaue..., so erschaue ich in der Erinnerung das Vergangene, es ist darin gegeben, und Gegebenheit von Vergangenem ist Erinnerung" (1980, S. 34). Phantasie und Erinnerung sind also nahe miteinander verwandt, aber nicht etwa dasselbe. Denn die Phantasie ist neutralisierte Erinnerung (1913, S. 224 f.), d.h. sie "läßt die Frage nach der thetischen Setzung hinsichtlich Zeit und Wirklichkeit vollständig dahingestellt sein" (Diemer, 1965, S. 80). Dem heutigen kognitionspsychologisch vorgebildeten Leser fällt hier sofort die Unterscheidung zwischen episodischem und semantischem Gedächtnis und als mögliches Analogon der "Neutralisierung" die "Dekontextualisierung" ein. Ich muß aber meinerseits dahingestellt sein lassen, wie tragfähig solche Analogien sind. Denn Husserls Lehre von der Phantasie und der Erinnerung läßt sich nur auf dem Hintergrund seiner Analysen zur Phänomenologie des inneren Zeitbewußtseins nachvollziehen, und dazu ist hier nicht der Ort. Nur so viel sei aus den letzteren vermerkt, daß Husserl den auch heute noch verbreiteten Fehler bekämpft, partout die Attribute des intendierten Gegenstandes in der ihn erfassenden Intention wiederfinden zu wollen; als ob ein "Code" für Zeitliches seinerseits zeitlich sein müßte: "Der Fluß der Bewußtseinsmodi ist kein Vorgang, das Jetzt-Bewußtsein ist nicht selbst jetzt. ... Empfindung, wenn damit das Bewußtsein verstanden wird..., ebenso Retention, Wiedererinnerung, Wahrnehmung etc. ist unzeitlich, nämlich nichts in der immanenten Zeit... Das sind höchst wichtige Sachen, vielleicht die wichtigsten der ganzen Phänomenologie" (1966, S. 333 ff.) – – – nicht nur der Phänomenologie, sondern vielleicht auch der empirischen Psychologie; nur daß sie die Wichtigkeit jener "Sachen" noch nicht so recht erkannt hat.

3. Experimentalpsychologie und phänomenologische Methode

Im vorigen Abschnitt habe ich die LU etwa so aufgefaßt, wie das seinerzeit die Psychologen der Würzburger Schule getan haben, nämlich als Quelle experimentell überprüfbarer Hypothesen, die aus der Selbstbeobachtung hervorgegangen sind. Nichts konnte einen Leser der ersten Auflage der LU davor warnen, die Analysen der LU in dieser Weise mit der empirischen Psychologie auf eine Ebene zu stellen, bis Husserl sich veranlaßt fand, solchen Versuchen gegenüber die Eigenart der Phänomenologie klar herauszuarbeiten. Er tat dies in mehreren Anläufen, von denen hier nur das Fazit interessiert, das er in seinem 'Logos'-Artikel (1910) und in den 'Ideen' (1913) gezogen hat.

3.1 Verdinglichung und Naturalisierung des Bewußtseins

Im 'Logos'-Artikel geht es Husserl um den Nachweis, daß die empirische Psychologie nicht als Grundlage einer als "strenge Wissenschaft" konzipierten Philosophie dienen kann. Für uns ist weniger dieses Ergebnis wichtig als seine Begründung. Indem nämlich die Psychologie von den Naturwissenschaften die experimentelle

Methode übernahm, hat sie sich eine verfehlte Auffassung vom Bewußtsein eingehandelt, die Husserl unter den Stichworten 'Naturalisierung' und 'Verdinglichung' zusammenfaßt.

Allgemein verfährt die Naturwissenschaft in "naiver" Einstellung, d.h. "die Natur, die sie erforschen will, ist für sie einfach da", und zwar in Form von räumlich und zeitlich bestimmten "Dingen". Die Psychologie erweitert nun diesen Naturbegriff, indem sie ihn nicht nur physisch, sondern psycho-physisch auffaßt, d.h. das Psychische in den Zusammenhang der Natur einfügt. Dabei ist es gleichgültig, ob der psychophysische Zusammenhang explizit angenommen wird, oder ob es die Psychologie "auf die Bestimmung von bloßen Bewußtseinsvorkommnissen abgesehen hat". In jedem Fall muß sie das Psychische als "objektiv zeitlich bestimmbare Naturtatsache" betrachten, und dies ist nur solange möglich, wie die Naturbeziehung des Psychischen nicht ausgeschaltet wird. Kurz: "Jedes psychologische Urteil schließt die existenzielle Setzung der physischen Natur in sich, ob nun ausdrücklich oder nicht" (1910, S. 298 ff.).

Darin besteht die **Naturalisierung** des Bewußtseins. Um sie richtig zu verstehen, muß man im Auge behalten, daß sie nach Husserl denknotwendige Voraussetzung jeglicher empirischen Psychologie ist, und nicht nur einer solchen Psychologie, welche die Bewußtseinsdaten auf physiologische Gesetzmäßigkeiten zu reduzieren trachtet. In den 'Ideen' kennzeichnet Husserl demgemäß die empirische Psychologie nicht als 'naturalistisch', sondern als 'Tatsachenwissenschaft'.

Die Naturwissenschaft macht noch weitere Voraussetzungen: (1) "Dinge" bewahren ein "bleibendes, identisches Sein", das sich im Wechsel der Erscheinungen durchhält. (2) "Dinge" weisen reale Eigenschaften und räumliche Bestandteile auf, sie sind "im eigentlichen Sinne analysierbar" (1910, S. 312). Indem nun die Psychologie diese Voraussetzungen übernimmt, macht sie sich der **Verdinglichung** des Bewußtseins schuldig, und daraus entquillt "immer von neuem die Neigung zu widersinnigen Problemstellungen, zu falschen Forschungsrichtungen" (1910, S. 310). Denn sie müßte eine Wissenschaft von den Phänomenen sein. Ein Phänomen aber ist "keine 'substanzielle' Einheit, es hat keine 'realen Eigenschaften', keine realen Veränderungen und keine Kausalität" (1910, S. 312).

Husserl hat nicht nur die von der Psychologie seiner Zeit faktisch gemachten, sondern die denknotwendigen Voraussetzungen jeglicher experimentellen Psychologie bezeichnen wollen. Dennoch sind einige seiner Vorwürfe an die Psychologie unverkennbar zeitgebunden, indem sie sich an die damals praktizierte experimentelle Bewußtseinspsychologie richten. Zu nennen wären die folgenden Punkte:

Husserls Anliegen – die Abweisung psychologistischer Prätentionen, die gesamte Philosophie zu fundieren – bringt es mit sich, daß er ein induktivistisches

Verständnis der Psychologie voraussetzt, wie es seinerzeit in der Tat zwar nicht von Wundt, aber von seinen (früh-) positivistischen Zeitgenossen gepflegt wurde. 'Theorie' erscheint hier ausschließlich als 'empirische Verallgemeinerung'. Demgegenüber hat sich heute wohl bei den meisten Experimentalpsychologen, soweit sie ihr Tun wissenschaftstheoretisch reflektieren, die Überzeugung vom Primat der Theorie durchgesetzt, wie auch immer sie im einzelnen durchgeführt werden mag. Tatsachen (im Husserlschen Sinne) sind für uns nicht mehr der Ausgangs-, sondern der Endpunkt der Theoriebildung; genauer gesagt: Sie geben Anlaß zur Revision, nicht aber zur Aufstellung von Theorien. Theorien entstehen nicht, indem den Tatsachen der Raumzeit-Index induktiv abgenommen wird, sondern Tatsachen entstehen, indem Theorien (auf dem Wege ihrer "Operationalisierung") mit einem Raumzeit-Index versehen werden.

Die heutige Experimentalpsychologie ist daher nicht mehr in dem Sinne "Tatsachenwissenschaft", wie es Husserl unterstellt hat. Wenn sie freilich die empirische Gültigkeit ihrer Theorien überprüfen will, muß sie sich notwendig auf die Ebene der Tatsachen begeben. Als experimentelle Wissenschaft muß sie Tatsachenwissenschaft bleiben. Dagegen ist vom Standpunkt Husserls auch überhaupt nichts einzuwenden, vorausgesetzt, sie bedient sich sachlich angemessener Begriffe. Inwiefern wird sie daran durch den Fehler der Verdinglichung des Bewußtseins gehindert?

Ich muß gestehen, daß mir nicht klar geworden ist, ob es sich bei diesem Fehler um eine **grundsätzliche** Erkenntnisschranke der empirischen Psychologie handelt. Schon Husserl hat dies nicht mit letzter Sicherheit entscheiden wollen, da er die Verdinglichung als "fast" unvermeidlich bezeichnet (1910, S. 310). Angesichts dessen, daß die experimentelle Psychologie seiner Zeit den Bewußtseinsbegriff völlig "entsubstantialisiert" hatte – man denke an Wundts Aktualitätskonzeption des Psychischen! – fällt es schwer, Husserls Einwand in seinem historischen Kontext in vollem Umfang als sachlich berechtigt zu akzeptieren. Es gibt jedoch einen Aspekt, unter dem er auf die damalige experimentelle Psychologie, weniger jedoch auf die heutige Kognitionspsychologie zutrifft.

Es handelt sich um Husserls Hinweis darauf, daß sich Psychisches im Gegensatz zur physischen Natur nicht real analysieren läßt. Tatsächlich erstrebten die Bewußtseinspsychologen insofern eine "reale" Analyse des Psychischen, als sie es in seine letzten Bestandteile zerlegen wollten. Das Problem bestand hier nicht so sehr in dem analytischen Vorgehen selbst, sondern in seinem Ziel: Die letzten Bestandteile sollten nämlich ihrerseits Bewußtseinstatsachen und als solche introspektiv zugänglich sein. Kurz, man sprach von "Elementen", meinte sie aber gleichzeitig als "Phänomene" erfassen zu können; funktionelle und deskriptive Gesichtspunkte wurden in eins gesetzt. Dies gilt auch für Wundt, der zwar die psychischen Elemente als Produkte begrifflicher Abstraktion ansprach, dennoch aber darauf beharrte, daß sie introspektiv erfaßbar sein müßten.

Wenn demgegenüber der heutige Kognitionspsychologe das kognitive System in Komponenten zerlegt, so geht es ihm um den Aufweis funktioneller Zusammenhänge, nicht jedoch um eine Bewußtseinsanalyse. Auch "zerschneidet" er das kognitive System ja nicht "real", wie das etwa der Anatom oder der Techniker mit ihren Forschungsgegenständen tun, sondern mit Hilfe experimenteller Operationen. Gegen ein experimentelles "Aufschneiden" des kognitiven Systems sind, so meine ich, grundsätzliche Einwände unter dem Aspekt der Verdinglichung kaum geltend zu machen, was aber nicht bedeutet, daß seine faktische Durchführung über solche Einwände erhaben ist. Vielmehr scheint mit der Darstellung der Systemkomponenten z.B. in einem Blockschaltbild fast zwangsläufig die Nötigung einherzugehen, auch ihre Leistungen in bewußtseinsdeskriptiven Termini zu erfassen und damit die Grenzen der legitimen, d.h. auf funktionelle Zusammenhänge beschränkten verdinglichenden Analyse zu überschreiten. Anders lassen sich solche Vorwürfe an die "Diagramm-Zeichner" gar nicht verstehen, wie derjenige, daß sie die Existenz von Speichern behaupteten, in denen irgendwelche Gedächtnisinhalte gleichsam auf ihre unveränderte Abrufung warten. Eine solche Konzeption – die schon Wundt als "herbartianische Ideenmetaphysik" verspottete – ist vom Standpunkt der Bewußtseinsdeskription in der Tat unangemessen; ob sie vom funktionellen Standpunkt ebenso angreifbar ist, unterliegt jedoch dem Urteil der Funktions- und nicht der Phänomenanalyse. Verdinglichung und Naturalisierung sind, so läßt sich resumieren, so lange legitim und notwendig, wie sie konsequent – und das heißt hier: unter funktionellen Gesichtspunkten – durchgeführt werden. Die "Neigung zu widersinnigen Problemstellungen, zu falschen Forschungsrichtungen" entsteht namentlich dann, wenn funktionelle Zusammenhänge als Bewußtseinstatsachen ausgegeben werden. Art und Ausmaß dieses "Fehlers" ist zeitbedingt, er war, als Husserls 'Logos'-Artikel erschien, weiter verbreitet als heute, ist aber keineswegs ganz verschwunden.

3.2 Tatsachenerkenntnis und Wesenserkenntnis

Dieses Resumée ist in einem Punkt unbefriedigend. Es läßt nämlich außer acht, daß die Psychologie, so sehr sie auch in legitimer Weise die Funktionsanalyse an die Stelle der Bewußtseinsanalyse gesetzt hat, gleichwohl Bewußtseinstatsachen zu erklären hat. Und dazu scheint eine vorgängige Analyse des Bewußtseins vonnöten, eine Analyse, die nicht selbst erklären will, sondern dasjenige zu allererst bereitstellt, was es zu erklären gilt. Um mit Husserl zu sprechen: "Tieferes Verständnis und endgültige wissenschaftliche Verwertung ihrer Befunde" wird die "naturalistische Psychologie" erst dann gewinnen, wenn sie den Sinn der von ihr verwendeten Begriffe exakt fixiert. Voraussetzung dafür wäre, daß sie sich auf eine systematische Phänomenologie stützen würde, die ihr in etwa dem Sinne die Grundlagen bereitzustellen hätte, in dem die Geometrie die Grundlage für die Mechanik als physikalische Teildisziplin bildet. Für die Aufgaben der phänomenologischen Analyse ist aber das Experiment prinzipiell ungeeignet (1910, S. 303 ff.).

Wie Husserl selbst bemerkt, sind die LU "immer wieder ... als Versuche einer Rehabilitation der Methode der Selbstbeobachtung mißverstanden worden" (1910, S. 318, Fußnote). Worin besteht nun dieses Mißverständnis? Wir können diese Frage am besten mit der folgenden Kurzformel beantworten: **Selbstbeobachtung ist Tatsachenerkenntnis, Phänomenologie aber Wesenserkenntnis.**

Zögernd nur schicke ich mich an, Husserls Lehre von der **phänomenologischen Wesenserkenntnis** zu referieren. Denn der Begriff 'Wesen' ist heute gründlich diskreditiert, ja, in gewissen Kreisen gilt es als ein Symptom von Unwissenschaftlichkeit, ihn überhaupt zu gebrauchen; 'Essentialismus' und 'Metaphysik' werden dabei ineins gesetzt.

Nun hat 'Wesen' sehr verschiedene Bedeutungen, je nachdem, welcher Philosoph davon spricht. Am geläufigsten ist uns wohl die Entgegensetzung von 'Wesen' und 'Erscheinung'; "hinter den Dingen" soll ein allgemeines Wesen existieren, das die partikulären Erscheinungen gleichsam bewirkt, aber selbst unsichtbar ist. Mit einer solchen, nun in der Tat metaphysischen Konzeption hat Husserls Begriff des Wesens nichts gemein. Tatsachen – das wissen wir schon – sind bei Husserl definiert als "räumlich-zeitlich Daseiendes" (1913, S. 8). Wir müssen dem jetzt noch hinzufügen: Daß eine bestimmte Tatsache "hic et nunc" existiert, das gehört nicht zu ihrem Wesen; vielmehr ist jede Tatsache in **dem** Sinne zufällig, daß sie auch an einer anderen Raumzeit-Stelle auftreten könnte, ohne daß sie dadurch ihre Eigenart verliert. So besitzt z.B. jeder Ton die Eigenart, gehört und nicht gesehen werden zu können, und diese Eigenart kommt ihm zu, unabhängig davon, zu welchem Zeitpunkt und von welchem Individuum er gehört wird. Die im Wechsel individueller Tatsachen invariante Eigenart nun nennt Husserl 'Wesen' oder 'Eidos'. Jede Tatsache ist korrelativ auf ein Wesen bezogen, und dieses Wesen besitzt den Charakter der Notwendigkeit. Er ist nicht dasselbe wie Allgemeinheit; die letztere kommt z.B. auch den Naturgesetzen zu, unterscheidet sich aber von der (Wesens-) Notwendigkeit dadurch, daß sie immer eine "Daseins-Setzung" enthält, d.h. die Realisierung des Allgemeinen in der raumzeitlichen Wirklichkeit behauptet (1913, S. 16). Eidetische Notwendigkeit entsteht erst dann, wenn auch die Daseins-Setzung ausgeschlossen und zu denjenigen (logisch, nicht zeitlich oder kausal) ursprünglichen Bestimmungen übergegangen wird, welche individuelles Dasein überhaupt erst möglich machen.

Eidetische Notwendigkeit darf nicht mit bloß formaler, abstrakt-begrifflicher Voraussetzung der Erkenntnis gleichgesetzt werden. Vielmehr wird das einer Tatsache korrespondierende Wesen in der **Anschauung** erfaßt, wobei wir berücksichtigen müssen, daß Husserl nicht nur eine sinnliche, sondern auch eine kategoriale Anschauung kennt, die nicht auf das Individuelle geht. Hierdurch erlangt die Imagination eine wichtige methodologische Funktion. In ihr ist nämlich "die Setzung irgendeines individuellen Daseins" nicht erfordert, wir können "in der freien Phantasie irgendwelche Raumgestaltungen, Melodien, soziale Vorgänge u. dgl." erzeugen oder "Akte des Erfahrens, des Gefallens oder Mißfallens, des Wollens u. dgl." fingieren und können "mannigfache Wesen originär erschauen" (1913, S. 12 ff).

Was Husserl hier meint, läßt sich in mehr umgangssprachlicher Redeweise folgendermaßen verdeutlichen. Wenn wir wissen wollen, welche Eigenschaften zum Wesen eines Gegenstandes gehören und welche nicht, versuchen wir, uns diesen Gegenstand "anschaulich vorzustellen", indem wir seine Eigenschaften frei variieren und insbesondere ausschalten. Diejenigen Eigenschaften nun, ohne die ein Gegenstand überhaupt nicht vorgestellt werden kann, sind seine wesentlichen Eigenschaften; Aussagen, die auf sie bezogen sind, besitzen eidetische Notwendigkeit. Auf diese Weise gelangt Husserl z.B. zu dem Ergebnis, daß die Aussage 'alle materiellen Körper sind ausgedehnt' eidetische Notwendigkeit besitzt, während der Aussage 'alle Körper sind schwer' trotz ihrer eventuellen faktischen Allgemeingültigkeit keine eidetische Notwendigkeit zukommt. Die **freie Phantasie** hat durchaus gewisse Verfahrensschritte mit der Introspektion gemeinsam; vor allem die "reflektive Blickwendung", die Rückbeziehung des Erlebens auf sich selbst. Allerdings gelangt man auf diesem Wege nur zu Phänomenen, nicht aber zu den ihnen korrespondierenden Wesenseinsichten. Wenn sie letzteres Ziel verfolgt, bedient sich die Phänomenologie der Methode der Einklammerung bzw. **Epoché**. Sie besteht darin, daß "die zum Wesen der natürlichen Einstellung gehörige Generalthesis... außer Aktion gesetzt wird" (1913, S. 56), eine Generalthesis, die folgendermaßen lautet: "Die 'Wirklichkeit' ... finde ich als daseiende vor und nehme sie, wie sie sich mir gibt, auch als daseiende hin" (1913, S. 52 ff.).

Man hat Husserl wegen seiner Forderung, die "natürliche Generalthesis außer Aktion zu setzen", gelegentlich den Vorwurf gemacht, er leugne die Realität der Außenwelt. Ein solcher Vorwurf bezeugt ein völliges Mißverständnis der Phänomenologie. Denn bei der Epoché handelt es sich gerade nicht um die inhaltlich gemeinte Aussage 'die Welt existiert nicht', oder auch nur um einen faktischen Zweifel an ihrer Existenz. Vielmehr hält gerade Husserl den "Glauben an die Existenz der Außenwelt" für ein wesentliches Moment der natürlichen Einstellung. Da nun sowohl das tägliche Leben als auch die Tatsachenwissenschaft auf der natürlichen Einstellung beruhen, ist in ihrem Kontext ein genereller Zweifel an der Existenz der Außenwelt absolut widersinnig. Die Epoché hat ausschließlich **methodische** Funktion, sie ist Voraussetzung für die **eidetische Reduktion**, d.h. den Übergang von der Tatsachen- zur Wesenserkenntnis. Sie ist daher nur im Hinblick darauf zu diskutieren, ob sie methodologisch sinnvoll (und durchführbar) ist, nicht aber im Hinblick auf irgendwelche Etikettierungen, die ihr eine bestimmte Ontologie unterschieben wollen.

Wie jeder Tatsache korrelativ ein Wesen zugeordnet ist, so entspricht jeder (theoretischen) Tatsachenwissenschaft eine eidetische Wissenschaft. Tatsachen und Wesen verteilen sich je nach ihrem Gegenstand auf (materiale) Regionen, und ebenso die auf Tatsachen bzw. Wesen bezüglichen Wissenschaften. Zu den materialen Regionen gehört auch das Psychische. Es muß also eine regionale Wesenswissenschaft vom Psychischen geben: die **eidetische Psychologie**: "Bewußtsein, als Gegebenes der psychologischen Erfahrung... (ist) Objekt der Psychologie, in erfahrungswissenschaftlicher Forschung der empirischen, in wesenswissenschaftlicher Forschung der eidetischen Psychologie" (1913, S. 143).

3.3 Einige methodologische Überlegungen zum Verhältniss von Phänomenologie und Experimentalpsychologie

Soweit Husserls Gedankengang. Ich möchte nun einige Punkte diskutieren, in denen er für uns von Bedeutung sein könnte.

"Subjektive Beobachtungsmethoden" und phänomenologische Methode. Wie schon bemerkt, ist jegliches psychologische Beobachtungsverfahren wesensmäßig auf die Feststellung von Tatsachen ausgerichtet und insofern niemals mit der eidetischen Methode gleichzusetzen. Jedoch geben Husserls Ausführungen Anhaltspunkte für eine Klassifikation solcher Methoden wie Introspektion und Phänomendeskription. Und zwar will mir scheinen, daß diese Methoden jeweils einen Aspekt der phänomenologischen Methode befolgen, einen anderen jedoch außer acht lassen. Was die Phänomendeskription betrifft – ich meine ihre gestaltpsychologische Ausprägung –, so hat sie ein noch nicht erwähntes Moment der eidetischen Reduktion befolgt, nämlich die Voraussetzungslosigkeit im Sinne der Ausschaltung theoretischen Vorwissens. Umgekehrt hat die klassische Introspektion etwa Titcheners oder der

Würzburger Schule die reflektive Blickwendung auf die Akte statt auf ihre Gegenstände ausgeübt; doch ist es ihr niemals gelungen, theoretische Vormeinungen auszuschalten, im Gegenteil, etwa die Empfindungsanalyse war eminent theoriebelastet. Es ist nun eine interessante Frage, ob sich eine zwar auf Faktizität ausgerichtete, aber gleichermaßen vorgängige Theorien ausschaltende und reflektive Beobachtung praktizieren läßt. Die Frage ist keineswegs trivial; z.B. könnte man (vgl. Prinz, 1983, S. 96 - 99) behaupten, daß eine in reflektiver Blickwendung vollzogene Wahrnehmungspsychologie unmöglich sei, weil die Wahrnehmung ihrem Wesen nach immer "bei den Gegenständen ist" und ihre Aktstruktur selbst nicht zum Gegenstand der Reflexion gemacht werden kann. Umgekehrt könnte man darauf verweisen, daß die Introspektion, sofern sie sich im Wortsinn mit dem phänomenal "Inneren" - also etwa dem Reich der Gedanken, des inneren Sprechens usw. - befaßt, eine ontogenetisch so spät erworbene Verhaltensweise ist, daß die Chancen von vornherein gering sind, sie unter Ausschaltung jeglicher wissenschaftlicher oder auch naiver Theorie zu betreiben.

Die "reine" (Husserl: "phänomenologisch reduzierte") Beobachtung ist jedenfalls keine Angelegenheit der "naiven Versuchsperson", sie setzt den "geübten Beobachter" voraus. Sie wird im Methodeninventar der experimentellen Kognitionspsychologie erst dann einen Platz finden können, wenn diese sich dazu entschließt, die Versuchspersonen als "Experten" und nicht als "Reagenten" zu betrachten. Dies würde im Grunde einen Rückgang zu der im 19. Jahrhundert noch üblichen Identität von Versuchsleiter und Versuchsperson bedeuten; denn dann bestehen nur noch technisch - ökonomische (Verbreiterung der Beobachtungsbasis, Funktionsverteilung im Experiment), aber keine prinzipiellen Gründe mehr dafür, die Rollenteilung zwischen Versuchsleiter und Versuchsperson aufrechtzuerhalten.

Heuristische Funktionen der Phänomenologie. Unter hinreichender "Liberalisierung" des experimentellen Verfahrens könnte **eine** Variante der phänomenologischen Methode, die eben besprochene phänomenologisch - reduzierende, zur Gewinnung von "Daten" herangezogen werden. Allerdings nur unter erheblichen Vorbehalten.

Denn gerade die von ihr erhobenen "Daten" dürfen nicht "naturalisiert" oder "verdinglicht" werden, da sie ja Phänomene sein und bleiben sollen. Ferner unterliegt die phänomenologisch - reduzierende Methode durchaus einigen Einwänden gegenüber der Introspektion. Ich meine damit nicht die "klassischen" Argumente 'Verdopplung in Beobachter und Beobachtetes' und 'Zerstörung durch Beobachtung', sondern die Argumente 'Geschwindigkeit' und 'Automatisierung': Es ist immer damit zu rechnen, und auch von phänomenologischer Seite nicht zu bestreiten, daß gewisse psychische Prozesse durch ihren schnellen und automatisierten Verlauf der phänomenologischen Reduktion unzugänglich sind.

Die eigentliche Funktion der Phänomenologie für die experimentelle Psychologie sehe ich nicht in der Datengewinnung, sondern im Finden sinnvoller Fragestellungen und der Bewertung (nicht: empirischen Widerlegung oder Bestätigung) von Theorien. Sie kann diese Funktion in verschiedenen Formen erfüllen, die sich u.a. danach unterscheiden, welche Momente der eidetischen Reduktion bzw. Epoché vollzogen werden. Ihnen gemeinsam ist die Funktion der frei variierenden Phantasie im Husserlschen Sinne.

Zunächst einmal könnte die Phänomenologie einen Beitrag zur methodischen Disziplinierung der im ersten Kapitel erwähnten **Plausibilitäts - Argumentation** liefern. Die letztere wird in der Regel durch einen Appell an die "eigene Introspektion" gerechtfertigt, aber man kann bezweifeln, ob es sich hier um Introspektion im landläufigen Sinne handelt. Derjenige, dem eine bestimmte Theorie präsentiert wird, und der sie auf ihre Plausibilität hin überprüft, versucht, den von ihr behaupteten Zusammenhang zu fingieren und daraus abzuleiten, ob er ihn nachvollziehen kann oder nicht. Ein behaupteter Zusammenhang ist dann nicht nachvollziehbar, wenn er zu (anschaulich aufweisbaren) **Widersinnigkeiten** führt, oder wenn er in **Konflikt** mit gewissen fundamentalen Eigenschaften der **vortheoretischen Erfahrungswelt** gerät. Als Beispiel für diese Art der Argumentation mögen zwei Einwände (sie stammen beide von Neisser) dienen, die gegen eine Integration sukzessiver, jeweils einer Fixation entstammender "Momentaufnahmen" auf dem Wege der ikonischen Speicherung gerichtet sind. Der eine besagt, daß eine solche "Integration" zu einer Überlagerung der sukzessiven Bilder führen müßte (Neisser, 1967, S. 141), der andere, daß die geforderte Integrationsleistung sich über wesentlich längere Zeiträume erstrecken müßte, als sie von der ikonischen Speicherung überbrückt werden können (Neisser, 1976, S. 48). Offenbar appelliert der eine an die Unverträglichkeit alternativer phänomenaler Raumwerte (ein und derselbe Gegenstand kann sich nicht gleichzeitig an verschiedenen Orten befinden), der andere an die Kontinuität des Erlebnisstroms; beide nehmen jedoch keinen Bezug auf introspektiv erfaßbare Einzeltatsachen. Gleichzeitig wird an dem Beispiel deutlich, daß hier weder mit der Theorie - Ausklammerung noch mit der Suspension der natürlichen Generalthesis gearbeitet wird, mithin von einer eidetischen Reduktion keine Rede sein kann.

Ein erster Schritt in Richtung auf die eidetische Reduktion wird dann getan, wenn zwar die Kenntnis irgendeiner Theorie vorausgesetzt wird, aber ausdrücklich offengelassen wird, ob ihr ein real existierender Sachverhalt entspricht oder nicht, so daß also die natürliche Generalthesis wenigstens in Bezug auf die zu überprüfende

Theorie außer Kraft gesetzt wird. Ist ein solches Verfahren überhaupt sinnvoll? Ich glaube ja; denn es gibt die Struktur eines "Gedankenexperimentes" wieder. In ihm wird der Anwendungsbereich einer Theorie erweitert, und zwar ohne Rücksicht darauf, ob in dem erweiterten Anwendungsraum noch die (technischen oder prinzipiellen) Bedingungen für die Überprüfung der Theorie vorliegen; genauer gesagt, sind gerade solche Erweiterungen von Interesse, bei denen dies nicht der Fall ist.

In der Philosophie spielt das **Gedankenexperiment** eine wichtige Rolle. Zu erinnern wäre an den Laplace'schen Dämon, der unter Kenntnis sämtlicher Ausgangs- und Systembedingungen des Universums dessen Entwicklung bis ins letzte Detail vorherzusagen imstande sein soll; oder an das Hirnspiegel-Argument (Feigl, 1967, S. 89 f.), welches unterstellt, daß einem Beobachter gleichzeitig seine sämtlichen psychophysisch relevanten neuralen Prozesse und seine Erlebniswelt zugänglich wären, und das die Frage stellt, ob jener Beobachter eine Isomorphie zwischen seinen Erlebnissen und seiner Gehirntätigkeit konstatieren könnte. Offenbar werden in solchen Argumenten gewisse Bedingungen fingiert, die niemals erfüllt sein können, und zwar in der Absicht, mögliche Widersinnigkeiten einer Theorie zu diagnostizieren. Vom Standpunkt der Phänomenologie wäre dabei unter 'Widersinnigkeit' die Unmöglichkeit einer anschaulichen "Erfüllung" der Konsequenzen der Theorie zu verstehen; im Hirnspiegel-Argument läge sie z.B. darin, daß der unterstellte "Gehirn-Autoskopist" die objektive Zeit seiner physiologischen Registrierungen und die immanente Zeit seines Erlebnisstroms zur Deckung bringen müßte, was wegen deren Strukturverschiedenheit unmöglich ist.

Ich vermag nicht zu beurteilen, in welchem Ausmaß die heutige Kognitionspsychologie von der Methode des Gedankenexperiments Gebrauch macht, möchte aber vermuten, daß ihre absichtsvolle Verwendung in manchen Zusammenhängen von Nutzen sein könnte. Und zwar immer dann, wenn es gilt, eine Theorie gewissermaßen "beim Wort zu nehmen" und ihr die Ausflucht der Unüberprüfbarkeit unter gewissen Bedingungen abzuschneiden. So könnte man z.B. eine Theorie ernst nehmen, welche besagt, daß jedes Erlebnis dem Gedächtnis einverleibt wird und prinzipiell erinnerbar ist, und daß tatsächliche Erinnerungsdefizite ausschließlich auf Schwierigkeiten der Abrufung zurückgehen. Diese Theorie ist empirisch offensichtlich nur auf dem Wege der Stichprobenentnahme, niemals aber in ihrer intendierten Allgemeinheit zu überprüfen, da die vollständige Re-Evokation aller Erlebnisse eine "Wiederholung" der gesamten erlebten Vergangenheit eines Individuums bedeuten würde. Man könnte die Theorie aber unbeschadet ihrer prinzipiellen Unüberprüfbarkeit als gültig unterstellen und fragen, was sich aus ihr für das Funktionieren des kognitiven Apparats ergibt. Das Ergebnis einer solchen "fiktiven Überprüfung" könnte z.B. sein, daß ein Mensch mit unbegrenzter Erinnerungsfähigkeit zwischen

Wahrnehmung und Erinnerung nicht mehr unterscheiden könnte, da der Erlebnischarakter der Erinnerung unter anderem durch ihre prinzipiell fragmentarische Natur konstituiert wird.

Eine weitere Funktion der phänomenologischen Methode greift im Gegensatz zu den beiden geschilderten auf die unverkürzte eidetische Reduktion zurück. Es handelt sich um die Diagnose und Vermeidung eines bestimmten Typs von **Scheinproblemen**, der dann auftritt, wenn Wesensfragen und Tatsachenfragen nicht auseinandergehalten werden, und namentlich wenn erstere als letztere betrachtet werden, so daß der Versuch unternommen wird, eine eidetisch notwendige Aussage empirisch auf ihre Gültigkeit zu überprüfen.

Treten in der Kognitionspsychologie solche Scheinprobleme auf? Eine systematische Durchforstung des von der experimentellen Kognitionsforschung angehäuften Tatsachenmaterials mit dem Ziel einer Auseinandersortierung von Tatsachen - und Wesensaussagen wäre eine wichtige Aufgabe, die jedoch noch zu leisten ist.

Einstweilen möchte ich mich mit **einem** Beispiel begnügen. Ich entnehme es einem schon zitierten Autor, der innerhalb der Kognitionspsychologie als unerbittlicher Kritiker ihres "Hauptstroms" auftritt und dabei unverkennbare, ihm selbst aber wohl nicht bewußte Affinitäten zur Phänomenologie aufweist: Ulric Neisser (1976). Er bekämpft u.a. die Auffassung, es gäbe irgendwelche "fest eingebaute" Grenzen der (allgemeinen) Aufmerksamkeitskapazität. Nachdem er einige eindrucksvolle Experimente referiert hat, welche mit der Konzeption eines kapazitätsbegrenzten Allzweck - Verarbeitungsmechanismus unverträglich sind, sieht er sich freilich genötigt, einige Bedingungen aufzuzählen, durch welche unsere Fähigkeit zur Ausführung von Mehrfachtätigkeiten begrenzt wird (1976, S. 99 ff.): (1) Zwei Aufgaben können (a) tatsächlich oder (b) "scheinbar" inkompatible Bewegungen verlangen; (2) Sie können den Einsatz ein und desselben Wahrnehmungsschemas für zwei inkompatible Zwecke erfordern; (3) Eingangsdaten können sich gegenseitig maskieren; (4) Aufgaben, die in einer "unnatürlichen" Beziehung zueinander stehen, sind schwierig miteinander zu kombinieren; (5) Schwierigkeiten treten auf, wenn zwei simultane und kontinuierliche Ereignisse in derselben Wahrnehmungsmodalität verfolgt werden sollen.

Zu kritisieren ist diese Liste nicht deswegen, weil sie irgendwelche unzutreffenden Aussagen enthielte, sondern wegen ihrer offenkundigen Heterogenität. Daß man nicht gleichzeitig den Arm heben und senken kann (1a), ist eine eidetische Notwendigkeit, da sie für jeglichen überhaupt anschaulich vorstellbaren Organismus zutrifft. Die "scheinbare" Inkompatibilität (1b) ist dagegen eine faktische Begrenzung, ebenso die Maskierung von Eingangsdaten (3) und die "unnatürliche Beziehung" von Aufgaben (4). Andererseits ist das von Neisser angegebene Beispiel für Fall (2), daß wir nämlich nicht gleichzeitig eine räumliche Objektanordnung perzipieren und eine andere imaginieren können, ein von uns schon herangezogener Fall eidetischer Notwendigkeit. Ob es sich bei der simultanen Verfolgung mehrer Ereignisse (5) um eine faktische oder eine eidetisch notwendige Begrenzung handelt, kann nur im Einzelfall entschieden werden; eidetisch unmöglich wäre eine solche Verfolgung z.B. dann, wenn sie inkompatible Augenbewegungen erforderte, aber auch dann, wenn sie zu perzeptiven Wettstreitsituationen führen würde.

Welcher Nutzen ist aus einer solchen Auseinandersortierung des Faktischen und des Eidetischen zu ziehen? Im vorliegenden Falle vor allem die Unterstützung des von Neisser vorgetragenen Arguments; denn eidetisch bedingte Begrenzungen der Mehrfachtätigkeit sind nicht durch den Mechanismus der Aufmerksamkeit "verschuldet", so daß der Aufweis vorgeblich faktischer als in Wirklichkeit eidetischer Begrenzungen geeignet ist, der These von der Unbegrenztheit der Aufmerksamkeitskapazität ein Mehr an Glaubwürdigkeit zu verschaffen. Auf einer anderen Ebene hat die Diagnose eidetischer Notwendigkeiten forschungsökonomischen Nutzen, indem sie die Investition experimenteller Arbeit in experimentell überhaupt nicht lösbare Fragestellungen verhindert. Allerdings wäre noch zu problematisieren, ob es sich tatsächlich so verhält, daß eidetische Notwendigkeiten grundsätzlich der empirischen Analyse vorgeordnet und von ihren Resultaten überhaupt nicht tangierbar sind.

Phänomenologie und Experimentalpsychologie: Eine Einbahnstraße? Husserl hat zwar seinerzeit Versuche, "experimentelle Phänomenologie" zu betreiben, energisch zurückgewiesen, aber er hat sich meines Wissens niemals zusammenfassend zu den Problemen einer möglichen "Operationalisierung" derjeniger Begriffe geäußert, welche die Phänomenologie der Experimentalpsychologie zur Verfügung stellen soll. Ich möchte daher zu diesem Punkt zwei Überlegungen zur Diskussion stellen, die zweifellos sowohl bei den Experimentalpsychologen als auch bei den Phänomenologen als Ketzerei erscheinen werden.

Der erste betrifft eine mögliche Überprüfung von Wesenseinsichten im Experiment. Vorausgesetzt, eine Aussage, die eidetische Notwendigkeit besitzt, wird mangels Einsicht in diesen Sachverhalt als bloß kontingente Aussage betrachtet und einer experimentellen Überprüfung unterzogen. Als Beispiel mögen die Studien von Brooks dienen, welche die Interferenz zwischen perzeptiver und imaginativer Verarbeitung nachgewiesen haben. Es ist nun durchaus denkbar (und in den Versuchen von Brooks auch eingetreten), daß sich eine eidetisch notwendige Aussage in den Fakten selbst nicht mit derjenigen Allgemeingültigkeit "durchsetzt", die eigentlich zu erwarten wäre; zum Beispiel mag es nicht absolut unmöglich sein, gleichzeitig (ich setze voraus, daß das Problem der Gleichzeitigkeit experimentell in den Griff bekommen wurde) zu perzipieren und zu imaginieren. Wird dadurch die entsprechende Wesensaussage widerlegt oder außer Kraft gesetzt?

Keineswegs. Denn auch im Reiche der Phantasie gibt es "reine" und "gemischte" Fälle. So diskutiert Husserl ausführlich verschiedene Formen der "getrübten" Phantasie, die lückenhaft sind, bei denen kein allseitig erfüllter Anschauungsraum vorliegt, usw. Wenn ein Beobachter im Brooks'schen Experiment nur eine "getrübte" Phantasie erreicht, wird sich keine vollständige Inkompatibilität des Perzipierens und des Imaginierens finden. Ein Fehlen jeglicher faktisch aufweisbaren Interferenz würde den Phänomenologen allerdings zu der Vermutung veranlassen, daß das Experiment überhaupt nicht imstande war, seine Fragestellung adäquat zu erfassen.

Aus dem Beispiel geht – wie ich glaube, verallgemeinerungsfähig – hervor, daß eidetische Notwendigkeiten grundsätzlich nur zu Vorhersagen des Alles-oder-Nichts-Typus führen können, jedoch nicht dazu imstande sind, etwa den Werteverlauf einer Eingangs- und Ausgangsdaten miteinander verknüpfenden Funktion vorherzusagen. Sie machen daher experimentelle Arbeit nicht überflüssig; denn in welchem Ausmaß sich eine Wesensnotwendigkeit auf der Ebene der Fakten "durchsetzt", ist eine empirische Frage. Andererseits läßt unser Beispiel eine dem Experimentalpsychologen vielleicht zu Recht unliebsame Tendenz zur "Immunisierung" der Phänomenologie gegenüber der Empirie durchscheinen; denn wir haben ja betont, daß eine Wesensnotwendigkeit angesichts eines total negativen Ausgangs eines Experiments, in das sie Eingang gefunden hat, nicht außer Kraft gesetzt wird, sondern vielmehr das Experiment hinsichtlich der in ihm angezielten Fragestellung außer Kraft setzt.

Ist es nicht doch denkbar, daß Wesensaussagen unter dem Druck der Tatsachen revidiert werden müssen? Entgegen Husserls Auffassung möchte ich diese Möglichkeit bejahen; allderdings nicht in der Form, daß irgendein einzelnes Experiment jemals eine eidetisch notwendige Aussage revidieren könnte, wohl aber der Erkenntnisfortschritt der empirischen Wissenschaft überhaupt, und zwar vor allem insoweit er durch die Erweiterung der technischen Hilfsmittel der Forschung bedingt ist.

Ansatzpunkt meiner Überlegung ist Husserls als eidetisch notwendig behauptete These, daß zum Wesen eines materiellen Körpers die Ausdehnung, nicht aber z.B. die Schwere gehöre. An ihr fällt sofort auf, daß sie ein Verständnis von Materie voraussetzt, das sich erst bei Descartes herausgebildet hat: die Konzeption der Materie als "res extensa". Die gesamte vor-cartesische Physik hat der Materie noch weitere wesentliche Eigenschaften beigelegt, etwa 'Schwere' und 'Leichtheit', die bei Aristoteles irreduzible Merkmale sind und den 'natürlichen Ort' der Elemente definieren. Ist nun die aristotelische Physik "falsch", die cartesische "richtig", und wenn ja, wie ist 'richtig' und 'falsch' hier zu verstehen?

Wir stoßen hier auf das Problem, daß es auch nach phänomenologischer Auffassung durchaus falsche Wesenseinsichten geben kann. Die aristotelische Physik wäre demnach "falsch", weil sie auf falschen Wesenseinsichten beruht. Ja, man könnte für dieses spezielle Beispiel sogar anführen, daß ein erster Ansatz zur eidetischen Methode erst durch Descartes selbst, in seiner Zweifelsbetrachtung, gemacht worden ist, so daß es einen gewissen Anhaltspunkt für die Behauptung gibt, daß die vor-cartesische Physik gar keine adäquate Methode der eidetischen Analyse besaß und mithin überhaupt nicht zu richtigen Wesenseinsichten gelangen konnte. Die Frage ist nur, ob sich dieses historische Beispiel beliebig verallgemeinern läßt.

Woran erkennt man eigentlich, daß eine Wesenseinsicht falsch ist? Der Ausgang von der vortheoretischen Erfahrungswelt ist eine notwendige Voraussetzung der phänomenologischen Methode. Dabei wird unterstellt, daß die Erfahrungswelt in ihrer Grundstruktur immer gleich bleibt, und daß die Wissenschaft keine genuine Erfahrungswelt hat. Die letztere Annahme ist falsch. Vor allem infolge der Erweiterung ihrer technischen Hilfsmittel schafft die Forschung nicht nur neue Erfahrungsinhalte herbei, sondern eröffnet auch den Blick auf neue Strukturen. Die Welt der subatomaren Vorgänge läßt daran zweifeln, daß 'Materie' durch das Wesensmerkmal der Ausdehnung definiert ist.

Die Erweiterung der Erfahrungswelt durch den wissenschaftlich-technischen Fortschritt kann der phänomenologischen Imagination neue Aufgaben stellen. Selbst wenn sie unter strikter Einhaltung der Epoché betrieben wird, vollzieht sich die frei fingierende Phantasie nicht im "luftleeren Raum". Vielmehr nimmt sie ihren Ausgangspunkt von innerweltlichen "Exempeln", die mit dem Ziel der Auffindung von Invarianten der fingierenden Variation unterzogen werden. Unter Berücksichtigung dieses Sachverhalts läßt sich denken, daß auch die experimentelle Psychologie Anlaß zur Revision von Wesensaussagen geben kann.

Voraussetzung dafür ist, daß die durch apparative Hilfsmittel erweiterten Versuchsanordnungen nicht als mehr oder weniger mißlungene "Stichproben" aus der alltäglichen Erfahrungswelt, sondern als ernst zu nehmende Erweiterungen der letzteren konzipiert werden. Schon Husserl hat es ja keineswegs verschmäht, Wesenseinsichten anhand des nur apparativ erzeugbaren binokularen Wettstreits zu demonstrieren. Überdies gibt es ein historisches Beispiel für eine Kontroverse über Wesenseinsichten, die durch einen experimentalpsychologischen Befund ausgelöst wurde: Max Wertheimers (1912) "Entdeckung" wahrgenommener Bewegung ohne einen dinghaften "Träger" der Bewegung. Der Phänomenologe F.P. Linke (1929) hat dagegen seinerzeit Einspruch erhoben, und zwar vom Standpunkt der prätendierten eidetischen Notwendigkeit 'Keine Bewegung ohne Bewegtes'. Vielleicht hatte er recht, soweit die natürliche Lebenswelt betroffen ist. Aber müssen Wesensnotwendigkeiten nicht auch für artifizielle Situationen gelten?

Die Bereitstellung von lebensweltlich nicht ohne weiteres zugänglichen "Exempeln" ist der Rechtsgrund für die Methode des **Demonstrationsexperiments**, die von phänomenologie-nahen psychologischen Richtungen wie etwa der Gestaltpsychologie extensiv praktiziert wurde, jedoch außerhalb des Umkreises der Phänomenologie nur wenige Anhänger gefunden hat. Gerade am Demonstrationsexperiment läßt sich ein letztes Mal der Unterschied zwischen eidetischen und faktischen Feststellungen verdeutlichen. Daß es überhaupt Phi-Bewegung ("Bewegung ohne Träger") gibt, ist ein eidetisch relevanter Sachverhalt; bei welchen Zeitparametern sie gefunden wird, ist hingegen eine faktische Frage und als solche für die eidetische (nicht aber für die empirische!) Psychologie unerheblich. Ob die Registrierung funktionaler Zusammenhänge jemals Anlaß zur Revision eidetischer Aussagen geben kann, möchte ich offenlassen, bin jedoch geneigt, diese Frage angesichts meiner Überlegungen zur Alles-oder-Nichts-Natur eidetisch geforderter Vorhersagen verneinend zu beantworten.

Abschließend möchte ich betonen, daß meine Ausführungen nicht etwa in der Absicht erfolgten, den prinzipiellen Unterschied zwischen eidetischen und faktischen Aussagen zu relativieren. Die Notwendigkeit, zwischen Tatsachenfragen und Wesensfragen genau zu unterscheiden, besteht nach wie vor; nur wo die Grenzlinie zu ziehen ist, das läßt sich nicht ein für allemal fixieren.

4. Schlußbemerkungen

Von E.B.Titchener ist der Ausspruch überliefert: "I have spent an entire year on Husserl only to find out that there is nothing in him" (Boring, 1927, S. 502, Fußnote 28).

Titchener konnte nur die 'Logischen Untersuchungen' lesen. Auch ist nicht verwunderlich, daß er nicht viel Brauchbares in ihnen fand, da seine ganze Psychologie darauf beruhte, daß die gegenständliche Beziehung des Psychischen ausgeschaltet wurde.

Husserls gesamtes Werk zur Kenntnis zu nehmen, würde erheblich mehr als ein Jahr in Anspruch nehmen; aber man würde gewiß noch viel Brauchbares finden, das ich nicht erwähnt habe, weil ich es nicht kenne. Vor allem habe ich mich fast überhaupt nicht mit der phänomenologischen Psychologie seiner dritten Periode beschäftigt. Es wäre jedoch sicher falsch, wenn man ihr, da sie vorwiegend von "humanistischen", und das heißt zum Teil anti-szientistischen, Psychologen in Anspruch genommen wird, jegliche Relevanz für die Kognitionspsychologie absprechen würde. Auch darf die Tatsache, daß Husserl in seinen Vorlesungen zur phänomenologischen Psychologie rückblickend seine Kritik an der "naturalistischen" Psychologie in eine Reihe mit den entsprechenden Bemühungen Diltheys stellt, nicht zu einer pauschalen Etikettierung der phänomenologischen als einer geisteswissenschaftlichen Psychologie verleiten. Husserl selbst hat sie jedenfalls mit zwei Typen empirischer Psychologie, der in "naturalistischer" und der in "personalistischer" Orientierung vorgehenden, koexistieren lassen.

Wenigstens **eine** zentrale Konzeption der phänomenologischen Psychologie (die übrigens schon in den "Ideen" von 1913 formuliert wurde) sei jedoch erwähnt: die Art nämlich, wie Husserl von dem "Inhalts-Auffassungs-Schema" der "Logischen Untersuchungen" abgerückt ist. An seine Stelle setzt er die **'noetisch-noematische Korrelation'**, wobei 'noematisch' das gegenständliche, 'noetisch' das prozessuale Moment des Erkennens bezeichnet. Entscheidend ist hierbei der Ausdruck 'Moment', der bei Husserl grundsätzlich einen unselbständigen "Teil" eines Ganzen bezeichnet. Daraus folgt, daß jeglicher Erkenntnisvollzug nach seiner noematischen **und** nach seiner noetischen Seite zu kennzeichnen ist; 'noetisch' und 'noematisch' sind nicht verselbständigbare Komponenten des Erkennens, sondern gleichberechtigte und gleich notwendige Beschreibungsdimensionen der phänomenologischen Analyse. Im weiteren Verlauf seiner noetisch-noematischen Analysen hat Husserl dann auch die Empfindungen ihres nur "stofflichen" (hyletischen, d.h. nicht-intentionalen) Charakters entkleidet und ihnen wenigstens eine keimhafte "Ur-Intentionalität" zugesprochen. Seine phänomenologische Psychologie ist demgemäß konsequenter "intentionalistisch", als es die "deskriptive Psychologie" der "Logischen Untersuchungen" war.

Um auf die eidetische Psychologie zurückzukommen, so wird ihrer Verwertung für die Kognitionspsychologie hauptsächlich dadurch erschwert, daß sie von Husserl niemals abschließend-systematisch dargestellt wurde. Auch die Sekundärliteratur hilft hier nicht weiter. Was noch zu leisten bleibt, ist die detaillierte Durcharbeitung von Husserls Vorlesungs- und Forschungsmanuskripten aus den ersten zwei Dekaden diese Jahrhunderts. Erst danach werden sich die inhaltlichen Aufschlüsse, welche die Kognitionspsychologie aus seinem Werk gewinnen könnte, in vollem Umfang einschätzen lassen.

Was die methodologische Relevanz der (eidetischen) Phänomenologie betrifft, so bin ich mir darüber im klaren, daß meine Vorschläge, soweit sie sich auf die Plausibilitäts-Argumentation und die Methode des Gedankenexperiments bezogen, einesteils gewisse Abstriche an der "reinen" phänomenologischen Methode involvieren und andererseits auch zu einem gewissen Grade ohne Berücksichtigung der Phänomenologie realisiert werden könnten. Das spezifisch Phänomenologische glaube ich (a) im Einsatz der fingierend-variierenden Phantasie und (b) in der Diagnose von Widersinnigkeiten als nicht nur begrifflichen Widersprüchlichkeiten, sondern anschaulichen Unerfüllbarkeiten erblicken zu können. Ohne der Phänomenologie eine Monopolstellung einräumen zu wollen, halte ich es für eine wichtige Aufgabe, die genannten Argumentationsformen systematisch zu formulieren und für die theoretische Arbeit der Kognitionspsychologie fruchtbar zu machen.

Literatur

Allport, D.A., Patterns and actions: Cognitive mechanisms are content-specific. In G. Claxton (Hg.), **Cognitive psychology – new directions.** London: Routledge & Kegan Paul, 1980.

Ashworth, P.D., Equivocal alliances of phenomenological psychologists. **Journal of Phenomenological Psychology**, 1981, 12, 1-31

Atkinson, R.C. & Shiffrin, R.M., Human memory: A proposed system and its control processes. In K.W. Spence & J.T. Spence (Hg.), **The psychology of learning and motivation: Advances in research and theory.** Bd. 2. New York etc.: Academic Press, 1968

Boring, E.G., Edward Bradford Titchener, 1867-1927. **American Journal of Psychology**, 1927, **38**, 489-506

Brentano, F., **Psychologie vom empirischen Standpunkte.** Leipzig: Duncker & Humblot, 1874

Brooks, L.R., The suppression of visualization by reading. **Quarterly Journal of Experimental Psychology**, 1967, **19**, 280-299

Brooks, L.R., Spatial and verbal components of the act of recall. **Canadian Journal of Psychology**, 1968, 22, 349-368

Bühler, K., Tatsachen und Probleme zu einer Psychologie der Denkvorgänge: I. Über Gedanken. **Archiv für die gesamte Psychologie**, 1907, **9**, 297-365

Claxton, G., Cognitive psychology: A suitable case for what sort of treatment? In G. Claxton (Hg.), **Cognitive psychology – new directions.** London: Routledge & Kegan Paul, 1980.

Danziger, K., The history of introspection reconsidered. **Journal of the History of the Behavioral Sciences**, 1980, **16**, 241-262

Diemer, A., **Edmund Husserl: Versuch einer systematischen Darstellung seiner Phänomenologie.** 2. Aufl. Meisenheim/Glan: Hain, 1965

Ericsson, K.A. & Simon, H., Verbal reports as data. **Psychological Review**, 1980, **87**, 215-251

Feigl, H., **The "mental" and the "physical".** 2. Aufl. Minneapolis: University of Minnesota Press, 1967

Gibson, J.J., **The ecological approach to visual perception.** Boston: Houghton Mifflin, 1979. Dt.: Wahrnehmung und Umwelt. München, etc.: Urban & Schwarzenberg, 1982.

Hamlyn, D.W., **Sensation and perception.** London: Routledge & Kegan Paul, 1961

Hofmann, H. Untersuchungen über den Empfindungsbegriff. **Archiv für die gesamte Psychologie**, 1913, **26**, 1 - 136

Husserl, E., **Logische Untersuchungen**. 1. Aufl. 1900/01, zitiert nach der 5. Aufl., Tübingen: Niemeyer, 1968

Husserl, E., Philosophie als strenge Wissenschaft. **Logos**, 1910, 1, 289 - 341

Husserl, E., Ideen zu einer reinen Phänomenologie und phänomenologischen Philosophie: I. Allgemeine Einführung in die reine Phänomenologie. **Jahrbuch für Philosophie und phänomenologische Forschung**, Bd. 1. Halle: Niemeyer, 1913

Husserl, E., Zur Phänomenologie des inneren Zeitbewußtseins (1893 - 1917). R. Boehm (Hg.), **Husserliana X**. Den Haag: Nijhoff, 1966

Husserl, E., Phänomenologische Psychologie (Vorlesungen Sommersemester 1925). W. Biemel (Hg.), **Husserliana IX**. 2. Aufl. Den Haag: Nijhoff, 1968

Husserl, E., Phantasie, Bildbewußtsein, Erinnerung (1898 - 1925). E. Marbach (Hg.), **Husserliana XXIII**. Den Haag: Nijhoff, 1980

Lieberman, D.A., Behaviorism and the mind: A (limited) call for a return to introspection. **American Psychologist**, 1979, **34**, 319 - 333

Linke, P.F., **Grundfragen der Wahrnehmungslehre**. 2. Aufl. München: Reinhardt, 1929

Messer, A., Experimentell - psychologische Untersuchungen über das Denken. **Archiv für die gesamte Psychologie**, 1906, **8**, 1 - 224

Messer, A., **Psychologie**. Stuttgart, Berlin: Deutsche Verlagsanstalt, 1914

Neisser, U., **Cognitive Psychology**. New York: Appleton - Century - Crofts, 1967. Dt.: Kognitive Psychologie. Stuttgart: Klett - Cotta, 1974.

Neisser, U., **Cognition and reality. Principles and implications of cognitive psychology**. San Francisco: Freeman, 1976. Dt.: Kognition und Wirklichkeit. Stuttgart: Klett - Cotta, 1978.

Neumann, O., Empfindung II. In J. Ritter (Hg.), **Historisches Wörterbuch der Philosophie**. Bd. 2. Basel, Stuttgart: Schwabe, 1973

Neumann, O., Automatic processing: A review of recent findings and a plea for an old theory. In W. Prinz & A.F. Sanders (Hg.), **Cognition and motor processes**. Berlin etc.: Springer, 1984

Norman, D.A., Twelve issues in cognitive science. **Cognitive Science**, 1980, **4**, 1 - 32

Port, K., Betrachtungen zu Husserls Einteilung der Denkakte und ihrer erkenntnistheoretischen Bedeutung. **Archiv für die gesamte Psychologie**, 1928, **63**, 369 - 412

Prinz, W., **Wahrnehmung und Tätigkeitssteuerung**. Berlin etc.: Springer, 1983

Scheerer, E., Probleme der Modellierung kognitiver Prozesse: Von der Funktionsanalyse zur genetischen Anlyse.**Bericht Nr. 4/1978, Psychologisches Institut der Ruhr - Universität Bochum, Arbeitseinheit Kognitionspsychologie**.

Scheerer, E., Operationalismus II. In J. Ritter & K. Gründer (Hg.), **Historisches Wörterbuch der Philosophie**. Bd. 5. Basel, Stuttgart: Schwabe, 1984

Scheerer, E., **Historischer Hintergrund der wissenschaftlichen Psychologie**. (in Vorb.)

Ströker, E., Phänomenologie und Psychologie: Die Frage ihrer Beziehung bei Husserl. **Zeitschrift für philosophische Forschung**, 1983, **37**, 3 - 20

Stumpf, C., Erscheinungen und psychische Funktionen. **Abhandlungen der Königl. Preußischen Akademie der Wissenschaften**. Berlin: Verlag der Königl. Akademie der Wissenschaften, 1907

Wertheimer, M., Experimentelle Studien über das Sehen von Bewegung. **Zeitschrift für Psychologie,** 1912, **61**, 161 - 265

Wittgenstein, L., **Philosophische Untersuchungen**. Oxford: Blackwell, 1953

Wolff, P., Saccadic eye movements and visual stability: Preliminary considerations towards a cognitive approach. In W. Prinz & A.F. Sanders (Hg.), **Cognition and motor processes**. Berlin etc.: Springer, 1984.

Nachtrag

Nach der Fertigstellung dieses Beitrags wurde mir eine prinzipielle Äußerung Husserls zum Verhältnis zwischen Phänomenologie und Experimentalpsychologie bekannt. Sie befindet sich in § 8 des 3. Buches der "Ideen" (Husserl, 1952). Husserl lehnt hier ab, daß man aus der naturwissenschaftlich - experimentellen Psychologie phänomenologische Resultate gewinnen könne, meint aber, daß "experimentelle Veranstaltungen in einem guten Sinne phänomenologische Funktion gewinnen können" (S. 51); und zwar deswegen, weil der Phänomenologe darauf angewiesen ist, "Anschauungsmaterial bester Art" zu gewinnen; falls die Phantasie versagt, dann soll zu diesem Zweck das Experiment herangezogen werden. Also gewissermaßen: "Flectere si nequeo superos, acheronta movebo". Jedenfalls stimmt diese Einschätzung mit dem überein, was ich weiter oben zur Rolle des Demonstrationsexperiments gesagt habe. Der ganze Abschnitt ist auch in anderer Hinsicht heute noch sehr lesenswert.

Literatur:

Husserl, E., Ideen zu einer reinen Phänomenologie und phänomenologischen Philosophie, 3. Buch: Die Phänomenologie und die Fundamente der Wissenschaften. M. Biemel (Hg.), **Husserliana V.** Den Haag: Nijhoff, 1952.

Autorenregister

Sachregister

GPSR Compliance

The European Union's (EU) General Product Safety Regulation (GPSR) is a set of rules that requires consumer products to be safe and our obligations to ensure this.

If you have any concerns about our products, you can contact us on ProductSafety@springernature.com

In case Publisher is established outside the EU, the EU authorized representative is:

Springer Nature Customer Service Center GmbH
Europaplatz 3
69115 Heidelberg, Germany

Batch number: 10844827

Printed by Printforce, the Netherlands